Ulrich Lins

Die gefährliche Sprache

Die Verfolgung der Esperantisten
unter Hitler und Stalin

Bleicher Verlag

CIP-Titelaufnahme der Deutschen Bibliothek

Lins, Ulrich:
Die gefährliche Sprache: d. Verfolgung d. Esperantisten
unter Hitler u. Stalin/Ulrich Lins. – 1. Aufl. – Gerlingen: Bleicher, 1988
  ISBN 3-88350-023-2

© 1988 bei Bleicher Verlag, D-7016 Gerlingen
1. Auflage
Alle Rechte vorbehalten
Gesamtherstellung: Wilhelm Röck, D-7102 Weinsberg
Umschlag: Buchgestaltung Reichert, D-7000 Stuttgart
ISBN 3-88350-023-2

Inhalt

Abkürzungsverzeichnis

ASE	Asocio de Sovetiaj Esperantistoj (Verband sowjetischer Esperantisten)
DEB	Deutscher Esperanto-Bund
IAA	Internationale Arbeiter-Assoziation
IEL	Internacia Esperanto-Ligo (Internationale Esperanto-Liga)
IPE	Internacio de Proleta Esperantistaro (Internationale der proletarischen Esperantisten)
KSZE	Konferenz über Sicherheit und Zusammenarbeit in Europa
MEM	Mondpaca Esperantista Movada (Bewegung der Esperantisten für den Weltfrieden)
NDEB	Neue Deutsche Esperanto-Bewegung
NKWD	Narodnyj Komissariat Wnutrennych Del (Volkskommissariat für Innere Angelegenheiten)
SAT	Sennacieca Asocio Tutmonda (Nationsloser Weltbund)
SEU	Sovetrespublikara Esperantista Unio (Vereinigung sowjetischer Esperantisten)
UEA	Universala Esperanto-Asocio (Esperanto-Weltbund)
UNESCO	United Nations Educational, Scientific and Cultural Organization (Organisation der Vereinten Nationen für Erziehung, Wissenschaft und Kultur)

Hinweis

Russische Namen und Begriffe werden nach den deutschen Transliterationsregeln wiedergegeben. In den bibliographischen Angaben erscheint hingegen die wissenschaftliche Umschrift.

Einfügungen in eckigen Klammern stammen vom Verfasser dieser Arbeit.

In der gekürzten und überarbeiteten deutschen Ausgabe dieser Untersuchung werden die Zitate größtenteils mit einem vereinfachten System nachgewiesen: die erste Zahl in der Klammer gibt das Werk an (vgl. das numerierte Literaturverzeichnis), die Zahlen nach dem Doppelpunkt bezeichnen die Seitenzahl, ggf. zuvor – in römischen Ziffern – den Band.

Für ausführliche Anmerkungen und Quellenangaben verweisen wir auf die ungekürzte Esperantofassung dieses Werkes, die ebenfalls im Bleicher Verlag erschienen ist (Ulrich Lins: *La danĝera lingvo. Studo pri la persekutoj kontraŭ Esperanto*. Gerlingen 1988).

Vorbemerkungen

Seit dem Turmbau zu Babel lebt in der Menschheit der Wunsch, Sprachgrenzen zu überwinden, aus nationaler Beschränktheit auszubrechen, kommunikationshemmende Gegensätze abzubauen. Der Wunsch bleibt immer noch ein Traum. Es hat viele Versuche gegeben, ihn zumindest in Teilen Wirklichkeit werden zu lassen. Oft ist davon die Rede, daß die Welt immer mehr zusammenrücke und so gleichsam von selbst zur Einheit finde. Der wissenschaftlich-technische Fortschritt läßt Entfernungen schneller überwinden und ermöglicht die Verbreitung von Informationen in fast jeden Winkel der Erde. Doch gleichzeitig wird damit noch deutlicher, daß der Menschheit – im Widerspruch zu den verbesserten technischen Möglichkeiten – ein entsprechend stärkeres Bewußtsein ihrer Zusammengehörigkeit fehlt. Fühlbarster Ausdruck des Trennenden ist hierbei die Verschiedenheit der Sprachen; jeder Hinweis auf Babel beschwört gleichsam die Erinnerung an eine verlorengegangene Einheit herauf. Mit resignierendem Unterton hat Arthur Koestler geschrieben: »Wir haben Nachrichtensatelliten, die Botschaften an die gesamte Bevölkerung des Planeten schicken könnten, aber keine *lingua franca,* keine globale Verkehrssprache, die sie allgemein verständlich machen würde. Sonderbar, daß mit Ausnahme einiger kühner Esperanto-Anhänger noch niemand, weder die UNESCO noch irgendeine andere internationale Organisation, darauf gekommen ist, daß der einfachste Weg zur Völkerverständigung dieser wäre, eine Sprache zu fördern, die von allen verstanden wird« (15: 27 f.).*

Dieses Buch handelt von der Geschichte des Esperanto, von der hundertjährigen Geschichte eines kühnen Versuchs. Es will die

---

* Zum Zitatnachweis in Klammern vgl. Hinweis auf Seite 8

Aufmerksamkeit auf ein Thema lenken, das lange Zeit vernachlässigt worden ist.

Das Thema – eben Esperanto – kann unter verschiedenen Aspekten beleuchtet werden. Ein Sprachwissenschaftler richtet sein Interesse naturgemäß vor allem auf Entstehung, Aufbau und Entwicklung einer Plansprache. Andere, die nach der Anwendung der Sprache, auch nach ihrer literarischen Nutzung, fragen oder sich für die Struktur der Sprechergemeinschaft und die Organisation und Tätigkeit der Esperanto-Bewegung interessieren, widmen sich dem Gegenstand unter geistesgeschichtlichen oder soziologischen Gesichtspunkten. Wie in jüngster Zeit erschienene Arbeiten zur Sprachentwicklung und Geschichte der Bewegung belegen, hat die Wissenschaft jetzt begonnen, sich dem Phänomen Esperanto ernsthaft zuzuwenden. Eine umfassende Darstellung aber steht noch aus.

Die hier vorgelegte Arbeit möchte einen Beitrag zur Geschichte der Esperanto-Bewegung leisten, indem sie einen bisher überhaupt nicht systematisch behandelten Aspekt hervorhebt: Sie untersucht Esperanto vorwiegend im Hinblick auf seine Vereinbarkeit mit bestimmten politisch-ideologischen Zielen. Es geht um die Geschichte einer Sprache, die diffamiert und als gefährlich eingestuft wurde. Die aktive Gegnerschaft politischer Ideologien, besonders der des Nationalsozialismus und des Stalinismus, steht in dieser Wirkungsgeschichte im Vordergrund. Es ist nicht Ziel der Untersuchung, die zweifellos stets weitverbreiteten Zweifel an der Durchsetzbarkeit einer internationalen Plansprache zu behandeln. Auch die »innere« Geschichte der Esperanto-Bewegung steht nicht im Mittelpunkt der Arbeit.

Es versteht sich von selbst, daß nicht nur beschrieben wird, in welchen Formen der Kampf gegen Esperanto geführt worden ist. Vielmehr ist unerläßlich, auf die Argumente der Gegner einzugehen und die Motive aufzuhellen, die politische Regime sehr unterschiedlicher Tendenz veranlaßt haben, die Esperanto-Bewegung zu verfolgen – Motive, die sich sowohl aus ideologischen Grundpositionen als auch aus politischen Interessen ergaben. Hierbei wird das Verhalten der Esperanto-Bewegung selbst wie auch einzelner Esperantisten stets mitberücksichtigt, denn ohne eine Darstellung des Entstehungshintergrunds der Sprache, der Motive Zamenhofs, der Werbemethoden, der Theorie und Struktur der Esperanto-Bewegung ließe sich kaum verstehen, warum Esperanto bekämpft worden ist.

Einige Fragen seien hier genannt: Was war an Esperanto provozierend? War es seine bloße Existenz als internationale Sprache oder mehr die Art seiner praktischen Anwendung? Wie sah die Umwelt aus, der die Esperanto-Bewegung ihr Anliegen – eine Zweitsprache für jedermann – vortrug? Welche Rolle spielten Anpassungsbereitschaft und Selbstbewußtsein gegenüber Regierungen, auf deren Unterstützung die Esperanto-Bewegung hoffte, von denen sie aber andererseits ihre Existenz nicht abhängig machen wollte? Wie standen die »neutrale« Sprache und die »idealistischen« Anhänger zueinander? Welche Beziehungen gab es zwischen den Esperantisten und den Verfechtern anderer Ziele, die ebenfalls auf weltweite Solidarität gerichtet waren, etwa den Pazifisten, Sozialisten und Kommunisten? Und wie reagierten die Esperantisten auf die – oft unvermuteten – Konflikte, die sie mit ihren Gegnern hatten? Welche Lehren zogen sie aus den Verfolgungen für das Selbstverständnis der Esperanto-Bewegung?

Ein Buch, das das Schicksal der Esperanto-Bewegung im Kräftefeld der Ideologien und Machtinteressen behandelt, kann nicht darauf verzichten, vielfältige Bezüge zur politischen Entwicklung in den betreffenden Ländern zu bringen, besonders in Deutschland und der Sowjetunion. (Der Zwang zur Beschränkung ließ es leider nicht zu, auch auf China und Japan einzugehen, obwohl gerade dort die über Europa hinausgreifende Wirkung des Esperanto verdeutlicht würde.) Dabei wird, wie der Verfasser hofft, über die Geschichte des ausgehenden 19. und des 20. Jahrhunderts manches aus einer bislang ungewohnten Perspektive zutage treten. Es wird versucht, zu zeigen, auf welche Hindernisse das Streben nach gleichberechtigter zwischenmenschlicher Kommunikation gestoßen ist – ein Streben, das zwar oft mit bestimmten Gruppen (Juden, Kommunisten, Kleinbürger) identifiziert wurde, das in Wirklichkeit aber für einen eigenständigen, humanitären Internationalismus stand und sich nicht in herkömmliche Kategorien einbeziehen lassen wollte. Das Schicksal der Esperanto-Bewegung unter Hitler und Stalin dürfte somit zu Einsichten verhelfen, die über das Thema der internationalen Sprache Esperanto hinausreichen und z. T. bis in die Gegenwart gültig sind.

1. Eine neue Sprache erregt Verdacht

1.1 Die Ursprünge des Esperanto

Der Autor des Esperanto gehörte einem diskriminierten Volk an. Lazarus Ludwik Zamenhof, der 1887 sein Projekt einer internationalen Sprache veröffentlichte, war Jude und lebte im russischen Reich, dessen vier Millionen jüdische Einwohner fast die Hälfte aller Juden der Welt bildeten, gleichzeitig aber Verfolgung und Unterdrückung in einem Maße erfuhren, das die Mehrheit ihrer Glaubensgenossen in Westeuropa schon als eine Sache der Vergangenheit betrachtete.

Zamenhof wurde 1859 in Białystok geboren, einer Stadt, in der – jeweils mit eigener Sprache und in wechselseitigem Mißtrauen – Juden (sie stellten zwei Drittel der Bürger), Polen, Russen, Deutsche und Weißrussen zusammenlebten. Und in dieser Umgebung entstand Esperanto, wie Zamenhof in einem langen Brief an den Russen Nikolaj Borowko berichtet hat:

> Ein empfindsamer Charakter fühlt in einer solchen Stadt mehr als irgendwo sonst das schwere Unglück der Sprachenvielfalt und wird bei jedem Schritt aufs neue davon überzeugt, daß die Verschiedenheit der Sprachen als einziger oder doch zumindest hauptsächlicher Grund für die Spaltung der menschlichen Familie in feindliche Teile angesehen werden muß. (74: IV, 28; vgl. 75: 13)

Deswegen, schrieb Zamenhof, habe er sich entschlossen, dieses Übel, sobald er groß geworden sei, unbedingt zu beseitigen.

Der Brief an Borowko ist seit seiner Veröffentlichung 1896 häufig zitiert worden; er galt als eine gute Erläuterung der Motive Zamenhofs und als besonders überzeugende Begründung für die Notwendigkeit einer internationalen Sprache. Der Autor des Esperanto erschien darin als uneigennütziger Verfechter einer Verständigung über alle nationalen Gegensätze hinweg, als ein Mensch voll Bescheidenheit und Idealismus, dessen Bestrebungen man nur schwer den Respekt versagen konnte.

Ganz unbekannt hingegen blieb fast vier Jahrzehnte lang ein anderer Brief Zamenhofs, den er 1905 dem Franzosen Alfred Michaux geschrieben hatte. In diesem Brief stellte Zamenhof stark seine jüdische Herkunft heraus und betonte, wie sehr alle seine Ideale gebunden seien an die Zugehörigkeit »zu diesem so alten Volk, das so viel gelitten und gekämpft hat, dessen ganze historische Mission darin besteht, die Nationen im Streben nach ›einem Gott‹ zu einigen«. Wenn er kein »Jude aus dem Ghetto« wäre, meinte Zamenhof, hätte »die Idee der Einigung der Menschheit« ihn nicht so unwiderstehlich angezogen; nur ein Jude könne die Notwendigkeit einer »nationslosen, neutral-menschlichen Sprache« so stark empfinden (74: VII, 27 f.).

Man braucht freilich zwischen diesen beiden Briefen keinen scharfen Gegensatz zu sehen. Sie geben Gedanken wieder, die Zamenhof je nach Situation unterschiedlich pointiert äußerte. Ob er schon in früher Jugend den spezifischen Nutzen im Sinne hatte, den die Sprache, an der er arbeitete, den Juden bringen würde, läßt sich nur schwer nachweisen. Sein Familienhintergrund fordert nicht gleich dazu heraus, von Umständen zu sprechen, die zu missionarischem Eifer antrieben. Die Familie, die seit 1873 in Warschau lebte, strebte nach Assimilierung; sie vertraute auf eine Verbesserung der rechtlichen Lage der Juden im Zarenreich. Der Vater, Marko Zamenhof, Lehrer an einem Realgymnasium, war Anhänger der jüdischen Aufklärungsbewegung Haskala, die sich als Teil der allgemeinen, in Westeuropa entstandenen Aufklärung verstand und darauf hoffte, daß die Ideen der Gleichberechtigung endlich auch in Rußland siegen würden. Lazarus wuchs also nicht in der traditionellen Atmosphäre und erstickenden Armut eines jüdischen Ghettos auf, sondern inmitten der Minderheit bürgerlicher und intellektueller Juden, für die der Weg zur Emanzipation darin bestand, daß sie sich in ihre gesellschaftliche Umgebung so vollständig wie möglich eingliederten.

Marko Zamenhof scheint ein typischer Vertreter des integrationswilligen Judentums in Rußland gewesen zu sein. Er wollte ein loyaler Bürger des russischen Staates sein, betrachtete sich als Russen, dessen Judentum sich auf das Religiöse beschränkte, und hatte den Wunsch, daß seine Kinder die verfügbaren Bildungschancen nutzten und Karriere machten. Seine Einstellung wird durch den erhalten gebliebenen Bericht über die Einweihung einer neuen Synagoge in Białystok im Jahre 1868 verdeutlicht. Marko hielt bei diesem Anlaß eine Rede auf russisch, in der er an vergangene Verfolgungen erinnerte und dann Zar Alexander II. »für seine gerechten Gesetze und Befehle« Dank abstattete; die Juden rief er auf, sich nach dem Geist der neuen, liberalen Epoche zu richten: »Wir wollen uns von unseren Brüdern, den Russen, unter denen wir leben, nicht absondern, sondern genau wie sie an allen Rechten des Landes, zu unserem Vorteil und Glück, teilhaben« (52: 31).

Lazarus' Kindheit verlief unter dem Einfluß dieses Beteiligungsstrebens. Er selbst erinnerte sich später, daß er »die russische Sprache und das ganze russische Reich sehr leidenschaftlich geliebt« habe und »davon träumte, einmal ein großer russischer Dichter zu werden« (74: VII, 32). Sprachen überhaupt wurden seine Lieblingsbeschäftigung. Zeitweise hoffte er, eine der klassischen Sprachen zu neuem Leben erwecken zu können, und er dachte auch an eine Wiederbelebung des Hebräischen. Schließlich jedoch begann er, wie er Borowko schrieb, »undeutlich von einer neuen, künstlichen Sprache zu träumen« (74: IV, 29). Hierbei dürfte die Legende vom Turmbau zu Babel seine Phantasie schon früh angeregt haben; sie reizte ja zum Nachdenken über jene Zeit, da die Menschen sich noch frei miteinander verständigen konnten. Und von dort führte kein langer Weg zur Frage einer Überwindung des in Babel entstandenen Sprachenwirrwarrs. Wie Zamenhof Jahre später einmal bemerkte, haftete dem Symbol Babel längst eine neue, aktuellere Bedeutung an: »Was einst Folge des Turms von Babel gewesen ist, das wirkt jetzt als Ursache; einst hat sich die Sprache zur Strafe für die

Sünden verwirrt, aber jetzt werden Sünden durch den Sprachenwirrwarr verursacht« (52: 66).

Ende 1878, Zamenhof war noch Gymnasiast, lag der erste Entwurf der »lingwe uniwersala« vor. Zusammen mit einigen Freunden rezitierte er freudig, ganz unter dem Einfluß der aufklärerischen Ideen der Menschenbrüderlichkeit, die ersten Verse in der neuen Sprache:

Malamikete de las nacjes	Feindschaft der Völker
kadó, kadó, jam temp' está!	falle, falle, es ist schon Zeit!
La tot' homoze in familje	Die ganze Menschheit
konunigare so debá!	muß sich zu einer Familie
(74: IV, 31)	zusammenschließen!

Aber Zamenhof zögerte noch, mit seinem Projekt an die Öffentlichkeit zu treten. »Nur Spott und Verfolgungen voraussehend, beschloß ich, meine Arbeit vor jedermann zu verbergen.« Er beendete das Gymnasium Mitte 1879 und ging dann nach Moskau, um Medizin zu studieren. Dort befand er sich, als im März 1881 Zar Alexander II. von Anarchisten ermordet wurde, und bald sollte sich zeigen, daß durch dieses Attentat das weitere Handeln Zamenhofs stark beeinflußt wurde. Nach dem Mord verschlechterte sich das politische Klima in Rußland rapide, besonders für die Juden. Im April begannen Pogrome. Sie breiteten sich über große Teile Rußlands aus, dauerten mehr als ein Jahr und fügten sich zur größten Verfolgung zusammen, die die Juden in der Neuzeit zu erleiden hatten. Es handelte sich nicht etwa bloß um Ausschreitungen des Pöbels. Vielmehr waren die Pogrome von der stillschweigenden oder sogar direkten Billigung der zaristischen Behörden begleitet.

Der neue Ausbruch des Antisemitismus war für die Juden Rußlands um so schockierender, als die Politik des ermordeten Zaren ihnen einige Verbesserungen gebracht hatte; das Ziel der Gleichberechtigung schien nähergerückt zu sein. Aber jetzt, ab 1881, wurde den Juden schmerzhaft zum Bewußtsein gebracht, daß der Antisemitismus nicht ausgerottet war und ihr Integrationsstreben auf unüberwindliche Hindernisse stieß. Die Folge war, daß viele Juden sich auf die Notwendigkeit besannen, zu einer kollektiven Wiedergeburt zu gelangen, d.h. eine Lösung der Judenfrage nicht mehr in der Anpassung an eine feindliche Umgebung zu sehen, sondern in einer nationalen Renaissance, die den Juden ein eigenes Territorium wiedergeben sollte. Vom Winter 1881/82 an bildeten sich in vielen Städten Rußlands Gruppen, die sich Chowewe Zion (Freunde Zions) nannten und einen jüdischen Staat in Palästina propagierten.

Zamenhof war im Lebenskreis der Aufklärer aufgewachsen, die über das Wiederaufflammen judenfeindlicher Leidenschaften am meisten bestürzt waren. So auch läßt sich die bittere Feststellung verstehen, die er in dem Brief an Michaux machte: »... ich kam zu der Überzeugung, daß man meine Liebe [zur russischen Sprache und zum russischen Reich] mit Haß erwiderte«. Er fügte hinzu, Leute, die über die richtige Definition des Russentums ein Monopol beanspruchten, sähen in ihm, dem Juden, »nur einen rechtlosen Fremdling« (74: VII, 32). Zamenhof war auf seine jüdische Abstammung zurückgestoßen worden und fühlte sich dadurch gleichzeitig sofort angespornt, in erster Linie denen zu helfen, die man »haßt, verachtet und unterdrückt«: seinen jüdischen Brüdern. Noch während seines Aufenthalts in Moskau machte er sich daran, eine Grammatik des Jiddischen auszuarbeiten, und ebenfalls bereits dort hatte er die Idee, »in irgendeinem menschenlosen Teil der Welt« eine Siedlung zu gründen, aus der später ein unabhängiger jüdischer Staat entstehen sollte (52: 168).

Im August 1881 kehrte Zamenhof zur Fortsetzung seines Studiums nach Warschau zurück. Kurz darauf ereignete sich etwas, womit niemand gerechnet hatte. Zu Weihnachten wurden auch die Juden in Warschau Opfer eines Pogroms. Dies führte endgültig dazu, daß sich Zamenhofs Aufmerksamkeit einige Jahre lang auf die Judenfrage konzentrierte. Er reihte sich unter die Pioniere der jüdischen Auswanderungsbewegung ein, gründete mit jüdischen Studenten die erste zionistische Vereinigung in Warschau und beteiligte sich mit einigen Aufsätzen an der leidenschaftlichen Diskussion darüber, ob die Juden in Amerika eine neue Heimat suchen (zu dieser Lösung neigte er selbst anfangs) oder aber den Wiederaufbau des alten Israel anstreben sollten.

Aber Zamenhofs Teilnahme an der frühzionistischen Bewegung war, wenngleich intensiv, nur von kurzer Dauer. Mittlerweile zum Augenarzt ausgebildet, begann er sich nach und nach zweifelnd zu fragen, ob die Hoffnung auf Zion den Juden wirklich die Rettung bringen werde. Ihn quälten Skrupel, ob er überhaupt das Recht habe, sich so ausschließlich nur dem eigenen Volk hinzugeben und menschheitliche Erwägungen beiseite zu lassen. Wie er Michaux gestand, hatte in ihm von früher Kindheit an »immer der ›Mensch‹ die Oberhand, aber wegen des zutiefst unglücklichen Zustands meines Volkes kam in meinem Herzen oft der ›Patriot‹ zum Erwachen, der in meinem Herzen schrecklich gegen den ›Menschen‹ kämpfte« (74: VII, 31). Dieser Konflikt wurde 1887 zugunsten des Menschen entschieden: Zamenhof stellte seine Tätigkeit für die jüdischen Siedlungsgruppen ein und widmete sich fortan ganz der Sprache, die er im gleichen Jahr unter dem Pseudonym »Dr. Esperanto« veröffentlichte.

In den folgenden zwei Jahrzehnten herrschte bei Zamenhof der Gedanke einer die ganze Menschheit umfassenden, neutralen Sprache vor, durch die nicht nur Judenhaß, sondern gleichzeitig überhaupt »jeder nationale Haß« zum Verschwinden gebracht werden sollte. Nicht, daß Zamenhof aufgehört hätte, an die Juden zu denken: Er hielt an dem Bestreben fest, dem unterdrückten jüdischen Volk zu helfen, und es ist offensichtlich, daß dieses Bestreben dem Eifer, mit dem er für Esperanto wirkte, förderlich war. Aber der Gedanke an Hilfe für die Juden war seitdem fest in die Absicht eingebunden, einen Beitrag der Versöhnung und Einigung der gesamten Menschheit zu leisten.

Bemerkenswert ist, daß sich von diesen Gedanken Zamenhofs kaum etwas in seinem ersten Lehrbuch der »Internacia Lingvo« widerspiegelt. Das Vorwort führt vor allem praktische Argumente an: Die Notwendigkeit, mehrere Fremdsprachen zu lernen, führe zu Zeitverlust und zur Verschwendung materieller

Mittel, so daß es von höchstem Nutzen wäre, wenn jeder Mensch nur noch zwei Sprachen beherrschen müßte – seine Muttersprache und die neu vorgeschlagene neutrale, internationale Sprache. Idealistische Aussagen fehlen keineswegs: So behauptet Zamenhof, die Verschiedenheit der Sprachen stelle den Kern des Gegensatzes und der Feindschaft zwischen den Völkern dar, und er erwähnt den besonderen Nutzen, den eine neutrale Sprache in Vielvölkerstaaten hätte – ein deutlicher Hinweis, daß die Situation in Rußland ihn angeregt hatte und weiter beschäftigte. Idealismus strahlte auch das Pseudonym »Esperanto«, der Hoffende, aus, das bald für die Sprache selbst verwendet wurde.

Dennoch: Daß das Sprachprojekt überhaupt zu leben begann, ist mehr Zamenhofs Sinn für das Praktische zu verdanken. 1887 erklärte er: »Eine internationale Sprache ist, wie jede nationale, Eigentum der Gesellschaft, und der Verfasser tritt für immer alle persönlichen Rechte an ihr ab« (74: I, 8). In seinem »Zweiten Buch« von 1888 präzisierte er: »Ich will kein *Schöpfer*, sondern nur *Initiator* der Sprache sein« (74: I, 52). Indem er, erstmals, den Grundsatz aufstellte, daß sich eine internationale Sprache im kollektiven Gebrauch, unabhängig von einer persönlichen Autorität, zu entwickeln habe, überließ Zamenhof der menschlichen Gesellschaft und der Alltagspraxis die Aufgabe, Esperanto zu beurteilen, am Leben zu halten und weiterzuentwickeln.

1.2 Schikanen der Zensur im zaristischen Rußland

So wenig Herausforderndes in Zamenhofs Idee einer Sprache steckte, mit der »die Völker einander nahekommen wie eine Familie« (74: I, 9) – als erstes waren die Beschränkungen der Zensur zu überwinden. Ironischerweise gehörte der Vater selbst der Behörde an, deren Aufgabe es war, unerwünschtes Wissen von den Bürgern fernzuhalten. Neben seinem Lehrerberuf arbeitete Marko Zamenhof seit 1878 auch als Zensor, und zwar für Veröffentlichungen in hebräischer und jiddischer Sprache. Für den Sohn war die väterliche Position von Vorteil, als er 1887 die Erlaubnis zur Herausgabe seines Lehrbuchs benötigte. Marko Zamenhof überredete seinen für russische Publikationen zuständigen Kollegen, das Werk des Sohnes, dieses »harmlose Kuriosum« (71: 10), zu genehmigen. Ein russischsprachiges Büchlein von 40 Seiten konnte erscheinen – die Jugendträume des Lazarus Zamenhof hatten zum ersten Mal ein konkretes Ergebnis gebracht. Es folgten nacheinander eine polnische, französische, deutsche, englische, hebräische und jiddische Ausgabe des ersten Lehrbuchs, bald auch weiteres Unterrichtsmaterial. 1891 zählte man bereits 33 Lehrbücher des Esperanto in zwölf Sprachen.

Die Leser des ersten Lehrbuchs waren gebeten worden, einen Abschnitt zu unterschreiben und an den Verfasser zurückzuschicken, auf dem der Unterzeichnende versprach, die Sprache zu erlernen, sobald zehn Millionen Menschen öffentlich das gleiche Versprechen abgelegt hätten. Doch statt dies nur zu versprechen – lernten die meisten Interessenten die neue Sprache sofort. Im September 1889 konnte Zamenhof das erste Anschriftenverzeichnis von 1000 Personen herausgeben, die bis dahin Esperanto gelernt hatten; von diesen lebte die große Mehrheit im russischen Reich. In dem Verzeichnis kann man den Keim eines Zusammenschlusses der Esperantisten sehen, was unter den damaligen Bedingungen, in einer Gesellschaft, die erst als Nachzügler den Anschluß an die Industrialisierung suchte, bereits eine politische Herausforderung anzukündigen schien, zumindest nach Ansicht der offiziellen Stellen, denen freiwillige Zusammenschlüsse, so harmlos sie auch sein mochten, Sorge bereiteten.

Die ersten Broschüren Zamenhofs hatten die Zensur noch unbehelligt passiert. Im Herbst 1888 jedoch wurde ein Antrag auf Herausgabe einer Wochenzeitung für die ersten Anhänger des Esperanto abgelehnt. Etwa um die gleiche Zeit verlor Marko Zamenhof sein Amt als Zensor, nachdem in einer jiddischen Publikation ein satirisches Gedicht gegen die Pogrome und in einer hebräischen Zeitung ein angeblich den Zaren beleidigender Artikel erschienen waren, wofür er verantwortlich gemacht wurde. Damit begannen für den Sohn schwere Jahre, denn er hatte nun seinen Vater finanziell zu unterstützen, während er selbst noch um berufliche Stabilität bemüht war, und verfügte außerdem nicht mehr über den hilfreichen Kontakt zum Zensurbüro in Warschau.

Für die Genehmigung von Veröffentlichungen in oder über Esperanto wurde die Hauptverwaltung für Presseangelegenheiten in St. Petersburg zuständig. Deren Politik zeichnete sich durch eine merkwürdige Ambivalenz aus: In den Jahren 1891/92 konnte Zamenhof kein neues Buch herausbringen, doch gleichzeitig gelang es mit Zustimmung des Auslandszensors, Esperanto-Publikationen aus anderen Ländern nach Rußland zu importieren, so auch das wichtigste Organ der aufblühenden Bewegung, die seit September 1889 in Nürnberg erscheinende Zeitschrift *La Esperantisto*.

Die erste Esperanto-Gruppe in Rußland, der Klub »Espero« in St. Petersburg, wurde im April 1892 vom Innenministerium zugelassen. In den folgenden zwei Jahren machte die noch immer sehr kleine Bewegung ihre erste innere Krise durch. Weil Zamenhof von persönlicher Verantwortung entlastet werden wollte, schlug er im Januar 1893 vor, daß sich die Bezieher des *Esperantisto* zu einem Internationalen Bund der Esperantisten zusammenschließen sollten. Er legte ihnen bald darauf ein Projekt für Reformen in der Sprache vor, wozu ihn jene gedrängt hatten, die mit der langsamen Ausbreitung des Esperanto unzufrieden waren und dies auf strukturelle Schwächen der Sprache zurückführten.

In der Abstimmung sprach sich eine eindeutige Mehrheit der Abonnenten gegen jegliche Änderung in der Sprache aus. Damit war auch der Plan einer internationalen Organisation der Esperantisten gestorben. Für die Entwicklung der Bewegung aber erwies sich der Verzicht auf Reformen als stabilisierender Faktor, und Zamenhof tat viel, um zu zeigen, daß sich Esperanto so, wie es war, eignete – sogar für literarische Zwecke: Seine Übersetzung des *Hamlet,* 1894 erschienen, »übte einen unvergleichlichen Einfluß aus und hatte auf die Verbreitung der Sprache mehr Wirkung als alle noch so geschickten theoretischen Ermahnungen« (69: 18).

Die Pioniere des Esperanto in Rußland waren vor allem städtische Intellektuelle, darunter viele Ärzte, Lehrer und Schriftsteller – Menschen, die man zusammen als die gebildete Elite eines reaktionären Landes charakterisieren kann. Nach den Worten E. Dresens war »in diesem unterdrückten Land, wo es kein Zeichen politischer Freiheit gab, jeder Esperantist gewissermaßen ein Idealist, der von hohen Idealen träumte, die sich von der ihn umgebenden rauhen Wirklichkeit abhoben« (5: 85 f.). Obwohl Zamenhof sein Esperanto jedermann ohne Rücksicht auf nationale oder soziale Herkunft zur Verfügung gestellt hatte und nicht ausdrücklich um die Unterstützung der Machtlosen warb, waren es doch gerade diese, nämlich die Diskriminierten und Verfolgten, die sich besonders angesprochen und aufgerufen fühlten. Daß Esperanto in Rußland für Angehörige von Minderheiten großen Reiz besaß, wird durch nichts besser illustriert als durch den hohen Anteil der Juden unter den ersten Esperantisten.

Unter den Intellektuellen hatte sich die Unzufriedenheit mit den in Rußland herrschenden Bedingungen verstärkt, nachdem die Versuche zu politisch-sozialen Reformen durch das Attentat von 1881 steckengeblieben waren. Diese Unzufriedenheit hatte die Esperantisten ebenso erfaßt wie die Anhänger Leo Tolstojs – Menschen, die sich, fern bloßen Äußerlichkeiten einer Religion, als schöpferische, religiös verantwortliche Individuen verstanden und gewaltlosen Widerstand gegen das Böse leisten wollten. Von Radikalen wurde Tolstoj vorgeworfen, er untergrabe mit seiner Botschaft einer durch moralische Wiedergeburt entstehenden neuen Ordnung die Hoffnung der Jugend auf Revolution. Ganz ähnlich wurden vermutlich die meisten Esperantisten als Menschen angesehen, die allzu naiv hofften, daß sich mit einer gemeinsamen Sprache alle Menschen verbrüdern, daß mit Esperanto auch soziale Übel verschwinden würden. Tatsächlich soll es Russen gegeben haben, die Esperanto als ein Geschenk Gottes an die Christen betrachteten, mit dessen Hilfe den Heiden verschiedener Sprache das Christentum besser verkündet werden könne.

Tolstoj selbst hatte schon früh, im Jahre 1889, dem Werk Zamenhofs seine Sympathie bekundet. 1894 druckten zwei Zeitungen in Odessa einen langen Brief Tolstojs ab, in dem es zum Schluß hieß:

> Ich habe viele Male gesehen, daß sich Menschen zueinander nur infolge des mechanischen Hindernisses einer gegenseitigen Verständigung feindlich verhielten. Und daher ist das Studium des Esperanto und seine Verbreitung ohne Zweifel ein christliches Werk, das an der Schaffung des Gottesreiches mitwirkt, einem Werk, das die wichtigste, die einzige Bestimmung des menschlichen Lebens bildet. (74: III, 182 f.)

Vermutlich als Folge dieses Briefes wurden die Beziehungen zwischen Tolstojanern und Esperantisten enger. Am 15. Januar 1895 teilte die Polizeiabteilung des Innenministeriums der Hauptverwaltung für Presseangelegenheiten mit, ihr lägen Informationen vor, daß Schüler Tolstojs die Absicht hätten, den *Esperantisto* in ein Organ zur Verbreitung der Ideen ihres Meisters umzuwandeln. Tatsächlich eröffnete die Redaktion des Tolstoj nahestehenden Verlags »Posrednik« im Februar eine Rubrik im *Esperantisto,* die vor allem einem Ziel gewidmet sein sollte: »der Idee friedlicher geistiger Entwicklung und der Vereinigung der Menschen und alles Lebenden zu einer weltweiten Bruderschaft nach den Grundsätzen von Vernunft und Liebe, die Gewalttätigkeit und Aberglauben ausschließen«. Die Mitarbeit am *Esperantisto* begann mit der Veröffentlichung eines Beitrags von Tolstoj, »Vernunft oder Glaube?«, ursprünglich ein Brief – in einem ruhigen, nicht provozierenden Stil geschrieben, aber mit einem Inhalt, der traditionsfeindlich und antiautoritär war. Im März-Heft des *Esperantisto* folgte ein ebenfalls von »Posrednik« gelieferter Artikel über den Chinesisch-Japanischen Krieg, in dem von buddhistischen Mönchen

23

in Japan die Rede war, die zu den Soldaten eilten, »um sie für die Schlächterei zu begeistern«, und der den Regierungen vorhielt, daß sie »zur Ablenkung und Verführung des Volkes« Kriege benötigten.

Kaum begonnen, hatte die Zusammenarbeit mit den Tolstojanern für die Esperantisten böse Folgen. Wegen des Beitrags »Vernunft oder Glaube?« verhängte die Zensur im April 1895 ein Einfuhrverbot für den *Esperantisto*. Mit den russischen Abonnenten verlor die Zeitung so auf einen Schlag drei Viertel ihrer fast 600 Bezieher; im August mußte sie ihr Erscheinen einstellen. Tolstoj, der sich mitverantwortlich fühlte, intervenierte unverzüglich bei den Behörden und erreichte auch, daß das Importverbot aufgehoben wurde. Für die Rettung des *Esperantisto* war es aber bereits zu spät.

Bei diesem Vorfall handelte es sich nicht etwa um eine gewöhnliche Schikane. Die Zensurbehörde ging vielmehr gegen den *Esperantisto* aufgrund des erwähnten Hinweises der politischen Polizei vor; von dieser wurden dann die örtlichen Gendarmerien instruiert, über die Personen Nachforschungen anzustellen, die das verbotene Heft heimlich läsen und weiterreichten. Der Gegenstand staatlicher Kontrolle war nicht mehr ein harmloses Kuriosum, ein Hobby unpraktischer Idealisten, das kaum die Aufmerksamkeit der Zensur verdiente, sondern bereits eine Bewegung, die, wenngleich von geringer Zahlenstärke, sich mit den Verfechtern einer religiös fundierten Umgestaltung der Gesellschaft zu verbünden schien.

Die Esperantisten, die um die Anerkennung des Esperanto als Sprache zu kämpfen hatten, mußten sich seitdem mit besonderem Nachdruck darum bemühen, den Behörden ihre gesellschaftlich-politische Zuverlässigkeit zu beweisen und den Verdacht auszuräumen, daß die Sprache verschwörerischen Zielen diene. Dies blieb oft ohne Wirkung: Die Zensur lehnte es ab, eine neue Esperanto-Zeitschrift zu genehmigen, selbst als die Antragsteller versprachen, jeden Text parallel auch auf russisch zu bringen. Zwischen Juni 1899 und Oktober 1904 – Jahre, in denen die zaristische Regierung ihr Vorgehen gegen revolutio-

näre (oder angeblich revolutionäre) Bewegungen verschärfte –
erschien in Rußland (oder wurde aus dem Ausland zugelassen)
Esperanto-Schrifttum nur in sehr geringer Zahl. So konnten die
Litauer, die bis 1904 keine Druckerzeugnisse in ihrer Muttersprache veröffentlichen durften, Esperanto nur mit Hilfe eines
1890 in Tilsit gedruckten Lehrbuchs kennenlernen, das nach
Litauen geschmuggelt worden war.

1.3 Vordringen nach Westeuropa

Während die russischen Esperantisten noch unter extrem
schwierigen Bedingungen arbeiteten, wurde in anderen Ländern bereits die Grundlage für eine Bewegung geschaffen, der
die Schikanen der zaristischen Behörden bald kaum mehr etwas
anhaben konnten. Das Fundament wurde in den politisch und
ökonomisch höherentwickelten Ländern Westeuropas gelegt –
von Menschen, die sich nicht auf Schritt und Tritt von einem
autokratischen Regime kontrolliert fühlten, deren Leben ruhiger verlief, ohne die Aussicht auf blutige Konflikte im eigenen
Land.
Noch vor der Jahrhundertwende begann in der Geschichte des
Esperanto eine neue Periode, die von Franzosen geprägt wurde
und der Propaganda gewidmet war. Ihr herausragender Vertreter war Louis de Beaufront, ein etwas geheimnisvoller Mann,
dessen wirklicher Name – Louis Chevreux – erst nach dem
Zweiten Weltkrieg enthüllt worden ist. Er gründete 1898 die
»Gesellschaft für die Propagierung des Esperanto« und brachte
über den Verlag Hachette von 1901 an die ersten einem größeren Kreis zugänglichen Lehrbücher heraus. De Beaufront wurde der erste richtige Propagandist des Esperanto. Er bediente
sich moderner Reklamemethoden und gewann für die Bewegung Menschen, die sich vom Esperanto praktischen Nutzen
für die internationalen Beziehungen im Zeitalter des Imperialis-

mus versprachen. Nicht zu Unrecht hat man ihn den »Urvater aller französischen und neuen Esperantisten« genannt.

Dank der Tätigkeit de Beaufronts wurde die praktische Verwertbarkeit des Esperanto zu Beginn des 20. Jahrhunderts bereits so evident, daß die Bewegung bald einige einflußreiche Persönlichkeiten des wissenschaftlichen Lebens Frankreichs in ihren Reihen zählte. Dazu gehörten u. a. der Mathematiker Carlo Bourlet, der Philosoph Emile Boirac, der Linguist Théophile Cart und der General und Ballistik-Experte Hippolyte Sebert. Die Neugeworbenen stießen zum Esperanto nicht deswegen, weil sie einer beengenden geistigen Atmosphäre entfliehen oder zur Minderung nationaler Konflikte beitragen wollten. Ihnen war die besondere menschenbrüderliche Rhetorik fremd, die die russischen Esperantisten unter dem Eindruck der Völkerzwietracht im Zarenreich benutzten. Die extrem idealistischen, fast religiösen Züge, die für die Esperanto-Bewegung in ihrer Frühzeit charakteristisch waren, verloren ihre Vorherrschaft.

In der Tat unterschieden sich die französischen Intellektuellen sehr von den liebenswerten Geistesverwandten Tolstojs. Sie hatten wenig gemein mit dem Arzt A. I. Asnes, der sich 1906 verbittert einen »elenden russischen Sklaven« nannte; mit dem polnischen Darwinisten Benedykt Dybowski, einst wegen Beteiligung am antirussischen Aufstand von 1863–65 zum Tode verurteilt; mit dem mehrmals verhafteten Rechtsanwalt und Schriftsteller Leo Belmont, einem gefeierten Esperanto-Redner; mit dem jungen tschechischen Arbeiter und Esperanto-Pionier František Vladimír Lorenc, der 1893 vor der Verfolgung durch die österreichische Polizei nach Brasilien flüchtete; oder mit dem slowakischen Tolstoj-Anhänger Albert Škarvan, gegen dessen Verhaftung wegen Kriegsdienstverweigerung 1895 Prominente in ganz Europa protestierten. Im Gegensatz zu den Slawen und osteuropäischen Juden neigten die Franzosen weder zu sentimentalen Reden über Menschenbrüderlichkeit, noch sahen sie im Esperanto ein Hilfsmittel im Kampf für nationale oder soziale Emanzipation. Sie betrachteten Esperanto vielmehr als »die legitime Frucht ihres gemeinsamen Vertrauens auf den Fortschritt der Zivilisation und die Souveränität der Vernunft« (73: I, 3). Mit dieser Überzeugung erreichten sie, daß die Sprache auch für Angehörige der Oberschicht Westeuropas »salonfähig« wurde.

Historiker des Esperanto haben den Unterschied zwischen Russen und Franzosen schon oft hervorgehoben – den Unterschied zwischen dem idealistischen Pioniergeist und der späteren Dominanz von praktischen Erwägungen. So richtig diese allgemeine Beobachtung ist: es wäre unangemessen, den Kontrast überzubetonen. Als erstes muß hier daran erinnert werden, daß Zamenhof nicht nur für das idealistische Verständnis, sondern auch für den praktischen Gebrauch die Grundlage gelegt hatte: Es war nicht nur bei den 1887/88 formulierten Leitlinien geblieben. 1898, als Esperanto gerade die Aufmerksamkeit von Franzosen und anderen Westeuropäern auf sich zu ziehen begann, schrieb er eine Abhandlung, in der er versuchte, die Dienstleistungsfunktion des Esperanto theoretisch zu rechtfertigen.

Unter dem Titel »Wesen und Zukunft der Idee einer internationalen Sprache« (74: IV, 71–124) weist Zamenhof in seiner Abhandlung beruhigend darauf hin, daß Esperanto nicht mit einer Weltsprache zu verwechseln sei; es solle nicht die nationalen Sprachen auslöschen. Wie eine Distanzierung von übereifrigen Esperantisten klingt es, wenn Zamenhof die Möglichkeit ausschließt, daß die Menschen sich mit Hilfe des Esperanto zu einem Volk verschmelzen; dies sei nur infolge »veränderter Überzeugungen und Meinungen der Menschen« denkbar. Ganz die großen praktischen Vorteile eines neutralen Verständigungsmittels betonend, schreibt Zamenhof sogar, dem Streben nach einer internationalen Sprache brauche sich nicht einmal der glühendste Chauvinist zu entziehen.

Ein Teil der Abhandlung wurde Anfang August 1900 von de Beaufront auf dem im Rahmen der Pariser Weltausstellung stattfindenden Kongreß der Französischen Gesellschaft zur Förderung der Wissenschaften verlesen. Einige Zeit hielt man ihn sogar für den Verfasser. Auf spätere Lernende hatte der Text großen Einfluß. Man kann ihn in jedem Falle als ein Dokument dafür ansehen, daß zwischen Zamenhof und de Beaufront Einvernehmen über die sinnvollste Form der Werbung für Esperanto im Frankreich des beginnenden 20. Jahrhunderts bestand.

Zweitens aber darf man nicht vergessen, daß die Möglichkeiten zur praktischen Anwendung des Esperanto lange Zeit so begrenzt waren, daß sich die Bewegung auch in Westeuropa auf den Idealismus ihrer Mitglieder stützen mußte. Nicht alle Vorkämpfer in den westeuropäischen Ländern widmeten sich ausschließlich der praktischen Verwertbarkeit des Esperanto. So war Felix Moscheles, der erste Vorsitzende des Londoner Esperanto-Klubs, als Präsident der »International Arbitration and Peace Association« eine herausragende Gestalt in der pazifistischen Bewegung. In Deutschland gab der Bankier Georg Arnhold, einer der wichtigsten Mäzene der Pazifisten, auch der Esperanto-Bewegung materielle Unterstützung. Und zu den ersten Esperantisten in Frankreich zählte der Artillerieoffizier Gaston Moch, der 1894 aus der Armee ausschied, um sich dem Kampf für Frieden, Demokratie und Menschenrechte zu widmen.

Auch der gewöhnlich als Prototyp eines rein praxisorientierten Esperantisten geltende de Beaufront nannte sich einen »sehr warmen Parteigänger der Friedensideen«. Eine Gleichsetzung von Esperanto und Pazifismus aber wollte er vermeiden. Zur Begründung erklärte er, Esperantisten wie Pazifisten würden allgemein als »naive Utopisten« angesehen. Sie sollten sich daher nicht zusammentun, denn wenn sie gemeinsam marschierten, würden sie »die Schwierigkeit des Sieges« nur verdoppeln.

De Beaufronts vorsichtige Haltung mag z. T. mit der Erinnerung an das Schicksal des *Esperantisto* zusammenhängen. Vor allem aber bedachte er das gespannte politische Klima, das in Frankreich in den Jahren herrschte, als dort die Esperanto-Bewegung ihre ersten Schritte machte. Seit 1894 nämlich war die Nation tief gespalten in der Frage, ob der Hauptmann Alfred Dreyfus ein Verräter sei oder das unschuldige Opfer judenfeindlicher Kräfte. Die Dreyfus-Affäre teilte Frankreich in zwei Lager: hier die Anhänger von Armee, Adel, Kirche und konservativem Bürgertum, einig in ihrem Widerstand gegen die Prinzipien der Französischen Revolution und den Herrschaftsanspruch der Vernunft – dort die Nichtklerikalen, die sozialistischen Arbeiter und alle, die an Demokratie und Menschenrechte glaubten. Darüber hinaus markierte das Unrechtsurteil gegen Dreyfus einen Wendepunkt in der Geschichte der Juden Westeuropas. Sie hatten bis dahin darauf vertraut, daß der Gedanke der Emanzipation, der ihre Integration in die Gesellschaft ermöglichte, endgültig gesiegt habe, mußten nun aber bestürzt feststellen, daß die Assimilierung von einem Antisemitismus bekämpft wurde, den sie auf Osteuropa beschränkt geglaubt hatten. Für den Journalisten Theodor Herzl konnte es fortan keine andere Lösung mehr geben als die Gründung eines jüdischen Staates, zu der er, unter dem Eindruck der Dreyfus-Affäre, im Jahre 1896 aufrief.

Im Januar 1898 gründete de Beaufront seine Propaganda-Gesellschaft und rief die Zeitschrift *L'Espérantiste* ins Leben. Es war der gleiche Monat, in dem sich, besonders nach der berühmten Anklage Emile Zolas, der leidenschaftliche Meinungsstreit um Dreyfus immer mehr zu steigern begann. Da die Polarisierung von Gegnern und Befürwortern einer Urteilsrevision im Fall Dreyfus auch vor den französischen Esperantisten nicht haltmachte, mußten diese sich klar machen, daß man Sprache und Bewegung nur außerhalb der politischen Auseinandersetzungen fördern konnte. So dachte nicht nur de Beaufront. Auch der Jude Moch, der die Armee wegen des Dreyfus-Urteils verlassen hatte und in der von Dreyfus-Anhängern geführten Liga für Menschenrechte tätig war, plädierte 1905 für eine Trennung von Pazifismus und Esperanto, wobei er fast die gleichen Argumente benutzte wie zuvor de Beaufront.

Um die Haltung der französischen Esperantisten zusammenfassend zu charakterisieren: Es fällt weniger ein Mangel an Idealismus als vielmehr die einigende Überzeugung auf, daß die schwache Bewegung zugrunde ginge, wenn sie nicht ihre »völlige Neutralität in allen Fragen, in denen Menschen uneins sind«, wahren würde. Wie sehr diese Haltung sich von dem eher resistenten Geist der osteuropäischen Esperantisten abhob, veranschaulichten 1905 die Diskussionen über einen Weltbund der Esperantisten. Es ging um einen neuen Versuch Zamenhofs, von der persönlichen Verantwortung für die weitere Entwicklung des Esperanto entlastet zu werden. Zwei gegensätzliche Standpunkte stießen zusammen; sie wurden bezeichnenderweise von einem Franzosen und einem Slawen vertreten. De Beaufront lehnte die Gründung einer internationalen Organisation ab – unter Hinweis auf die allzu große Verschiedenheit nationaler Traditionen sowie das Risiko, damit den Verdacht der Regierungen zu provozieren, denn schon habe man »uns als eine Gefahr für unsere Sprachen oder den Patriotismus des Volkes bezeichnet«. Der Pole Kazimierz Bein dagegen glaubte nicht an Verfolgungen dieser Art. Die Regierungen seien in der Lage, zwischen Grün und Rot zu unterscheiden, und Angst hätten sie nur vor der roten Farbe, nicht vor dem Grün der Esperantisten. Und selbst wenn man in einem Land die Mitglieder des Bundes verfolge, sei dies noch kein Grund, auf die Gründung zu verzichten: »Sollen wir, weil es Gefängnis-Länder gibt, alle Ketten tragen?«

Im Sommer 1905, auf dem ersten Kongreß der Esperantisten in Boulogne-sur-Mer, wurde das Projekt eines Weltbundes von der Mehrheit abgelehnt. Trotz der Begeisterung, die auf dem Kongreß wegen des einzigartigen Erlebnisses herrschte, daß »Menschen mit Menschen« ungezwungen sprechen konnten, setzte sich die Idee einer internationalen Organisation noch nicht durch – teils wegen persönlicher Eifersüchteleien zwischen den führenden französischen Esperantisten, aber auch wegen des gemeinsamen Wunsches, der Werbetätigkeit im Inland Vorrang zu geben und offizielle Stellen nicht durch eine supranationale Vereinigung der Esperantisten unnötig herauszufordern.

Um Sprache und Bewegung andererseits von den persönlichen Idealen einzelner abzugrenzen und vor dem Eindringen fremder Ideologien zu schützen, verabschiedete der Kongreß die »Deklaration über das Wesen des Esperantismus« (17: 418 ff.; dt. 75: 7 ff.), die für die organisierte Esperanto-Bewegung im großen und ganzen bis heute gültig geblieben ist. Die Deklaration nennt den Esperantismus »das Bemühen, in der ganzen Welt den Gebrauch einer neutralen Sprache zu verbreiten«, und legt fest: »Jede andere Idee oder Hoffnung, die dieser oder jener Esperantist mit dem Esperantismus verbindet, wird seine rein private Angelegenheit sein, für die der Esperantismus nicht verantwortlich ist.« Mit keinem Wort geht die Deklaration auf einen Beitrag des Esperanto zum Weltfrieden ein.

1.4 Die idealistische Komponente

Das Bestreben der Franzosen, Esperanto als nützliche Verkehrssprache zu propagieren, war zweifellos eine kluge Haltung, denn so schien es am ehesten möglich zu sein, die Esperantisten aus dem Zustand einer machtlosen Minderheit schwärmerischer Idealisten herauszuführen. Zum Esperanto sollten sich nicht nur Diskriminierte und Unterdrückte hingezogen fühlen, was ja auch den Regierungen einen leichten Vorwand zu Verfolgungen geliefert hätte, sondern die Sprache mußte für das praktisch denkende Kleinbürgertum Europas attraktiv sein. Dabei schloß das vernunftorientierte Denken der führenden französischen Esperantisten nicht aus, daß Esperanto von Menschen mit den unterschiedlichsten Anschauungen gelernt wurde – von Menschen, die damit durchaus Vorlieben und mehr oder weniger realitätsbezogene Ideen verbanden. Während die französischen Führer den Nutzen des Esperanto für Handel, Tourismus und Wissenschaft betonten und in diesen Bereichen Widerhall fanden, schlossen sich der Bewegung ab etwa 1905 auch

Menschen an, die im Esperanto ein passendes Hilfsmittel für ihren politischen Kampf sahen: Pazifisten, Sozialisten, Anarchisten.

Diese Menschen besaßen etwas, auf das sie sich in ihrem Idealismus stützen konnten: Sie hatten das Vorbild Zamenhofs vor Augen. Dies soll im folgenden genauer erläutert werden. Wie wir gesehen haben, war Zamenhof mit der Strategie einverstanden, die Verwendbarkeit des Esperanto für so viele Menschen wie möglich, unabhängig von ihrer politischen oder religiösen Überzeugung und nationalen Herkunft, zu bewahren. Er wollte nicht, daß Esperanto nur Minderheiten benützten, denn es ging ihm darum, auch die Mehrheit zu gewinnen. Allerdings kam Zamenhof das Problem der Juden nie aus dem Sinn. Esperanto war allen Menschen angeboten worden, sein Ursprung aber ließ sich nicht wegdenken: der Protest gegen die Diskriminierung einer Minderheit. Zamenhof hatte eine Sprache schaffen wollen, »die einerseits keiner einzelnen Nation ausschließlich gehören würde und andererseits von allen sprachlosen und unterdrückten Völkern frei benutzt werden könnte« (52: 164). Esperanto sollte also neutral sein, den Juden aber doch besonderen Nutzen bringen.

Briefe Zamenhofs zeigen, wie sehr ihn seit Beginn des Jahrhunderts wieder der Gedanke an eine Lösung der Judenfrage beschäftigt hat. Im Mai 1901 schrieb er seinem Freund Abram Kofman: »Solange die Juden keine *Sprache* haben und gezwungen sind, in der Praxis die Rolle von ›Russen‹, ›Polen‹ usw. zu spielen, werden sie immer verachtet werden und wird die jüdische Frage nicht gelöst sein« (74: VI, 13).

Sorgen bereitete Zamenhof außerdem die religiöse Isoliertheit der Juden. Ja, er gab in seinen Briefen zu, daß Esperanto nur ein Bestandteil seines Ideals sei. Neben dem Abbau von Konflikten mittels einer gemeinsamen Sprache hoffte er auf die »Schaffung einer moralischen Brücke, auf der sich alle Völker und Religionen brüderlich treffen könnten«. Die Verwirklichung des Plans einer »neutral-menschlichen, philosophisch-reinen Religion« erschien ihm als Erfüllung jener historischen Mission des Judentums, »von der Moses und Christus geträumt haben« (74: VII, 28, 30). Im Jahre 1901 ließ er – anonym – eine russischsprachige Broschüre drucken, deren Titel lautete »Hillelismus. Entwurf einer Lösung der jüdischen Frage« (74: V, 357–442). Mit »Hillelismus« – der Begriff war von Hillel abgeleitet, einem jüdischen Patriarchen (ca. 30 v. Chr. bis 10 n. Chr.), dessen Bibeldeutung von Nächstenliebe und Toleranz zeugte – wollte Zamenhof das kennzeichnen, was ihm unter einer »neutralen Religion« vorschwebte. Um die trennende Wirkung der Religionen zu »neutralisieren« (und den religiösen Nationalismus der Juden zu überwinden), genüge es, meinte er, daß alle der eigenen »inneren Stimme« gehorchten, denn in der Form des Gewissens wohnten im Herz jedes Menschen die Gesetze Gottes.

Die Broschüre kam nicht zur Verbreitung; sie war ohnehin nur für einen kleinen Kreis jüdischer Intellektueller bestimmt gewesen. Vom besonderen Wert des Esperanto für die Juden sprach Zamenhof niemals in der Öffentlichkeit, nur in Briefen, die erst nach dem Zweiten Weltkrieg bekannt wurden. Er empfand stets Hemmungen, sein Ideal zu sehr zu betonen, da er wußte, daß die Bewegung schon aufgrund seines Judentums leicht angreifbar war. Er wollte die Verbreitung des Esperanto nicht gefährden und fürchtete auch, daß einem Juden, der sich für die Einigung der Menschheit einsetze, nicht abgenommen werde, daß er dies aus uneigennützigen Motiven tue. Zamenhof sah sich hin- und hergerissen zwischen seiner Solidarität mit den Juden und seiner Zuneigung zur ganzen Menschheit. Auch in ihm lebte der Zwiespalt zwischen einer partikularistischen und einer universalistischen Orientierung, der bekanntlich ein grundlegendes Dilemma in der jüdischen Kultur ist.

Allerdings schien sich die Bewegung im ersten Jahrzehnt des neuen Jahrhunderts in mehreren Ländern bereits hinreichend gefestigt zu haben und von der Person Zamenhofs nicht mehr abhängig zu sein. Der erfolgreiche erste Kongreß von 1905, für alle Esperantisten begeisternder Höhepunkt ihrer bisherigen Arbeit, ließ ihn selbst glauben, daß einer seiner Träume bereits in Erfüllung gegangen sei und er sich fortan auch der Annäherung der Religionen widmen könne. Vor den Kongreßteilnehmern verlas er ein »Gebet unter dem grünen Banner«, das die »natürliche Religion des menschlichen Herzens« ausdrücken sollte. Die Ovationen, die Zamenhofs Gebet auslöste, kamen für die französischen Führer überraschend. Sie hatten nicht geahnt, daß Zamenhof wie ein »jüdischer Prophet« (73: I, 175) auf dem Kongreß eine fast religiöse Atmosphäre schaffen werde.

Französische Esperantisten jüdischer Abstammung versuchten Zamenhof zu zügeln; sie fühlten mit den Ostjuden wenig Gemeinsamkeiten und waren nach 1906, als Dreyfus endlich rehabilitiert wurde, zuversichtlich, daß man ihre Zugehörigkeit zur französischen Nation nicht mehr in Zweifel ziehen werde. Emile Javal etwa ließ Zamenhof freundschaftlich wissen, der Hillelismus sei in Frankreich ohne Chance; berücksichtige man, daß, »solange der große Kampf nicht gewonnen ist«, Zamenhofs jüdische Herkunft weiterhin verheimlicht werden müsse, so sei es um so gefährlicher, ja geradezu zerstörerisch, den Hillelismus ins Spiel zu bringen (74: X, 197). Zamenhof versicherte daraufhin, er werde »sehr vorsichtig« agieren und für den Hillelismus erst öffentlich werben, wenn er volle Sicherheit habe, daß dies dem Esperanto nicht schaden werde (74: VII, 197). Aber eine neue Pogromwelle, die im Oktober 1905 viele Teile Rußlands erfaßte, war für Zamenhof Ansporn, nicht länger zu warten. Im Januar 1906 erschienen im *Ruslanda Esperantisto* anonym die »Dogmen des Hillelismus«; es folgte im März der revidierte Text, eine Broschüre mit dem Titel *Homaranismo*. Hatte die Bezeichnung »Hillelismus« angedeutet, wie sehr Zamenhof von dem Wunsch inspiriert blieb, in erster Linie die Diskriminierung der Juden zu beseitigen, so war der danach angenommene Terminus »homaranismo« (= das Prinzip der Zugehörigkeit zur Menschheit) besser geeignet, das Ziel zu kennzeichnen, daß sich alle Völker und Religionen, ohne ihre spezifischen Merkmale aufzugeben, »auf einem neutral-menschlichen Fundament, auf den Prinzipien gegenseitiger Brüderlichkeit, Gleichheit und Gerechtigkeit«, treffen sollen (74: VII, 275).

Obwohl Zamenhof aus dem Projekt allzu offenkundig jüdische Züge entfernt hatte und man durchaus Parallelen zwischen dem »homaranismo« und der »Menschheitsreligion« Auguste Comtes sehen konnte, reagierten die Esperantisten im allgemeinen mit Skepsis oder gar Ablehnung – teils weil sie ihn für unvereinbar mit ihrem Religionsbekenntnis hielten, teils weil sie befürchteten, daß die Sprachbewegung einen mystischen Charakter annehmen werde. Zamenhof verteidigte sich gegen die Kritiker, räumte aber ein, daß der »homaranismo« für sprachlich homogene Länder wie Frankreich nicht geeignet sei; er sei vielmehr »nur für Vielvölkerstaaten« bestimmt (74: VII, 303). Außerdem gab er zu, daß der »homaranismo«, wenngleich auf dem Esperanto basierend, für die Esperantisten nicht verbindlich sein und die Esperanto-Bewegung sich offiziell mit seiner Doktrin nicht identifizieren könne.

Mitte 1906 stand Zamenhof unter dem Eindruck eines neuen schrecklichen Pogroms in seiner Geburtsstadt Białystok. Auf die dringende Bitte Javals und Seberts hin unterließ er zwar in seiner Rede auf dem Zweiten Kongreß in Genf (74: VII, 361 ff.; dt. 75: 49 ff.) jeden Hinweis auf den »homaranismo«. Er plädierte aber dort erstmals öffentlich für eine Art Minimalkonsens der Esperantisten über die ideelle Grundlage des Esperanto. In Genf begründete er das, was seitdem die – allerdings nie eindeutig definierte – »interna ideo«, die dem Esperanto innewohnende Idee, genannt wird. Zamenhof sagte, in der Aufbauzeit treibe die Esperantisten zur Arbeit für Esperanto »nicht der Gedanke an praktische Nützlichkeit, sondern nur der Gedanke an... *Brüderlichkeit und Gerechtigkeit unter allen Völkern*« an.

Zamenhof lehnte es in seiner Rede ab, aus Rücksichtnahme auf Befürchtungen, der Esperanto-Bewegung könnten Provokationen vorgeworfen werden, Wahrheiten zu verschweigen:

... eine farblose offizielle Rede wäre meinerseits eine große Sünde. Ich komme zu Ihnen aus einem Land, wo jetzt viele

Millionen Menschen mühsam um die Freiheit kämpfen, um die elementarste menschliche Freiheit, um die *Rechte des Menschen*...

Und er forderte nachdrücklich, Esperanto nicht vorwiegend zu egoistischen Zwecken zu benutzen, denn der ideelle Aspekt sei viel wichtiger:

> Wenn man uns, die ersten Kämpfer für Esperanto, zwingt, in unserem Wirken alles Ideelle zu vermeiden, dann werden wir entrüstet alles zerreißen und verbrennen, was wir für Esperanto geschrieben haben, werden wir schmerzerfüllt die Arbeiten und Opfer unseres ganzen Lebens verleugnen, werden wir den grünen Stern, der auf unserer Brust haftet, weit von uns schleudern, und mit Abscheu werden wir ausrufen: »Mit *so einem* Esperanto, das ausschließlich nur Zwecken des Handels und praktischer Nützlichkeit dienen soll, wollen wir nichts gemein haben!«

Wohl keine Äußerung Zamenhofs ist später so oft zitiert worden wie diese. Tatsächlich stellt die Genfer Rede eine Art Gegengewicht zur Deklaration von Boulogne dar, die festgelegt hatte, daß es legitim sei, Esperanto für jedweden Zweck zu benutzen. Ein ähnlich modifizierender Charakter kommt auch der »Deklaration über die Neutralität der Esperanto-Kongresse« zu, die in Genf verabschiedet wurde. Nach dieser neuen Deklaration und der Rede Zamenhofs sollte Neutralität keine Aufforderung sein, Konfliktthemen zaghaft auszuklammern, sondern eine Ermutigung, auf den Esperanto-Kongressen alles zu diskutieren, was zur Annäherung der Völker beiträgt.

Zamenhofs Mißbilligung einer ausschließlichen Verwendung des Esperanto als Hilfssprache im kommerziellen Verkehr und seine unverhüllte Verurteilung des Opportunismus spornten viele Esperantisten an. Wenige nur wurden Anhänger des »homaranismo«, aber um so mehr sahen sich aufgerufen, ihre Arbeit für Esperanto zugleich als Kampf für eine Idee zu betrachten. Die Formen dieses Idealismus waren unterschiedlich. Die einen glaubten, daß sich die »interna ideo« um so leichter ausbreiten werde, »je weniger wir von ihr sprechen«, und empfahlen, Esperanto nur als Sprache zu propagieren,

wobei abzusehen sei, daß sein Sieg »mehr sein wird als bloß der
Sieg einer Sprache« (33: 103, 107 f.). Andere hingegen bekräftigten ihre Bindung an die »interna ideo« sehr stark und ließen
nicht selten erkennen, daß sie sich als die »besseren Esperantisten« fühlten.

Eine besondere Gruppe waren die, die den Drang verspürten,
Esperanto in den Dienst einer »äußeren« Ideologie zu stellen,
insbesondere in den des Sozialismus. Die neue Deklaration
erlaubte dieser Gruppe, ihre Versammlungen im Rahmen der
allgemeinen Esperanto-Kongresse abzuhalten: Bereits in Genf
fand das erste Treffen »roter Esperantisten« statt. Ab 1907
erschien eine revolutionär gestimmte Zeitschrift, die *Internacia
Socia Revuo*. Vom Juni des gleichen Jahres an gaben in Paris
junge chinesische Intellektuelle die Wochenzeitung *Xinshiji*
(Esperanto-Untertitel: *La Novaj Tempoj*) heraus, die ihrer Heimat neben dem Anarchismus auch das Esperanto als bewundernswerte Errungenschaft westlichen Denkens vorstellte. In
einem anderen Teil der Welt, in Chicago, erschien 1908 die
erste Esperanto-Übersetzung des Kommunistischen Mani-
fests.

Aber in den Jahren 1907/08 machte die Esperanto-Bewegung
auch ihre bis dahin schwerste Krise durch. Um für Esperanto
eine internationale autoritative Stütze zu bekommen, hatte
Zamenhof eingewilligt, seine Sprache von einem aus zwölf
hervorragenden Linguisten und Wissenschaftlern bestehenden
Ausschuß prüfen zu lassen, der von dem Philosophen Louis
Couturat im Namen einer »Delegation für die Annahme einer
internationalen Hilfssprache« einberufen worden war.

Als Abgesandter Zamenhofs nahm Louis de Beaufront an den
Sitzungen des Ausschusses teil. Doch statt Esperanto zu vertei-
digen, plädierte er dort völlig unerwartet für Änderungen in der
Struktur der Sprache und legte das Projekt eines »Reform-
Esperanto«, Ido genannt, vor. Wegen des Sturms der Entrü-
stung, den dieser »Verrat« in der Bewegung hervorrief, brach
Zamenhof die Beziehungen zu dem Ausschuß ab. Eine Reihe
führender Esperantisten lief zum Ido über, die »Masse« aber

blieb in ihrer Mehrheit dem Esperanto treu. Schon nach einigen Jahren zeigte sich, daß Ido für die Sprache Zamenhofs keine Bedrohung mehr war. Zustimmung zur Geschlossenheit der Bewegung war unter den Esperantisten stärker als die Bereitschaft, von Theoretikern Ratschläge für reformerische Eingriffe in die Sprache anzunehmen. Esperanto bewies in der Auseinandersetzung, daß es in der Gesellschaft Wurzeln geschlagen hatte, daß es aus einem Projekt zu einer lebenden Sprache geworden war.

Eine Folge der Ido-Krise war die erste internationale Vereinigung der Esperantisten, die Universala Esperanto-Asocio (UEA), der Esperanto-Weltbund. Gegründet wurde sie 1908 von dem 21jährigen Schweizer Hector Hodler (Sohn des Malers Ferdinand Hodler), der damit dem Wunsch der Esperantisten entgegenkam, nicht weiter über Reformen in der Sprache zu reden, sondern sie sofort in das praktische Leben einzuführen. Ohne sich um die Debatten über eine auf den nationalen Esperanto-Vereinigungen aufbauende internationale Organisation zu kümmern, gründete Hodler einen weltweiten Verband von Einzelmitgliedern, denen er mittels eines weltweiten Netzes von »Delegierten« verschiedene Dienstleistungen anbot.

Mit der Gründung der UEA wollte Hodler einen neuen Abschnitt in der Geschichte des Esperanto einleiten, den des tatsächlichen Gebrauchs der Sprache. Für ihn war die Zeit beendet, in der man ausschließlich Werbung betrieben hatte. Nach seiner Meinung verhielten sich die Esperantisten anachronistisch, wenn sie Esperanto von ihrem Alltagsleben sorgsam fernhielten und bloß als »Zeitvertreib« betrachteten, darauf vertrauend, daß ihm eine »auswärtige Autorität« zum Durchbruch verhelfen werde.

Bedeutsam war auch, daß Hodler der Esperanto-Bewegung als Anleitung zum Handeln eine theoretische Grundlage gab, die realistischer war als Zamenhofs »homaranismo« und weniger unverbindlich als die »interna ideo«. Der »Esperantismus« war für ihn – »wohl zu unterscheiden von der rein sprachlichen Bewegung« – »eine vorwiegend soziale, aufbauende und fortschrittliche Bewegung« (42: 9). Er unterschied zwischen dem Esperantisten gemäß der Deklaration von Boulogne und dem »esperantiano«, dem UEA-Mitglied, der in »Esperantio«, dem »Esperanto-Land«, das Modell einer künftigen international solidarischen und kooperativen Menschheit sehen solle. Für die Verbesserung der Beziehungen zwischen den Völkern, meinte Hodler, könnte der »praktische Internationalismus« der UEA konkrete Ergebnisse bringen, anders »als die Menschen, die ständig von Brüderlichkeit unter den Völkern reden und niemals eine ernsthafte Anstrengung machen, ihre Ideen im realen Leben auch nur teilweise zu verwirklichen«. Im Gegensatz zum Pazifismus und traditionellen Internationalismus, die »nur die Beziehungen zwischen den *Nationen* erleichtern wollen«, aber »nichts *über* ihnen schaffen«, müsse der Esperantismus Avantgarde in einer neuen, positiven Phase des Internationalismus sein, indem er *Menschen* jeder Nationalität, Sprache und Rasse zusammenbringe.

Hodlers Aufrufe fanden schnell Resonanz. Bereits 1914 zählte der Esperanto-Weltbund mehr als 7000 zahlende Mitglieder. Daß idealistische Impulse und praktische Dienstleistungen in der UEA eine glückliche Symbiose eingingen, hatte auf die weitere Entwicklung der Esperanto-Bewegung vor und nach dem Ersten Weltkrieg großen Einfluß.

1.5 Wirkungen vor dem Ersten Weltkrieg

Das Haupthindernis für die Verbreitung des Esperanto waren zu Beginn einfach Zweifel an seinen Lebensaussichten. Was Zamenhof vorgelegt hatte, war nur einer von zahlreichen Entwürfen einer neuen Sprache, die fast jedes Jahr erschienen (gewöhnlich aber nicht über das Stadium einer einzigen Broschüre hinausgingen). Man muß auch bedenken, daß die Idee einer internationalen Sprache, die vielleicht von einer Mehrheit der Informierten grundsätzlich begrüßt wurde, Ende des 19. Jahrhunderts etwas diskreditiert war, denn gerade in Mitteleuropa erinnerte man sich sehr gut, wie in den achtziger Jahren das von dem badischen Prälaten Johann Martin Schleyer geschaffene Volapük einen spektakulären Aufstieg und ebenso abrupten Niedergang erlebt hatte.

Enttäuschung in der Öffentlichkeit, Skepsis in Wissenschaft und Handel, Gleichgültigkeit oder Spott in der etablierten Linguistik waren folglich die wichtigsten Gegner der ersten Anhänger des Esperanto. Diese größtenteils passive Haltung wurde von Opposition und direktem Widerstand begleitet oder ersetzt, als sich die neue Sprache als soziales Faktum zu erweisen begann, als sie tatsächlich in breiteren Schichten Anerkennung fand und, vor allem, als einige ihrer Benutzer die Tendenz zeigten, sich mit emanzipatorischen oder gar revolutionären Strömungen zu liieren. Wie viele Keime für Konflikte mit der Außenwelt in dem scheinbar etwas naiven, unschuldigen Wunsche Zamenhofs enthalten waren, das hatten die Esperantisten in Rußland früh erfahren müssen.

In der Sorge, mit der die französischen Pioniere Verbindungen zum Pazifismus zu vermeiden und das Judentum Zamenhofs möglichst zu verschweigen suchten, zeigte sich dann, wie sehr man darauf bedacht sein mußte, nicht die im französischen Bürgertum verbreiteten nationalistischen und antisemitischen Vorurteile auf sich zu lenken. Dabei blieb den französischen Esperantisten freilich im Unterschied zu Rußland genügend Spielraum, um ihren Argumenten Gehör zu verschaffen und die Bewegung beträchtlich zu vergrößern, so daß Boirac Ende 1906 eine deutliche Abschwächung der Vorurteile gegen eine Kunstsprache feststellen konnte: »...in fast allen zivilisierten Ländern ist der Name Esperanto bekannt und ruft keinen Spott mehr hervor« (73: I, 323). Wie Javal im Oktober 1905 vermerkte, wurde von den mehr als 700 Zeitungsartikeln, die über Esperanto nach dem Kongreß von Boulogne erschienen, nur in einem einzigen Zamenhofs jüdische Abstammung erwähnt. Sehr viel mehr allerdings behinderten nationalistische Emotionen die Bewegung in einem Nachbarland, in Deutschland. Dort wurde Esperanto zögernder aufgenommen als in Frankreich.

Das Deutsche Reich war um jene Zeit eifrig um Anschluß an die imperialistischen Mächte bemüht. Die Regierenden versuchten, durch außenwirtschaftliche Expansion die schweren sozialen Widersprüche zu entschärfen, die die überstürzte Industrialisierung mit sich brachte und die von der glänzenden Fassade der wilhelminischen Epoche nur mühsam überdeckt wurden. Die Deutschen verdankten ihre Einheit keiner Revolution, sondern der Diplomatie Bismarcks; erst allmählich kam es zur Identifikation aller Bürger mit dem neuen Staat. Bis zum Ausbruch des Weltkrieges fehlte der Nation das innere Gleichgewicht: Es bildete sich eine eigentümliche Mischung aus auftrumpfendem Stolz auf die neue Rolle als Weltmacht und nie ganz zu unterdrückenden Gefühlen des Neids auf die etablierten imperialistischen Staaten England und Frankreich. Auf die Entwicklung der Esperanto-Bewegung in Deutschland blieb insbesondere die weitverbreitete Meinung nicht ohne Einfluß, die Deutschen besäßen ein unterentwickeltes Nationalbewußtsein und müßten sich daher mit besonderer Sorgfalt gegen internationalistische und deutschfeindliche Machenschaften schützen.

Obwohl in Nürnberg bis 1895 die Zeitschrift *Esperantisto* erschienen war, setzte sich das Esperanto nur sehr langsam in Deutschland durch. Erst im Mai 1906, als die meisten Nachbarländer bereits nationale Verbände besaßen, kam es zur Gründung einer Deutschen Esperantisten-Gesellschaft, die sich 1909 Deutscher Esperanto-Bund (DEB) nannte. Zum Durchbruch scheint ein Artikel über Esperanto beigetragen zu haben, der Mitte 1902 in der Zeitschrift *Die Woche* erschienen war; Verfasser war der österreichische Pazifist und spätere Friedensnobelpreisträger Alfred Hermann Fried, der schon im folgenden Jahr ein Esperanto-Lehrbuch für Deutsche herausbrachte. Auftrieb erhielt die Bewegung durch den Vierten Weltkongreß, der im August 1908 in Dresden stattfand und dessen Höhepunkt die festliche Aufführung von Goethes *Iphigenie* in der Esperanto-Übersetzung Zamenhofs war – ein Ereignis, das auch Skeptiker von Wohlklang und Ausdruckskraft der Spache überzeugte.

Die Erinnerung an das Scheitern des Volapük mag einer der Gründe gewesen sein, weshalb sich Deutsche anfangs nur zögernd dem Esperanto zuwandten. Aber es waren nicht nur Zweifel an der Lebensfähigkeit einer internationalen Sprache, die der Esperanto-Bewegung in Deutschland im Wege standen. Mitte 1906 bekannte der Redakteur des neuen Verbandsorgans, *Germana Esperantisto*, daß die deutschen Esperantisten auf einen Widerstand stießen, der nicht von Unwissenheit oder Vorurteilen herrühre, sondern von »durchaus nicht unbedeutenden Persönlichkeiten« komme, »die jede internationale Bestrebung als eine Gefahr und als etwas den nationalen Interessen Entgegenstehendes ansehen« und dabei eine internationale Sprache »vielleicht noch strenger« beurteilten. Auch von der Tagespresse wurde – wie ein führender Esperantist Ende 1912 bemerkte – die Bewegung mit seltener Einmütigkeit abgelehnt oder ganz mit Schweigen übergangen.

Die heftigsten Angriffe kamen von Zeitungen, die sich als Hüter des wahren Patriotismus sahen und nicht selten über gute Kontakte zu Kreisen der Regierung verfügten. Meist begannen die Angriffe damit, daß das Phänomen Sprache pseudowissenschaftlich biologisiert wurde. Heftige Kritik erntete der Chemiker Wilhelm Ostwald, weil er die Sprache als Werkzeug, nicht als Organismus ansah. Ostwald, Nobelpreisträger des Jahres 1909, der den Nationalsprachen die nötige innere Logik absprach und sich für Esperanto (seit 1908 für Ido) als internationale Wissenschaftssprache einsetzte, wurde mahnend an die hochentwickelte deutsche Sprache und ihren einzigartigen Geist erinnert. Man kann diese Haltung noch den populären Vorurteilen gegen künstliche Sprachen zurechnen. Und selbst der Ausruf, das Esperanto wirke »kulturzerstörerisch«, wenn es in Schulen eingeführt würde, war eine Reaktion, die bei Angehörigen des zu einer sentimentalen Pflege der deutschen

Kultur neigenden Bürgertums nicht weiter verwunderte. Doch von Hysterie, von einem militanten Chauvinismus zeugte es, wenn eine Zeitschrift 1912 verkündete: »Es ist Zeit, daß wir uns zum Kampf gegen den Esperantismus, diesen Auswuchs eines überspannten Internationalismus, aufraffen...« (63: 652). Voller Minderwertigkeitsgefühlen gegenüber den älteren Weltmächten äußerten die patriotischen Zeitungen die Befürchtung, die Deutschen seien mehr als andere Völker für die Gefahren des Esperanto anfällig, da sie über weniger Nationalstolz verfügten. Angehörige anderer Völker würden, wenn sie Esperanto erlernten, ihre Muttersprache weiter pflegen, nicht aber die Deutschen, die sich von allem Fremden allzu schnell beeindrucken ließen: »Der Deutsche, der Esperanto spricht, wird von seinem Volkstum gelockert...« (62: 758). Die Hüter des Deutschtums nannten Esperanto daher eine große internationale Gefahr, »die unsere deutsche Sprache womöglich auf ein nebensächliches Idiom herabzudrücken imstande ist«.

Es blieb ohne Wirkung, wenn von seiten der Esperantisten erwidert wurde, Esperanto sei neutral und bevorzuge keine Nation, denn die Nationalisten wollten parallel zur Steigerung des deutschen Außenhandels gerade auch der deutschen Sprache eine Vorrangstellung verschaffen. Sie forderten von den kleineren Staaten, im Verkehr mit den Großmächten deren Sprache zu verwenden, nicht die eigene und noch weniger das Esperanto: Die »Natiönchen« begeisterten sich für Esperanto, denn dessen »Sieg würde sie mit einem Schlage geschäftlich den Vertretern der heutigen großen Welthandelssprachen gleichstellen« – und dies wäre für die Deutschen »ein wirtschaftlicher Selbstmord«.

Je mehr sich die Sprache ausbreitete, um so deutlicher zeigte sich, daß die Abneigung der Gegner weniger irgendwelchen strukturellen Schwächen des Esperanto als Sprache galt, sondern vielmehr politisch-ideologische Hintergründe hatte: Im Esperanto wurde eine Bedrohung der deutschen Sprache gesehen, schließlich sogar ein Vorkämpfer der Mächte des Internationalismus. Bezeichnend ist in diesem Zusammenhang, daß zwischen dem Werk Zamenhofs, dem seine technische Qualität nicht bestritten wurde, und den unbedingt zu bekämpfenden Zielen der Esperantisten zuweilen ausdrücklich unterschieden wurde.

Eine solche Unterscheidung traf das Vorstandsmitglied des einflußreichen Deutschnationalen Handlungsgehilfenverbandes, Albert Zimmermann, der mit einem 1915 erschienenen Buch eine langjährige Kampagne gegen Esperanto als »Hindernis für die Ausbreitung des deutschen Welthandels und der deutschen Sprache« eröffnete. Zimmermann gab zu, »daß Esperanto technisch so vollendet ist, wie billig erwartet werden kann«, und machte sogleich deutlich, daß er die Idee einer solchen Sprache für ungesund und zutiefst antinational halte und die Ziele Zamenhofs für ebenso verwerflich wie die Bestrebungen der »Lateinschriftler, der Friedensgesellschaften, der Frauenrechtlerinnen, kurz aller Mischmaschler« (76: 3). Esperanto wurde von Zimmermann ausschließlich unter dem Gesichtspunkt des Nutzens oder Schadens für die Deutschen beurteilt.

In dieser von Großmachtdenken geprägten Agitation war auch schon ein antijüdisches Element enthalten. Anfang 1913 nannte die alldeutsche *Staatsbürger-Zeitung* das Streben nach einer internationalen Sprache eine Narrheit, ein Verbrechen an der Menschheit, eine geistige Ausgeburt. Die gleiche Zeitung benutzte jene Charakterisierung, auf die sich zwanzig Jahre später die Nazis bei ihrem Kampf gegen das Esperanto stützen sollten: Sie sprach von »dieser jüdischen Weltsprache«.

Immerhin blieben die Angriffe auf Esperanto als neues beunruhigendes Symptom des verhaßten Weltbürgertums den Spalten bestimmter Zeitungen vorbehalten; sie zogen keine behördlichen Schritte gegen die Bewegung nach sich. Die Attacken konnten auch nicht verhindern, daß die Zahl der organisierten Esperantisten im Deutschen Reich bis 1914 auf etwa 8000 anstieg. Wohl aber waren die Anhänger des Esperanto in Deutschland gezwungen, mehr noch als ihre Sprachfreunde in Frankreich in ihrer Werbetätigkeit alles zu vermeiden, was dem

Mißtrauen der patriotischen Presse neue Nahrung hätte geben können. Hieraus erklären sich beflissene Versicherungen der Art etwa, daß Esperanto sich nicht gegen deutsche Interessen richte oder daß das Deutschtum nicht von Esperanto, sondern vom Erlernen fremder Nationalsprachen gefährdet werde.

Politischer Meinungsstreit machte keineswegs vor den Reihen der deutschen Esperantisten halt. Einige protestierten mutig gegen das Predigen von Haß auf andere Völker und rechtfertigten die Vereinbarkeit eines vernünftigen – nicht übertriebenen – Internationalismus mit der Liebe zum Vaterland. Dem an die Adresse der Esperantisten gerichteten Vorwurf Zimmermanns »Das Weltbürgertum ist stärker in ihnen als der nationale Instinkt« wurde entgegengehalten, das Wort Instinkt drücke Vernunftlosigkeit aus und gerade die weltbürgerliche Kultur habe Deutschland groß gemacht (53: 168, 178). Andere aber übten einen seltsamen Neutralismus, indem sie Pazifisten, Chauvinisten und Sozialisten in der Bewegung gleichermaßen willkommen hießen; manche stimmten sogar denen zu, die davor warnten, Esperanto »deutschfeindlichen Bestrebungen« nutzbar zu machen (41: 102). Der *Germana Esperantisto* bemerkte 1913 den Esperanto-Weltbund (UEA) »auf dem falschen Pfade«, weil er sich mit Politik beschäftige – genauer, weil sich der Vizepräsident der UEA, der Franzose Théophile Rousseau, für einen aktiven Kampf der Esperantisten gegen Lügen und Verzerrungen in der chauvinistischen Presse aller Länder eingesetzt hatte.

Die Hindernisse, mit denen die Esperantisten in Deutschland kämpften, erscheinen allerdings nahezu unbedeutend im Vergleich zur Lage der Esperanto-Bewegung im zaristischen Rußland. Zwar wurde dort 1904, im Jahr vor der ersten Russischen Revolution, die Zensur gelockert. Esperanto-Zeitschriften durften erscheinen, und nach der Revolution verbesserten sich die Möglichkeiten, für die Sprache zu werben und die Mitgliederzahl der Gruppen zu vermehren.

Noch immer aber waren die russischen Esperantisten mißtrauisch beäugte Außenseiter. Obwohl sie in ihren Druckschriften die Behandlung sozialer und politischer Themen weitgehend vermieden, um der Zensur keinen Vorwand zum Eingreifen zu liefern, ließen sie keinen Zweifel an ihrem Standpunkt: Esperanto sei »nicht Zweck, sondern Mittel«, und die Bewegung müsse gestützt sein auf das Ziel der Demokratisierung, das Streben nach »Verbreitung von Bildung in den breiten Volksmassen« sowie den Kampf gegen »nationale Exklusivität«. Zwischen den Zeilen wurde deutliche Kritik an den Zuständen in Rußland geübt. Im Herbst 1905 konnte die Zensur gerade noch verhindern, daß der *Ruslanda Esperantisto* die Übersetzung eines Beitrages brachte, in dem die biblische Geschichte von Jakob, der als Ehefrau Lea statt der geliebten Rachel bekommen hatte, mit dem Schicksal des russischen Volkes verglichen wurde, das an Stelle einer demokratischen Verfassung mit der Duma vorliebnehmen mußte (45: 84).

Mit der Ausbreitung des Esperanto in anderen Ländern kam es häufiger vor, daß die Petersburger Zensurbehörde ausländische Werke in Esperanto verbot, deren Inhalt als gefährlich angesehen wurde. Die Einfuhr des Romans *Paŭlo Debenham* des deutschstämmigen Engländers H. A. Luyken wurde 1912 verboten, weil in ihm vom »unglücklichen Land« Rußland und seinen »unglücklichen Völkern« die Rede war (45: 85). Ein ähnliches Schicksal hatten mehrere politische und religiöse Schriften.

Wenn die Zensur schließlich gemildert wurde, so nahmen auf der anderen Seite die Fälle zu, an denen ablesbar war, daß die Herrschenden und die Polizei die Tätigkeit für Esperanto unter dem Gesichtspunkt der inneren Sicherheit betrachteten. 1908 mußten in Serpuchow Esperanto-Kurse unter dem Druck einer Adligen abgesagt werden, die die Organisatoren als »teuflische Freimaurer« bezeichnet hatte (32: 18). Besonders in der Provinz kam es oft zu Schikanen gegen die Esperantisten. In Petrokow etwa mußten 1911 auf den Straßenaushängen alle Esperanto-Aufschriften entfernt werden, und in Kronstadt wurde ein Esperanto-Propagandist sogar zeitweise festgenommen.

Trotzdem fand Esperanto ständig neue Anhänger bei den Intellektuellen und in der Arbeiterschaft. Während die revolutionäre Bewegung anschwoll, richtete sich die Aufmerksamkeit der Polizei auch auf radikale Elemente in den russischen Esperanto-Vereinigungen. 1912 warnte die Ochrana, die zaristische Geheimpolizei, vor der Aktivität revolutionärer Esperantisten in Paris, über die sie mit Hilfe eines dort ansässigen Agenten nähere Informationen einholte. Weniger als zwanzig Jahre, nachdem die Behörden das Zusammengehen von Tolstoj-Anhängern und Esperantisten registriert hatten, wurde die Sprache Zamenhofs als Vehikel gefährlichster Ideen gefürchtet: Als 1913 ein Esperantist im Kaukasus um die Zulassung eines »Bulletins der internationalen Sprache« bat, wurde das Ersuchen mit der Begründung abgelehnt, das »im Milieu der Sozialisten aller Länder entstandene« Esperanto werde benutzt als »Mittel zur Verbreitung schädlicher Ideen unter der Einwohnerschaft« (45: 83).

Von Polizeimaßnahmen oder direkten Verfolgungen wurden neben den russischen Esperantisten noch solche in einigen wirtschaftlich gering entwickelten Ländern betroffen. Auf der Insel Samos wurde 1907 die Versammlungsstätte der Esperantisten von aufgehetzten Bauern verwüstet, denen erzählt worden war, Esperanto sei eine Form der Freimaurerei und richte sich gegen die Religion. In Mukden entging der Leiter der Esperanto-Gruppe, der auch Tolstoj-Anhänger war, einer drohenden Verhaftung nur durch die Flucht. Und im Oktober 1913 berichteten mehrere deutsche Zeitungen, daß eine Werbeveranstaltung sozialdemokratischer Esperantisten in Stuhlweißenburg (Ungarn) vom Polizeichef verboten worden sei, angeblich mit der Begründung, man habe für eine »Gaunersprache« werben wollen. Der Polizeichef erläuterte später, er habe die Esperantisten davor gewarnt, Esperanto als Geheimsprache zu benutzen. Es gehe nicht an, daß Arbeiter eine Sprache lernten, die von den Arbeitgebern nicht verstanden werde.

Hier mag sich der Eindruck aufdrängen, Esperanto sei bereits vor dem Ersten Weltkrieg mit der »Linken« unwiderruflich verbündet gewesen oder aber zumindest mit ihr assoziiert worden. Ein solcher Eindruck bedarf unbedingt der Korrektur. Gegen die simplifizierende Vorstellung einer klaren Scheidelinie zwischen fortschrittlichen Esperantisten und reaktionären Gegnern sprechen vor allem zwei Tatsachen. Erstens wurde die Sprache überwiegend von Menschen gelernt, die man als unpolitisch bezeichnen kann, und an der Spitze der Bewegung standen Personen, die ein überzeugter Sozialist den »Klassenfeinden« zurechnete; schließlich war ein pensionierter General (Hippolyte Sebert) Direktor des »Esperantista Centra Oficejo« in Paris. Zweitens wurden die Esperantisten von den Arbeiterparteien größtenteils ignoriert, nur selten unterstützt oder sogar offen kritisiert. Einige Zeit lang verbot die Führung der SPD ihrer Parteipresse, insbesondere dem *Vorwärts,* über Esperanto zu berichten; als 1914 in Leipzig der 9. Deutsche Esperanto-Kongreß stattfand, wurde er in den bürgerlichen Zeitungen der Stadt freundlich kommentiert, während die sozialdemokratische *Leipziger Volkszeitung* sich über Esperanto mokierte. Ein russischer Arbeiter klagte 1913, seine Führer betrachteten Esperanto »als überflüssige Sache, sie fürchten, daß die Arbeiter von ihrem dringenden Anliegen abkommen«. Und ganz ähnlich nannte der niederländische Sozialist Willem van Ravesteyn die Esperanto-Bewegung eine »bürgerliche Torheit« und die Werbung für die Sprache unter Arbeitern ein »gefährliches Spielchen«.

Es lassen sich Gegenbeispiele nennen. Die tschechischen Sozialdemokraten faßten auf ihrem Kongreß 1911 eine sehr positive Entschließung zum Esperanto, der italienische Anarchist Errico Malatesta lernte es selbst, der Japaner Sakae Ôsugi, ebenfalls Anarchist, gab 1908 chinesischen Studenten in Tokyo Esperanto-Unterricht, und sein chinesischer Gesinnungsfreund Liu Shi-fu gab von 1913 bis 1915 bis zur körperlichen Erschöpfung die wichtige Zeitschrift *La Voĉo de la Popolo* heraus. Zu erwähnen ist auch, daß die örtliche Gruppe der Polnischen Sozialdemokratischen Partei 1912 in Krakau, anläßlich des Achten Esperanto-Weltkongresses, eine Großkundgebung mit ausländischen Sozialisten abhielt. Aber insgesamt bleibt festzuhalten, daß sich der Esperanto-Bewegung vor dem Ersten Weltkrieg die Farbe der Linken nicht auftragen ließ. Selbst die alldeutsche Presse, begierig auf der Suche nach Beweisen für die Gefährlichkeit des Esperanto, hatte noch kaum das Argument entdeckt, daß neben der Untergrabung deutscher Kultur und deutschen Handels von dieser Sprache auch klassenkämpferische Ideologien drohen könnten.

Wenn in Rußland und einigen anderen Ländern die Behörden in der jungen Sprache dennoch eine Gefahr sahen, deshalb ihre Verbreitung behinderten und ihre Anhänger schikanierten, so kam dies vermutlich für die meisten Betroffenen sehr überraschend. Sie konnten nur schwer verstehen, warum die Beschäftigung mit Esperanto auf solche Anfeindungen stieß, ja den Verdacht auf umstürzlerisches Tun weckte. Wer Esperanto gelernt hatte, war den auf Versöhnung aller Menschen gerichteten Aufrufen Zamenhofs gefolgt; er wollte dazu beitragen, daß die Menschen sich eines neutralen Verständigungsmittels bedienten. Es war der alte Traum von der einigen Menschheit in einer neuen Gestalt, und er war keineswegs realitätsfern, denn die wissenschaftlich-technische Entwicklung um die Jahrhundertwende schien den Bedarf für eine internationale Sprache stärker einsichtig zu machen. Doch so bescheiden die Erfolge der Arbeit an der Realisierung dieses Traums einstweilen blieben: schon rührte Esperanto an Tabus.

1.6 Zustimmung und Ablehnung im Völkerbund

Zamenhof starb im April 1917. Fünf Jahre zuvor, auf dem Krakauer Weltkongreß, hatte er seine Rolle als »majstro«, als Oberhaupt der Bewegung, offiziell abgelegt; er betrachtete sich seitdem als einfachen Esperantisten. Zu dem Schritt hatte er sich entschlossen, weil er freie Hand haben wollte, seine Vorstellungen einer Annäherung zwischen den Menschen mit noch anderen Mitteln als dem einer neutralen Sprache weiterzuentwickeln.

Parallel zu dem für Anfang August 1914 in Paris geplanten Zehnten Weltkongreß (er fand wegen des Kriegsausbruchs nicht statt) wollte Zamenhof einen »Kongreß der neutralmenschlichen Religion« veranstalten. In Zusammenhang mit diesem Vorhaben veröffentlichte er 1913, jetzt nicht mehr anonym, eine neue Version seines »politisch-religiösen Glaubens«, die Broschüre *Deklaracio pri Homaranismo* (74: IX, 337–344). Darin schlug er vor, daß sich die »freigläubigen« Mitglieder der verschiedenen religiösen Gruppen in einer »volklosen und doktrinlosen Gemeinschaft« sammeln sollten. Um den Haß zwischen den Religionen zu beseitigen, erklärte Zamenhof, »können wir jedem völlige Freiheit lassen, den Glauben oder die Ethik zu haben, den oder die er bisher hatte, aber wir müssen sie durch ein gemeinsames *Äußeres* einigen« (74: IX, 326). Wegen des heftigen Widerstands der französischen Führer mußte Zamenhof jedoch auf seinen Plan verzichten. Zwischen jenen und ihm, dem osteuropäischen Juden, gab es weiterhin eine unüberbrückbare Kluft. Daran änderte auch die Tatsache nichts, daß in Zamenhofs letzten Lebensjahren die universalistische Komponente seines Denkens das, was von seinem Zionismus noch übriggeblieben war, fast völlig verdrängte. 1914 lehnte er es ab, sich an der Gründung eines Jüdischen Esperanto-Bundes zu beteiligen, weil er sich, wie er schrieb, keinem Nationalismus anschließen wollte, selbst dann nicht, wenn es sich wie in diesem Fall um den verzeihlicheren Nationalismus eines unterdrückten Volkes handelte (74: X, 164).

Das zögernde Echo, das seine religiösen Anschauungen fanden, hat vermutlich dazu beigetragen, daß sich Zamenhof schließlich mehr und mehr darauf konzentrierte, vor der Gefahr des Nationalismus zu warnen und moralische und politische Prinzipien herauszustellen. Diese Tendenz zeigte sich bereits in dem Memorandum »Rassen und internationale Sprache«, das er

1911 dem Ersten Rassenkongreß in London einreichte. Während des Krieges dann, im »Aufruf an die Diplomaten« (1915), plädierte er eindringlich für den Grundsatz, daß jedes Land »moralisch und materiell in voller Gleichberechtigung allen seinen Söhnen gehört« (74: IX, 432). Frieden könne man nicht von territorialen Änderungen erwarten, sondern allein von der Zerstörung des Chauvinismus. Zamenhof, der lange zu sehr die religiösen Ursachen der Judenverfolgung betont hatte, sah am Ende ein, daß der blinde Kult des Nationalen die Menschen in seiner Zeit weit tiefer spaltete als Unterschiede von Sprache und Religion.

Aber Zamenhofs Aufrufe verhallten ungehört. Am Ende seines Lebens mußte er nicht nur in einer rußlandfreundlichen Zeitung in Warschau den Vorwurf lesen, er sei ein »gefährlicher Internationalist« (59: 121), sondern durchlitt auch die herzzerreißende Erfahrung, daß selbst Esperantisten vom chauvinistischen Fieber infiziert wurden. Franzosen, Deutsche, Italiener: sie alle verschickten Bulletins und Broschüren in Esperanto, um den Standpunkt der kriegführenden Regierungen zu verteidigen.

Der Esperanto-Weltbund (UEA) allerdings konnte der nationalistischen Welle widerstehen. Von Genf aus, dem Sitz in der neutralen Schweiz, organisierte die UEA während des Krieges mit Hilfe ihres Delegierten-Netzes eine großangelegte Hilfsaktion, bei der den Bürgern der verfeindeten Staaten Briefe zugeleitet und Nahrungsmittel, Kleidung und Medikamente geliefert wurden. Gleichzeitig mit dieser praktischen Demonstration internationaler Solidarität setzte Hector Hodler, der Gründer und Direktor der UEA, seine Bemühungen fort, die wesentlichen Grundsätze der Esperanto-Bewegung zu formulieren. Im Unterschied zu Zamenhof war sein Idealismus frei von mystischen Zügen, er stützte sich auf die Kenntnis und Analyse der Entwicklungstendenzen der internationalen Politik. Von Juli 1915 bis Februar 1917 veröffentlichte Hodler in *Esperanto*, dem Monatsorgan der UEA, eine Artikelserie unter dem Titel »Das Problem des Friedens: Neue Wege«, in der er seine Vorstellungen zum Neuaufbau der Welt nach dem Kriege umriß. Hauptsächlich wegen dieser Serie war *Esperanto* in Frankreich von 1916 an verboten – »wegen ungünstigen Einflusses auf die Kämpfer an der Front«, wie die Kriegszensur vorbrachte (46: 18).

Hodler sah ein Anwachsen der kollektivistischen Tendenzen nach dem Kriege voraus, ebenso eine Verschärfung des Klassenkampfes und eine stärkere Bereitschaft der Regierungen, Vorschläge zur übernationalen Zusammenarbeit und Rüstungsbegrenzung zu erörtern. Dem Esperanto sollte in der Herausbildung der künftigen internationalen Ordnung eine neue Rolle zukommen. Hodler nannte es eine Illusion, zu glauben, man könne die Regierungen aufgrund irgendwelcher moralischen Erwägungen zur Anerkennung der Sprache bringen. Esperanto habe keine Aussicht, allgemein anerkannt zu werden, solange nicht einige Grundvoraussetzungen geschaffen seien, wozu nicht bloß ein Waffenstillstand, sondern ein starker Internationalismus gehöre. Die Esperantisten müßten »der Embryo der künftigen Eliten« sein, die auf den nationalen Ruinen ein neues, internationales Haus bauen. »Nationale Freiheit, demokratische Herrschaft, internationaler Staatenbund« seien die Forderungen der Zeit (67: 162).

Hodler, auch regelmäßiger Mitarbeiter der pazifistischen Zeitschriften *Dokumente des Fortschritts* und *Die Menschheit,* nahm in mancher Hinsicht Thesen vorweg, die der amerikanische Präsident Woodrow Wilson später einem größeren Publikum vorlegen sollte. Obwohl ihm keine Zeit mehr blieb, die Verwirklichung seiner Ideen zu erleben – er starb, 32 Jahre alt, im März 1920 –, hatte er doch erreicht, daß sich die UEA in den Augen der Esperantisten als *die* Vertreterin der Bewegung durchsetzte. Dies war nach dem Kriege um so wichtiger, als die Esperanto-Bewegung mit der Gründung des Völkerbundes erstmals einen angesehenen Partner auf internationalem Felde bekam. Desgleichen hatte Hodler den Esperantisten für ihr Wirken in der Nachkriegszeit, da überall die Hoffnungen auf eine Zeit gesicherten Friedens wuchsen, theoretische Leitsätze hinterlassen.

Welche Bedeutung die Gründung des Völkerbundes aus der Sicht der Esperanto-Bewegung hatte, wurde von Hodler so beschrieben:

Wir wissen alle gut, daß dieser Bund nur dann lebensfähig ist, wenn er nicht bloß durch rechtliche Vereinbarungen Regierungen, sondern in einem Geist des gegenseitigen Verstehens auch und vor allem Völker zusammenführt. Ohne eine neutrale internationale Sprache bleiben die Völker einander völlig fremd, selbst wenn zwischenstaatliche Konventionen sie theoretisch verbinden. Vom Völkerbund erwarten die Esperantisten daher, daß er die Notwendigkeit eines gemeinsamen Verständigungsmittels früh anerkennt... (67: 88)

Im folgenden wollen wir sehen, wie die Esperanto-Bewegung versucht hat, ihr Anliegen dem Völkerbund nahezubringen. Dabei wird zu zeigen sein, inwieweit der Bund den Erwartungen gerecht geworden ist, die Hodler, und nicht nur er, in ihn gesetzt hat.

Nachdem die internationale öffentliche Meinung des Krieges als Mittel der Konfliktlösung überdrüssig war, brachten viele dem Völkerbund Vertrauen entgegen. Diese Situation wurde von der UEA sofort als Chance ergriffen, von den Regierungen eine Vereinbarung zu fordern über die Frage der Einführung des Esperanto an den Schulen. Einen rührigen Anwalt besaß die UEA in dem Publizisten Edmond Privat, einem Schulkameraden Hodlers, der nach dessen Tod die Redaktion der Zeitschrift *Esperanto* übernahm. Privat arbeitete in den Jahren 1920 und 1921 beim Völkerbund als Dolmetscher und war von 1922 bis 1927 erst Berater und dann Stellvertreter des persischen Chefdelegierten.

Auf Initiative Privats legten im Dezember 1920 elf Völkerbundsdelegierte (aus Belgien, Brasilien, Chile, China, Haiti, Indien, Italien, Kolumbien, Persien, Südafrika und der Tschechoslowakei) der Ersten Vollversammlung des Völkerbundes in Genf einen Entschließungsentwurf vor. Unter Hinweis auf »sprachliche Schwierigkeiten«, die »die unmittelbaren Beziehungen zwischen den Völkern hemmen«, drückte der Entwurf die Hoffnung aus, daß sich der bereits an einigen Schulen der Mitgliedsstaaten erteilte Esperanto-Unterricht weiter ausdehnen werde, »damit die Kinder in allen Ländern von nun an wenigstens zwei Sprachen kennenlernen, ihre Muttersprache und ein leichtes Mittel zur internationalen Verständigung«. Der Entwurf schloß mit der Bitte an das Sekretariat des Völkerbundes, »für die nächste Vollversammlung einen ausführlichen Bericht über die auf diesem Gebiet erzielten Ergebnisse vorzubereiten« (37: 35).

Dieser Vorschlag ist ein gutes Beispiel für die idealistischen Hoffnungen, die besonders die kleineren oder weniger einflußreichen Staaten auf den Völkerbund setzten. Zugleich aber bewies er die mangelnde Vorsicht der Antragsteller, denn diese hatten nicht bedacht, daß ein solcher fast revolutionärer Vorschlag auf heftigen Widerstand stoßen könnte. Privat selbst gab später zu, daß es ein taktischer Fehler gewesen sei, schon in einem so frühen Stadium die heikelste Forderung unterbreitet zu haben: die nach Einführung des Esperanto an den Schulen.

Der zuständige Ausschuß der Vollversammlung erörterte den Entschließungsentwurf, strich den Absatz, der den Schulunterricht zum Gegenstand hatte, und nahm den übrigen Text mit zehn gegen eine Stimme (Frankreich) an. Frankreich, das sich wegen des zunehmenden internationalen Gewichts des Englischen in die Defensive gedrängt fühlte, sah in dem esperantofreundlichen Entschließungsentwurf (der am Sprachenreglement im Völkerbund gar nicht rüttelte) eine weitere Bedrohung der Stellung des Französischen als der klassischen Sprache der Diplomatie. Als die Vollversammlung am 18. Dezember um Zustimmung zu dem Antrag gebeten wurde, erhob der Delegierte Frankreichs, Gabriel Hanotaux, Mitglied der Académie Française und ehemaliger Außenminister, sofort scharfen Protest. Ohne daß ihm die Delegierten der anderen Länder zu widersprechen wagten, forderte Hanotaux beredt »Ehre« für seine Sprache, die französische, »die ihre Geschichte, ihre Schönheit hat, die von den größten Schriftstellern benutzt wurde, die in der ganzen Welt bekannt ist, die eine bewundernswerte Verbreiterin von Gedanken ist«. Hanotaux setzte Vertagung ohne Erörterung durch.

Vor diesem Rückschlag war sich Privat der französischen Position offenbar nicht bewußt gewesen. Die Esperantisten und die mit ihnen sympathisierenden Delegierten mußten feststellen, daß der schlecht vorbereitete Antrag sofort einem energischen Opponenten zum Opfer gefallen war. Warum – dies erklärte Maurice Rollet de l'Isle, der Vorsitzende der Französischen Gesellschaft für die Propagierung des Esperanto, Ende Dezember 1920 in einem Brief an Privat: »Ich bin überrascht, daß Sie sich über diese Feindschaft wundern, denn wir treffen hier seit einiger Zeit auf heftigste Feindschaft von seiten des Quai d'Orsay« (44: 43).

Die Freunde des Esperanto gaben jedoch nicht auf und bereiteten sich nun besser vor. Im September 1921 wurde der Antrag auf der Zweiten Vollversammlung erneut vorgelegt, diesmal unterstützt von den Delegierten Albaniens, Belgiens, Chinas, Finnlands, Indiens, Japans, Kolumbiens, Persiens, Rumäniens, Südafrikas, der Tschechoslowakei und Venezuelas. Es gab zu diesem Zeitpunkt bereits einen positiven Bericht des stellvertretenden Generalsekretärs des Völkerbundes, des Japaners Inazô Nitobe, über die Eindrücke, die er beim Besuch des 13. Esperanto-Weltkongresses in Prag gewonnen hatte. Etwas widerwillig – »ich mag nicht gern das arbeitende Volk eine besondere Klasse nennen« – stellte Nitobe gerade die begeisterte Beteiligung der Arbeiter an der Esperanto-Bewegung heraus:

Während die Reichen und die Gebildeten sich an schöner Literatur und wissenschaftlichen Abhandlungen im Original erfreuen, benutzen die Armen und Bescheidenen Esperanto als Lingua franca für ihren Gedankenaustausch. Esperanto wird auf diese Weise ein Motor internationaler Demokratie und starker Zusammengehörigkeit. Dieses Interesse der Massen sollte in einem vernünftigen und von Sympathie getragenen Geist berücksichtigt werden, wenn die Frage einer gemeinsamen Sprache untersucht wird. (48: 91 f.)

Dieses Mal nahm die Vollversammlung den Vorschlag einer Umfrage an, und im Januar 1922 versandte das Sekretariat an die Mitglieder des Völkerbundes einen Fragebogen mit der Bitte, über den Stand des Esperanto-Unterrichts an den Schulen zu berichten.

Während der Bericht zusammengestellt wurde, verschärfte Frankreich seine Kampagne. Der Gebrauch des Esperanto auf Veranstaltungen, an denen französische Beamte teilnahmen, wurde verboten. Um die Esperantisten zu schwächen, wurde sogar das Konkurrenzprojekt Ido von französischer Seite insgeheim gefördert. Privat durfte bis Ende 1921 nicht nach Frankreich einreisen; auch danach erhielt er nur unter Mühen ein Visum.

Im April 1922 fand im Völkerbundpalast in Genf eine sehr erfolgreiche Konferenz über den Esperanto-Unterricht an den Schulen statt, an der Lehrer aus 28 Ländern und offizielle Delegierte von 16 Regierungen teilnahmen. Kurz darauf eröffnete Frankreich eine regelrechte Gegenoffensive. Der Minister für Unterricht, Léon Bérard, erteilte am 3. Juni 1922 den Schulrektoren Frankreichs die Weisung, für den Esperanto-Unterricht keine Schulräume mehr bereitzustellen. Bérard sprach in seinem Erlaß von den »Gefahren, die der Unterricht des Esperanto, wie mir scheint, unter den gegenwärtigen Umständen enthält. Es wäre beklagenswert, wenn die Erziehung auf der Grundlage der lateinischen Kultur, die wir verteidigen, durch die Entwicklung einer künstlichen Sprache, die durch ihre Leichtigkeit verführt, vermindert werden würde.« Er führte dann weiter aus:

Das Französische wird immer die Sprache der Zivilisation sein und zur gleichen Zeit das beste Mittel, eine unvergleichliche Literatur zu verbreiten und der Expansion französischen Denkens zu dienen.

...Internationale Organisationen, die ihren Sitz im Ausland haben, sind bemüht, die Beziehungen zwischen den Esperantistengruppen verschiedener Länder auszubauen... das Ziel dieser Propaganda ist nicht so sehr, die sprachlichen Beziehungen

zwischen den Völkern zu vereinfachen, sondern vielmehr in der Meinungsbildung beim Kinde und beim Erwachsenen die Raison d'être einer nationalen Kultur zu unterdrücken.
Diese Gruppen zielen besonders auf den lateinischen Geist und – ganz speziell – auf den französischen Genius. Nach den Worten eines Esperantisten geht es darum, eine Trennung von Sprache und Vaterland herbeizuführen. Esperanto wird somit zum Instrument eines systematischen Internationalismus, zum Feind der nationalen Sprachen und aller originalen Gedanken, die ihre Entwicklung ausdrücken... (Zit. nach *Le Monde Espérantiste*, Bd. 15, 1922, Nr. 3, S. 18)

Wenige Wochen nach Bérards Runderlaß, durch den die Tätigkeit der französischen Esperantisten stark beeinträchtigt wurde, stellte das Sekretariat des Völkerbundes seinen Bericht über *Esperanto als internationale Hilfssprache* fertig. Darin wurde ein detaillierter Überblick über die weltweite Verbreitung des Esperanto gegeben. Die Schlußfolgerung lautete:

Die Macht der Sprache ist groß, und der Völkerbund hat allen Grund, den Fortschritt der Esperanto-Bewegung mit ganz besonderem Interesse zu verfolgen, da sie, sollte sie sich stärker ausbreiten, eines Tages für die moralische Einheit der Welt große Folgen haben könnte. (Vgl. 38: 28)

Auf den Sitzungen des Ausschusses, der sich Mitte September 1922 mit dem Bericht befaßte, äußerte u.a. der britische Hellenist Gilbert Murray, der Südafrika vertrat, seine Zustimmung. Der Delegierte Frankreichs aber, Georges Reynald, erklärte, er habe Weisung erhalten, sich jeder anderen Weltsprache als Französisch zu widersetzen. Waren seine Ausführungen noch relativ gemäßigt, so führte der brasilianische Delegierte Raul de Rio Branco in die Debatte ideologische Attacken der rüdesten Art ein. In einer langen Rede verurteilte er Esperanto als »Sprache von Strolchen und Kommunisten, ohne Tradition, ohne Literatur, ohne geistigen Wert«, und behauptete, in Brasilien werde Esperanto nur im Staate Sergipe, dem »am wenigsten zivilisierten«, unterrichtet.
Nach längerer Diskussion einigte man sich auf einen Kompro-

miß: Der Bericht wurde – bei Streichung des fünften Teils, der Schlußfolgerungen und Empfehlungen enthielt – als Dokument des Völkerbundes angenommen, die Frage des Schulunterrichts jedoch wurde an die Kommission für geistige Zusammenarbeit überwiesen.

Lord Robert Cecil, ein Freund des Esperanto, mahnte die Kommission, »sich daran zu erinnern, daß eine Weltsprache nicht nur für Intellektuelle, sondern vor allem für die Völker selbst nötig ist«. Tatsächlich aber war die Kommission für geistige Zusammenarbeit das denkbar ungünstigste Forum zur Behandlung des Falles Esperanto – der Sprache, die – wie Nitobe bejahend feststellte und wie de Rio Branco fürchtete – eben nicht in erster Linie ein Verständigungsmittel von Intellektuellen ist. Die Kommission war im Mai 1922 gebildet worden und setzte sich aus zwölf (später 15) Mitgliedern zusammen. Ihre Aufgabe war es, zu internationaler Solidarität zu erziehen und den friedensfördernden Einfluß des Völkerbundes zu stärken. In Wirklichkeit jedoch »zwang man sie, ihre Tätigkeit strikt zu beschränken und sich nur um Universitäts- und Bibliotheksbeziehungen zu kümmern«, wie Privat nach dem Kriege feststellte: »Man fürchtete ein mehr die Menschheit umfassendes Feld« (57: 71).

Angesichts des politischen Drucks der französischen Regierung und der Vorurteile von Intellektuellen befanden sich die Befürworter des Esperanto in dieser Kommission auf verlorenem Posten. Der Vorsitzende, der Philosoph Henri Bergson, gestand Privat vertraulich seine Sympathie, mußte aber seine persönliche Meinung den Instruktionen unterordnen, die er aus Paris erhalten hatte. Als Hauptopponent des Esperanto trat das Schweizer Kommissionsmitglied Gonzague de Reynold auf, Professor für Geschichte und französische Literatur an den Universitäten von Bern und Fribourg. Obwohl er sich in seiner öffentlichen Kritik auf linguistische Mängel des Esperanto konzentrierte und für das «Katholiken und Intellektuellen bekannte» Latein plädierte, störte ihn offensichtlich in noch höherem Maße der Umstand, daß sich, wie er in einem Privatbrief schrieb, hinter Esperanto »ein internationalistischer und revolutionärer Mystizismus verbirgt« (44: 84).

Wie sehr das Problem über den Rahmen einer sprachwissenschaftlichen Diskussion hinausging, machte – eleganter als de Rio Branco – der Franzose Julien Luchaire deutlich. Er bestritt schlicht, daß »Nichtintellektuelle« Bedarf an einem internationalen Verständigungsmittel hätten, denn – so sein Argument – die Volksmassen der verschiedenen Länder träten über ihre »Führer« und mit Hilfe von Übersetzungen in wechselseitige Kontakte ein. Nach dieser Logik sollten internationale Beziehungen das Monopol einiger Auserwählter sein, war es also nicht zu empfehlen, durch das Medium Esperanto Menschen aus den unteren Schichten die Tür zum weltweiten Gedankenaustausch zu öffnen.

In diesem Klima französischen Hegemoniestrebens und überheblicher Verachtung des einfachen Volkes hatte Esperanto keine Chance mehr. Die Kommission beschloß am 1. August 1923, sich mit der Frage des Esperanto-Unterrichts an den Schulen nicht zu befassen, mit der Begründung, daß es in erster Linie notwendig sei, »das Studium lebender Sprachen und fremder Literaturen zu fördern« (56: 59). Nitobe kommentierte diese Entscheidung mit den Worten, in zwanzig Jahren werde man sich ihrer als ein Zeichen dafür erinnern, daß es dem Völkerbund an weiser Voraussicht gefehlt habe.

Als im September 1923 die Vierte Vollversammlung zusammentrat, schlug die französische Delegation, aus Paris mit der Weisung versehen, »Esperanto ein für allemal auszuschalten«, die Annahme einer verschärften Fassung des Kommissionsbeschlusses vor; danach sollte der Völkerbund ausdrücklich nur zum Erlernen nationaler Fremdsprachen aufrufen. Damit jedoch hatte Frankreich den Bogen überspannt. Mehrere Delegierte legten Protest ein und erklärten, sie wollten zwar nicht auf dem Esperanto bestehen, doch seien sie auch nicht bereit, für etwas zu stimmen, was man als gegen Esperanto gerichtet ansehen könnte, »denn diese Bewegung hat viele Freunde bei uns« (56: 59).

Frankreich mußte seinen Vorschlag zurückziehen. In Kraft blieb damit nur der Sekretariatsbericht über die Errungenschaften des Esperanto. Dies war kein geringer Erfolg für die UEA, lag aber doch beträchtlich unter ihren Erwartungen. Ein Trost war, daß die neue Regierung in Paris unter Edouard Herriot im September 1924 den Erlaß Bérards aufhob und daß die Fünfte Vollversammlung im gleichen Monat mit der Stimme Frankreichs empfahl, Esperanto als offene Sprache im telegraphischen Verkehr anzuerkennen.

Es ist heute hinlänglich bekannt, daß der Völkerbund seine anfängliche Reputation nach und nach einbüßte, weil kein Mitgliedsstaat bereit war, auf einen Teil seiner nationalen Souveränität zu verzichten, weil seine Beschlüsse nicht befolgt wurden und weil die Großmächte seine Arbeit nach Bedarf sabotierten. Nicht nur der politische Einfluß des Völkerbundes blieb begrenzt, auch die moralische Autorität, die man von ihm erwartet hatte, konnte sich nicht herausbilden. Ein Beispiel dafür ist die Kommission für geistige Zusammenarbeit, die bei der Aufgabe »völlig versagte, sie [die Intellektuellen verschiedener Länder] in eine gemeinsame Front gegen die Gefahren nationalen Hasses und nationalen Ehrgeizes einzureihen« (68: I, 193).

Die Behandlung des Esperanto trägt zu einem Verständnis der Gründe für das Scheitern des Völkerbundes bei. Eine Großmacht konnte mit Hilfe offenen und versteckten Drucks die Initiative von Chinesen, Japanern und mehreren kleineren Ländern zu Fall bringen, deren Ziel es war, Esperanto einzusetzen für eine gewisse Neutralisierung der widerstreitenden nationalen Interessen und für die Erziehung zur internationalen Solidarität als geistiger Grundlage des Völkerbundes. Der Standpunkt, daß die Ideale des Völkerbundes weltweit an Popularität gewinnen würden, wenn seine Mitglieder Sympathie für Esperanto bekundeten, stieß mit Frankreichs Sorge um die Vormachtstellung der französischen Sprache zusammen. Um diese Position zu verteidigen, beschränkte man sich nicht darauf, dem Esperanto etwa strukturelle Mängel vorzuhalten; schon

Hinweise auf die angeblich ungenügende Ausdruckskraft einer Kunstsprache hätten ihre Wirkung vermutlich nicht verfehlt. Vielmehr befanden sich die Feinde des Esperanto mit den Esperantisten gleichsam in stummem Einvernehmen, was die Funktionsfähigkeit der Sprache anging. Das läßt der Erlaß Bérards ebenso erkennen wie die elitäre Arroganz Luchaires, den der Gedanke quälte, die internationale Kommunikation könnte der Kontrolle durch »Führer« entgleiten und auch Eigentum von »Nichtintellektuellen« werden.

Wenn man sich die Auffassungen vor Augen führt, die in der Kommission für geistige Zusammenarbeit herrschten, wird leicht verständlich, warum diese Kommission ihre Aufgabe nicht zu erfüllen vermochte: ein Gefühl weltweiter Zusammengehörigkeit zu schaffen, das der Völkerbund stärken und das dessen Gewicht gegenüber den nationalen Egoismen steigern sollte. Der französische Feldzug gegen Esperanto war unmißverständlich von der Großmachtsorge diktiert, der Völkerbund könnte seinem Namen gerecht werden und sich zu einem internationalen Forum entwickeln, an das die Nationen einige ihrer Privilegien abzutreten hätten. Die Esperantisten, damals noch allzu naiv, ahnten nicht, wie provozierend ihre Forderung war, daß jedes Kind in der Welt zumindest zwei Sprachen lernen solle, die Muttersprache und die internationale. Dagegen sahen ihre Gegner früh voraus, welche politischen Konsequenzen es hätte, wenn der Völkerbund offiziell zum Erlernen und Gebrauch eines neutralen Verständigungsmittels ermuntern würde. Welche Schleusen mit einem solchen Votum für Esperanto geöffnet würden, davon hatten die Gegner klare Vorstellungen. De Rio Branco wandte sich in seiner Rede gegen die Auffassung, daß der Völkerbund ein »Überstaat« sei (61: 7), und ähnlich war die Ansicht von Gonzague de Reynold: »... es ist notwendig, ständig gegen alle die zu kämpfen, die aus dem Völkerbund nicht nur einen Überstaat, sondern auch eine Überkirche machen wollen, gegen alle utopistischen Internationalisten... Ich meine Esperanto« (44: 100).

1.7 Die Linken und die Neutralen

Auf dem Höhepunkt der französischen Agitation gegen Esperanto bemerkte Privat einmal: »Selbst nach der Intervention von Herrn Hanotaux im Völkerbund erschien in der Esperanto-Presse keine einzige antifranzösische Äußerung. Und dies ganz zu Recht.«
Sicher war es eine richtige Taktik, Frankreich nicht unnötig herauszufordern. Doch bleibt andererseits die betrübliche Tatsache bestehen, daß sich die UEA nicht stark genug fühlte, als internationale Pressure group ihren Standpunkt gegen die egoistischen Interessen einer Nation energischer zu vertreten. Sie schonte nicht nur die Franzosen, sondern unterließ es auch, den sprachlichen Imperialismus, die elitäre Denkweise, die hochmütige Mißachtung des Wunsches einfacher Menschen nach internationaler Kommunikation zu entlarven – all die Faktoren, die eine so wesentliche Rolle spielten, um Esperanto von der Tagesordnung des Völkerbundes abzusetzen.
Ebenso läßt sich aus heutiger Sicht bedauern, daß die UEA dem Völkerbund den Rücken zu kehren begann. Statt mittels Esperanto die gutgemeinten Grundsätze des Völkerbundes zu popularisieren und so einen günstigen Boden für mögliche künftige Vereinbarungen über Esperanto mitzubereiten, entfernte sich der Esperanto-Weltbund langsam von Hodlers Leitlinien. Der Internationalismus verlor im Laufe der zwanziger Jahre allgemein an Anziehungskraft, und auch die UEA stemmte sich dieser Tendenz insofern nicht entgegen, als sie immer mehr von den nationalen Esperanto-Verbänden abhängig wurde, die ihre Aufmerksamkeit eher der eigenen Regierung zuwandten und dabei gegen nationalistische Strömungen nicht immer genügend Resistenz zeigten. Privat, der zur Sozialdemokratie neigte und ein unermüdlicher Kämpfer gegen den Kolonialismus war, schien prädestiniert, das Werk seines verstorbenen Freundes Hodler fortzusetzen, und bemühte sich auch ernsthaft darum; seine Bildung und gewinnende Persönlichkeit brachten ihm bei

vielen Völkerbundsdelegierten Sympathie ein, auch enge Bekanntschaft mit Edvard Beneš, dem späteren Präsidenten der Tschechoslowakei, mit dem Schriftsteller Romain Rolland und mit Mahatma Gandhi. Aber von eher mittelmäßigen Funktionären unterstützt und von vielen Träumern, nämlich politisch völlig unbedarften Esperantisten, umgeben, war er allein zu schwach, um der UEA das notwendige Bewußtsein ihrer eigenständigen Aufgabe im weltweiten Maßstab und Entschlossenheit zur Verteidigung des Internationalismus gegen nationale Eifersüchte einzuflößen.

Dieses Abweichen der UEA von den Idealen ihres Gründers ist jedoch zum Teil auch damit zu erklären, daß sich nach dem Krieg, kurz nach Hodlers Tod, in der Esperanto-Bewegung eine klassenmäßige Spaltung vollzog. Im August 1921 wurde die »Sennacieca Asocio Tutmonda« (SAT), der »Nationslose Weltbund«, gegründet, eine internationale Vereinigung der Arbeiter-Esperantisten. Sie nahm zwar Impulse Hodlers auf, so die übernationale Organisationsform auf der Grundlage der Einzelmitgliedschaft, brach zugleich jedoch – mit dem Schlachtruf »Nieder mit dem Neutralismus!« – alle Beziehungen zur neutralen, d.h. ihrer Auffassung nach bürgerlichen, Esperanto-Bewegung ab und erhob den Anspruch, daß Esperanto nur so lange wertvoll und unterstützungswürdig sei, wie es wirksam in den Dienst des Klassenkampfes gestellt werden könne.

Auf Tätigkeit und Bedeutung der SAT wird ausführlich in einem späteren Kapitel eingegangen. An dieser Stelle ist es vor allem wichtig festzuhalten, daß die Physiognomie der Esperanto-Bewegung durch die Spaltung in Arbeiter und »Neutrale« tief verändert wurde und dies nicht ohne Einfluß bleiben konnte auf das Bild, das die Sprache selbst in der Öffentlichkeit bot.

Vor dem Ersten Weltkrieg waren besonders die deutschen Esperantisten, wie wir gesehen haben, Angriffen wegen antinationaler Bestrebungen ausgesetzt gewesen. Während des Krieges vertrieben sie in Esperanto-Übersetzung verschiedene Dokumente, in denen der Standpunkt des deutschen Heeres erläutert wurde. Nach dem Kriege glaubten sie daher, daß hiermit ihr Patriotismus weithin Anerkennung finden werde. Bereits im März 1915 hatte der Industrielle Albert Steche, Mitglied des Sächsischen Landtags, erklärt, durch die Nutzung des Esperanto für die Kriegspropaganda werde »vor aller Welt offenbart, daß die deutschen Esperantisten keine kosmopolitischen Schwärmer, sondern eifrige praktische Patrioten sind, die gute Kriegsarbeit leisten und weder Mühe noch Opfer scheuen, um dem Vaterlande zu dienen« (65: 23).

Aber die alldeutschen Gegner ließen sich durch solche Argumente wenig beeindrucken. Mit hämischen Bemerkungen darüber, daß der Krieg es so schnell vermocht habe, den »wurzellosen« Internationalismus zu erschüttern, lehnten sie den Schluß ab, daß für die Deutschen eine internationale Hilfssprache jetzt annehmbarer geworden sei. Der erwähnte Albert Zimmermann beispielsweise erkannte zwar an, daß die deutschen Esperantisten subjektiv gute »Volksgenossen« seien, warnte gleichzeitig aber davor, »den internationalen Charakter, die entnationalisierende Wirkung des Esperanto zu verkennen« (76: 14 f.). Nicht gerade beschwichtigend mußte es im übrigen auf Leute wie Zimmermann wirken, daß der Feind, zumal Frankreich, Esperanto ebenfalls benutzt hatte.

Die deutschen wie die französischen Esperantisten gewannen mit ihrem Propagandaeinsatz während des Krieges also nur wenig; neue Sympathien konnten sie nicht wecken. Und die Ausgangsposition der Bewegung wurde dadurch noch komplizierter, daß ihr in beispielloser Zahl Arbeiter zuströmten. Der Klassenkampf fand auch in die Esperanto-Bewegung Eingang. In mehreren Ländern schlossen sich die Neugeworbenen gar nicht erst dem traditionellen, neutralen Landesverband an, sondern organisierten sich gleich in selbständigen Arbeiter-Esperanto-Vereinigungen.

Diese Entwicklung war symptomatisch für den Wunsch der Arbeiter, ihren Horizont über Landesgrenzen hinweg zu erweitern und, kaum hatte das Kriegsende dazu eine neue Chance geboten, sofort Internationalismus zu praktizieren. In der Programmschrift eines 1919 vom Internationalen Forschungsrat ins Leben gerufenen Komitees für eine internationale Hilfssprache (Washington, D.C.) wurde »das rasch erwachende internationale Bewußtsein des Manns auf der Straße«, wie es sich in der Popularität des Esperanto unter den Arbeitern zeige, »eines der wichtigsten Merkmale des Gesamtkomplexes der Entwicklung einer internationalen Sprache« unter soziologischen Gesichtspunkten genannt. Das Komitee führte aus: »Wenn dieses Interesse der Massen von maßgebenden Soziologen sorgfältig untersucht und mit Sympathie aufgegriffen werden kann, dürfte eine konstruktive Anleitung zum Nutzen aller gegeben werden; aber wenn man es vernachlässigt und ganz den Radikalen zur Entwicklung überläßt, dürfte es lediglich dazu dienen, die Flamme des Bolschewismus zu entfachen« (9: 185 ff.). Eine ganz ähnliche Sicht des Problems finden wir bei Albert Steche, der schon 1914 vor »volks- und staatsfeindlichen« Einflüssen innerhalb der Esperanto-Bewegung gewarnt und im Anschluß daran gefordert hatte:

> Die Regierungen und Gemeinden müssen sich untereinander verständigen und dafür sorgen, daß national denkende Volksgenossen überall Gelegenheit finden, *unentgeltlich* Esperanto zu lernen: Wird diese Gelegenheit nicht geboten, so gehen die Lernbegierigen, wie wir es jetzt beobachten können, in die sozialdemokratischen Kurse und werden dort *nicht nur zu Esperantisten, sondern auch zu Sozialdemokraten erzogen.* (64: 7)

Das Aufblühen der Arbeiter-Esperanto-Bewegung nach dem Kriege und ihre organisatorische Absonderung machten den Vorschlag Steches, daß die Regierungen den Unterricht anbieten sollten, um eine Radikalisierung der Esperantisten zu vermeiden, schnell hinfällig. Durch die Resonanz, die Esperanto in der Arbeiterschaft fand, wurde eine hier und dort vielleicht bestehende Neigung der Regierungen zur Förderung der Esperanto-Bewegung jedenfalls eher reduziert als stimuliert. Warnungen vor einem Eindringen sozialistischer Ideen in die Reihen der Esperantisten, wie sie Steche geäußert hatte, waren dabei Wasser auf die Mühlen konservativer und reaktionärer

Regime. Diese gingen mehr und mehr dazu über, der ganzen Bewegung, auch der politisch neutralen, mit Mißtrauen zu begegnen, anstatt durch eine esperantofreundliche Politik der Infiltration entgegenzuwirken.

In welchem Dilemma sich die bürgerlichen Esperantisten befanden, die auf der einen Seite über die Beliebtheit des Esperanto in der Arbeiterschaft beunruhigt waren und auf der anderen Seite gegen das Unverständnis der oberen Schichten kämpften, wird gerade durch die Person Steches, der von 1920 bis 1925 Vorsitzender des Deutschen Esperanto-Bundes (DEB) war, gut illustriert. Als Mitglied der Nationalliberalen Partei und Vorstandsmitglied verschiedener Industrieverbände, u. a. des Hansa-Bundes, war Steche keineswegs ein gleichsam einer antikapitalistischen Fibel entnommener Reaktionär, und er war auch kein Esperantist, der sich dem mit Esperanto zu erzielenden kommerziellen Nutzen verschrieben hätte. Sein Plädoyer für die Einführung des Esperanto als einzige Fremdsprache an den Volksschulen stützte sich auf bemerkenswerte Gedanken zur Versöhnung zwischen den Klassen und den Nationen:

> Dadurch könnte die Kluft zwischen reich und arm segenbringend weiter überbrückt werden, denn der minder Begüterte vermag sich mit Esperanto gleich dem begüterten Gebildeten durch Vertiefung in die besten Werke der Weltliteratur vorwärts und aufwärts zu bringen und kann mit hoch und niedrig in der ganzen Welt sprachlich mühelos verkehren. Die soziale Angleichung im eigenen Volke hilft weiterhin zu einer Ausgleichung unter den Völkern der Erde... (66: 20)

Diese Harmonisierungsvorstellungen Steches standen in einem gewissen Sinne mit der Tradition des Esperanto in Einklang, nämlich mit Zamenhofs These, daß der Gebrauch einer neutralen Sprache Konflikte entschärfen helfe. Allerdings war Zamenhofs Denken immer ganz auf die Beseitigung *nationaler* Gegensätze gerichtet; er hatte sich kaum mit den sozialen Wurzeln des Völkerhasses befaßt. Wie dem auch sei: In der Nachkriegssituation, in der Zeit von Inflation und Arbeitslosigkeit, war es wirklichkeitsfremd, von einem allgemein klassenversöhnenden

Charakter der Esperanto-Bewegung zu sprechen. Es war daher nicht verwunderlich, daß die Ansichten Steches von einer Neutralisierung sozialer Konflikte mit Hilfe des Esperanto von den Arbeiter-Esperantisten als Kapitalistenköder verdammt wurden. Für sie war eine Auffassung wie die folgende schlicht anachronistisch:

> Der Esperantismus ist die am wenigsten »bürgerliche« von allen möglichen Bewegungen, er steht außerhalb und über allen Kämpfen zwischen den Menschen, ganz gleich, ob sie nationalen oder Klassencharakter haben. (E. Privat, *Esperanto*, Bd. 17, 1921, S. 201)

Es waren jetzt die Arbeiter-Esperantisten, die sich als die wahren Hüter der Esperanto-Tradition verstanden, die beanspruchten, mit der Verbindung von Esperanto und Sozialismus auf dem richtigen Wege zu sein:

> Was heißt »Sozialismus«? Wenn man den Begriff »Sozialismus« durch ein anderes Wort ersetzen will, dann kann man das am besten tun durch Menschheitsbefreiung, Menschheitsbeglükkung. Ist es nicht aber der Gedanke der Menschheitsbeglückung, der auch dem Esperanto zugrunde liegt? Diesen Gedanken haben wir nicht hineingelegt, diesen Gedanken haben wir nur herausgeholt. Hineingelegt hat ihn der Begründer des Esperanto Dr. Zamenhof selbst. (*Der Arbeiter-Esperantist*, Bd. 8, 1922, Nr. 9, S. 10)

Steche seinerseits vermerkte mit Bedauern den »unerfreulichen Zustand«, daß sich die unteren Schichten des Volkes für das »neue Latein der Demokratie« begeisterten, »die gebildeten Stände« hingegen, »die in der Gedankenwelt des alten Latein erzogen und gesellschaftlich erhalten wurden, jetzt versagen, wo sie Führer sein müßten« (66: 20). Es war eine Bestätigung der Besorgnis Steches, daß sich die Kommission für geistige Zusammenarbeit zwar eifrig mit der Vereinheitlichung von Museumskatalogen beschäftigte, für die Kommunikationsbedürfnisse des einfachen Mannes aber kein Verständnis aufbrachte.

Die Entwicklung verlief anders, als Steche sie sich vorgestellt hatte. Es war unvermeidlich, daß die sozialen Konflikte und politischen Spannungen, die für die zwanziger Jahre charakteristisch waren, auch in der Esperanto-Bewegung ihren Niederschlag fanden. Und dies war für Esperanto gar nicht einmal nachteilig. Die Absonderung der Arbeiter-Esperantisten erhöhte die Chancen, der Sprache in den Reihen der Arbeiterschaft zum Durchbruch zu verhelfen, während die neutrale Bewegung gleichzeitig in anderen Schichten Anhänger suchen konnte. So lebten beide in Koexistenz, zumindest in den demokratischen Ländern.

Tatsächlich gab es gleich nach dem Kriege in vielen Ländern Europas, in den Vereinigten Staaten, in Brasilien, in Japan und vereinzelt in anderen Teilen der Welt für die Esperanto-Bewegung günstige Voraussetzungen. Ganz überwiegend fanden Studium und Gebrauch des Esperanto auf privater Basis statt; Gefallen fanden daran Menschen, die, neugierig auf das Fremde, nach schneller Überwindung der Sprachgrenzen strebten. In den meisten Ländern, in denen sich eine Bewegung bildete, beschäftigte man sich mit Esperanto in Freiheit und ohne direkte Behinderungen. Es fehlte auch nicht an amtlichem Wohlwollen. So erhielt etwa das Esperanto-Institut für das Deutsche Reich regelmäßige Zuschüsse von staatlicher Seite; Schulbehörden bekundeten ihre Sympathie, indem sie den Esperanto-Unterricht an Schulen (außerhalb des Lehrplans) genehmigten, was wohl – wie der Esperantist Paul Bennemann 1928 meinte – »die Auswirkung eines starken Druckes von unten« war, »aus den Volkskreisen, die internationale Beziehungen pflegen, ohne eine fremdsprachliche Bildung in der Schule genossen zu haben« (30: 55).

Eine Methode, wie Esperanto auch weniger gebildeten Menschen schnell und ohne Lehrbuch beigebracht werden konnte, erfand Andreo Cseh, ein ungarischstämmiger katholischer Priester aus Rumänien. Seine auf Tourneen durch ganz Europa abgehaltenen Kurse, bei denen die Sprache wie ein amüsantes Spiel gelernt wurde, fanden bald viele Nachahmer. Ihre wichtigsten Kennzeichen waren der Einsatz audiovisueller Hilfsmittel und der weitgehende Verzicht auf muttersprachliche Erläuterungen. Tausende verdankten in der Zwischenkriegszeit ihre Esperanto-Kenntnis dem pädagogischen Geschick und der Ausstrahlungskraft des Andreo Cseh.

Wer die Sprache gelernt hatte, praktizierte sie auf mannigfaltige Weise. Der Gebrauch in der Korrespondenz und auf Reisen stand dabei im Vordergrund. Zu den interessantesten Folgen der so gewonnenen Kontakte zählten die internationalen Heiraten, bei denen Esperanto als »edzperanto«, als Heiratsvermittler, fungierte und die meist auch dazu führten, daß die aus der Ehe hervorgegangenen Kinder mit Esperanto als Muttersprache aufwuchsen. Höhepunkt des Jahres war für den aktiven Esperantisten der jeweils im Sommer stattfindende Esperanto-Weltkongreß, zu dem im Durchschnitt mindestens 1500–2000 Teilnehmer kamen. Daneben fand fast jedes Jahr noch eine dem Ziel der praktischen Anwendung des Esperanto gewidmete internationale Konferenz statt, auf der Delegierte von Regierungen, Handelskammern, Messen und Wirtschaftsverbänden vertreten waren. Die Themen der Konferenzen waren der jeweilige Nutzen des Esperanto für Handel, Rundfunk, Wissenschaft und Fremdenverkehr. Besonders bemerkenswert war die Konferenz »Durch die Schule zum Frieden«, die Ostern 1927 vom Genfer Internationalen Erziehungsamt in Prag veranstaltet wurde und auf der fast 500 Delegierte aus 19 Ländern Empfehlungen zum Schüleraustausch und zur Lehrbuch-Revision verabschiedeten. Esperanto war Verhandlungssprache der Konferenz.

Während der Nutzen des Esperanto für Wirtschaft und Wissenschaft erprobt wurde und in manchen Fällen geradezu spektakulär zutage trat (der Exilrusse Eugène Aisberg schrieb 1925/26 auf Esperanto eine der ersten Einführungen in den Rundfunk, die dann in mehr als zwanzig Sprachen übersetzt wurde), wuchsen auch Zahl und Qualität der Original-Belletristik in Esperanto. Es bildeten sich sogar literarische Schulen, von denen die sog. »Budapester Schule« die berühmteste war.

Mit der Gründung der Zeitschrift *Literatura Mondo* (1922) wuchs Budapest zu einem Zentrum der esperantosprachigen Kultur heran. Dort war auch der beliebteste Esperanto-Schriftsteller, Julio Baghy, beheimatet, ein früherer Schauspieler, der, ausgehend von Erlebnissen in russischer Kriegsgefangenschaft, im Esperanto seine eigentliche Mission entdeckte und in zahlreichen Romanen und Gedichten seine Philosophie der Liebe, des Friedens und der Menschlichkeit ausbreitete. In seinen immer optimistischen, sehr idealistischen, oft naiv-sentimental anmutenden Werken wurden die dem Esperanto zugrunde liegenden Ideale mit einer Emotionalität ausgestattet, die unter den Esperantisten der zwanziger und dreißiger Jahre großen Anklang fand. Baghy, liebevoll »Paĉjo« (Väterchen) genannt, drückte Empfindungen aus, die für die Esperantisten von jeher Gültigkeit besaßen und darüber hinaus den Neigungen der gemäßigt fortschrittlichen Teile des mitteleuropäischen Bürgertums entsprachen. Sein Erfolg wurde noch dadurch erhöht, daß er gegen soziale Ungerechtigkeit und nationale Beschränktheit zwar leidenschaftlich protestierte, nur selten aber konkrete Wege zu ihrer Überwindung aufzeigte. Baghy vermied Festlegungen auf bekannte politisch-ideologische Positionen und erleichterte so dem unpolitischen Durchschnittsesperantisten die Identifikation mit seinem Ideal der Menschenbrüderlichkeit.

Andere Werke der Esperanto-Literatur waren von einem ähnlichen Idealismus geprägt – etwa die des Deutschen Teo Jung, dessen Name sich jedoch mehr mit der 1920 von ihm gegründeten Zeitung *Esperanto Triumfonta* verbindet. Unter den Hunderten Esperanto-Periodika war sie das am häufigsten, nämlich wöchentlich, erscheinende. In der Zeitung – von 1925 an hieß sie *Heroldo de Esperanto* – erschienen, sozusagen als Vorgriff auf eine übernationale Welt-Tageszeitung, Nachrichten und Bildberichte zu aktuellen Ereignissen aus Politik, Wirtschaft und Kultur. Daneben zeichnete sich der *Heroldo de Esperanto* dadurch aus, daß er seinen Lesern griffige Argumente zur Werbung für Esperanto lieferte und jeden Bericht über Erfolge der Bewegung zu dem Aufruf an die Esperantisten nutzte, in ihren Anstrengungen nicht nachzulassen und den Kampf bis zum »fina venko«, dem Endsieg, fortzuführen.

1.8 Verfolgungen in den zwanziger Jahren

Auch in den zwanziger Jahren kamen Esperantisten in einer Reihe von Ländern mit der Staatsmacht in Konflikt – vereinzelt sogar im Deutschland der Weimarer Zeit. Im Frühsommer 1922 wurden in Frankfurt am Main Arbeiter-Esperantisten, die den Zweiten SAT-Kongreß vorbereiteten, von der Polizei verhört – von einer »Polizei-Esperanto-Gruppe« in Dresden war der Hinweis gekommen, die SAT-Anhänger seien »gefährliche Kommunisten«. Nach der Absetzung der Linksregierung in Sachsen und dem Einmarsch der Reichswehr im Oktober 1923 richtete das Polizeipräsidium von Leipzig eine »Esperanto-sprachliche Dienststelle« ein, die über die Tätigkeit des Arbeiter-Esperanto-Bundes Informationen sammelte. In einem internen Bericht heißt es, der Bund sei »ein durchaus ernst zu nehmender Faktor in der politischen Bewegung«; er gebe »offen und ehrlich« zu, daß Esperanto »in erster Linie das Mittel zur Verwirklichung der ›Arbeiterinternationale‹ sein soll«. Im März 1924 hielt es das Präsidium für angezeigt, »Esperanto-Kursen und Zirkeln, die in jüngster Zeit häufiger als bisher in die Erscheinung treten, eine verschärfte Aufmerksamkeit zuzuwenden«. Es kam zu Hausdurchsuchungen und Versammlungskontrollen. Trotzdem brachten kommunistische Esperantisten in Leipzig von Januar bis Oktober 1924 16 Nummern der Zeitung *Völkerspiegel* heraus, die Übersetzungen aus Esperanto-Zeitschriften und Briefen ausländischer Genossen abdruckte; der Polizei entging nicht, daß sie gewissermaßen als Ersatz für die verbotene *Sächsische Arbeiterzeitung* fungierte. Unter sehr viel mehr Schikanen, ja Verfolgungen, litten Arbeiter-Esperantisten in anderen Ländern, vor allem solchen, in denen es keine legalen Arbeiterparteien gab. In Bulgarien, Rumänien, Ungarn, Italien, Litauen, Lettland und Polen war die Einfuhr von SAT-Publikationen verboten; in einigen anderen Ländern war ihr Bezug zumindest riskant. Wenn eine Esperanto-Gruppe einen hohen Arbeiteranteil hatte, konnte dies für die Polizei schon Grund genug sein, Nachforschungen anzustellen, wie dies 1924 den Esperantisten in Split widerfuhr; in einigen Dörfern Jugoslawiens wurde Esperanto von der Polizei schlicht verboten. In Estland konnten neugegründete Arbeiter-Esperanto-Gruppen 1925 ihre Tätigkeit gar nicht erst aufnehmen, weil der größte Teil der Mitglieder sofort verhaftet wurde.

Wenn in den osteuropäischen Ländern und zeitweise auch in Deutschland Arbeiter-Esperantisten zum Objekt polizeilicher Observation oder Verfolgung wurden, so war dafür ihre politische Tätigkeit maßgebend. Die neutrale Esperanto-Bewegung war zunächst nicht betroffen, und ihren Führern erschien es als vernünftigste Taktik, zu schweigen – oder aber zu erklären, daß Esperanto keiner Gruppe gehöre, und damit zu bestreiten, daß die Bewegung als Ganzes mitverantwortlich sei, wenn die Sprache für einen bestimmten Zweck benutzt werde.

Mehrfach waren die Behörden selbst zu der Erklärung bereit, daß sich ihre Maßnahmen gegen Arbeiter-Esperantisten nicht gegen die Esperanto-Bewegung richteten. Der polnische Innenminister teilte 1923 mit, die Mitglieder der SAT würden wegen ihrer »staatsfeindlichen Tätigkeit«, nicht wegen Esperanto verfolgt. Nachdem im rumänischen Klausenburg 1922 einige junge Arbeiter wegen des Tragens des grünen Sterns verhaftet worden waren (übereifrige Polizisten hatten das Erkennungszeichen der Esperantisten als kommunistisches Emblem gedeutet), erklärte der Vorsitzende des Militärgerichts, bevor er die Beschuldigten freisprach, Esperanto sei eine »sehr schöne Kulturbewegung« und nur die Benutzung der Sprache »für verbotene Ziele« sei strafbar. Und als der Jugoslawische Esperanto-Bund 1926 beim Unterrichtsminister dagegen protestierte, daß an verschiedenen Orten des Landes Esperanto-Gruppen oder die Abhaltung von Kursen verboten worden seien, erklärte der Minister (Stjepan Radić), er sei Anhänger des Esperanto. Er führte kurz darauf die Sprache in den Lehrplan der Universität Zagreb ein.

Damit hörten allerdings in Jugoslawien die Behinderungen auf lokaler Ebene nicht auf. Ähnlich war die Situation in Ungarn. Die neutrale Bewegung war im halbfeudalen Ungarn stärker als in den entwickelten Ländern Westeuropas für gesellschaftliche Reformbestrebungen aufgeschlossen. Vorsitzender des Ungarischen Esperanto-Bundes war von 1912 bis 1923 der katholische Prälat Sándor Giesswein, der vor dem Kriege einer der Führer der Christlich-Sozialistischen Partei gewesen war, im Kriege dann seinen Amtssitz und sogar Kirchen heimlich für pazifistische Versammlungen zur Verfügung stellte und nach dem Kriege als Führer der Reformpartei seine Stimme für die Demokratisierung erhob. Das Regime des Reichsverwesers Miklós Horthy erinnerte sich freilich, daß Esperanto politisch »mißbraucht« worden war – während der kurzlebigen Räterepublik von 1919, als in der revolutionären Aufbruchstimmung auch Esperantisten kräftig für ihre Ziele geworben hatten. In den zwanziger Jahren gehörte daher in der ungarischen Provinz Mut dazu, auch nur den grünen Stern zu tragen. 1925 wurde die Gründung einer Gruppe in Mezökövesd u. a. mit der Begründung verboten, die Bewohner hätten ein so niedriges Bildungsniveau, daß schon der Grundschulunterricht nicht die gewünschten Ergebnisse zeige, und die Esperanto-Unterrichtsstunden würden vermutlich für staatsfeindliche Bestrebungen genutzt. Während der neutralen Bewegung immerhin ein hinreichend großes Tätigkeitsfeld blieb, war es in Ungarn vor allem die Arbeiterbewegung, die in ihrer Freiheit durch schikanöse Vorschriften örtlicher Behörden oder polizeiliche Überwachung ständig behindert wurde.

Mit noch größeren Schwierigkeiten hatten die Arbeiter-Esperantisten in Bulgarien zu kämpfen, dessen Innenminister Esperanto 1924 eine Bolschewikensprache nannte. Dies hatte unter anderem zur Folge, daß Arbeiterzeitungen, die sich zuvor für Esperanto nicht interessiert hatten, weil es ihnen als »bürgerliche, ziellose und nutzlose Sache« erschien, nun ihre Meinung zu ändern begannen.

Arbeiter ließen sich nicht davon abhalten, Esperanto zu lernen. Sie fanden die Sprache um so reizvoller, je heftiger sie von der »Reaktion« verurteilt wurde. Diese auch durch Verfolgungen nicht zu unterdrückende, eher noch stimulierte Begeisterung der Arbeiter verringerte die Bereitschaft oder Fähigkeit der Behörden in den autoritär regierten Ländern, zwischen der Bewegung als Ganzem und radikalen Elementen in ihr scharf zu unterscheiden. Im Laufe der zwanziger Jahre gaben Hüter der öffentlichen Ordnung immer häufiger zumindest indirekt zu verstehen, daß die Esperanto-Bewegung insgesamt eine sorgfältigere Beobachtung verdiene.

Parallel dazu wuchs auch, selbst in der Öffentlichkeit der demokratischen Länder, die Neigung, der Sprache ideologische Ziele zu unterstellen. Das Dekret des französischen Unterrichtsministers Bérard bot Anlaß, allgemein vor einem Gebrauch des Esperanto zugunsten des Bolschewismus zu warnen. Der deutsche Romanist Karl Voßler glaubte 1925 sogar bereits einen Charakterwandel der Sprache infolge dieses Gebrauchs entdeckt zu haben:

> ...hat sich neuerdings in die Grammatik und Vokabeln des Esperanto der internationale Bolschewismus, Sozialismus und Kommunismus einquartiert und ist im Begriff, sie nicht nur mit seiner Gesinnung und Atmosphäre, mit seinen Gefühlstönen und Bedeutungsakzenten, mit seinen Proletarierstimmen zu beseelen, sondern auch politische Propaganda für sie zu treiben.
> ...muß eine Sprache, die sich aus internationalem Lehngut gebildet und auf internationalen Verkehr angewiesen weiß, dem Glauben und dem Treiben, der Gesinnung und der Ausbreitung des Kommunismus als durchaus zweckdienlich, kongenial und sprachwissenschaftlich urverwandt erscheinen. (102: 187 f.)

Die offene oder verschleierte Gleichsetzung des Esperanto mit bestimmten politischen Bestrebungen — es waren fast ausschließlich linksorientierte – konnte von den Führern der neutralen Bewegung nicht ignoriert werden. Sie waren mehr denn je gezwungen, sich gegen Vorwürfe, die Esperanto-Bewegung diene als Manövrierfeld von Revolutionären, zur Wehr zu setzen.

Eine derartige Selbstverteidigung blieb nicht ohne Erfolg. Selbst Bérard hatte den »verdächtigen Gruppierungen«, für die Esperanto »das Handlungsinstrument eines systematischen Internationalismus« geworden sei, ausdrücklich »die Aufrichtigkeit vieler, oft hervorragender Franzosen« gegenübergestellt, »die im Esperanto niemals etwas anderes gesehen haben als ein praktisches Mittel der Korrespondenz«. Doch gerade diese Worte Bérards verdeutlichen das Dilemma, in dem die bürgerlichen Esperantisten steckten. Sie pflegten nämlich keineswegs nur von den Vorteilen des Esperanto für praktische Bedürfnisse zu sprechen, sondern spielten gleichzeitig, mit unterschiedlicher Intensität, auf die ideelle Bedeutung der Sprache an. Eingedenk der pathetischen Mahnung Zamenhofs auf dem Genfer Kongreß 1906 bekannten sich wohl die meisten von ihnen zur »interna ideo«, also zum Gedanken an die friedensstiftenden, menschenverbrüdernden Ziele der Esperanto-Bewegung.

Um den Verdacht auf politischen »Mißbrauch« des Esperanto zu zerstreuen, konnten die Führer der neutralen Bewegung nicht mehr, wie es noch die französischen Pioniere einigermaßen erfolgreich versucht hatten, einfach betonen, Esperanto sei nur eine Sprache und habe mit dem Ideal des Weltfriedens nichts gemein. Obwohl eine solche Argumentation ganz der Deklaration von Boulogne-sur-Mer entsprochen hätte, wäre ein rigoroses Verleugnen des ideellen Inhalts bei den zumeist mittel- und kleinbürgerlichen Schichten zugehörigen Mitgliedern der neutralen Esperanto-Vereinigungen auf Unverständnis gestoßen, denn diese fühlten sich als Idealisten und wußten, wie wichtig die »interna ideo« für den inneren Zusammenhalt der Bewegung war. Es war nicht möglich, dem Esperanto ideelle Seiten abzusprechen, und jeder Esperantist hatte auch weiterhin die Freiheit, die »interna ideo« ganz auf seine Weise zu deuten. Es war daher unvermeidlich, daß Esperanto gegnerischen Angriffen ausgesetzt und um so verwundbarer blieb, je mehr der Idealismus der Esperantisten in eine Richtung ging, die mit der Ideologie der Herrschenden nicht übereinstimmte. Unter diesen Umständen konnten die Führer der neutralen Bewegung nur jedesmal wiederholen, daß die Sprache sich für alle Zwecke eigne, daß man sie nicht dafür verantwortlich machen solle, wenn sie auch von Sozialisten oder Kommunisten benutzt werde, und daß die zielstrebige Tätigkeit der Arbeiter anderen sozialen Gruppen als Anreiz dienen möge, Esperanto gleichermaßen als Mittel zum Zweck zu nutzen.

Aber an der Tatsache war nicht zu rütteln, daß keine andere Gruppe sich des Esperanto so zielbewußt zu bedienen wußte wie eben die Arbeiter. Dies brachte die Führung der neutralen Bewegung immer wieder aufs neue in Verlegenheit. Die Erwartungen Steches, daß nach dem Kriege der dichter werdende Handelsaustausch den oberen Schichten die Notwendigkeit auferlegen werde, Esperanto als internationales Verständigungsmittel zu verwenden, erfüllten sich nicht. Dagegen schien die Voraussage des französischen revolutionären Schriftstellers Henri Barbusse einer Verwirklichung näherzukommen: Barbusse hatte Anfang 1921 erklärt, es werde bald eine Zeit kommen, in der die Bourgeoisie das zunächst »vor allem in bürgerlichen Kreisen bearbeitete« Esperanto hassen werde, weil mittlerweile Revolutionäre sich »dieses wundersamen Schlüsselchens« bemächtigt hätten (114: 3).

Dies nicht genug: Konservative Esperantisten mußten sich fragen, ob die Beschäftigung mit Esperanto überhaupt noch ratsam sei, wenn von Arbeiterseite suggeriert wurde, daß unbewußt auch die »Neutralen« den Trend zur Weltrevolution beschleunigen hülfen, wie dies 1928 im Entwurf zu einem SAT-Programm behauptet worden war:

> ... Esperanto ist ein zweischneidiges Schwert in den Händen der Ausbeuter, denn letzten Endes wird selbst seine Verwendung durch die Bourgeoisie die internationalen antikapitalistischen Tendenzen in den Volksmassen stärken. (187: 57)

Da sich eine solche Aussage zu jener Zeit auf die Popularität des Esperanto in der Sowjetunion stützen konnte, mußte unter den Führern der neutralen Vereinigungen die Neigung wachsen, ihre Distanz zur Arbeiterbewegung stärker zu betonen. Diese Neigung äußerte sich in unterschiedlicher Weise – je nach dem Grad der politischen Freiheit, den das Land zuließ, in dem man Esperanto zu verbreiten suchte. Je undemokratischer das Regime war, desto mehr nahm die Distanzierung der neutralen Vereinigungen die Form eines direkten Widerstands gegen die Verwendung des Esperanto im politisch unerwünschten Sinne an. Der *Pola Esperantisto* etwa rief 1923 die »wahren Esperantisten« zum Protest gegen den Versuch auf, der Bewegung Anationalismus, Sozialismus, Kommunismus oder Pazifismus aufzudrängen:

> ... wir, die wir Esperanto aufrichtig lieben, werden nicht erlauben, daß man in den Falten unserer Fahne eine Schmuggelware einführt, wir werden nicht erlauben, daß der mit der Mühe und dem Schweiß der ersten Pioniere erbaute Tempel untergraben wird.

Es war von daher konsequent, daß die Verfolgung von Arbeiter-Esperantisten im *Pola Esperantisto* mit dem kalten Kommentar bedacht wurde, daran seien sie oft selber schuld. Auch in Ungarn gingen die »Neutralen« zu den Arbeiter-Esperantisten auf Abstand und nahmen sogar ein Verbot der Polizei hin, während des Weltkongresses in Budapest 1929 Gedichte Petöfis in Esperanto-Übersetzung zu deklamieren.

Der Versuch, dem Gebrauch des Esperanto für politische Ziele eine Grenze zu setzen, war sicher verständlich, ja sogar zu rechtfertigen, unter dem Gesichtspunkt nämlich, daß sich eine Sprachbewegung in einem autoritären Regime nicht unnötige Barrieren aufzurichten brauchte, indem sie sich vor aller Augen mit oppositionellen oder revolutionären Bestrebungen verbündete. Auf der anderen Seite enthielt diese Taktik auch eine gehörige Portion Selbsttäuschung: Zum einen übersah sie, daß die Begeisterung, mit der sich Arbeiter für Esperanto einsetzten, ihre Wurzel in einem idealistischen Erbe hatte, das sie mit Nicht-Arbeitern teilten, und damit nicht als bloßer Ausfluß der Strategie von Revolutionären abzustempeln war. Zum zweiten konnten die Distanzierungserklärungen nicht darüber hinwegtäuschen, daß es besonders gegen Ende der zwanziger Jahre keineswegs möglich war, die Verfolgungen als nur gegen den sog. politischen »Mißbrauch« des Esperanto gerichtet anzusehen. Dies soll mit einigen Beispielen verdeutlicht werden.

Als der Erziehungsminister Bulgariens 1928 Weisung gab, alle Schüler-Esperanto-Klubs aufzulösen, rangierte unter den angegebenen Gründen der eigentliche Sicherheitsaspekt erst am Schluß:

> Da Esperanto eine leichte Sprache ist, werden sich die Schüler an das Leichte gewöhnen und den Willen verlieren, schwierigere Dinge zu lernen; da Esperanto international ist, werden die Schüler am Internationalismus Gefallen finden und die nationale Sprache und Kultur zu verachten beginnen; schließlich steht die Esperanto-Bewegung unter dem Verdacht, daß sich hinter ihr Bolschewisten und Anarchisten verbergen. (Zit. nach *Sennaciulo*, 14. 6. 1928)

Der Minister unterschied nicht zwischen einer neutralen und einer Arbeiter-Esperanto-Bewegung, sondern erklärte schon das Erlernen des Esperanto zu einer »vaterlandsfeindlichen Handlung«.

Besonders Menschen in Osteuropa, die außerhalb der großen Städte wohnten und den unteren Schichten angehörten, erfuhren unangenehme Überraschungen, wenn sie Esperanto lernen wollten. So begründete die Zagreber Banatsverwaltung ihre Weigerung, eine 1931 gegründete Esperanto-Gruppe zuzulassen, folgendermaßen:

> ...es besteht keine national-kulturelle oder gesellschaftliche Notwendigkeit, einen solchen Klub von Bauern und Handwerkern in Djelekovec zu gründen, denn es gibt verschiedene nationale, kulturelle, wirtschaftliche und gesellige Ziele, für die unser Bürger interessiert werden muß. Er muß in der Kultur unterrichtet werden, aber nicht durch den Unterricht einer leblosen

künstlichen Sprache (Esperanto), für die Vorbildung und Kenntnis zumindest einer lebenden Weltsprache Vorbedingung sind. Aus dem Grunde, daß der Klub auf keinen Fall das Ziel erreichen kann, für das er gegründet worden ist, und weil begründete Gefahr besteht, daß der Klub in nationaler Hinsicht eine schädliche Tätigkeit entfalten könnte, erweist sich das Verbot als zweckmäßig und dem Gesetz entsprechend. (10: Kap. 12)

Dieses Zitat ist frappant, weil sich in ihm besonders deutlich das Bestreben reaktionärer Behörden zeigt, die Emanzipation von Menschen aus nichtprivilegierten Schichten zu hemmen, ihnen einen bestimmten Weg zur Bildung zu verordnen und alles zu unterdrücken, was in persönlicher Initiative zur Erweiterung des geistigen Gesichtskreises und zur Aufnahme internationaler Kontakte geleistet werden könnte. Die gleichen Erwägungen standen hinter den Verboten in Ungarn, wo lokale Behörden gegen Esperanto auftraten, weil der ungarische Arbeiter noch nicht einmal seine Muttersprache richtig beherrsche und erst einmal die ihm angebotenen Bildungsmöglichkeiten ausschöpfen müsse. In Orosháza wurde die Gründung einer Esperanto-Gruppe verboten, weil »die Esperantisten voraussichtlich mit Ausländern in Verbindung treten werden« (14: 230).

Zusammenfassend kann festgestellt werden, daß in den südosteuropäischen Ländern mit autoritären Regimen, die wirtschaftlich und gesellschaftlich hinter anderen Ländern Europas zurückgeblieben waren, die gegen die Tätigkeit der Esperantisten gerichteten Verbote und Verfolgungen nicht nur von der Furcht vor revolutionären Elementen in deren Reihen diktiert gewesen sind, sondern auch von zwei grundsätzlicheren Gesichtspunkten: (1) dem, daß Esperanto den vorgeschriebenen Bildungsgang der Bürger störe, und (2) dem, daß seine Benutzer sich aus dem Ausland Kenntnisse besorgen könnten, die sich auf ihre Haltung zur eigenen Gesellschaft in nicht kontrollierbarer Weise auswirken würden.

Es ist daher schwer, zwischen Maßnahmen gegen eine bestimmte Art des Gebrauchs des Esperanto und Feindseligkeit gegen die Sprache überhaupt genau zu unterscheiden. So wie die Einstellung einer Regierung und politischen Bewegung zum Esperanto nicht selten einen guten Maßstab abgibt für den Grad der Demokratie, den die betreffende Institution besitzt, so war ebenso auch die politische Überzeugung, deretwegen ein Esperantist verfolgt wurde, nicht eindeutig vom Esperanto zu trennen; sie erschien ihm selbst gewöhnlich als logische Ergänzung seines Esperanto-Idealismus. Wenn die allgemeine Bewegung ihre politische Neutralität betonte, sobald eine bestimmte Art der Verwendung des Esperanto das Urteil der Öffentlichkeit über die Sprache insgesamt ungünstig zu beeinflussen drohte, führte sie sich nicht vor Augen, wo die tieferen Ursachen der gegnerischen Position lagen. Statt dessen war sie allzu schnell geneigt, Angriffe der Presse auf Esperanto dem Wirken linker Esperantisten anzulasten.

Die Verfechter einer absoluten Neutralität gestanden sich nicht ein, daß die politischen Behinderungen auch verhüllte oder offene Angriffe auf die Sehnsucht nach Bildung und das spontane Streben nach internationalen Kontakten einschlossen. Von den Angriffen war durchaus die gesamte Esperanto-Bewegung betroffen, die ja aus dem Wunsch, sich selbständig weiterzubilden und nationale Barrieren zu überwinden, hervorgegangen war. Wenn daher zu einer Geisteshaltung, wie sie etwa in den aus Jugoslawien und Ungarn zitierten Begründungen zum Ausdruck kam, geschwiegen wurde, so zeigt dies, daß die neutrale Bewegung damals noch nicht imstande war, sich über einige grundlegende Faktoren Rechenschaft abzulegen – Faktoren, die jede Tätigkeit für Esperanto beeinflußten und für den Fortbestand der Bewegung von essentieller Bedeutung waren. Statt dessen wurde im April 1929, wenige Monate vor dem Budapester Weltkongreß, folgende »Erklärung über die Neutralität« veröffentlicht:

> Seit einiger Zeit bemühen sich die Feinde des Esperanto, die allgemeine Propaganda für die internationale Hilfssprache Esperanto mit der Tätigkeit von Parteigängern zu identifizieren, die Esperanto für gewisse soziale Ziele praktisch verwenden.

Das Internationale Zentralkomitee der Esperanto-Bewegung...
erklärt in aller Form und mit Nachdruck, daß sein Programm,
das nur die Einführung des Esperanto zum Ziel hat, im Hinblick
auf Politik, Religion, Rasse oder Gesellschaft absolut neutral ist.
Es wendet sich nachdrücklich gegen diese unwahren Behauptungen, die nur dazu führen können, den großen Fortschritt, der
sich aus der allgemeinen Annahme einer leicht erlernbaren neutralen Hilfssprache neben der betreffenden Muttersprache erge-
ben würde, zu verhindern. (*Esperanto,* Bd. 25, 1929, S. 75)

Die Erklärung suchte Verdächtigungen auszuräumen. Da sie
aber nur Selbstverständlichkeiten betonte, erzielte sie bei denen, an die sie sich offenbar richtete, so gut wie keine Wirkung:
Wenn Rechte nicht die Idee einer internationalen Sprache ohnehin ablehnten, so ignorierten sie jedenfalls Theorien über eine
strikte Neutralität der offiziellen Bewegung, da sie dieser sogleich die Realität entgegenhalten konnten: den anscheinend
unaufhaltsamen Vormarsch des Esperanto gerade in der Arbeiterschaft.
Während die Arbeiter-Esperanto-Bewegung zunahm, verzeich-
neten die UEA und die neutralen Esperanto-Vereinigungen
einen Rückgang ihrer Mitgliederzahlen. Besonders ernst war
die innere Krise des Weltbundes. Die UEA hatte bereits eine
intellektuelle Auszehrung erfahren, indem viele fortschrittliche
Esperantisten zur SAT übergewechselt waren; wie erwähnt,
gelang es den Nachfolgern Hodlers nicht, das geistige Erbe des
Gründers weiterzuentwickeln. Zwar blieb die UEA eine übernationale Organisation von Einzelmitgliedern und war damit
theoretisch nicht von nationalen Strömungen abhängig. Aber
schon um gegenüber der SAT ein eigenes, d.h. mehr und mehr
»bürgerliches« Profil zu wahren, lockerte sie ihre Identifikation
mit internationalistischen Bestrebungen. Gleichzeitig stand sie
im eigenen Lager unter Druck: Von seiten der nationalen
Vereinigungen, die sich in erster Linie an den Bedingungen
im eigenen Land orientierten und folglich mehr Bereitschaft
zur Anpassung an nationalistisch-autoritäre Stimmungsum-
schwünge zeigten, wurde immer lauter die Forderung nach

einem Mitbestimmungsrecht in der internationalen Bewegung erhoben.

1932 drohte der UEA der Bankrott; sie schränkte ihren Beitrag an das Internationale Zentralkomitee, das seit 1922 als gemeinsames Organ von Vertretern der nationalen Vereinigungen und der UEA diente, drastisch ein. Daraufhin kündigten erstere die Gemeinsamkeit auf und begannen mit den Vorbereitungen zu einer neuen internationalen Organisation der Esperantisten, die sich nun auf die nationalen Vereinigungen stützen sollte. Diese Entwicklung, die eine endgültige Abkehr von den Idealen Hodlers anzukündigen schien, war unmittelbar von den finanziellen Schwierigkeiten der UEA verursacht. Sie signalisierte aber gleichzeitig, wie sehr auch die Esperanto-Bewegung vom allgemeinen Niedergang des Internationalismus betroffen wurde, und daß der UEA die Kraft fehlte, gegen die in der Weltwirtschaftskrise neu aufgewühlten nationalistischen und antidemokratischen Leidenschaften anzukämpfen.

Während die neutrale Bewegung zu Beginn der dreißiger Jahre von inneren Problemen erschüttert wurde, begann sich auch die Situation für Esperanto »draußen«, in mehreren Ländern, zu verschlechtern. (Hierzu gehörten inzwischen auch China und Japan, wo linke Intellektuelle eine eigene »proletarische« Esperanto-Bewegung ins Leben gerufen hatten und damit prompt die Aufmerksamkeit der Regierung auf sich lenkten.) Noch kam es nicht zu Verfolgungen größeren Umfangs. Indem die Führer der Bewegung auf das Prinzip der Neutralität verwiesen oder die eigene Regierung ihrer Loyalität versicherten, vertrauten sie darauf, daß das ungünstige Klima weichen und in jedem Fall die Sprache selbst politischen Veränderungen nicht zum Opfer fallen werde. Dies glaubten auch Arbeiter-Esperantisten: Im Oktober 1932 zeigte sich *La Socialisto* in Österreich davon überzeugt, daß man wegen des Verbots von Arbeiter-Esperanto-Gruppen keine allgemeine Gefahr für die Sprache zu befürchten brauche: »Es wäre falsch, daraus den Schluß zu ziehen, daß faschistische oder halbfaschistische Regierungen das Esperanto unterdrücken wollen. Etwas Derartiges ist bis heute noch nicht vorgekommen. Die Maßnahmen gelten nicht der ›Esperanto‹-Organisation, sondern der politischen Tendenz der betreffenden Organisation.«

Wenige Monate, nachdem dieser Optimismus geäußert worden war, kam in der Mitte Europas ein Regime zur Macht, das die zitierte Aussage bald als überholt erscheinen lassen sollte.

2. »Eine Sprache von Juden und Kommunisten«

2.1 Esperanto in der Weimarer Republik

In den zwanziger Jahren nahm Deutschland innerhalb der internationalen Esperanto-Bewegung eine in vieler Hinsicht beneidenswerte Position ein. Nach dem Ersten Weltkrieg und der Bildung der Weimarer Republik vermochte die Idee einer internationalen, neutralen Sprache unter den Deutschen immer mehr Anhänger zu finden. Der Zusammenbruch der imperialen Ambitionen des deutschen Militarismus verstärkte besonders in der Arbeiterschaft den Wunsch, die Barrieren der Selbstisolierung und Großmachtarroganz zu überwinden und mit Hilfe des Esperanto die Brücke zu zwischenmenschlichen Kontakten mit einer Welt zu beschreiten, die damals voller Skepsis auf die junge deutsche Demokratie schaute. Unter der Schirmherrschaft des Reichspräsidenten Friedrich Ebert fand 1923 in Nürnberg der 15. Esperanto-Weltkongreß statt – mit fast 5000 Teilnehmern. Offizielle Stellen sparten nicht mit moralischer, zuweilen auch finanzieller Unterstützung; die Braunschweiger Schulbehörde etwa wies in einem Erlaß vom Oktober 1920 darauf hin, daß Esperanto ein »wichtiges Mittel« sei, um in den Schulen »die sittliche Bildung im Geiste der Völkerversöhnung« (30: 63) zu fördern. Bekannte Verlage wie Ferdinand Hirt in Leipzig und Rudolf Mosse in Berlin brachten Literatur in und über Esperanto heraus. Aus Deutschland wirkte weltweit die beliebte Wochenzeitung *Heroldo de Esperanto*. Eine Statistik für das Jahr 1926 zeigte, daß sich 30868 Deutsche als Esperantisten bezeichneten; von diesen waren 8490 in Ortsgruppen organisiert.

Allerdings kam die Welle der Sympathie für Esperanto nicht der traditionellen, neutralen Bewegung zugute, wie sich an der

Mitgliederentwicklung des Deutschen Esperanto-Bundes (DEB) ablesen läßt. Von 1921 bis 1924 sank dessen Mitgliederzahl von rund 3000 auf 2648, und Ende 1930 erreichte sie nur noch 2371. Gleichzeitig florierte der vom DEB unabhängige Arbeiter-Esperanto-Bund, dessen Kurse von einigen Tausend Teilnehmern besucht wurden; die Zahl der Mitglieder stieg von etwa 2900 im Jahre 1924 auf rund 4000 sechs Jahre später.

Wie erklärt sich diese ungleichmäßige organisatorische Entwicklung der beiden Verbände? Eine Antwort gibt zumindest teilweise die lapidare Aussage, die Albert Steche, der DEB-Vorsitzende, in einem Überblick über den Stand des Esperanto in Deutschland zum Jahresende 1923 machte: »Bewegung durch den politischen und wirtschaftlichen Niedergang beeinträchtigt. Wesentlich getragen von den mittleren und unteren Volksschichten. Die oberen Klassen, Wissenschaft, Industrie, Handel und Verkehr verhalten sich immer noch im allgemeinen ablehnend, mindestens gleichgültig.« Mit genau den gleichen Worten kennzeichnete Steche die Situation auch in den folgenden zwei Jahren; erst 1926 stellte er eine gewisse Verbesserung fest. Danach wurde in den Jahresberichten des DEB eine zunehmend positive Einstellung der Öffentlichkeit zum Esperanto registriert − eine Entwicklung, die offenbar auch von der Wirtschaftskrise nicht beeinträchtigt wurde. Es gelang dem DEB jedoch immer noch nicht, die Zahl seiner Mitglieder zu steigern.

Die Klassenspaltung machte sich also auch in der deutschen Esperanto-Bewegung stark bemerkbar. Steche sprach 1924 von »Gesinnungsgegensätze[n], die zurzeit selbst durch E[speranto] unüberbrückbar erscheinen«, und zwar zwischen den Bürgerlichen, die im Esperanto meist nur eine »jüdische Erfindung« sähen, »die dem deutschfeindlichen Internationalismus und Pazifismus dient und der Erwerbsmöglichkeit aus der Kenntnis fremder Volkssprachen Abbruch tut«, und den Arbeitern, die Esperanto als »Mittel für die sprachliche Verbrüderung des Weltproletariats zum Zwecke einer beschleunigten Verwirklichung des Sozialismus« betrachteten. Steche zog aus dieser

Situation den Schluß, daß der DEB »ein völlig neutraler Sprachverein« bleiben müsse, gleichzeitig ein »Sammelbecken... für alle in erster Linie vaterländisch fühlenden... deutschen Esperantisten«. Weitergehende Festlegungen lehnte Steche ab. Er wandte sich gegen jene, die »aus dem Bunde eine nationale Kampforganisation machen« wollten. Dies, sagte er, »würde die besten bürgerlichen Vertreter abstoßen«.

Tatsächlich hielt sich der DEB in den zwanziger Jahren an diese streng neutrale Linie. Nur so konnte verhindert werden, daß einflußreiche Teile der öffentlichen Meinung mit Blick auf die schnelle Verbreitung des Esperanto in der Arbeiterschaft die sprachliche Bewegung beharrlich mit politischen Zielen gleichsetzten, und nur so auch ließ sich hoffen, daß es mit rationalen Argumenten nach und nach gelingen werde, nicht nur bürgerliche Deutsche vom praktischen Nutzen des Esperanto zu überzeugen, sondern auch den Widerstand der lautstärksten Gegner der Idee einer internationalen Hilfssprache zu schwächen.

Diese Aufgabe war schwer, denn in keinem Land, schrieb Eugen Wüster im Jahre 1931, »war die Gegnerschaft [gegen eine Plansprache] so stark wie in Deutschland; bis 1929 konnte nicht ein einziger Befürworter unter den Sprachforschern verzeichnet werden« (106: 350). Eine wichtige Bastion der Gegner des Esperanto war der Allgemeine Deutsche Sprachverein, der sich nicht nur für den richtigen Gebrauch der deutschen Sprache einsetzte, sondern auch dazu neigte, die Benutzer von Fremdwörtern als intellektuelle Verräter am deutschen Volk zu verunglimpfen. Da die Sprachpuristen in ihre Attacken häufig Seitenhiebe gegen Esperanto als weitere Gefahr für die Reinheit der deutschen Sprache einflochten, gaben sich Mitglieder des DEB beträchtliche Mühe, die Haltung des Sprachvereins positiv zu beeinflussen. So wurde von ihnen argumentiert, das Erlernen des Esperanto verhelfe auch zu einem geschärften Verständnis für den richtigen Gebrauch der Muttersprache, oder Esperanto verhindere »die Abnutzung und Zersetzung der Volkssprachen« und verbürge ihre »freie Entwicklung, weil es ihnen die störenden internationa len Ausdrücke abnimmt« (66:21). Die Esperantisten wurden aufgerufen, sich dem Sprachverein als Mitglied anzuschließen, da »wir Esperanto *gegen* ihn in absehbarer Zeit in Deutschland nicht durchsetzen werden«.

Die Haltung des Sprachvereins war uneinheitlich, wenn nicht widersprüchlich. Ein ungenanntes Mitglied (und Esperanto-Freund) behauptete im Mai 1926, der Sprachverein stehe »unsrer Sache keineswegs feindlich« gegenüber und seit langem sei in seinem Organ *Muttersprache* kein gegen Esperanto gerichteter Artikel mehr erschienen. Ausgerechnet im gleichen Monat aber brachte ebendiese Zeitschrift einen umfangreichen Aufsatz aus der Feder ihres Schriftleiters Oskar Streicher, der sich zum Esperanto eindeutig negativ äußerte. Obwohl er einräumte, daß »die Esperanto-Freunde unter unseren Mitgliedern die Begeisterung für den großen Gedanken einer Weltsprache mit der wärmsten Liebe zu ihrer deutschen Muttersprache zu vereinen wissen«, kritisierte er den ungenügenden Anteil germanischer Elemente am Esperanto-Wortschatz, bestritt, daß Esperanto jemals eine lebende Sprache werden könne, »denn in ihm redet keines Volkes Seele«, nannte die Übersetzung von Goethes *Iphigenie* in eine Kunstsprache einen »Frevel am Heiligen« und kam schließlich zu folgendem Schluß:

> Das Esperanto würde eine breite Brücke bauen, auf der Tausende lästiger Fremdwörter in die deutsche Rede und Tausende deutschsprechender Menschen in das für sie immer lockende Land des Weltbürgertums wandern. (94: 139)

Der Artikel erweckte den Eindruck, als drücke er wenn nicht den offiziellen Standpunkt des Sprachvereins, so doch die Meinung der Mehrheit seiner Mitglieder aus. Andererseits war aber der Vorsitzende des Sprachvereins, Richard Jahnke, ein Anhänger des Esperanto und distanzierte sich von esperantofeindlichen Beiträgen der *Muttersprache*. Der Sohn Albert Steches, der Germanist Theodor Steche, trug mit der 1925 erschienenen Studie *Neue Wege zum reinen Deutsch* (93), die auch ein Plädoyer für Esperanto enthielt, zur Versachlichung der Diskussion über Fremdwörter bei. Wenn im Sprachverein in den zwanziger Jahren militant-chauvinistische Züge in den Hintergrund traten und ebenso Vorurteile gegen Esperanto abgebaut wurden, so war dies zweifellos auch den esperantofreundlichen Mitgliedern zu verdanken.

Auf der anderen Seite war den Esperantisten bewußt, daß dem Sprachverein auch Menschen angehörten, die »aus einer ganz bestimmten Weltanschauung heraus ... keine Förderung des zwischenvölkischen Verkehrs« wünschten und »durch Vernunftgründe« nicht umzustimmen waren, da sie »alles, was nach Internationalität riecht«, verabscheuten. In Hermann Günterts *Grundfragen der Sprachwissenschaft* konnte man die Meinung lesen, Esperanto habe nur dann eine Chance, wenn es eine Entwicklung zum Kosmopolitismus, zu einer allgemeinen Weltkultur gebe. Diese Entwicklung stellte sich der Verfasser folgendermaßen vor:

> ... erst wenn die Forderungen des internationalen Sozialismus oder Kommunismus, die auf eine geistlose Gleichmacherei, auf vernunfteisige Nützlichkeitspolitik, auf eine Schablonisierung der Menschheit, auf Bekämpfung alles geistig Hervorragenden, auf Entnationalisierung, auf Verneinung von Genie und Talent lossteuern, erfüllt und auf der ganzen Welt verwirklicht wären, könnte man sich einige Hoffnung auf die allgemeine Verbreitung einer ebenso schablonenhaften, verstandesmäßigen und farbenberaubten internationalen Weltsprache machen. (81: 128 f.)

Diese Meinung, die auch von mehreren Tageszeitungen zitiert wurde, zeigte wieder einmal, wie eng die Gegnerschaft zum Esperanto mit dem in bürgerlichen Kreisen verbreiteten Kulturpessimismus verbunden war. Nur solange daher in diesen Kreisen keine nationalistischen Tendenzen eindeutig Oberhand gewannen, versprach die Werbung für Esperanto einige Aussicht auf Erfolg.

Bis zum Ende der zwanziger Jahre hatte der DEB eine relativ stabile Stellung. Sie erschien sogar stark, wenn man bedenkt, wie sehr die Gegner des Esperanto über die überproportionale Bedeutung klagten, die Deutsche einer solchen Sprache beimaßen – statt die Bemühungen zur Verbreitung der deutschen

Sprache im Ausland zu unterstützen. Franz Thierfelder, nahezu zehn Jahre lang (bis 1937) Generalsekretär der Deutschen Akademie in München, einer Institution »zur wissenschaftlichen Erforschung und Pflege des Deutschtums«, wies unablässig (fälschlich) darauf hin, daß es in Deutschland mehr organisierte Esperantisten gebe als in allen anderen Ländern zusammen. Nach der Machtergreifung der Nationalsozialisten stellte er im Rückblick fest, daß jedesmal, wenn er früher gegen die Vergeudung von Mitteln und Arbeitskraft für Esperanto Einspruch erhoben habe, »die international eingestellte Presse über den Störenfried« hergefallen sei oder ihm ihre Spalten überhaupt verweigert habe (*Kölnische Zeitung*, 14. 5. 1933). Dabei zählte Thierfelder durchaus zu den eher seriösen Gegnern des Esperanto in der Weimarer Republik. Er zögerte nicht zuzugeben, daß Esperanto »nicht nur dank einer überaus geschickten Werbung, sondern wegen seines geistreichen und praktischen inneren Aufbaues seinen ›Siegeszug durch die Welt‹« angetreten habe. Statt – wie die Vulgärnationalisten – zur Bekämpfung des Esperanto an dumpfe Gefühle zu appellieren, erläuterte Thierfelder ohne ideologisches Beiwerk, warum er die öffentliche Förderung dieser Sprache ablehnte – deswegen nämlich, weil dadurch die Weltbedeutung des Deutschen gefährdet werde.

Die Argumentation Thierfelders belegt, daß Esperanto in der Weimarer Republik aufgehört hatte, eine zu vernachlässigende Größe zu sein, und daß sich der DEB zu einem Interessenverband zu entwickeln begann, dem ernsthafte Gegner ihren Respekt nicht versagten. Zwar lieh der DEB aufgrund seiner Neutralität keiner der internationalen Bewegungen seine Unterstützung, doch konnte er aus der Popularität, die etwa die Paneuropa-Idee im fortschrittlicher gesinnten Teil des deutschen Bürgertums besaß, zweifellos Nutzen ziehen. Vielleicht hatte Thierfelder nicht unrecht, wenn er 1933 meinte, das – mittlerweile gestoppte – Anwachsen der Esperanto-Bewegung sei »für den Geist der Nachkriegszeit geradezu bezeichnend« gewesen.

2.2 Feinde neuen Typs

Nach wie vor jedoch gab es Alldeutsche und Deutschnationale, die in ihrem missionarischen Eifer, den angeblich unterentwikkelten Nationalstolz der Deutschen zu entfachen, die Beschäftigung mit Esperanto als Merkmal einer ungenügenden Vaterlandsliebe betrachteten. Und unter diesen stiegen, zunächst kaum bemerkt, Esperanto-Feinde eines neuen Typs empor: die Nationalsozialisten. Sie unterschieden sich nicht in jeder Hinsicht von den militanten Chauvinisten, die schon vor dem Ersten Weltkrieg giftige Angriffe gegen Esperanto gerichtet hatten, zeigten aber, im Laufe der Jahre immer deutlicher, eine in ihrer Kompromißlosigkeit noch nicht dagewesene Feindseligkeit gegenüber der Sprache und den Ideen, die tatsächlich oder angeblich hinter ihr standen.

Ausgangspunkt dieser prinzipiellen Feindschaft war der »jüdische Ursprung« des Esperanto. Als Folge der Agitation in nationalsozialistischen Versammlungen und Zeitungen wurden in Bayern, besonders im fränkischen Teil, wo der berüchtigte Julius Streicher wirkte, schon 1923 Anschlagtafeln der Esperantisten gestohlen; während des Esperanto-Weltkongresses in Nürnberg im gleichen Jahr rissen Hakenkreuzler eine der grünen Fahnen vor dem Kongreßgebäude herunter. Kurz nach Bekanntwerden dieser Vorfälle nahm sich der *Germana Esperantisto* des Themas »Alldeutsche Hetze gegen Esperanto« an; es ging um neue Angriffe eines alten Gegners, Albert Zimmermann, für den der Kampf gegen das »jüdische Esperanto« zur Lebensaufgabe geworden war. Anfang 1926 hieß es in der *Deutsch-Österreichischen Tageszeitung,* Esperanto sei eine »Gefahr, ja der Todfeind jeder völkischen Entwicklung« und an der Spitze der Esperanto-Bewegung stünden Juden oder »Judenknechte«.

Die Reaktion der Esperantisten, die schon vor dem Ersten Weltkrieg zuweilen hämische Bemerkungen über Zamenhofs Judentum registriert hatten, bestand anfangs darin, Angriffe auf Esperanto, die auf Rassenhaß beruhten, verächtlich zu ignorieren. Gegen Ende der zwanziger Jahre jedoch mußten sie besorgt feststellen, wie sehr die Nazi-Hetze den Rahmen dessen sprengte, was den traditionellen antisemitischen Vorurteilen gegen Esperanto zuzuordnen war. Am 21. Januar 1928 trat bei einer Debatte im Haushaltsausschuß des bayrischen Landtags die Scheidelinie zwischen rein reaktionären und eindeutig faschistischen Argumenten in bezug auf Esperanto augenfällig hervor. Auf der Tagesordnung stand eine Eingabe der Esperanto-Kartelle München und Nürnberg um Einführung des wahlfreien Esperanto-Unterrichts in den Mittelschulen. Von den Debattenrednern äußerten sich nur der sozialdemokratische und der kommunistische Abgeordnete positiv. Ganz negativ eingestellt war, wie zu erwarten, der Abgeordnete der Deutschnationalen Volkspartei, Hermann Bauer, der Esperanto »ein rein mechanistisches seelenloses Gebilde« nannte; schon zwei Jahre zuvor hatte er von der »Unsprache« gesprochen und einem Esperanto-Kongreß die gleiche kulturelle Stufe zuerkannt wie den »Nacktrevuen hiesiger Theater«. Bauer wurde an Schärfe vom nationalsozialistischen Fraktionsvorsitzenden Rudolf Buttmann bei weitem übertroffen. Für diesen war Esperanto von einem Juden »zusammengestoppelt«, vom Angehörigen einer Rasse, die »groß darin« sei, »nicht etwa Schöpferisches zu leisten«, und der die germanische Kultur ein Dorn im Auge sei; Esperanto drohe den deutschen Einfluß bei den kleineren Nationen zu untergraben und sei »geradezu ein Schrittmacher für die Romanisierung«. (»Niederschrift über die 271. Sitzung des Ausschusses für den Staatshaushalt vom 21. Januar 1928«, Bayer. Hauptstaatsarchiv München.)

Den Versuch, Esperanto in den Zusammenhang einer weltweiten Verschwörung gegen das deutsche Volk zu stellen, machte Adolf Hitler selbst. In einer Rede in München erklärte er im September 1922:

Der Marxismus wurde der Zutreiber der Arbeiter, die Freimaurerei bildete für die »geistigen« Schichten die Zersetzungsmaschine, das Esperanto sollte die »Verständigung« erleichtern. (84: 691)

Bekannter aber wurde die folgende Stelle in *Mein Kampf*:

> Solange der Jude nicht der Herr der anderen Völker geworden ist, muß er wohl oder übel deren Sprache sprechen, sobald diese jedoch seine Knechte wären, hätten sie alle eine Universalsprache (z.B. Esperanto!) zu lernen, so daß auch durch dieses Mittel das Judentum sie leichter beherrschen könnte! (83: 337)

1926, ein Jahr nach Erscheinen von *Mein Kampf*, konnte man in einer rechtsradikalen Wochenzeitschrift einen bezeichnenden Ausfluß der manischen Verschwörungstheorie lesen:

> Diese Mißgeburt von einer Sprache, ohne Wurzel im Leben eines Volkes und ohne jedes aus diesem Leben hervorgegangen [sic] Schrifttum, ist im Begriff, die Weltstellung, welche ihr nach zionistischem Plane zukommen soll, wirklich zu erringen und in den künftigen Arbeitssklaven Zions die Vaterlandsliebe ausrotten zu helfen! (*Der Reichswart*, 3.7.1926)

Die Esperantisten reagierten beunruhigt auf die monströse Kampfansage des erstarkenden Nationalsozialismus gegen ihre Sprache. Immer häufiger erschienen im Organ des DEB Rechtfertigungsaufsätze, die sich mit den Beziehungen zwischen Volkstum und internationaler Sprache befaßten. Die Verfasser setzten sich darin für einen »wahren Internationalismus« ein, der nur »auf der Grundlage eines kräftigen und gesunden Nationalismus« möglich sei, oder wiederholten die merkwürdige These, Esperanto hebe das Sprachgefühl, »weil es die deutsche Sprache vom Fremdwort reinigt und dieses der Welthilfssprache zuweist«. Im Oktober 1932 druckte der *Germana Esperantisto* ein Schreiben ab, in dem der neue Leiter des Esperanto-Instituts für das Deutsche Reich versprach, »die von der Esperanto-Bewegung getragenen Kulturwerte recht wirksam in den Dienst des höchsten irdischen Gutes, das ein Deutscher kennt, des Vaterlandes«, zu stellen, und im gleichen Heft erschien die Austrittserklärung eines DEB-Mitglieds, der für das langsame Wachstum der Bewegung ihre allzu enge Bindung an den Pazifismus verantwortlich machte. In seiner Antwort auf diese Erklärung bekräftigte Arnold Behrendt, Postrat und seit 1929 Vorsitzender des DEB, die strikte Neutralität des Bundes und nannte es weder zweckmäßig noch notwendig, in der Betätigung für Esperanto eine politische oder soziale Einstellung »hervorzukehren«. Fast im gleichen Atemzuge gab Behrendt jedoch zu, daß die Bewegung ihm persönlich, »wie wohl den meisten der E-Anhänger«, mehr sei als eine »reine Sprachenbewegung« – ohne sich offenbar über den möglichen Widerspruch zu dem soeben unterstrichenen Prinzip der Neutralität im klaren zu sein, den eine solche implizite Anspielung auf die »interna ideo« enthielt. Dabei war seine Einschätzung der Gefühle der Mitglieder nicht unzutreffend: Ohne Zweifel verband die Mehrheit mit der Bewegung nicht nur Verbreitung der Sprache, sondern auch, mehr oder weniger explizit, Förderung des Friedens. Die Nazis erkannten ihrerseits als Wesen des Esperanto das Streben nach Völkerversöhnung. Dieses Ziel aber, schrieb der *Völkische Beobachter* am 4. 11. 1930, erreiche man dadurch, daß man »den Vampiren der internationalen Mächte den Todesstoß« versetze, aber nicht dadurch, daß sich etwa ein Deutscher und ein Franzose in Esperanto »anstammeln«.

Die ungeschickten Versuche des DEB, sich gegen den anwachsenden Nationalsozialismus zur Wehr zu setzen, trugen ihm bereits vor Hitlers Machtergreifung die Kritik ausländischer Esperantisten ein, die sogar von einem Mitschwimmen des DEB auf der nationalistischen Welle sprachen. Österreichische Sozialisten meinten zu beobachten, daß die bürgerlichen Esperantisten sich demaskiert hätten, daß sie dem Faschismus ihre Dienste anböten und daß das Reden über »Weltfrieden durch Esperanto« und »neuen Geist« verstummt sei. Ob Opportunismus oder nicht: In jedem Falle verpuffte die Wirkung der Reaktionen des DEB nahezu vollständig; die Nazi-Presse zeigte sich gänzlich unbeeindruckt und fuhr damit fort, die Esperantisten als Anhänger »dieser künstlichen, internationalen Pazifistensprache, dieser blutleeren Treibhauszüchtung für weitere Verblödung unheilbarer Paneuropamischlinge« zu brandmarken.

2.3 »Gleichschaltung«

Als Hitler am 30. Januar 1933 zur Macht kam, konnten sich die Führer des DEB angesichts der ungebrochen negativen Einstellung der Nazis zu einer internationalen Sprache leicht ausrechnen, daß die neue politische Lage nicht ohne Folgen für das Geschick des Esperanto bleiben werde.

Das erste Alarmzeichen war die Zerschlagung der starken Arbeiter-Esperanto-Bewegung. Knapp zwei Jahre zuvor hatte sie sich in Zusammenhang mit der Verschärfung der Gegensätze zwischen SPD und KPD gespalten: Als der Arbeiter-Esperanto-Bund (AEB) zu Ostern 1930 den Anschluß an die von der KPD kontrollierte Interessengemeinschaft für Arbeiterkultur beschloß und damit seine Überparteilichkeit aufgab, traten zahlreiche nichtkommunistische Mitglieder aus und gründeten den Sozialistischen Esperanto-Bund (SEB), der bald fast 1500 Mitglieder erreichte. Diese Ereignisse beschleunigten auch die Spaltung in der internationalen Arbeiter-Esperanto-Bewegung: Der AEB, der angab, nach wie vor rund 4000 Mitglieder zu zählen, veranstaltete im August 1932 in Berlin den Gründungskongreß einer Internationale der proletarischen Esperantisten (IPE), in der er neben der sowjetischen Sektion den stärksten Landesverband bildete.

Bis zum Sieg der Nazis waren die Beziehungen zwischen AEB und SEB von gegenseitigen Beschimpfungen gekennzeichnet. Nach dem Reichstagsbrand vom 27. Februar 1933 aber, der dem neuen Regime als Vorwand diente, Gewerkschaften und Arbeiterparteien zu unterdrücken, vereinte beide ein gleiches Schicksal. Anfang April wurde die Geschäftsstelle des AEB in

Berlin von Polizisten besetzt, die das gesamte Inventar beschlagnahmten. Damit war der AEB zerschlagen, wenngleich er an einigen Orten im verborgenen seine Tätigkeit noch fortsetzte. Der SEB wartete das offizielle Verbot nicht ab, sondern löste sich am 31. März freiwillig auf; der Versuch, unter dem Namen »Vereinigung von Esperanto-Freunden« zu überleben, wurde nach einigen Wochen aufgegeben. In Leipzig beschlagnahmte die Polizei die Bestände des kommunistischen Verlages EKRE-LO und verhaftete seinen Leiter Walter Kampfrad, während die in der gleichen Stadt tätige Administration der Sennacieca Asocio Tutmonda noch einen großen Teil ihrer Habe nach Paris verschicken konnte, bis auch sie, Ende 1933, das Verbot jeglicher weiterer Betätigung traf.

Viele Aktive kamen in die Gefängnisse; in einem Bezirk wurden sämtliche Mitglieder der AEB-Gruppe verhaftet. Zwar zielten die Verfolgungen von Arbeiter-Esperantisten in erster Linie auf deren marxistische Aktivität, nicht die Kenntnis des Esperanto. Aber häufig sah die Gestapo in der Betätigung für Esperanto den letzten, ausschlaggebenden Grund, der besonders im Zweifelsfalle die Verhaftung eines verdächtigen Sozialdemokraten oder Kommunisten erforderlich machte. Die Opfer erlebten mehrfach, daß Esperanto von der Gestapo als »Geheimsprache der Kommunisten« bezeichnet wurde.

Nachdem mit der Auflösung der Arbeiterbewegung schon fast drei Viertel der Esperantisten in Deutschland ihre oganisatorische Basis verloren hatten, sah der DEB für sich nur dann eine Chance, unter dem NS-Regime zu überleben, wenn er seine bisherige gemäßigte internationalistische Linie verließ und auch seine politische Neutralität aufgab. »An Alle!« lautete die Überschrift einer Erklärung auf der ersten Seite des April-Heftes des *Germana Esperantisto*. Unter einem Hitler-Zitat bekräftigte darin der Vorstand des DEB seine »Treue zum eigenen Volkstum«. Zwei Monate später veröffentlichte der Vorsitzende Behrendt, der politisch den Deutschnationalen nahestand, auf fünf Seiten einen Aufsatz über »Esperanto im Dienst am Deutschtum«, der mit der Behauptung endete,

Esperanto könne »viel dazu beitragen, das deutschvölkische Bewußtsein zu stärken, die Kenntnis und das Verstehen deutscher Sprache zu vertiefen, das Deutschtum im Auslande zu stärken und zu erhalten, dem Auslande Verständnis und Achtung für deutsches Wesen zu vermitteln«. Im selben Heft berichtete der Geschäftsführer des DEB von ersten Eingaben an die neue Regierung, in denen u. a. vorgeschlagen wurde, Esperanto in den Dienst der Aufklärung gegen die »Greuelpropaganda« im Ausland zu stellen.

Am 30. Mai 1933 beantragte der DEB beim Reichsministerium des Innern seine Gleichschaltung. Zwei Wochen später traf die Antwort ein: »Die Gleichschaltung des Deutschen Esperanto-Bundes darf anheimgestellt werden.« In seinem Bericht über diese vage formulierte Antwort des Ministeriums, die auf Einzelheiten des zu befolgenden Verfahrens nicht einging, legte der Vorstand den Mitgliedern »Richtsätze« für die Gleichschaltung vor. In Punkt 11 hieß es, »Personen mit staatsfeindlicher Einstellung« könnten keine Mitglieder werden und »Nichtarier, Marxisten oder Kommunisten« dürften keine leitenden Funktionen übernehmen. Der Vorstand betonte, die Gleichschaltung sei notwendig, »wenn der D.E.B. weiter bestehen und seine Arbeit ungestört fortsetzen will«, und rief dazu auf, »trotz aller Meinungsverschiedenheiten, trotz aller zweifellos eintretenden Härten, Disziplin zu halten«.

Dem Vorstand war bewußt, welche Unruhe zu dieser Zeit in den Reihen der Mitglieder herrschte. Schon Ende April berichtete der Vorsitzende des sächsischen Landesverbands, ganze Gruppen hätten durch den politischen Umschwung den Mut verloren, weiter für Esperanto zu arbeiten. Im Mai erklärte Paul Christaller, Vorsitzender der Esperanto-Gruppe Stuttgart seit ihrer Gründung Anfang 1905, seinen Rücktritt und trat auch als einfaches Mitglied aus; er war ein bekannter Pazifist und wollte – so seine Begründung – der Gruppe Unannehmlichkeiten unter einem Regime ersparen, das Pazifisten ebenso wie Kommunisten als »Volksgegner« ansah. Im Juli schrieb ein Esperantist aus Heilbronn, in seiner Stadt stagniere die Bewegung fast vollständig, denn »wir sind jetzt hier nicht sehr wohlgelitten«. Er wie wohl auch viele andere warteten ab, was die nächste Jahreshauptversammlung des DEB bringen werde. Es kam jedoch schon früh auch zu Protesten gegen die vorgeschlagene Gleichschaltung.

Für den DEB wurde die Lage dadurch noch erschwert, daß im ersten halben Jahr des NS-Regimes die Vorbereitungsarbeiten für den 25. Esperanto-Weltkongreß andauerten, der im Sommer 1933 in Köln stattfinden sollte. Die Einladung war 1932 von Konrad Adenauer, dem damaligen Oberbürgermeister, ausgesprochen worden. Als die Nazis ihn aus seinem Amt entfernten, gerieten die Kongreßvorbereitungen in ein kritisches Stadium, denn die neuen Stadtherren schränkten die Förderung des Örtlichen Kongreßausschusses ein; außerdem wußten die Organisatoren, daß die Einladung eines Esperanto-Kongresses nach Köln von der Nazi-Presse schon sehr früh bekämpft worden war. Die Sorgen des Kongreßausschusses verstärkten sich, weil viele Esperantisten, die sich zum Kongreß angemeldet hatten, den Verzicht auf die Teilnahme erwogen oder vollzogen, nachdem ins Ausland die ersten Meldungen über Terrorakte der Nazis gedrungen waren. Die Esperanto-Gruppe von Wilna verbreitete einen Appell, den Kongreß in ein Land zu verlegen, wo »Juden, Arbeitern und überhaupt allen Andersdenkenden« die Teilnahme gewährleistet sei. Die Empörung im Ausland steigerte der Bericht über einen slowakischen Kaufmann, der auf einer Reise durch Deutschland von Nazis bis zur Bewußtlosigkeit geschlagen worden war – nur deswegen, weil er ein verdächtiges Abzeichen, den grünen Stern der Esperantisten, getragen hatte.

Eine Mehrheit der deutschen Esperantisten aber begrüßte es wahrscheinlich, daß diese internationale Veranstaltung in ihrem Land stattfand, in der Hoffnung, auf diese Weise von dem neuen Regime mehr Unterstützung oder zumindest eine Verringerung des Drucks zu erreichen. Man bemühte sich daher, die Sprachfreunde im Ausland zu beruhigen, die befürchteten, während eines Aufenthaltes in Hitler-Deutschland unangenehme Erfahrungen zu machen. Vor allem der in Köln erscheinende *Heroldo de Esperanto* versicherte immer wieder, die Lage in Deutschland sei ruhiger und sicherer als zuvor. Diese Behauptungen riefen wiederum neue Proteste hervor, und Anfang Juni verabschiedete der Polnische Esperanto-Kongreß in Warschau eine Entschließung, daß die Polen sich außerstande sähen, am Kölner Weltkongreß teilzunehmen.

Mitte Mai richtete der Präsident des Esperanto-Weltbundes (UEA), Eduard Stettler, an den Kongreßausschuß die dringende Anfrage, ob der Kongreß »in völliger Freiheit, ohne Polizeikontrolle oder die Notwendigkeit von Polizeischutz« stattfinden könne. Als er nach vier Wochen noch keine Antwort erhalten hatte, ließ er die Mitglieder des UEA-Komitees schriftlich darüber abstimmen, ob der Kongreß stattfinden oder abgesagt werden solle. Von den 20 Komiteemitgliedern, die an der Abstimmung teilnahmen, sprachen sich 14, darunter alle deutschen, für die Abhaltung des Kongresses aus; nur vier stimmten dagegen, zwei enthielten sich. Dieses Ergebnis war eindeutig, und mittlerweile lag auch die Zusage der Behörden vor, daß es keine Schwierigkeiten und keine Behinderungen eingeladener ausländischer Gäste geben werde. Auf seine internationale Reputation bedacht, hatte das NS-Regime seine weltanschaulichen Bedenken gegen Esperanto noch einmal hintangestellt.

Der Kongreß vermochte schließlich bloß 900 Teilnehmer aus 32 Ländern anzuziehen – etwa die Hälfte der Zahl, mit der früher gerechnet worden war. Außerdem empfanden manche, wie ein britischer Besucher notierte, wegen der Nazi-Zutaten die Atmosphäre als etwas seltsam. Der neue Oberbürgermeister, Günter Riesen, sprach seine Begrüßungsworte im Braunhemd; ohne Esperanto zu erwähnen, drückte er seine Freude darüber aus, daß so viele ausländische Gäste Gelegenheit hätten, »sich durch Tatsachen überzeugen zu lassen, wie es in Deutschland wirklich aussieht«; sie würden verstehen, daß die »nationalsozialistische Revolution« kommen mußte, »damit die Welt vor dem Bolschewismus bewahrt blieb«. Die Kölner

Presse zitierte positive Äußerungen einiger Kongreßteilnehmer über den harmonischen Ablauf des Kongresses und nahm dies als Beleg dafür, daß unter den ausländischen Esperantisten »Greuelmärchen über Deutschland in Zukunft keine Nahrung mehr finden« würden.

Während des Weltkongresses fand am 29. Juli die Jahreshauptversammlung des DEB statt, deren wichtigster Tagesordnungspunkt die vorgeschlagene Gleichschaltung des Bundes war. Die Versammlung – vertreten waren 41 Gruppen mit 106 Stimmen, d.h. weniger als fünf Prozent der Mitglieder – sprach sich einmütig für die Gleichschaltung aus. Behrendt übernahm vorläufig das Amt des »Führers«. Ein vierköpfiger »Führerrat« (bisher Vorstand) und die Obmänner der Gruppen waren ihm unmittelbar verantwortlich. Der Hauptversammlung wurde nur noch eine »beratende Tätigkeit« zugestanden.

Die neue Satzung des DEB enthielt keinen Hinweis mehr auf politische Neutralität. Wie sehr die Lage sich verändert hatte, wurde durch Drohungen Behrendts drastisch beleuchtet: Er forderte dazu auf, diejenigen zu bestrafen, die Esperanto für schlechte Ziele benutzten, also mißbrauchten. In der Tat war nach den Richtsätzen für die Gleichschaltung Personen, die »eine staatsfeindliche Einstellung bekunden«, die Mitgliedschaft im DEB verwehrt. Verglichen mit dem vor dem Kongreß veröffentlichten Entwurf der Richtsätze fand sich in der Endfassung allerdings nicht mehr die Forderung, »Nichtarier, Marxisten oder Kommunisten« von leitenden Ämtern auszuschließen. Diese Klausel hatte empörte Reaktionen ausgelöst: Ein altes Mitglied, der österreichische Esperanto-Pionier Otto Simon, schickte Behrendt eine scharf formulierte Austrittserklärung, und offenbar kamen auch von deutschen Esperantisten zahlreiche Proteste. Obwohl die diskriminierende Vorschrift aus den Richtsätzen verschwand, forderte Behrendt von einem Bewerber um das Amt des Gruppenobmannes die schriftliche Versicherung, kein Jude zu sein, nicht mit dem Marxismus zu sympathisieren und dem DEB über »staatsfeindliche« Mitglieder Bericht zu erstatten.

Im *Germana Esperantisto* hieß es nach dem Kongreß optimistisch: »Jetzt sind alle Sorgen vorbei, denn der Deutsche Esperanto-Bund hat seine Gleichschaltung verwirklicht.« Aber sehr bald zeigte sich, daß diese Erwartung eine Illusion war. Entgegen der Hoffnung Behrendts fand sich keine Regierungsstelle, die einen Führer des DEB ernannte, wie dies für eine ordnungsgemäße Gleichschaltung erforderlich war. Um das Regime geneigter zu stimmen, machte Behrendt es nunmehr allen Mitgliedern »zur Pflicht, jeden Briefwechsel ins Ausland zur Aufklärung über Deutschland nutzbar zu machen«. Der Aufruf blieb nicht ohne Echo; es fanden sich im Ausland auch Esperantisten, die dem Naziregime ihre Sympathie bekundeten und sogar seine Judenpolitik guthießen. Im Oktober 1933 brachte überdies der *Germana Esperantisto* auf sechs Seiten die Esperanto-Übersetzung einer Hitler-Rede, die auch als Sonderdruck vertrieben wurde. Die Esperanto-Vereinigung Sächsischer Lehrer schließlich gab in einer Auflage von 1000 Exemplaren ein Vierseitenblatt, *La Nova Germanlando,* heraus, das in 70 Länder verschickt wurde. Es suchte mit Statistiken die Vorherrschaft der Juden im öffentlichen Leben Deutschlands nachzuweisen. Wegen seiner unübersehbar antisemitischen Tendenz gehört dieses Pamphlet wohl zu den schändlichsten Druckwerken, die jemals in der Sprache Zamenhofs herausgebracht worden sind.

2.4 »NS-Esperantisten«

Trügerisch aber waren die Hoffnungen auf ein Ende der Sorgen auch deswegen, weil sich um etwa die gleiche Zeit, im Herbst 1933, innerhalb der deutschen Esperanto-Bewegung Personen zu regen begannen, denen die Bereitschaft des DEB, sich dem Regime zu unterwerfen, noch nicht weit genug ging. Es handelte sich dabei um ein bis dahin kaum bekanntes Grüppchen:

Schon im Februar 1931 hatte ein junger SA-Scharführer einen »Nationalsozialistischen Deutschen Esperanto-Bund« gegründet, der sich von Anfang an die Aufgabe stellte, mit Esperanto für den Nationalsozialismus zu werben. Da die Partei dem Bund nicht erlaubte, das Beiwort »nationalsozialistisch« zu verwenden, änderte er seinen Namen in »Neue Deutsche Esperanto-Bewegung« (NDEB). Im Oktober 1933 eröffnete diese Gruppierung eine Kampagne gegen die »Ewiggestrigen« im DEB und versuchte unverhüllt, ihm Mitglieder abzuwerben. In ihrer Satzung verpflichtete sich die NDEB, jede Esperanto-Vereinigung in Deutschland, »welche Juden, Pazifisten und Geschäftemacher als Mitglieder duldet und aufnimmt..., bei allen interessierten Stellen solange zu bekämpfen, bis entweder diese undeutsche Einstellung aufhört oder die Auflösung erzwungen ist«.

Anfangs waren, hauptsächlich wegen des Prestiges, das Behrendt besaß, die Untergrabungsversuche der NDEB wenig erfolgreich. Da selbst der Partei angehörende DEB-Mitglieder keineswegs zur NDEB überliefen, milderte diese die ursprüngliche Bedingung ab, daß sich ihr nur Parteimitglieder anschließen dürften, und nahm seitdem auch Sympathisierende auf. Der DEB wies die Angriffe der NDEB mit der Behauptung zurück, die Ziele der beiden Organisationen seien im Grunde identisch, sehe man vom Ehrgeiz der NDEB-Führer und von der Judenfrage ab. Der Ausschluß jüdischer Mitglieder wurde abgelehnt (»wenn sie sich als anständige Menschen erwiesen haben«), weil der DEB noch keine Forderung nach Anwendung des Arierparagraphen erhalten hatte.

Im April 1934 aber trat der Konflikt in ein kritisches Stadium. Sechzehn Ortsgruppen in Sachsen drohten ultimativ, den DEB zu verlassen, wenn seine Führung nicht zurücktrete und der Arierparagraph in Kraft gesetzt werde. Behrendt reagierte mit dem Hinweis, kein Gesetz verbiete die Existenz jüdischer UEA-Delegierter in Deutschland, und schloß den Obmann des Gauverbandes Sachsen, den Gewerbeoberlehrer Albrecht Naumann, der die treibende Kraft des Ultimatums war, aus dem

DEB aus. Von den Mitgliedern wurde Behrendt unterstützt: Von 1048, die eine Meinung äußerten, setzten sich nur 22 für die sofortige Einführung des Arierparagraphen ein, und im Mai, auf der Hauptversammlung zu Pfingsten in Würzburg, wurde Behrendt einmütig als Bundesführer bestätigt.

Aber noch während dieser Hauptversammlung traf ein neues Ultimatum ein. Die NDEB forderte darin den Zusammenschluß der beiden Verbände zu einer »Deutschen Esperanto-Front«, deren Führung Naumann übernehmen solle. Wenn der DEB sich weigere, dann sei die NDEB »bereit, in rücksichtslosester und schärfster Weise einen fanatischen Kampf gegen die jetzigen Persönlichkeiten zu führen, welche sich als Reaktionäre gegen das Aufkommen eines völkisch nationalen Geistes innerhalb der deutschen Esperantistenschaft zu stemmen versuchen«. Zwar quittierte die Hauptversammlung die Verlesung des Briefes der NDEB mit Pfui-Rufen und Lachen, der gerade wiedergewählte Behrendt aber, von dem Vorwurf verletzt, ein »Reaktionär« zu sein, kapitulierte jetzt und erklärte seinen Rücktritt. Als neuen Bundesführer schlug er den Dresdner Ingenieur Kurt Walther vor, ein Mitglied der NSDAP, der dem DEB erst seit Ende 1931 angehörte.

Nach Übernahme des Amtes würdigte Walther nicht nur seinen Vorgänger, sondern beugte sich auch Naumann. Bereits zwei Wochen später kam es zu einer Übereinkunft zwischen DEB und NDEB, die die Vereinigung aller Esperantisten in einer Deutschen Esperanto-Front vorsah. Im Juli teilte Walther den Mitgliedern mit, er benötige von jedem einige personelle Angaben; das beigefügte Muster enthielt auch eine Rubrik, in der gefragt wurde: »Jüdischer Abstammung – ja oder nein?«

Einige Zeit lang hatte es den Anschein, als habe der DEB sich ganz der Linie des NDEB angepaßt und der Streit ein Ende gefunden. Aber die Eintracht hielt nicht lange an, denn Friedrich Ellersiek, der Verleger der Monatsschrift *Der Deutsche Esperantist,* des DEB-Organs, lehnte die Aufnahme von Verlautbarungen der NDEB kategorisch ab. Als dann von einer Berliner Gruppe auch noch die Gültigkeit der Würzburger

Beschlüsse angefochten wurde (Behrendt hatte in der allgemeinen Verwirrung die Hauptversammlung nicht ordnungsgemäß einberufen), brach die NDEB ihre Beziehungen zum DEB wieder ab und gründete eine eigene Zeitschrift, in der die DEB-Mitglieder zum Austritt aufgefordert wurden. Obwohl der DEB sich immer häufiger dem Nazi-Regime gefällig zeigte, sah die NDEB darin bloßen Opportunismus. Sie verlangte, Esperanto »auf bedingungslos nationalsozialistischer Grundlage« in den Dienst des Vaterlandes zu stellen.

Um den Angriffen der NDEB den Boden zu entziehen, suchte Walther die Unterschiede zwischen DEB und NDEB immer mehr zu verwischen. Am 6. Januar 1935 kam es auf einer außerordentlichen Jahreshauptversammlung in Dresden zur Verabschiedung einer neuen Satzung, in der als Ziel des Bundes neben der Verbreitung des Esperanto seine »Nutzbarmachung im nationalsozialistischen Sinne« genannt wurde. Der nun endgültig zum Bundesleiter gewählte Walther bat die Mitglieder um Mithilfe, »durch Esperanto unsere nationalsozialistische Weltanschauung in allen Staaten der Welt zu verbreiten«. Und um schließlich »in *jeder* Beziehung den Erfordernissen der Zeit Rechnung zu tragen«, gab Walther im September 1935 bekannt: »Mitglieder im DEB können nur deutsche Volksgenossen sein!« Dies hieß, daß Juden den Bund verlassen mußten.

2.5 Der Weg zum Verbot

Nach diesem Überblick über die Etappen des Niedergangs des politisch neutralen DEB zu einem Verband, der seine Bindung an die NS-Ideologie bekundete, soll im folgenden, u.a. auf der Grundlage von Aktenmaterial der Gestapo, versucht werden, die Taktik zu rekonstruieren, die das Regime in seiner Politik gegenüber dem Esperanto verfolgte. Hierbei muß auch auf die

Reaktion eingegangen werden, die der Versuch, Esperanto in den Dienst des Nationalsozialismus zu stellen, auf seiten der Partei gefunden hat.

Der erste schwere Schlag gegen die deutsche Esperanto-Bewegung nach der Zerschlagung der Arbeitergruppen war ein Erlaß des Reichs- und Preußischen Ministers für Wissenschaft, Erziehung und Volksbildung, Bernhard Rust, vom 17. Mai 1935. Er lautete:

> Die Pflege künstlich geschaffener Welthilfssprachen wie der Esperantosprache hat im nationalsozialistischen Staate keinen Raum. Ihr Gebrauch führt dazu, wesentliche Werte völkischer Eigenart zu schwächen. Es ist daher von jeder Förderung eines Unterrichts in solchen Sprachen abzusehen, Unterrichtsräume sind für diesen Zweck nicht zur Verfügung zu stellen. (*Deutsche Wissenschaft, Erziehung und Volksbildung*, Bd. 1, 1935, Nr. 10, amtl. Teil, S. 228)

Obwohl dieser Erlaß, mit dem eine anderslautende Verfügung aus dem Jahre 1924 aufgehoben wurde, im Grunde nur die bereits zur Tatsache gewordene Einstellung des Esperanto-Unterrichts bestätigte (gleich nach der Machtergreifung hörten auch alle Esperanto-Kurse im Rundfunk auf), zog er in der Presse ein weites Echo nach sich. Meist wurde dabei der Erlaß als ein Verbot des Esperanto schlechthin gedeutet. Von seiten des Ministeriums des Innern kam demgegenüber am 3. Juni 1935 die Zusicherung, daß die Arbeit für Esperanto »zwar nicht verboten... [sei], aber auch keine staatliche Förderung erfahren« werde. Walther nahm diesen Bescheid zum Anlaß, die Mitglieder des DEB »dringend« um Abschriften von »Stellen aus ihrer Privat-Korrespondenz« zu bitten, aus denen ersichtlich werde, »daß die E-isten durch ihre Welthilfssprache für Volk und Vaterland im Auslande gewirkt haben«.

Etwa zur gleichen Zeit erschien erstmals eine amtliche Stellungnahme zu den Bemühungen deutscher Esperantisten, Esperanto für die NS-Propaganda einzusetzen und damit den internationalistischen Entstehungshintergrund der Sprache und Bewegung zu verbergen. Diese Stellungnahme fiel eindeutig negativ aus. In einem Kommentar zu dem Erlaß vom 17. Mai 1935 erteilte der Ministerialrat Kohlbach den Esperantisten folgende Lektion:

> Wie bei den meisten internationalen Bestrebungen ist auch bei der Esperantobewegung ein treibender Impuls der Wunsch der Herbeiführung eines ewigen Völkerfriedens. ... Mögen heute viele deutsche Esperantisten von solchen politischen Phantastereien... abrücken, die ursprünglich treibende Idee einer Bewegung läßt sich nicht ohne weiteres ausschalten. Größer aber noch als die Gefahr der Selbsttäuschung ... ist die, daß sich Elemente, die der heutigen Staatsform und jeder nationalen Selbstbehauptung ablehnend gegenüberstehen, eine solche Bewegung zunutze machen, um, durch sie gedeckt, in ihr und auf ihren Wegen ihre alten Ziele zu verfolgen. (88: 106)

Wenn der DEB – ganz gegen seine Natur, wie Kohlbach richtig bemerkte – nationalsozialistische Schlagworte verbreitete und einen unterwürfigen Opportunismus zur Schau stellte, so läßt sich dies nicht auf ein plötzliches Hingezogensein zum NS-Regime zurückführen, sondern auf einen hohen Grad politischer Blindheit – Folge einer Tradition, die es eher erschwerte, zu erkennen, welche politischen Implikationen der Einsatz für Esperanto haben konnte. Ohne Zweifel ist auch zu berücksichtigen, daß die große Mehrheit des deutschen Volkes verblendet war und weit bedeutendere Größen als etwa Behrendt oder Walther dem Regime mit Loyalitätserklärungen ihre Reverenz erwiesen. Es wäre jedenfalls verfehlt, wollte man der gesamten Mitgliederschaft des DEB vorwerfen, sie habe sich von nationalsozialistischem Gedankengut beeinflussen lassen. Wie deutsche Esperantisten nach dem Kriege zur Rechtfertigung ihrer Haltung angaben, hatten sie – stets mit »zusammengebissenen Zähnen« – nur nach außen den Eindruck erwecken wollen, als stünden die Esperanto-Gruppen mit dem völkischen Geist in Einklang, um so deren Überleben zu sichern. Manche zeigten früh die Grenzen ihrer Anpassungsbereitschaft wie der Verleger Friedrich Ellersiek oder protestierten sogar offen gegen Unrecht. Nachdem die Magdeburger Gruppe des DEB 1934 den

Arierparagraphen eingeführt hatte, verlor sie außer ihrem einzigen jüdischen Mitglied gleich durch freiwilligen Austritt rund ein Viertel ihrer Mitglieder.

Wie wenig das Verhalten des DEB innerer Überzeugung entsprang, belegen auch Äußerungen der NDEB, der man selbst bei einem nachsichtigen Urteil über die damaligen Zeitumstände nur schwer mildernde Umstände zubilligen kann. Die Verirrungen des DEB lassen sich bis zu einem gewissen Grade entschuldigen angesichts des Drucks und der ständigen Verleumdungen von seiten der NDEB. Diese wurde nicht müde, die Bundesleitung des DEB einer unaufrichtigen und »reaktionären« Haltung zu bezichtigen, und gestand am Ende ihr Scheitern mit der Feststellung ein, daß von den Esperantisten in Deutschland »die übergroße Mehrheit« bewußt oder unbewußt weiter »auf den alten ausgetretenen Pfaden jüdischer Völkerversöhnungsillusionen« wandele. Den entlastenden Gesichtspunkten zum Trotz bleibt aber die unrühmliche Tatsache festzuhalten, daß der DEB immer mehr eine »nationale Kampforganisation« geworden war – also das, zu dem ihn Albert Steche zehn Jahre zuvor gerade nicht hatte umwandeln wollen, weil – so sein damaliges Argument – dies den Grundgedanken des Esperanto völlig zuwiderlaufen würde.

Walther merkte 1935 offenbar nicht, wie vergeblich der Kampf war, den er gegen die Mißgunst der NS-Stellen einerseits, die Beschimpfungen der NDEB andererseits führte. Am 23. Juni bot er dem Innenministerium an, »deutschfeindliche Esperanto-Nachrichten des Auslandes zu überwachen«, und bat gleichsam als Gegenleistung darum, vor »Auslassungen« der Presse gegen die angeblich unpatriotische Handlungsweise der deutschen Esperantisten geschützt zu werden und eine Erklärung zu erhalten, »daß der unter Führung eines Pg. stehende Deutsche Esperanto-Bund e. V., seine satzungsgemäße Tätigkeit fortsetzt« und ihm »auch Beamte und Lehrer angehören dürfen«. Das Ministerium aber lehnte es »aus grundsätzlichen Erwägungen« ab, die gewünschte Erklärung abzugeben, so daß sich der DEB nun in der mißlichen Lage befand, weder verboten zu sein noch über eine amtliche Bestätigung seiner legalen Existenz zu verfügen.

Bald darauf erkannte auch die NDEB die Grenzen ihres Wirkens. Als Ergebnis einer Rücksprache mit »maßgebenden Stellen«, u.a. dem Reichspropagandaministerium, gab sie Mitte August bekannt, daß »eine Werbung für Esperanto in Verbindung mit dem Nationalsozialismus nicht erwünscht« sei. Auf einem Treffen in Leipzig wurde daher beschlossen, die Ortsgruppen aufzulösen, jede Werbung für Esperanto einzustellen und sich ganz auf die »Verwertung des Esperanto dem Auslande gegenüber auf allen Gebieten des praktischen Lebens zum Nutzen der Nation« zu beschränken. Dem DEB wurden drastische Konsequenzen für den Fall angedroht, daß nicht auch er die Werbetätigkeit im Innern des Reiches unterließe.

Weder DEB noch NDEB konnten wissen, daß im Sommer 1935 die politische Polizei bereits bei den Ministerien auf Auflösung aller Esperanto-Vereinigungen drang. Am 26. Juni berichtete Reinhard Heydrich, der Stellvertreter Heinrich Himmlers, des Politischen Polizeikommandeurs der Länder, dem Innenministerium, »daß die Esperantobewegung in letzter Zeit eine sehr rege Tätigkeit entfaltet«; er nannte als Beispiel, daß sich unter 36 Personen, die im März in Düsseldorf wegen Vorbereitung zum Hochverrat verhaftet worden seien, nicht weniger als 29 Esperantisten befunden hätten. Da »ein großer Teil der Mitglieder der Esperanto-Vereinigungen im Verdacht staatsfeindlicher Betätigung steht«, es auf der anderen Seite nicht möglich sei, den Briefwechsel in großem Umfang zu überwachen, empfahl Heydrich, alle Vereinigungen aufzulösen und zu verbieten sowie ihr Vermögen zu beschlagnahmen.*

Während das Ministerium für Wissenschaft, Erziehung und Volksbildung dem Vorschlag Heydrichs zustimmte, erhob das von Joseph Goebbels geleitete Propagandaministerium Ein-

---

* Die Akten des Geheimen Staatspolizeiamtes, aus denen hier und im folgenden zitiert wird, befinden sich im Bundesarchiv Koblenz (R 58/378, R 58/384, R 58/387, R 58/593/2).

wände gegen ein sofortiges Verbot. Mit Schreiben vom 23. Oktober äußerte es sich besorgt über das zu erwartende negative Echo im Ausland:

> Es gibt im Ausland unter den Millionen Anhängern des Esperanto gewiß eine sehr große Zahl, die unpolitisch sind und nur die ideelle Seite der Bestrebungen des Esperanto sehen. Bei allen diesen Menschen wird eine in ihren Augen als vollkommen harmlos erscheinende Tätigkeit, wie dies ja das Erlernen einer neuen Sprache ist, den Eindruck erwecken, daß in Deutschland selbst solche Verbände verfolgt werden. Diese Auffassung wird natürlich in unzähligen Schriften, die die Esperanto-Vereinigungen auf der ganzen Welt vertreiben, vertreten werden. Auch die ausländische Presse wird diese Gelegenheit zur Propaganda gegen Deutschland wahrnehmen.

Deswegen solle man, empfahl das Ministerium, die von Parteimitgliedern geleiteten Esperanto-Verbände nicht offiziell verbieten, sondern auf ihre freiwillige Selbstauflösung hinwirken: »Mit etwas Druck müßte eine solche Selbstauflösung ohne weiteres möglich sein...«

Am 21. Januar 1936 übermittelte Heydrich diese Auffassung des Propagandaministeriums dem Stellvertreter des Führers, Rudolf Heß. Er wiederholte in seinem Schreiben, »daß die Esperanto-Bewegung im Verlaufe des letzten Jahres eine rege Tätigkeit entfaltete«; in Münster seien 44 Mitglieder einer kommunistischen Gruppe festgenommen worden, und in Bottrop habe man wegen einer Flugblattaktion früherer AEB-Mitglieder die Ortsgruppe des DEB aufgelöst. Heydrich schrieb, die Auflösung der Organisationen sei »z. Zt. noch nicht beabsichtigt«, erbat aber von Heß einen Parteibefehl gegen die Mitgliedschaft von Parteigenossen in diesen Organisationen. Gleichzeitig ersuchte er das Ministerium Goebbels', gegen den DEB »in geeigneter Form... zu propagieren«.

Tatsächlich hatte schon Ende 1935 in der Nazi-Presse eine esperantofeindliche Kampagne eingesetzt, die an Schärfe den Ton vorheriger Angriffe weit überbot. *Der Weltkampf,* eine von dem Ideologen Alfred Rosenberg gegründete Zeitschrift,

nannte in ihrem November-Heft Esperanto einen »Bundesgenosse[n] des Weltjudentums«. Jenseits aller Absurditäten schuf
der Aufsatz Klarheit darüber, wie die Beflissenheit des DEB
gegenüber dem Regime eingeschätzt wurde – ganz gegenteilig
nämlich zu den Vorstellungen seiner Bundesleitung:

> ...man sollte meinen, daß die deutschen Esperantisten nun
> endlich zur Vernunft kommen und den Wahnwitz ihres Vorha-
> bens, bei Juden und Judengenossen Verständnis für das Neue
> Deutschland zu gewinnen, einsehen müßten. (87: 327)

Zu Beginn des Jahres 1936 häuften und steigerten sich die
Angriffe so sehr, daß der Eindruck einer koordinierten Aktion
entstehen mußte, die darauf abzielte, die Liquidierung der
Esperanto-Bewegung systematisch vorzubereiten. Ihr Hauptau-
genmerk richteten die Zeitungen auf den Gebrauch der Sprache
im nationalsozialistischen Sinn, der von ihnen nachdrücklich
verurteilt wurde. Unter der Überschrift »Aufklärung unterm
Sowjetstern« schrieb das Organ des NS-Studentenbundes:
»Wundern wird uns dann höchstens die Tatsache, daß der
Deutsche Esperanto-Bund so naiv ist, zu glauben, daß er bei
den jüdisch-marxistisch induzierten Arbeitern fremder Staaten
mit seiner *internationalistischen Kunstsprache Propaganda für
eine völkische Idee* treiben könne, wie sie der Nationalsozialismus darstellt.« Ausgerechnet von nationalsozialistischer Seite
mußte sich der DEB darüber belehren lassen, daß er sich naiv
verhalten und die Unvereinbarkeit von Nationalsozialismus
und Esperanto nicht begriffen habe. Die Desillusionierung hätte kaum grausamer sein können.

Ende 1935 stellte *Der Deutsche Esperantist* sein Erscheinen
ein. Der Verleger Ellersiek gab aus finanziellen Gründen und
wegen der pausenlosen Angriffe auf, denen er von seiten der
NDEB wegen seiner »undeutschen Einstellung« ausgesetzt gewesen war. In der letzten Ausgabe des Bundesorgans zitierte
Walther noch hoffnungsvoll aus einem Schreiben des Auswärti-
gen Amtes: »Jeder Deutsche kann, wenn er will, Esperanto
lernen!« Aber dann, inmitten der Vorbereitungen zum 25.
Deutschen Esperanto-Kongreß in Weimar, kam der von Heyd-

rich gewünschte Erlaß. Unterschrieben war er, mit Datum vom
18. Februar 1936, von Martin Bormann, dem Stabsleiter des
Stellvertreters des Führers:

Anordnung Nr. 29/36.

Da die Schaffung einer internationalen Mischsprache den
Grundanschauungen des Nationalsozialismus widerspricht und
letzten Endes nur im Interesse überstaatlicher Mächte liegen
kann, verbietet der Stellvertreter des Führers allen Parteigenossen und Angehörigen der Gliederungen der Partei die Zugehörigkeit zu Kunstsprachenvereinigungen aller Art. (107: 262)

Da die NDEB von Parteigenossen geleitet wurde und vermutlich ein großer Teil ihrer offenbar höchstens 500 Mitglieder
ebenfalls der Partei angehörte, bedeutete für sie der Erlaß
praktisch das Ende ihres üblen Wirkens. Auch der DEB stand
vor der Frage, ob er weitermachen oder aber sich auflösen solle,
denn aufgrund der Anordnung Bormanns mußte nicht nur
Walther, sondern eine beträchtliche Zahl von Mitgliedern ausscheiden. Wie geplant fand Ende Mai noch der Weimarer
Kongreß statt. Zu diesem Anlaß erschien eine neue Werbebro-
schüre für Esperanto (104), in der jeder Hinweis auf die
Entstehung der Sprache fehlte und Zamenhof nicht einmal
erwähnt wurde. Die Delegierten beschlossen einstimmig, die
Tätigkeit fortzusetzen, verabschiedeten eine neue Satzung (die
vierte in drei Jahren) und wählten den Kaufmann Fritz Thieme
aus Dresden zum neuen Bundesleiter.
Aber der neuen Bundesleitung blieb kaum Zeit aufzuatmen,
denn unterdessen ließ das Regime seine letzten Skrupel fallen.
In einem internen Erlaß aus Berlin vom 24. April wurde es dem
Ermessen der einzelnen Polizeistellen überlassen, »Ortsgruppen, deren Mitglieder sich staatsfeindlich betätigt haben oder
noch betätigen, aufzulösen«. (Am 26. April wurden in Düsseldorf zwei Esperantisten aus Venlo, die sich mit deutschen
Sprachfreunden zu einem geselligen Zusammensein getroffen
hatten, von der Gestapo festgenommen; sie wurden vier Tage
lang verhört und dann abgeschoben.) In dem Erlaß hieß es

auch: »Aus staatspolitischen Gründen ist ein generelles Verbot der Esperanto-Vereinigungen z. Zt. nicht beabsichtigt.« Später (1940) behauptete Heydrich, dieser Erlaß habe die illegale Tätigkeit von Mitgliedern der Esperanto-Vereinigungen nicht unterbinden können; deswegen sei es notwendig geworden, die organisierte Bewegung insgesamt auszuschalten.

Der vernichtende Schlag trägt das Datum des 20. Juni 1936: Ein Erlaß Himmlers, dem von Hitler soeben das Doppelamt eines Chefs der Deutschen Polizei und Reichsführers SS übertragen worden war, verbot die Betätigung für die internationalen Organisationen UEA und SAT und forderte von den Verbänden in Deutschland, in erster Linie dem DEB, sich bis zum 15. Juli selbst aufzulösen, wenn sie vermeiden wollten, zwangsweise aufgelöst zu werden. Seitdem war jegliche Tätigkeit für eine Kunstsprachen-Vereinigung im Deutschen Reich verboten.

2.6 Nur eine Sprache – oder mehr?

Folgt man dem Wortlaut der Gestapo-Akten, so scheint der Deutsche Esperanto-Bund trotz seiner Anpassungsbereitschaft von regimefeindlichen Elementen durchsetzt geblieben zu sein und dadurch das Verbot herausgefordert zu haben. Ist dieser Eindruck zutreffend?

Es besteht kein Zweifel daran, daß es während der ganzen Dauer des Dritten Reiches einen antifaschistischen Widerstand von Esperantisten gegeben hat. Angesichts des gemeinsamen Feindes schwanden die Gegensätze zwischen kommunistischen und sozialdemokratischen Esperantisten, doch waren Kommunisten in der Organisation von Widerstandsaktionen mit Hilfe des Esperanto am aktivsten. In den ersten Jahren des NS-Regimes veranstalteten AEB-Mitglieder Kurse im Untergrund und vertrieben unter ihren ausländischen Genossen Mitteilungen über die Lage in Deutschland, die zuweilen als Reklamehefte, etwa für Nivea, getarnt waren. Umgekehrt dienten Übersetzungen aus der Arbeiter-Esperanto-Presse des Auslandes in illegalen Zellen als Unterrichtsmaterial. Die Zeitschriften der SAT waren 1933 bis 1935 voll von authentischen Berichten deutscher Genossen über den Nazi-Terror. Arbeiter-Esperantisten hielten nicht nur untereinander Kontakt durch geheime Treffen in Privatwohnungen, selbst in Schwimmbädern und Wäldern, sondern stellten sich auch für Kurierdienste zur Verfügung, etwa für den Transport illegaler Schriften von der Tschechoslowakei nach Sachsen oder vom Ruhr-Gebiet nach Holland; in Hamburg schmuggelten Seeleute Antinazibroschüren in Esperanto ein. Politisch Verfolgten wurde über Esperanto-Verbindungen die Flucht ins Ausland ermöglicht.

Viele Arbeiter-Esperantisten aber fielen dem Regime zum Opfer. Lang ist die Liste derer, die teils über mehrere Jahre in Gefängnissen und Konzentrationslagern leiden mußten. In dem KZ Hohenstein beging der Lehrer Schubert nach Folterungen Selbstmord. Theodor Stöterau, der Gründer der Arbeiter-Esperanto-Gruppe Bremerhaven, stürzte sich aus dem fünften Stockwerk des Gerichtsgebäudes, in dem er zu sechs Jahren Haft verurteilt worden war, in den Tod. Ein sehr aktiver kommunistischer Esperantist in Frankfurt am Main, Herbert Haupt, schon seit 1933 in Haft, wurde wahrscheinlich in einem Gestapo-Keller erschossen.

Auch im KZ erteilten Arbeiter weiterhin Esperanto-Unterricht, wenngleich diese Kurse mehr und mehr hauptsächlich als heimliches Forum für politische Diskussionen gedient zu haben scheinen. Überhaupt verringerten sich im Laufe der Jahre die Möglichkeiten, für die Verbreitung des Esperanto zu arbeiten. Zum Beispiel ging aus einer Berliner AEB-Gruppe eine antifaschistische Widerstandsgruppe hervor, die bis 1944 agieren konnte; ihren Kern hatten Esperantisten gebildet, doch mit der Zeit schlossen sich ihr zu konspirativer Tätigkeit auch Menschen an, die Esperanto nicht praktisch verwerten konnten oder es nicht einmal gelernt hatten.

Inwieweit nun wurde der DEB vom Widerstand der Arbeiter-

Esperantisten berührt? Und wie standen diese unter den Bedingungen des Faschismus zu ihren »neutralen« Sprachfreunden? Was die Mitglieder der SAT anging, so rief ihnen ihr Oberhaupt Eugène Lanti im Juni 1933 einen Rat in Erinnerung, den er schon im August 1929 als Verhaltensregel für die Länder gegeben hatte, in denen die SAT verboten war: Dort, »wo sich unsere Mitglieder nicht unter der roten Fahne versammeln können«, empfahl Lanti, müßten sie sich mit Hilfe der »bloß grünen« schützen; »sie müssen in der neutralen, bürgerlichen, selbst faschistischen Esperanto-Bewegung mitmachen« (162: 73). Obwohl Lanti in erster Linie die Arbeitsbedingungen in Ländern des »weißen Terrors« meinte, die – anders als Hitler-Deutschland – der neutralen Bewegung gegenüber nicht grundsätzlich feindlich eingestellt waren, folgte sicher auch ein Teil der deutschen SAT-Mitglieder seinem Rat; sie traten dem DEB bei, »um Kontakt zu haben und unsere Sprachkenntnis nicht zu verlieren«. Aber: Gegen eine stärkere Infiltration des DEB durch Sozialisten und Kommunisten sprechen vor allem folgende Umstände. Erstens war der DEB aus Vorsicht kaum geneigt, den Massenbeitritt von Personen zu dulden, die als frühere Angehörige einer Arbeiterorganisation bekannt waren. Zweitens wurden die, die Unterschlupf gefunden hatten, von der SAT ermahnt, sich im Rahmen des neutralen Verbandes nicht politisch zu betätigen. Und drittens stieß Lanti in den eigenen Reihen auch auf Kritik; ihm wurde entgegnet, die Esperanto-Bewegung in Deutschland sei »nicht mehr ›neutral‹, sondern faschistisch«, und einer solchen Bewegung könne man sich nicht anschließen. Kurz, entschiedene Widerstandskämpfer konnten den DEB nicht als geeignetes Forum für ihre Tätigkeit betrachten.

Gegen den Schluß, daß der DEB wegen seiner regimefeindlichen Mitglieder verboten worden sei, drängt sich noch ein weiterer Gesichtspunkt auf – der nämlich, daß Heydrich die Bedeutung linker Elemente in der deutschen Esperanto-Bewegung bewußt übertrieben hat, um so schneller zu erreichen, was der konservativen Beamtenschaft (und offenbar sogar dem

Propagandaministerium) noch widerstrebte: die vollständige Zerschlagung der Esperanto-Bewegung. Heydrich, von der Vorstellung einer deutschfeindlichen Verschwörung des Weltjudentums besessen, verfügte durch seinen Nachrichtendienst zweifellos über gründliche Informationen zur inneren Struktur des DEB und zur Mentalität seiner größtenteils unpolitisch eingestellten Mitglieder. Ob sich im DEB eine mehr oder minder große Zahl Marxisten betätigte oder nicht, konnte auf seine Grundüberzeugung keine wesentlichen Auswirkungen mehr haben: daß Esperanto die Erfindung eines Juden sei, von Juden gefördert werde und folglich zu vernichten sei. Für ihn waren alle aktiven Esperantisten gleichsam ihrer Natur nach »Staatsfeinde«. Nur solche, schrieb er im Juni 1935, könnten sich interessieren »für die völlig überflüssige und vom völkischen Standpunkt aus scharf abzulehnende Propagierung einer Einheitssprache für die Menschen aller Völker und Rassen«.

Daß es Heydrichs Bestreben war, Esperanto ganz zu vernichten, nicht nur seinen Gebrauch für politische, mit dem Nationalsozialismus nicht vereinbare Ziele zu verhindern, wird am besten aus einem elfseitigen Aktenvermerk deutlich, der mit Datum des 8. Juni 1940 im Reichssicherheitshauptamt entstanden ist und die ideologische Position des Nationalsozialismus zum Esperanto zusammenfassend darstellt. Zu den Ursprüngen des Esperanto heißt es darin einleitend:

> Aus einer zionistischen Bewegung heraus (Chawewe [sic] Zion) ist der polnische Jude S a m e n h o f, s. Zt. Augenarzt in Warschau, hervorgegangen. Er erstrebte die Verwirklichung des jüdischen Weltreiches gemäß dem Prophetenwort Jesaja 2, 2–4, also ein Friedensreich unter jüdischer Führung. Alle Völker sollten sich freiwillig dem Judentum unterordnen. Durch »friedliche« Durchdringung und Zersetzung der Wirtsvölker sollte dieses Ziel erreicht werden. Als Mittel dienten Samenhof
> ein hemmungsloser Pazifismus,
> eine von ihm stammende neue Religion, Homaranismus, als Vorstufe zur jüdischen Religion und
> die von ihm erfundene Einheitssprache »Esperanto«, die auf dem Wege gleicher Lektüre für die Menschen aller Völker,

Farben und Klimate, gleicher Erziehung, Ideale, Uberzeugungen und Bestrebungen allmählich zum allgemeinen Völkerbrei führen sollte.

Alle drei Bestrebungen zusammen genommen, nicht etwa nur die Propaganda für die Einheitssprache, bilden den Esperantismus, der seit etwa 1905 die Rolle einer Hilfswaffe des Judentums spielt.

Es folgt der Versuch einer Analyse der Entwicklung des Esperanto in der Weimarer Republik:

...Der Esperantismus hatte schon immer eine deutschfeindliche Haltung, die mit ihren kulturzersetzenden Tendenzen hauptsächlich in der Nachkriegszeit (nach 1918) klar zu Tage trat.

Gerade in der Zeit nach 1918 konnte der Esperantismus in Deutschland sehr gut Fuß fassen. Die linksgerichteten Parteien und Kreise bedienten sich der Kunstsprache »Esperanto«. Die Leitung fast aller Esperanto-Bünde lag in Händen von Juden und Freimaurern. Von den Regierungen der Systemzeit wurde diese Sprache sehr gefördert, da sie die Ideen des Marxismus und Kommunismus in Schriften sehr propagierte und so ein ausgezeichnetes internationales Organ der Weltverbrüderungsidee dieser Weltanschauungen war, welcher sich der Jude zur Erreichung seines Zieles – Weltherrschaft – bediente.

Nach alledem verwundert es kaum, daß auch der anpasserische DEB keine Nachsicht findet. Selbst wenn einige Volksgenossen das Esperanto »im staatszuträglichen Sinne« hätten fördern und verbreiten wollen, fährt der Bericht fort, so habe die Erfahrung gezeigt, daß dies »eine gänzlich irrige Ansicht« sei. Trotz der Gleichschaltung hätten »selbst politisch durchaus einwandfreie Leiter« in den Reihen ihrer Organisationen eine staatsfeindliche Betätigung nicht verhindern können, da ein großer Teil der Mitglieder aus der Arbeiterschaft stamme, »die beruflich die Esperantoschrift und -sprache nie verwerten konnte, sondern sich ihrer nur für ihre illegale politische Tätigkeit bediente«. Politischer Einfluß auf die deutschen Esperantisten wurde sogar dem Esperanto-Weltbund zugeschrieben, obwohl ihn der Vermerk sonst, relativ korrekt, als »eine internationale Vereinigung bürgerlich-liberalistischer Prägung zur neutralen Anwendung des Esperanto auf dem Gebiet des Reiseverkehrs usw.« charakterisiert.

Wer dieses Dokument nicht kennt, mag sich vielleicht fragen, ob denn die Nazis nicht doch bereit gewesen seien, Esperanto einzig und allein als Sprache zu tolerieren. Fritz Thieme, der letzte DEB-Leiter, teilte im Juli 1936 den Mitgliedern mit, die Anordnung Himmlers richte sich nicht »gegen die Anwendung« des Esperanto »im mündlichen und schriftlichen Gedankenaustausch mit fremdsprachigen Menschen« und Esperanto selbst sei in Deutschland nicht verboten. Auch Heydrich vermerkte am 27. August 1936: »Gegen die Verwendung des Esperanto im Privatschriftverkehr läßt sich nichts einwenden, sofern dies nicht in staatsfeindlicher Absicht oder, um den Zusammenschluß der Esperantisten zu fördern, geschieht.« Im darauf folgenden Jahr bestätigte die Gestapo, daß »ein Verbot der Anwendung des Esperanto bisher nicht ergangen ist und vermutlich auch nicht ergehen wird«.

In der Tat setzten nach Auflösung des DEB viele Esperantisten, die keine Verfolgung wegen politischer Betätigung befürchteten, ihre private Beschäftigung mit Esperanto fort, indem sie mit ausländischen Freunden korrespondierten und neutrale Zeitschriften bezogen. Die Genehmigung, Esperanto privat zu verwenden, war allerdings oft nur auf dem Papier von Wert. Sie wurde weder allgemein bekannt noch verhinderte sie individuelle Schikanen örtlicher Gestapostellen. So wissen wir auf der einen Seite von Esperantisten, die nie behindert wurden, und auch von einigen während des Krieges in die Schweiz geflüchteten Deutschen, die heimlich Esperanto gelernt hatten. Andere hingegen wurden wegen des Bezugs ausländischer Esperanto-Zeitschriften zur Polizei gerufen, erhielten schriftlich den Befehl, »sich jeglicher Betätigung für die Esperanto-Sprache zu enthalten«, oder wurden nach Teilnahme an einer privaten Zusammenkunft, bei der Esperanto gesprochen worden war, mit Strafe bedroht. Ende Juni 1944 verhaftete die Gestapo einige Wiener Esperantisten, die sich in einer Privatwohnung getroffen hatten; der Wohnungsinhaber, Gustav Weber, wurde später im KZ Gusen von einem SS-Mann erschlagen. Einem Antwerpener empfahl der deutsche Botschafter in Belgien höchstpersönlich, nicht mehr in Esperanto mit seinem deutschen Freund zu korrespondieren. Als die chinesische Esperanto-Zeitschrift *Voĉoj el Oriento* 1938 die Namen von zwei österreichischen Spendern abdruckte, interessierte sich die Gestapo prompt für deren Identität.

Am 3. Juni 1939 vermerkte das Amt des Reichsführers SS, daß die »Verbreitung von Esperanto in Deutschland verboten« sei. Dies entsprach dem tatsächlichen Stand. Und auch wenn hier und dort Hoffnung bestanden haben mag, daß die Nazis nach Auflösung der Organisationen Esperanto wenigstens als bloßes Hobby hinnehmen würden, so lehrt uns der ausführliche Bericht vom Juni 1940 das Gegenteil:

> »Esperanto« lediglich als Hilfssprache für den internationalen Verkehr anzusehen, ist falsch. Die Kunstsprache Esperanto ist ein Teil des Esperantismus, der Waffe der Juden.

Wie sehr sich die Haltung Heydrichs unterdessen verhärtet hatte, erlebte 1938/39 der Schweizer Journalist Hans Unger, der in Berlin u. a. als Korrespondent für Associated Press tätig war. Nach einem Zusammentreffen mit rund einem Dutzend Esperantisten in einem Berliner Café wurde er in die Zentrale der Gestapo gerufen. Dort verhörte ihn Heydrich persönlich, der die Kontakte Ungers mit Esperantisten als Versuch bezeichnete, gegen das Dritte Reich ein »internationales Netz« aufzubauen. Als Unger einwandte, das Gewissen der ganzen Menschheit werde wachgerüttelt, wenn man Menschen nur wegen des Gebrauchs des Esperanto ins Konzentrationslager werfe, wurde er von Heydrich scharf unterbrochen: »Unser Gewissen ist deutsch, und nur danach handeln wir. Das ›Menschheitsgewissen‹ ist eine jüdische Mache und interessiert uns nicht!« Ähnliche Beschimpfungen hörte Unger später von Rudolf Heß, der ihm außerdem den Entwurf eines vereinfachten Deutsch erläuterte, das in einem gesamteuropäischen Staatenbund unter deutscher Vorherrschaft zur Verständigung dienen solle und die gefährlichen Schwärmereien der Esperantisten vollends entlarven werde.*

Bald nach den Begegnungen Ungers mit Heydrich und Heß brach der Zweite Weltkrieg aus, der Millionen Menschen Tod und unsägliches Leid brachte. Es bedarf kaum besonderer Betonung, daß der Vormarsch Nazi-Deutschlands nach Osten auch die Möglichkeiten zum Gebrauch des Esperanto vernichtete, dieses Symbols sprachlicher Gleichberechtigung, das gerade unter Juden und Slawen einst seine ersten begeisterten Anhänger gefunden hatte. Schon am zweiten oder dritten Tag der Besetzung Polens sollen SS-Soldaten bei Esperantisten aufgetaucht sein, und zu den ersten Opfern zählten Mitglieder der Familie Zamenhof. Ende September, wenige Tage nach der Besetzung Warschaus, erschienen Angehörige der Gestapo im Jüdischen Krankenhaus und fragten nach Adam Zamenhof, der Oberarzt in der Ophtalmologischen Abteilung war. Adam, ein Sohn von Lazarus Zamenhof, wurde verhaftet.

Da Juden und polnische Intellektuelle vor den Einsatzgruppen Heydrichs ohnehin nicht sicher waren, ist die Frage eher unerheblich, ob es einen Sonderbefehl zur Verhaftung der Familie Zamenhof und anderer Esperantisten gegeben hat. Das Ergebnis war dasselbe: Adam Zamenhof wurde Ende Januar 1940 erschossen. Seine Schwestern Zofia und Lidia sowie Lazarus' Schwester Ida Zimmermann wurden 1942 aus dem Warschauer Ghetto nach Treblinka überführt; alle drei kehrten nicht wieder. Viele Esperantisten waren unter den Opfern des Massenmordens in Polen, einige vermutlich in erster Linie aufgrund ihrer Betätigung für Esperanto.

Wir haben keinen endgültigen Beweis dafür, daß auch die Verfolgung der Esperantisten in Polen vom Gestapo-Hauptquartier aus geplant worden ist. Manches spricht dafür. In jedem Falle ist es eine Bestätigung der zynischen Pedanterie Heydrichs, daß er in seinem fanatischen Haß auf alles Jüdische

---

* Bericht von Dr. Hans Unger, Zürich, für das Deutsche Esperanto-Institut, 2. 6. 1948.

nicht vergaß, auch dem Esperanto wieder seine besondere Aufmerksamkeit zuzuwenden und den zitierten Bericht vom 8. Juni 1940 in Auftrag gab, um so – ein weiteres Mal – für die Unterdrückungsmaßnahmen gegen Esperanto, die »Waffe der Juden«, eine ideologische Rechtfertigung zu liefern.

Einst nur mit einem Satz in *Mein Kampf* verdammt, entging auch Esperanto nicht der zielstrebigen Zerstörungswut Hitlers.

2.7 In den besetzten Ländern

Österreich hatte als erstes der von Hitler annektierten Länder erfahren, welche Folgen die NS-Expansion auch für die Esperanto-Bewegung mit sich brachte. Wenige Wochen nach dem »Anschluß« wurde das in der Wiener Hofburg untergebrachte Internationale Esperanto-Museum geschlossen. Im August 1938 setzte ein Befehl aus Berlin der organisierten Esperanto-Bewegung ein Ende. Das gleiche Schicksal traf nach der Annexion des Sudetenlandes den »Bund deutscher Esperantisten in der čechoslovakischen Republik«, während im Protektorat Böhmen und Mähren der von Tschechen getragene Esperanto-Verband noch bis 1940 tätig sein durfte.

Die Haltung der Nazis zum Esperanto in den während des Krieges besetzten Ländern war uneinheitlich. Ganz allgemein wurden in Skandinavien und Westeuropa keine scharfen Unterdrückungsmethoden angewandt. In *Frankreich* kam es zu keinen systematischen Behinderungen; Esperanto-Kurse wurden willkürlich heute verboten, morgen zugelassen, fanden im übrigen aber fast überall heimlich statt. In *Norwegen* und *Dänemark* wurden die Esperanto-Verbände ebenfalls nicht verboten. Kopenhagener Esperantisten hatten sogar den Mut, 1942 ein Buch in Esperanto herauszubringen, in dem sie den deutschen Esperantisten wegen ihrer Zugeständnisse an die NS-Ideologie eine »verrückte Verhaltensweise« vorwarfen (99: 25). Jüdische

Familien in Dänemark, denen die Deportation drohte, konnten mit Hilfe einer geheimen Telefonleitung gerettet werden, die ein deutscher Soldat und Esperantist aus seinem Stab zur Wohnung eines dänischen Esperanto-Freundes gelegt hatte; über diese Leitung konnten Gespräche über bevorstehende Verhaftungen von Juden abgehört werden.

In *Belgien* und den *Niederlanden* blieb die Bewegung anfangs weitgehend unbehelligt. Der *Heroldo de Esperanto,* dessen Herausgeber Teo Jung 1936 von Köln nach Scheveningen hatte ausweichen müssen, stellte bei Beginn der Besatzung im Mai 1940 vorsorglich sein Erscheinen ein. Die Niederländische Esperanto-Vereinigung aber wurde erst am 20. März 1941 aufgelöst, und zwar durch einen Erlaß des Befehlshabers der Sicherheitspolizei und des Sicherheitsdienstes für die besetzten niederländischen Gebiete. Für die Ausführung des Erlasses war der Referatsleiter für internationale Organisationen im Reichskommissariat für die Niederlande, Werner Schwier, verantwortlich, der sich damit brüstete, bereits in Deutschland und Polen die Esperanto-Bewegung vernichtet zu haben, und den Esperantisten das KZ androhte, wenn sie weiter für Esperanto einträten, denn »Pazifismus und Humanismus« seien »die größten Verbrechen gegen das Leben der Völker«. Im August 1942 schickte Schwier zwei Kisten mit beschlagnahmten Esperanto-Büchern nach Berlin: sie waren für die geplante »Hohe Schule der NSDAP« bestimmt, sollten also nach dem Kriege als Anschauungsmaterial über die »Verschwörung« der Juden dienen.

Das Verbot der Esperanto-Bewegung im Deutschen Reich zeigte Auswirkungen auch außerhalb des unmittelbaren Macht- bzw. Einflußbereichs des Nationalsozialismus. Vom Beispiel des NS-Regimes, das erstmals nicht nur störende politische Elemente in der Esperanto-Bewegung, sondern die gesamte Bewegung und die Sprache selbst systematisch bekämpfte, fühlte sich eine Reihe anderer rechter und faschistischer Regierungen angeregt, die Esperantisten genauer unter die Lupe zu nehmen und in größerem Maßstab als bisher zu verfolgen.

Dabei wurde auf früher noch übliche Unterscheidungen zwischen neutraler und Arbeiter-Bewegung jetzt immer häufiger verzichtet.

Portugal, wo 1932 die fast vierzigjährige Herrschaft Salazars begonnen hatte, eiferte dem deutschen Vorbild pionierhaft nach. Sämtliche Esperanto-Gruppen wurden im September 1936 aufgelöst, offenbar weil man sie – unmittelbar nach dem Ausbruch des Bürgerkrieges im Nachbarland Spanien – umstürzlerischer Bestrebungen verdächtigte. Nach zeitweiliger Lockerung wurde das Verbot 1948 erneuert und ausdrücklich auf den Esperanto-Unterricht sowie jegliche Korrespondenz mit dem Ausland in Esperanto ausgedehnt. Neben dem Hinweis auf Linke in den Reihen der Bewegung wurde zur Begründung angegeben, Esperanto übe einen schädlichen Einfluß auf die Reinheit der portugiesischen Sprache aus. Erst 1972, zwei Jahre vor dem Sturz des autoritären Regimes, wurde den Esperantisten erlaubt, sich wieder zu organisieren.

In *Spanien* hatte es vor Ausbruch des Bürgerkrieges keine Konflikte mit den Mächtigen wegen der Verwicklung von Esperantisten in klassenkämpferische Agitation gegeben, sondern – scheinbar paradoxerweise – wegen der Verwendung der Sprache für nationalistische Zwecke, genauer wegen der Beziehungen des Esperanto zu den Autonomiebestrebungen der Katalanen. Die Führung der katalanischen Esperanto-Bewegung lag von Anfang an fest in den Händen von Personen, für die der Grundsatz galt: erst Katalanisch, dann Esperanto. Das Spanische, die Amtssprache des Landes, war in den Spalten des *Kataluna Esperantisto* nicht zugelassen. Besonders unter der Militärdiktatur von Primo de Rivera (1923–1930) hatten die Esperantisten in Katalonien wegen des Verdachts auf separatistische Umtriebe häufig mit Behinderungen zu kämpfen.

Es folgte aber eine neue, weit schrecklichere Prüfung, nicht nur für die katalanischen Esperantisten. Der Aufstand der Franco-Truppen gegen die Volksfront-Regierung im Juli 1936 setzte bald jeglicher Tätigkeit der Esperanto-Bewegung in Spanien ein Ende, da diese – wohl zu Recht – in ihrer Mehrheit als

Gegnerin der »nationalen Erhebung« eingestuft wurde. Im Verlaufe des Bürgerkrieges erschien eine Reihe esperantosprachiger Zeitschriften, die alle entschieden gegen den Faschismus Position bezogen. Die bekannteste, *Popola Fronto* in Valencia, brachte bis Januar 1939 44 Hefte heraus; die Sprache, mit der sie um Unterstützung der Republik warb, zeichnete sich durch einen kämpferischen Stil aus, der in der Geschichte des Esperanto beispiellos ist.

Esperantisten bekämpften den Faschismus nicht nur mit der Feder. In den Reihen der Internationalen Brigaden gab es vermutlich einige Dutzend Freiwillige aus verschiedenen Ländern Europas, die ihre kommunistische, sozialistische oder auch liberale Weltanschauung mit dem Engagement für Esperanto verbanden. Der wohl bekannteste von ihnen war der deutsche Schriftsteller Ludwig Renn, der sich über Radio Barcelona mit einer Grußbotschaft in Esperanto an die mitkämpfenden Esperantisten wandte. Unter den Spaniern des republikanischen Lagers hatte eine herausragende Position der Vorsitzende des Spanischen Esperanto-Bundes, der Oberst und spätere General Julio Mangada, ein »überaus beliebter Offizier« (98: 164), der sich vor dem Krieg als Herausgeber einer Broschüre Zamenhofs über den »homaranismo« (1913) und als Verfasser feinfühliger Gedichte einen Namen gemacht hatte.

1937 verbreitete eine Radiostation in Córdoba die Meldung, daß dort »alle Sektenmitglieder, Freimaurer und Esperantisten wegen Teilnahme an antinationalen Aktivitäten ihre verdiente Strafe erhalten« hätten. Die *Popola Fronto* interpretierte dies als ein Todesurteil gegen alle Esperantisten. Obwohl nach einiger Zeit aus Francos Hauptquartier die Mitteilung kam, Franco hege keinerlei Vorurteil gegen Esperanto, konnte es doch nicht ausbleiben, daß nach der Niederlage der Republikaner Verdächtigungen gegen die Esperantisten in Spanien noch lange nachwirkten. In Madrid wurden erst 1951, nach vierzehnjähriger Pause, wieder Esperanto-Kurse veranstaltet. Die Wunden verheilten dann allerdings schnell: Als 1968 in Madrid der 53. Esperanto-Weltkongreß stattfand, nahmen auch die

Esperanto-Verbände Osteuropas keinen Anstoß daran, daß der Generalissimus Franco als Schirmherr des Kongresses fungierte.

Für die Führer der neutralen Esperanto-Bewegung war *Italien* unter Mussolini lange Zeit ein Beispiel für die These, daß die internationale Sprache auch unter einem extrem nationalistischen System überleben könne, ja, daß Faschismus und Esperanto durchaus miteinander vereinbar seien. Die italienischen Esperantisten wurden von amtlicher Seite unterstützt, etwa wenn es darum ging, mit Hilfe des Esperanto im Ausland für die touristischen Schönheiten des Landes zu werben. Vielleicht war die Behauptung Franz Thierfelders, des eifrigen Esperanto-Gegners in Deutschland, nicht ganz abwegig, daß sich die italienischen Sprachpolitiker vom Esperanto wegen seiner romanischen Elemente eine indirekte Werbewirkung für das Italienische erhofften (97: 38 f.). Höhepunkt der Förderung durch die Regierung war die Abhaltung des 27. Esperanto-Weltkongresses in Rom im Jahre 1935.

Wenig später aber waren die italienischen Esperantisten gezwungen, sich weiteres offizielles Wohlwollen durch Aufrufe zu erkaufen, in denen bei den Sprachfreunden im Ausland um Sympathie für Italiens Eroberungskrieg gegen Abessinien geworben wurde. Im Innern wehte ein immer ungünstigerer Wind. Die Jahreskongresse 1936 und 1937 fanden nicht statt, und bald, besonders nachdem Italien 1938 unter deutschem Druck judenfeindliche Gesetze verabschiedet hatte, las man in den Spalten der faschistischen Presse gegen Esperanto gerichtete Artikel. *Il Popolo d'Italia* fand plötzlich heraus, daß eine Zamenhof-Straße in Mailand eine Beleidigung Roms sei, »das für seine Beziehungen zu anderen Völkern andere Brücken besitzt«. Im Laufe des Jahres 1939 häuften sich Angriffe gegen das »jüdische Esperanto«. Der Italienische Esperanto-Bund wurde gezwungen, seine jüdischen Mitglieder auszuschließen und »wegen Papiermangels« seine Zeitschrift einzustellen. 1941 verstummten schließlich auch die Esperanto-Sendungen von Radio Rom.

In den osteuropäischen Ländern verlief die Entwicklung im Grunde genommen ähnlich. Solange sich die Regierungen im Innern noch einigermaßen gegen deutsche politische Pressionen behaupten konnten, blieben zumindest die neutral-unpolitischen Esperanto-Vereinigungen unbehelligt. Dies galt besonders für *Ungarn* und Bulgarien, wo die Vereinigungen ihre Distanz zur traditionell starken, Mitte der dreißiger Jahre verbotenen Arbeiter-Esperanto-Bewegung hervorkehrten. Der Ungarische Esperanto-Bund, der unter dem Horthy-Regime einer Aufforderung nach Ausschluß seiner jüdischen Mitglieder widerstanden hatte, stellte seine Tätigkeit erst im Oktober 1944 ein, als die faschistischen Pfeilkreuzler in Budapest die Macht übernahmen. In *Bulgarien* hing die Existenz des neutralen Bundes stets an einem dünnen Faden, da außergewöhnlich viele Esperantisten der illegalen Kommunistischen Partei angehörten; sie warben selbst noch in Gefängnissen für Esperanto und gaben zwischen 1934 und 1942 neun Untergrundzeitschriften heraus. Der Bulgarische Esperanto-Bund suchte unter diesen Umständen so wenig wie möglich auf sich aufmerksam zu machen. Durch eine geschickte Verzögerungstaktik gelang es ihm, sich der Mitgliedschaft in der Dachorganisation »Otets Paisij«, in der die meisten kulturellen Organisationen des Landes zusammengeschlossen waren, zu entziehen. Mitte Februar 1942 stellte auch Radio Sofia ohne Vorankündigung, unmittelbar nach einer Intervention der deutschen Botschaft, seine Esperanto-Sendungen ein.

2.8 Lehren für die neutrale Bewegung

Jugoslawien verdient – zum Abschluß dieses Überblicks über die Verfolgungen in den unter deutschem Einfluß stehenden Ländern – besondere Aufmerksamkeit, und zwar deswegen, weil dort aus der faschistischen Kampfansage gegen Esperanto schon früh Lehren gezogen wurden, die auch außerhalb des

Landes Widerhall fanden. In diesem Staat, den tiefe soziokulturelle Unterschiede und starke, oft kaum zu überbrückende Gegensätze zwischen den Teilnationen prägten, erwarb die Esperanto-Bewegung ein Profil, das man fortschrittlicher nennen kann als das der Bewegungen in den Nachbarländern. So hatte schon 1922 eine neue Esperanto-Zeitschrift in Zagreb in ihrer ersten Ausgabe den Willen bekräftigt,

> alle Möglichkeiten zu nutzen, damit zumindest in unseren Gruppen in erster Linie der Mensch bewahrt bleibe, ein Bürger der ganzen Welt, nicht bloß seines angestammten Fleckchens Erde. Dies mögen alle einsehen: Kroaten, Serben, Slowenen und andere, Katholiken, Orthodoxe, Mohammedaner und andere. Laßt uns unseren Landsleuten unsere Solidarität zeigen, die die Grundlage unseres Erfolges und von wirksamstem Einfluß ist. (10: Kap. 5)

Im Einklang mit dieser Forderung nach Einheit über nationale und religiöse Grenzen hinweg konnte die jugoslawische Bewegung eine bemerkenswert starke innere Kohärenz wahren. Ihr schlossen sich zwar viele Linke an – als Folge einer Entschließung, die im Juni 1920 der Zweite Kongreß der Kommunisten Jugoslawiens zugunsten des Esperanto verabschiedet hatte –, doch spaltete sich die Bewegung nie entlang der in anderen Ländern aufgetretenen Scheidelinie zwischen Bürgerlichen und Arbeitern. Zwischen fortschrittlicheren Mitgliedern und anderen, die aus Angst vor einem Einschreiten des Staates dafür plädierten, sich streng auf die Sprachwerbung zu beschränken, kam es durchaus zu Zusammenstößen. Aber der einheitliche organisatorische Rahmen wurde durch diese Konflikte nicht erschüttert. Dazu dürften die ständigen Schikanen beigetragen haben, mit denen die Esperantisten besonders außerhalb der größeren Städte zu kämpfen hatten. Man sah die Notwendigkeit ein, solidarisch zu bleiben und dem Druck gemeinsam zu widerstehen. Die Verfolgungen blieben ja nicht auf revolutionäre Aktivitäten beschränkt, sondern spiegelten eine allgemeine Furcht der Herrschenden vor »von unten« empordringenden emanzipatorischen Tendenzen wider.

Die jugoslawischen Esperantisten besaßen also ein geschärftes Bewußtsein für die sozialen und politischen Implikationen ihrer Tätigkeit. Das Selbstvertrauen, das sie daraus bezogen, strahlte auch in andere Länder aus. Im Juni 1933 hielt der Jugoslawische Esperanto-Bund in Belgrad eine internationale Konferenz zum Thema »Das ideologische Problem des Esperantismus« ab. Mit dieser Veranstaltung, deren zentrales Anliegen in dem Satz zusammengefaßt war: »Nur eines verdammen wir alle: die Unterdrückung des freien Wortes!«, setzten die Jugoslawen eine Diskussion in Gang, deren Aktualität durch die gleichzeitige Entwicklung in Deutschland demonstriert wurde, auf die aber die internationale Esperanto-Bewegung zu jener Zeit kaum vorbereitet war.

Obwohl die Position des Nationalsozialismus bekannt war, brauchte die internationale Bewegung einige Jahre, bis sie begriff, daß diese feindselige Haltung neuartig, von prinzipiellem Charakter war – daß sie unmittelbar das Lebensrecht des Esperanto berührte. Ende September 1932 erhielt die Zentrale der internationalen Bewegung in Genf die Postkarte eines holländischen Esperantisten, der die Stelle über Esperanto in *Mein Kampf* zitierte und nur die eine Frage stellte: »Können wir einer Bewegung gegenüber gleichgültig bleiben, die uns bereits den Krieg erklärt hat?« Die Antwort aus Genf zeugte von politischer Kurzsichtigkeit: Nach einem Hinweis auf den »sehr engen Horizont« des Autors wurde dem Fragesteller beschwichtigend mitgeteilt, es sei Zeitverschwendung, gegen Mühlen zu kämpfen, die mangels Windes ja doch einmal stillstehen würden.

Als 1933 Leserproteste wegen der ersten Terrormaßnahmen der Nazis eingingen, lehnte die Redaktion der Zeitschrift *Esperanto* den Abdruck der Briefe ab und ermahnte die Schreiber: «*Protestiert nicht* im Namen einer Esperantisten-Organisation wegen politischer Vorgänge, die wir nicht verhindern können.« Die UEA gab sogar offen zu, daß das Prinzip der Neutralität bei Bedarf mißachtet werden könne: »In Ländern mit einem nationalistisch-autoritären Regime bleibt der nationalen Esperanto-Vereinigung nichts anderes übrig, als sich nach den gegebenen Bedingungen zu arrangieren.« Diese Einstellung begünstigte auch die Entscheidung, trotz zahlreicher Proteste im Sommer 1933 an Köln als Kongreßort festzuhalten.

1934 blieb dem Esperanto-Weltbund ein anderer Test auf seine Fähigkeit, äußerem Druck zu widerstehen, erspart. Als nämlich die NDEB ultimativ forderte, im Jahrbuch der internationalen Esperanto-Bewegung keine jüdischen Delegierten mehr unter »Deutschland« aufzuführen, löste sich das Problem durch den freiwilligen (?) Rücktritt der betroffenen Delegierten. Im gleichen Jahr brachte das UEA-Organ eine merkwürdige Demonstration seiner Neutralität: Das Dezember-Heft enthielt einen Aufsatz, in dem mit Hitler- und Frick-Zitaten der NS-Standpunkt zur Rassenfrage erläutert wurde, ebenso aber, gleichsam als Gegengewicht, eine leidenschaftliche Anklage von Lidia Zamenhof gegen den weltweit erstarkenden Chauvinismus. Es fehlte in der neutralen Bewegung durchaus nicht an Stimmen, die sich dafür einsetzten, »den Grundcharakter und die Ideologie des Esperantismus zu überprüfen«, nachdem man nicht darauf verzichtet hatte, im Dritten Reich einen Kongreß abzuhalten, »während die tapfersten Freunde der grünen Fahne in Gefängnissen und Konzentrationslagern dahinsiechen«. Aber insgesamt muß festgestellt werden, daß die UEA und der *Heroldo de Esperanto* kein Verständnis für die prinzipielle Feindschaft des Nationalsozialismus erkennen ließen und damit auch keine Abwehrmaßnahmen gegen die Gefahr, die die ganze Bewegung bedrohte, zu treffen wußten.

Bis dahin hatte es allerdings auch keine Präzedenz einer solchen Bedrohung gegeben. Auch unter ungünstigen politischen Bedingungen war es in der Regel möglich gewesen, die Tätigkeit für Esperanto fortzusetzen, wenn man sich auf den Grundsatz der Neutralität berief und gleichzeitig entschieden von den Esperantisten abrückte, die Esperanto für Zwecke verwandten, die bei dem betreffenden Regime in Mißkredit standen. Manche zogen sich auf die vergleichsweise sichere Position zurück, bloße Sprachliebhaber zu sein. Aber selbst dann, wenn mit stärkerer Betonung der »interna ideo« zugegeben wurde, daß die Bewegung keinen rein sprachlichen, sondern einen allgemein völkerverbindenden und friedensfördernden Charakter hatte, stellte dies an sich noch keine Herausforderung der Regierungen dar. Hierbei ist zu berücksichtigen, daß die »interna ideo« den Mitgliedern der neutralen Gruppen oft auch als Schutzschild gegen eine Verwicklung des Esperanto in den Kampf zwischen den Ideologien und Klassen diente und jeder Versuch, die »interna ideo« näher zu bestimmen, folglich zu politisieren, von den Hütern des Neutralitätsprinzips gleich wieder gebremst wurde.

Zweifellos machte die Neutralität die Bewegung weniger angreifbar. Sie förderte aber zugleich ein fatales Mißverständnis, denn sie erlaubte keine klare Unterscheidung von Freunden und Gegnern – von Regierungen oder Ideologien, die mit dem humanitären Ideal des Esperanto in Einklang zu bringen waren oder ihm zumindest nicht widersprachen, und politischen Bewegungen, die schon in ihrem Programm jede internationale Denkweise verwarfen und deren Sieg jeder Werbung für Esperanto den Boden zu entziehen drohte. Aus dieser Haltung ergab sich, daß die leitenden Funktionäre der Bewegung, wenn die »jüdische Weltsprache« beschimpft wurde, sich zunächst darauf beschränkten, den Punkt »Esperanto und Judentum« in ihre Liste der zu bekämpfenden Vorurteile aufzunehmen. So konnte etwa der *Heroldo de Esperanto* sich nicht enthalten zu schreiben, nach der gleichen Logik wäre auch das Heilmittel gegen die Syphilis, Salvarsan, abzulehnen, nur weil es von einem Juden (Paul Ehrlich) entdeckt worden war.

Sicher hatten die Apologeten recht, wenn sie den universalen, nicht bloß jüdischen Charakter der Sprache herausstellten. Aber sie bedachten nicht – hauptsächlich aufgrund der Zwänge der Neutralität –, daß der Versuch sinnlos war, Menschen zu überzeugen, die nicht überzeugt werden wollten, wie dies für jene zutraf, die eine Sache nur wegen ihres jüdischen Ursprungs ablehnten. Für eine Bewegung, die zur Menschenverbrüderung beitragen wollte, konnten Menschen mit solchen »Vorurteilen«

nur ein gefährlicher Ballast sein: Es war absurd, Antisemiten eine internationale Sprache schmackhaft zu machen.

Einsicht in die Gefahr, die nicht nur der Esperanto-Bewegung, sondern der ganzen menschlichen Zivilisation von einem unversöhnlichen Feind drohte, wurde aber auch durch einen Luxus verhindert, den die Funktionäre sich ausgerechnet in den dreißiger Jahren leisteten: lange Diskussionen über die Organisationsform der Bewegung. 1936 erreichten die inneren Spannungen einen Höhepunkt, als sich die neutrale Bewegung in zwei konkurrierende Verbände spaltete. Neben die UEA trat eine Internacia Esperanto-Ligo (IEL), die zwar auch Einzelmitglieder zuließ, sich gleichzeitig aber als Föderation der nationalen Esperanto-Vereinigungen verstand. Mit der Spaltung bekamen diese nationalen Vereinigungen mehr Mitspracherecht in der internationalen Bewegung. Die IEL war so, anders als die UEA, zu stärkerer Rücksichtnahme auf die Interessen ihrer Mitgliedsverbände gezwungen. Sicher wäre es übertrieben, hierin einen Bruch mit dem Ideal der Supranationalität zu sehen. Es war eher Unzufriedenheit mit der kritischen Finanzlage der UEA, die zur Spaltung führte. Unleugbar aber haben organisatorische Angelegenheiten die Aufmerksamkeit der Verantwortlichen der neutralen Bewegung so sehr gefesselt, daß sie die äußere Gefahr in ihrer ganzen Dimension nicht zu erkennen vermochten.

Während sich also die internationale Bewegung mehr mit sich selbst beschäftigte, übten jugoslawische Esperantisten an der passiven Haltung zum Faschismus scharfe Kritik. Unter dem Eindruck des Verbots in Deutschland und des verschärften Drucks im eigenen Land riefen die Jugoslawen dazu auf, Verfolgungen nicht mehr praktisch ohne Protest hinzunehmen, sondern gegen die Feinde des Esperanto eine Gegenoffensive zu eröffnen. Im April 1937 erschien in *La Suda Stelo,* dem jugoslawischen Verbandsorgan, eine heftige Attacke auf die Mißdeutung der Neutralität, die in der Esperanto-Bewegung wie ein Krebsgeschwür wirke. Der Autor, der junge kroatische Jurist Ivo Lapenna, schrieb dazu, einige Esperantisten verlangten von anderen, »in einem unmöglichen Sinne neutral zu sein, d.h. nichts zu denken und nichts zu meinen, oder zu schweigen und mit Schweigen alles zu billigen«. Die Neutralität müsse, forderte Lapenna, von den »Grundsätzen der Gedankenfreiheit und Demokratie« begleitet sein; sonst degeneriere sie zu einem negativen Phänomen.

Zwei Monate später verdeutlichte Lapenna: Die Esperanto-Bewegung, die sich fast überall in der Defensive befinde, müsse als ihre gemeinsame Grundlage die Werte betrachten, die zu den Prinzipien der Feinde in Gegensatz stünden: »Freiheit, Gleichheit, Toleranz, Kultur und Fortschritt«. Auf diese Weise müsse sich die Bewegung neu besinnen, um zu überleben und Selbstvertrauen zurückzugewinnen in einer Zeit, da die »Esperantisten nur deswegen verfolgt und sogar getötet werden, weil sie in den Angehörigen anderer Völker Menschen sehen und nicht niedere Wesen, Menschen, mit denen sie, statt sich gegenseitig zu vernichten, Ideen austauschen, Kontakt aufnehmen, Freundschaft schließen und zusammenarbeiten möchten«.

Dies waren befreiende, wegweisende Worte – die Worte eines Mannes, der im September 1937 zum Vorsitzenden des Jugoslawischen Esperanto-Bundes, im Jahr darauf auch zum Vorstandsmitglied der IEL gewählt wurde und nach dem Kriege viele Jahre als Generalsekretär und Präsident des Esperanto-Weltbundes amtierte.

Etwa zur gleichen Zeit, als die Jugoslawen aktiven Widerstand gegen die äußeren Gefahren forderten, wuchs auch in anderen Ländern das Unbehagen am Prinzip der absoluten Neutralität. Immer mehr Mitglieder von IEL und UEA waren nicht länger bereit, der Neutralität zuliebe einfach zu schweigen, was 1937 auf dem Weltkongreß in Warschau demonstrativ zum Ausdruck kam. Mit donnerndem Applaus quittierten die Teilnehmer ein Grußtelegramm der katalanischen Regierung, und ein Angehöriger der SAT, der am Kongreß teilnahm und erwartet hatte, dort vor allem unpolitische Kleinbürger anzutreffen, vermerkte überrascht, daß die Eröffnungsfeier zu einer »Manifestation für Liberalismus, Humanismus, Demokratie« wurde.

Seine Eindrücke faßte er in der für ein SAT-Mitglied fast ketzerischen Feststellung zusammen, die bürgerliche Esperanto-Bewegung sei »in ihrem Kern antifaschistisch«.

Ein Jahr später, auf dem Weltkongreß in London, wurde dies noch deutlicher. Dort elektrisierte Ivo Lapenna die Zuhörer mit einer leidenschaftlichen Rede, in der er die »interna ideo«, die bis dahin wegen ihrer Simplizität oft selbstironisch belächelt worden war, als geistiges Bollwerk gegen die faschistische Herausforderung pries. Und im November 1938, als dem »Anschluß« Österreichs die Zerschlagung der Tschechoslowakei gefolgt war, konnte man im UEA-Organ den allzulange zurückgehaltenen Ruf »Fort mit der Illusion!« und dieses Eingeständnis lesen:

> Gleichgültig zu bleiben, also neutral nach alter Auffassung, wäre Verrat an unseren Idealen. Esperanto steht und fällt nur mit einem Regime, das die Freiheit des einzelnen respektiert.

Endlich, kurz vor Ausbruch des Zweiten Weltkriegs, merkte die internationale Esperanto-Bewegung, daß Neutralität dort entwertet war, wo sie in politische Blindheit umschlug, und begann, sich auf die eigenen internationalistischen Grundlagen rückzubesinnen.

Daß es zu dieser selbstkritischen Beurteilung der eigenen Position kam, ist vor allem den Jugoslawen zu verdanken; im Mai 1939 warfen sie in einer Kongreßentschließung der IEL öffentlich vor, bisher nie protestiert zu haben, wenn die Bewegung in einem Land verboten wurde. Es dauerte nicht mehr lange, bis auch die jugoslawischen Esperantisten schweigen mußten. Am 10. April 1941 marschierten deutsche Truppen in Zagreb ein; Plakate warben in den Straßen gerade für die Frühjahrs-Esperantokurse. Schon am nächsten Tag drang die kroatisch-faschistische Polizei in die Räume der Esperanto-Klubs ein, zerschlug oder verbrannte die Einrichtung und verhaftete eine große Zahl von Esperantisten. Von denen, die der Verhaftung entgingen, schloß sich die Mehrheit den Partisanen an. 340 Esperantisten aus 90 Orten Jugoslawiens fielen im Kampf oder wurden in

Gefängnissen und Konzentrationslagern getötet; von diesen wurden später 37 postum als Volkshelden geehrt.

Auch in anderen Ländern brachte der Zweite Weltkrieg, wie wir gesehen haben, der Esperanto-Bewegung schwere Verluste. IEL und UEA übermittelten aus Schweden und aus der Schweiz Briefe, Medikamente und Lebensmittel an notleidende Esperantisten in verschiedenen vom Krieg betroffenen Gebieten, konnten aber keine so wirksame Hilfsaktion aufbauen wie im Ersten Weltkrieg. Zuweilen kam es vor, daß Esperantisten sich in einer kritischen Situation noch retten konnten, etwa dann, wenn sich der gegnerische Soldat zufällig als Sprachfreund entpuppte. Zu den wenigen tröstlichen Ereignissen inmitten des Mordens gehören die Esperanto-Kurse, die in Konzentrationslagern stattfanden. In Dachau erteilte der Jugoslawe Jože Kozlevčar Mitinsassen aus mehreren Ländern Unterricht. Im KZ Stutthof bei Danzig kursierte unter den Gefangenen ein handgeschriebenes Esperanto-Lehrbuch, das der Pole Albin Makowski aus dem Gedächtnis verfaßt hatte. Und in den Niederlanden boten zwei Esperantistinnen, die Schwestern Gesine und Ali Obbes, während der NS-Besatzung einem jüdischen Paar jahrelang Unterschlupf in ihrer Wohnung.

Nach Kriegsende, am 14. April 1946 (es war Zamenhofs 29. Todestag), hißten polnische Esperantisten inmitten der Steinwüste Warschaus ihre grüne Fahne der Hoffnung – dort, wo einst das Haus Dr. Zamenhofs gestanden hatte. Diese Geste symbolisierte die ungebrochene Begeisterung für Esperanto. Beim Wiederaufbau der Esperanto-Bewegung konnte indessen die »interna ideo« in ihrer traditionellen Form nicht mehr genügen; der »naive Internationalismus der Zeit Zamenhofs ist vorbei«, hieß es Ende 1946 im UEA-Organ. Dies erkannten die Führer der neutralen Bewegung sofort, allen voran Lapenna. Dabei versuchten sie nicht etwa, eine eigene Ideologie des »Esperantismus« auszuarbeiten, sondern hoben vielmehr Werte hervor, die weit über die Reihen der Esperantisten hinaus Anerkennung fanden: die Menschenrechte.

Als die UEA Mitte 1947 als einheitliche repräsentative Organisation der Esperanto-Bewegung wiederhergestellt wurde, fügte man in ihre Satzung einen Passus ein, wonach eine »wesentliche Bedingung ihrer Arbeit die Achtung der Menschenrechte« ist. Damit wurde bekräftigt, daß Neutralität in Fragen von Politik, Rasse und Religion dort aufhöre, wo grundlegende Menschenrechte verletzt und die Ideale des Friedens und der internationalen Zusammenarbeit von feindlichen Tendenzen bedroht würden. (Der Versuch besonders »fortschrittlicher« Esperantisten, unter die dem Esperanto feindlich gesinnten Kräfte auch bestimmte Kriegstreiber und neue Faschisten einzureihen und die UEA damit auf einseitige politische Positionen festzulegen, wurde klugerweise abgewehrt.) Die UEA definierte das Prinzip der Neutralität neu – im Sinne einer aktiven Neutralität, die sich von dem in der Zeit der Verfolgungen geübten ängstlichen, passiven »Neutralismus« unterschied, für die man sich aber durchaus auch auf das Vorbild Zamenhofs berufen konnte. Es ist im übrigen erwähnenswert, daß der neue Satz im UEA-Statut mehr als ein Jahr vor der Verabschiedung der »Allgemeinen Erklärung der Menschenrechte« durch die Vollversammlung der Vereinten Nationen (10. Dezember 1948) formuliert wurde.

Die Esperanto-Bewegung hat die faschistische Epoche überlebt. Unleugbar ist es ihr trotz der Verfolgung durch gnadenlose Feinde gelungen, ihre Lebenskraft zu beweisen. Da sie gleichzeitig aus eigenen Fehlern lernte und nach dem Krieg zu einer wirklichkeitsnäheren Bestimmung ihrer Position in der Welt fand, ist es außerdem angebracht, ihr zu bescheinigen, daß sie den Faschismus bewältigt hat.

3. »Eine Sprache von Kleinbürgern und Kosmopoliten«

3.1 Die Blütezeit des Esperanto in der Sowjetunion

3.1.1 Nachrevolutionäre Hoffnungen

Wenn die vorherigen Kapitel gezeigt haben, wie sehr die Esperanto-Bewegung Angriffen und Verfolgungen seitens konservativer und faschistischer Regierungen ausgesetzt war, so kommen wir im folgenden zur zweiten Variante des Kampfes gegen Esperanto. Gemeint ist die Haltung eines Regimes, das sich als die Vorhut des Weltsozialismus betrachtete.

Einzelheiten und Hintergründe der Unterdrückung der Esperanto-Bewegung in der Sowjetunion unter Stalin zu untersuchen ist unvergleichlich schwieriger als etwa die Analyse der Verfolgungen im Dritten Reich. Noch sind die Archive der sowjetischen Geheimpolizei nicht geöffnet – ja, von offizieller Seite ist bislang nicht einmal zugegeben worden, daß Esperanto nahezu zwei Jahrzehnte geächtet war und eine große Zahl Esperantisten für ihr Ideal mit dem Leben bezahlte. Trotzdem soll versucht werden, das Auf und Ab der Esperanto-Bewegung in der Sowjetunion nachzuzeichnen und die Gründe für ihr gewaltsames Ende in den dreißiger Jahren zu analysieren.

Die politischen Veränderungen des Jahres 1917 setzten unter den russischen Esperantisten viele bis dahin gezügelte Energien frei. Das mindeste war ein Gefühl der Erleichterung darüber, daß es mit den Zensurhürden und Polizeischikanen des alten Regimes, unter denen die russische Esperanto-Bewegung von Anfang an hatte leiden müssen, nunmehr vorbei war. Bei einem Teil der Esperantisten kam nach der Oktoberrevolution die begeisterte Erwartung hinzu, daß durch den Gebrauch der Sprache des Weltproletariats, wie Esperanto jetzt immer häufiger genannt wurde, die Befreiung der unterdrückten Klassenbrüder im Westen erleichtert werde.

In der Tat paßte der spontane Wunsch, Esperanto in den Dienst der Weltrevolution zu stellen, gut in das Klima der ersten Jahre der Sowjetherrschaft. Es war kein Zufall, daß sich die Zahl der Esperanto-Gruppen in der gleichen Zeit vermehrte – zwischen 1917 und 1921 –, in der auch die sog. Bewegung für eine proletarische Kultur in Blüte stand. Nach den Vorstellungen des Schöpfers dieser Bewegung, Alexandr Bogdanow, sollte das Weltproletariat nicht nur politisch und wirtschaftlich, sondern auch durch kulturelle Tätigkeit zueinanderfinden. Die Anhänger des »Proletkult« erhoben das Proletariat zum Träger einer ganz neuen Kultur, die sich von der bisherigen, bürgerlichen Kultur radikal unterscheide. Diese – sofort zu schaffende – proletarische Kultur sei dazu bestimmt, nach Zerschlagung der Klassenspaltung die allgemein-menschliche Kultur zu werden.

Der leidenschaftliche Ruf nach einer neuen Menschheitskultur klang für die Esperantisten verlockend, und analog gab es in der »Proletkult«-Bewegung Tendenzen, die Esperanto-Bewegung dem gleichen Lager zuzuordnen. Einer der Theoretiker des »Proletkult«, W. Kershenzew, schrieb im Februar 1919, man müsse an eine (proletarische) internationale Sprache denken, durch die der kulturelle Austausch der Arbeiter verschiedener Länder ermöglicht werde (177: 76). Bogdanow widmete im gleichen Jahr dem Thema »Proletarische Kultur und internationale Sprache« einen Vortrag, in dem er freilich noch das Englische gegenüber dem Esperanto bevorzugte (117: 328 ff.). Für Esperanto sprach sich 1920 einstimmig der Allrussische Kunstkongreß aus. An verschiedenen Orten bestand eine Zusammenarbeit zwischen »Proletkult«-Gruppen und Esperantisten, der zweifellos zugute kam, daß beiden ein romantisch-utopischer Grundzug gemeinsam war.

Eine Zeitlang schien es so, als stünde der Esperanto-Bewegung im Sowjetstaat der große Durchbruch bevor. Anfang 1920 meldeten polnische und deutsche Zeitungen, ein von der Sowjetregierung eingesetzter Ausschuß habe beschlossen, Esperanto als Pflichtfach an den Schulen einzuführen. Der französische Schriftsteller Romain Rolland sprach daraufhin von einem »historischen Ereignis« (164: 46), und mehrere kommunistische Parteitage, so in Frankrèich und Jugoslawien, nahmen unter dem Eindruck der Nachricht Entschließungen zugunsten des Esperanto an. Etwa zur gleichen Zeit wurde von einigen russischen Esperantisten auch eine »Esperanto-Sektion der Kommunistischen Internationale« ins Leben gerufen. Viele glaubten, es sei nur noch eine Frage der Zeit, bis sich die Arbeiter aller Länder gleichsam verpflichtet fühlten, Esperanto zu lernen.

Schon im Mai 1920 jedoch wurde offiziell dementiert, daß die Sowjetregierung an die Einführung von Esperanto-Unterricht an den Schulen denke. Tatsächlich hatte es sich lediglich um die Empfehlung eines Beratungsgremiums des Volkskommissariats für Bildung gehandelt, die von übereifrigen Esperantisten zu einem Regierungsbeschluß aufgewertet worden war. Auch die Komintern zeigte kein Interesse, sich mit der Frage einer internationalen Sprache zu befassen. Das eigenmächtige Unternehmen einer »Esperanto-Sektion« wurde kurzerhand verboten.

Ohnehin wurde revolutionäre Begeisterung bald immer mehr von den harten Realitäten gedämpft. Dies erfuhr gerade die »Proletkult«-Bewegung, deren Spontaneität sich mit den organisatorischen Zielen der Kommunistischen Partei nur schwer in Einklang bringen ließ. Lenin wollte das Analphabetentum bekämpfen und dem Volk das für den Aufbau des Sozialismus dringend benötigte Grundwissen vermitteln, statt es mit Experimenten für eine revolutionäre Kunst und Literatur zu verwirren. Da er den Anspruch auf eine »kulturelle Autonomie« des Proletariats für unvereinbar mit den Erfordernissen der Zeit hielt, ja als Bedrohung der Hegemonie der Partei empfand, forderte er die Unterordnung des »Proletkult« unter das Volkskommissariat für Bildung. Im Dezember 1920 vollzog ein ZK-Beschluß die Unterordnung. Spätestens 1922 hörte der »Proletkult« als Massenorganisation auf zu bestehen.

Diese Entwicklung paßte zu einer neuen politisch-wirtschaftlichen Zielbestimmung des sowjetischen Staates. Um die Wirtschaft, die wegen des Bürgerkriegs und übereilter Sozialisierungsversuche vom Zusammenbruch bedroht war, wieder zu Kräften zu bringen, hatte Lenin im März 1921 seine sog. Neue Ökonomische Politik (NEP) verkündet. Mit ihr sollte die Wirtschaft radikal saniert werden — selbst auf Kosten der Treue zu den Grundsätzen des Kommunismus. Die NEP erlaubte u.a. wieder Privatunternehmen und einen fast freien Handel. Es wurde ein gleichsam staatskapitalistisches System errichtet, in dem Lohn nach Leistung, Geld, Markt und persönliche Initiative wieder Bedeutung erlangten — für viele Kommunisten ein Schock und eine schmerzhafte Enttäuschung.

Die NEP entzog auch den verschiedenen »kulturrevolutionären« Esperanto-Gruppen, die sich auf lokaler Ebene gebildet hatten, jegliche staatliche Hilfe. »Die Zirkel der Esperantisten«, hieß es Ende 1921 in den Zeitungen *Prawda* und *Iswestija,* »sind private Organisationen.«

Aber einige russische Esperantisten hatten unterdessen schon erkannt, daß es vier Jahre nach der Revolution zunächst einmal dringend notwendig war, eine zentrale Organisation der Esperantisten Sowjetrußlands zu schaffen. Anfang Juni 1921 kamen in Petrograd 163 Delegierte zu einem Kongreß zusammen, der die Gründung einer »Vereinigung sowjetischer Esperantisten« (SEU) beschloß. Heftige Debatten waren dem Beschluß vorausgegangen. Ein Teil der Delegierten verurteilte das Vorhaben, einen sich auf Rußland beschränkenden, nicht gleich die revolutionären Esperantisten aller Länder zum Beitritt aufrufenden Verband zu gründen, als opportunistische Anpassung an die NEP und Konzession an die Bourgeoisie. Doch diese Minderheit unterlag. Der Kongreß verabschiedete zwei Thesenpapiere, von denen das eine die Notwendigkeit von organisatorischer Geschlossenheit und Loyalität zur Sowjetregierung bekräftigte. Das andere Papier legte fest, daß jede Esperanto-Tätigkeit, auch der Bezug von Zeitungen und Literatur aus dem Ausland, fortan von der SEU koordiniert werden müsse.

Die Thesenpapiere hatte Ernest Karlowitsch Dresen entworfen, der zum Vorsitzenden des 15köpfigen Zentralkomitees der SEU gewählt wurde. Da Dresen den Verband von Anfang bis Ende leitete, sind einige biographische Angaben über ihn angebracht. Der Herkunft nach Lette, 1892 geboren, besuchte Dresen das Gymnasium in Kronstadt und die technische Hochschule in St. Petersburg, wo er sich sehr lebhaft in der studentischen Esperanto-Gruppe betätigte. Ein Kommilitone beschrieb ihn später als »fröhlichen, zu Übermut neigenden jungen Mann«, der intelligent und wohlerzogen gewesen sei. Während des Krieges, im August 1916, wurde Dresen Offizier in einem Elektroingenieurbataillon. Nach der Februarrevolution, von deren drittem Tag an er die verhafteten zaristischen Minister im Taurischen Palast bewachen half, schloß er sich dem linken Flügel der Partei der Sozialrevolutionäre an, die mit den Bolschewiki die erste sowjetische Regierung bildeten. 1918 wurde Dresen dann Mitglied der Kommunistischen Partei, der er als Kommandeur und Kommissar der Roten Armee diente. Von 1921 an arbeitete er im Kreml – als stellvertretender Abteilungsleiter im Zentralen Exekutivkomitee der Sowjets. Einen Vorsitzenden zu haben, der dem Zentrum der Macht so nahe war, konnte für die neue Organisation der sowjetischen Esperantisten nur von Vorteil sein. Nachdem die ersten Hoffnungen nach der Revolution enttäuscht worden waren, erschien der Neubeginn vielversprechend.

3.1.2 Zusammenarbeit mit der SAT

Zwei Monate nach Gründung der SEU fand auch in der internationalen Esperanto-Bewegung ein organisatorisches Ereignis statt, das einen neuen Entwicklungsabschnitt einleitete. Anfang August 1921 wurde die »Sennacieca Asocio Tutmonda« (SAT) gegründet, eine Vereinigung, die alle diejenigen zu repräsentieren beanspruchte, die das Esperanto in den Dienst des weltweiten Klassenkampfes stellen wollten.

Selbständige Gruppen von Arbeiter-Esperantisten waren schon

vor dem Ersten Weltkrieg in verschiedenen Ländern entstanden, zumeist in deutlicher Abgrenzung von den traditionellen, neutralen Esperanto-Gruppen. Zamenhof selbst hatte die besondere Bedeutung hervorgehoben, die »unsere demokratische Sprache« für die Arbeiterschaft habe; diese werde mehr als andere »das *Wesen* und die *Idee* des Esperantismus« verstehen (74: IX, 147 f.). In der Tat ließen sich Arbeiter von der idealistischen Komponente des Esperanto besonders beeindrucken und registrierten dabei mit Unmut, daß viele Esperantisten für die Ideen Zamenhofs und Hodlers, die die Bindung der Esperanto-Bewegung an das Streben nach Abbau internationaler Spannungen und sozialer Ungerechtigkeit betonten, nicht genügend Verständnis zu besitzen schienen.

Die Gründung einer selbständigen internationalen Vereinigung der Arbeiter-Esperantisten ist das Werk des Franzosen Eugène Adam, der unter dem (von »L'anti« abgeleiteten) Pseudonym Lanti bekannt wurde. Er war 1879 in der Normandie geboren und hatte nur eine Grundschulausbildung erhalten. Als Autodidakt aber eignete er sich schnell ein beträchtliches Wissen an. Er erlernte das Schreinerhandwerk, das er später auch unterrichtete. Um die Jahrhundertwende kam er in Paris mit dem Anarchismus in Berührung, an dem ihm vor allem die undogmatischen Züge und die radikal antinationalistische Haltung gefielen. Der Krieg, an dem Lanti als Angehöriger einer Ambulanzeinheit teilnahm, verstärkte noch seinen Abscheu vor allem Nationalen, führte andererseits wegen des Beispiels des anarchistischen Theoretikers Pjotr Kropotkin, der sich 1914 als russischer Patriot enthüllte, auch zur Distanzierung vom Anarchismus. Als 1917 die Oktoberrevolution siegte, schloß sich Lanti den Sympathisanten der Bolschewiki an.

Lanti hatte im Dezember 1914 angefangen, Esperanto zu lernen. Nach dem Krieg nahm er mit revolutionären Esperantisten in Paris Kontakt auf, die ihm bald anboten, Redakteur ihrer Zeitschrift *Le Travailleur Espérantiste* zu werden. Er akzeptierte und brachte in der ersten Nummer eine Erklärung, die einleitend die Priorität »Erst Sozialisten und Syndikalisten...

Dann Esperantisten« setzte und mit der Forderung schloß: »Nieder mit allen Fanatismen!«

In einer Serie von Aufsätzen äußerte Lanti sich kritisch zu den bisher unternommenen Versuchen, die nationalen Arbeiter-Esperanto-Vereinigungen zu einer »rotgrünen Internationale« zusammenzufassen. Er plädierte statt dessen für eine »nationslose« Organisationsform. Da die Nationen beseitigt werden müßten, rief er seine Leser auf, schon sofort »gleichsam embryonal eine Vereinigung so in Gang zu setzen, wie künftig die Weltgesellschaft wird funktionieren können«. Lanti gab zu, daß nationale Verbände notwendig seien, lehnte es aber ab, auf ihrer Grundlage die angestrebte internationale Vereinigung zu errichten. In einem esperantosprachigen Mikrokosmos solle sich ein »nationsloses Volk« heranbilden, das »sich unverzüglich an die Fähigkeit gewöhnen solle, außernational zu handeln, zu denken und zu fühlen«. Er selbst machte den Anfang, indem er ab Mitte 1920 seine Aufsätze mit »Sennaciulo« (Nationsloser) unterzeichnete.

Lanti forderte eine strenge Abgrenzung von der neutralen Bewegung. Ihren bürgerlichen Geist verdammte er ebenso wie die Illusion, daß Esperanto Kriege verhindern helfe. »Esperanto ist nicht das *Ziel* unserer Tätigkeit, sondern *nur ein Mittel* zum Erreichen unseres Zieles« (161: 10), erklärte er und schloß mit dem Kampfruf: »Nieder mit dem Neutralismus!« Unter diesem Titel erschien die Artikelserie bald als Broschüre, auf deren Umschlag die folgenden Worte des revolutionären französischen Schriftstellers Henri Barbusse standen: »Die bürgerlichen und weltgewandten Esperantisten werden mehr und mehr in Erstaunen und Schrecken versetzt werden von all dem, was von diesem Talisman ausgeht: ein Instrument, das allen Menschen die Möglichkeit gibt, sich zu verständigen.«

Als Fazit der Vorstellungen Lantis seien aus der Broschüre einige Sätze zitiert:

> Mit Hilfe unserer gemeinsamen Sprache muß ein geistiger Durchfluß über alle Staatsgrenzen hinweg entstehen. Ständiger Austausch wird in unserem Herzen ein übernationales Gefühl

heranwachsen lassen. Es wird gleichsam ein Gegengift gegen die üble nationale Erziehung sein, die der Staat uns aufzwingt... Hier liegt die wesentliche revolutionierende Eigenschaft des Esperanto. Indem wir unablässig mit unseren Genossen aller Länder im Austausch stehen, werden wir deswegen mit Recht stolz darauf sein können, daß wir die konsequentesten der sog. Internationalisten sind. (161: 18)

Lanti konnte sich, wenn er so streithaft gegen alles Nationale focht, zu Recht auf eine alte Tradition in der Arbeiterbewegung berufen. Ebenso war er von Hector Hodler inspiriert worden, der die UEA 1908 auf der Grundlage von Einzelmitgliedern, nicht nationalen Verbänden, gegründet hatte. Originell allerdings war seine Absicht, Esperanto in den Dienst des Klassenkampfes unabhängig von parteipolitischen Präferenzen zu stellen: Lanti wollte seine Organisation von Anfang an für Sozialisten, Kommunisten und Anarchisten gleichermaßen offenhalten und sie keinen Erschütterungen durch die Leidenschaften und das taktische Hin und Her der verschiedenen Arbeiterparteien aussetzen. Esperanto müsse die Sprache aller Revolutionäre bleiben, so unterschiedlich deren Ziele sonst sein mochten. Die neue Organisation sollte als Basis zur Solidarisierung von Menschen dienen, die sich sonst in erster Linie ihrer jeweiligen Partei zugehörig fühlten.

Anfang August 1921 kamen im Rahmen des 13. Esperanto-Weltkongresses in Prag rund 80 revolutionäre Esperantisten zusammen, um die von Lanti vorgeschlagene Organisation zu gründen, die »Sennacieca Asocio Tutmonda«, den Nationslosen Weltbund. Ausdrücklich akzeptiert wurde, auch von der Mehrheit der Kommunisten, das Konzept eines überparteilichen Verbandes. Die Schlußworte der Gründungsresolution lauteten: »Nieder mit dem heuchlerischen Neutralismus, nieder mit dem Kapitalismus, es lebe die SAT!« (146: 18). Der Bruch zwischen der Arbeiter- und der neutralen Esperanto-Bewegung war damit vollzogen.

1922 zählte die SAT 1064 Einzelmitglieder. Bis 1926 stieg die Zahl auf 2960. 1927 waren es 5216 und 1929 bereits 6500. Als wichtiges Mittel für den Zusammenhalt der Mitglieder dienten neben den alljährlich stattfindenden Kongressen die Zeitschriften der SAT, allen voran der bis Ende 1931 wöchentlich erscheinende *Sennaciulo*. Von Anfang an sollte der *Sennaciulo* vom wirklichen Leben der Arbeiter in aller Welt ein Abbild geben. In der Tat waren seine Spalten zum großen Teil mit von den Lesern selbst eingesandten Alltagsschilderungen gefüllt. Da jedes Jahr im Durchschnitt 100–200 aus dem Esperanto übersetzte *Sennaciulo*-Beiträge in der nationalen Arbeiterpresse abgedruckt wurden, erreichten die reizvollen Beschreibungen alltäglicher Lebensbedingungen eine Leserschaft, die weit über den Kreis der Arbeiter-Esperantisten hinausging.

Für die internationale Arbeiterbewegung allgemein spielten die Beziehungen zu Sowjetrußland eine zentrale Rolle – zum ersten Land, in dem, nach eigenem Anspruch, das Proletariat die Macht übernommen hatte. Auch die SAT war sich stets der besonderen Bindungen zu Sowjetrußland bewußt, wo nur wenige Wochen früher die Vereinigung sowjetischer Esperantisten gegründet worden war. Anfangs brachten vermutlich selbst die meisten nichtkommunistischen SAT-Mitglieder dem Staate Lenins Sympathie entgegen, wodurch die Koexistenz verschiedener sozialistischer Flügel in der SAT erleichtert wurde. Außerdem verband Kommunisten wie Nichtkommunisten der gemeinsame Wunsch, unter den Arbeitern der ganzen Welt für Esperanto zu werben. Nur wenigen kam wohl schon damals die Frage in den Sinn: Wie lange wird die Eintracht anhalten? Welchen Einfluß wird die Entwicklung im Sowjetstaat auf die Haltung der Genossen im Ausland haben? Und: Wird die sowjetische Seite auf Dauer bereit sein, den überparteilichen Charakter der SAT zu respektieren?

Zunächst einmal war es höchste Zeit, sich persönlich kennenzulernen, denn am Gründungskongreß der SAT in Prag hatte kein sowjetischer Vertreter teilgenommen. Im August 1922 reiste Lanti nach Moskau, um sich über die Position der Komintern zum Esperanto zu unterrichten. Dies bot ihm Gelegenheit, Dresen und andere sowjetische Esperantisten kennenzulernen. Doch blieben die Sondierungen über eine Zusammenarbeit zwischen SAT und SEU vorläufig ergebnislos: Dresen warf der SAT vor, nicht rein kommunistisch zu sein, und lehnte ein Zusammengehen mit Anarchisten und Sozialdemokraten ab, während Lanti mit dem Hinweis konterte, Dresen stehe einer Vereinigung vor, in der es nicht nur Anarchisten, sondern sogar Bürgerliche gebe.

Dresen hatte bald Anlaß, seine skeptische Haltung zur SAT zu überprüfen. Im November 1922, nach dem Sieg des Faschismus in Italien, verkündete der Vierte Kongreß der Komintern die Richtlinie, daß sich die Kommunisten um eine Einheitsfront der Arbeiterklasse bemühen und dabei, wenn nötig, sogar mit sozialdemokratischen Organisationen zusammenarbeiten sollten. Im März 1923 paßte die SEU sich dieser Linie an: Sie machte eine Positionsaussage, in der die kommunistischen Esperantisten aller Länder aufgefordert wurden, die SAT trotz Bedenken zu unterstützen.

Fortan stellte sich die SEU als kooperationswilliges Mitglied der internationalen Arbeiter-Esperanto-Bewegung dar. Ein Signal war der Abbruch der Beziehungen zur UEA im Mai 1923. Drei Monate später erschien Dresen auf dem Dritten SAT-Kongreß in Kassel, wo er mit folgenden Worten seine Loyalität bekundete:

> Hier haben wir einen Mittelweg gefunden, den wir – Revolutionäre, die zum Nutzen des Proletariats die internationale Sprache gebrauchen – gemeinsam gehen können, gleich ob Anarchisten, Kommunisten oder Angehörige anderer revolutionärer Parteien. Wir glauben, daß wir den richtigen und wahren Weg gefunden haben. (175: 49)

Diese öffentliche Billigung des überparteilichen Charakters der SAT war nicht ohne Risiken, denn die SEU konnte nicht dulden, daß in den eigenen Reihen ein ähnlicher Anspruch erhoben und damit die führende Rolle der Kommunisten in Frage gestellt wurde. Dresen hatte gerade erst einen heftigen Konflikt mit den Redakteuren der seit Juni 1922 in Moskau erscheinenden Literaturzeitschrift *La Nova Epoko* überstanden, die den strengen Zentralismus der SEU ablehnten, den Pluralismus der SAT verteidigten und auch Anarchisten zu Wort kommen ließen. Nach etwas über einem Jahr erreichte Dresen, daß die Zeitschrift ihr Erscheinen einstellte. Als dann die von Lanti redigierte *Sennacieca Revuo* Mitte 1924 einen langen Artikel über das Schicksal der anarchistischen Bewegung in Rußland brachte, in dem auch die Verfolgungen durch die Bolschewiki nicht verschwiegen wurden, reagierte Dresen auf den »konterrevolutionären« Beitrag sofort mit einem scharfen Protest.

Lanti lenkte daraufhin ein und kündigte an, in den SAT-Zeitschriften künftig keine »polemischen« Beiträge mehr zu veröffentlichen. Der Wunsch nach enger Zusammenarbeit mit der SEU war ihm dieses Opfer wert. Gleichsam nach der Devise »Einheit über alles« erschienen fortan vornehmlich Artikel, deren Inhalt so beschaffen war, daß er niemanden vor den Kopf stieß – vor allem die Kommunisten nicht. Die Redaktion der Wochenzeitung *Sennaciulo* behauptete später, sie habe Manuskripte mit antisowjetischer Tendenz gar nicht erhalten, und wenn am Übergewicht kommunistisch getönter Beiträge in den SAT-Zeitschriften einmal Kritik geübt wurde, pflegte Lanti zu antworten, dies komme daher, daß »die kommunistischen Genossen aktiver sind«.

Die genannten Vorfälle zeigten, daß auch die SAT, die dem Proletariat über alle Parteienunterschiede hinweg dienen wollte, doch nicht den in der Arbeiterbewegung herrschenden Gegensätzen ausweichen konnte. Das Dilemma wurde zuerst von den Anarchisten offengelegt – vorläufig gelöst wurde es von der SAT zugunsten des Gedankens der Einheitsfront, was zumindest in den Zeitschriften kommunistische Vorherrschaft bedeutete. Der SEU, die anders als die SAT von vornherein Homogenität anstrebte, konnte dies nur recht sein. Auf ihrem im Juli 1925 veranstalteten Zweiten Kongreß präsentierte sie sich als eine im Innern gefestigte Organisation, die in ihrem Generalsekretär Dresen einen nunmehr unangefochtenen Führer hatte. Dresen konnte sich jetzt die versöhnliche Geste erlauben, frühere Opponenten zur Mitarbeit aufzufordern. Es sprach auch nichts mehr dagegen, die Zusammenarbeit mit der SAT zu erweitern: Das Zentralkomitee der SEU rief die sowjetischen Esperantisten auf, sich dem Weltbund als Einzelmitglieder anzuschließen.

3.1.3 Internationale Arbeiterkorrespondenz

Nachdem die organisatorische Stabilisierung erreicht war, konnte sich die SEU verstärkt ihrer Aufgabe widmen, nach außen zu wirken. Ihr Ziel war es, in der sowjetischen Öffentlichkeit für den Nutzen des Esperanto zu werben. Die Hindernisse, mit denen sie dabei zu rechnen hatte, waren beträchtlich. Vor und nach der Revolution fanden sich unter den Bolschewiki nur selten Fürsprecher des Esperanto. Bei seinem Moskau-Aufenthalt wurde Lanti von einem Komintern-Funktionär vor den russischen Esperantisten gewarnt: »Viele sind Konterrevolutionäre« (165:15). Lanti selbst bemerkte, daß die kommunistischen Esperantisten fürchteten, sich zu kompromittieren, wenn sie unter Kommunisten für Esperanto warben, und daß die »strenge kommunistische Disziplin« bei vielen die Begeisterung für Esperanto »erstickt« habe (165: 20). Zwar konnte Dresen durch die zielstrebige »Sowjetisierung« der SEU die schlimmsten Verdächtigungen ausräumen. Ab 1925 wurden auch öfter Sympathiebekundungen kommunistischer Führer registriert, so vom früheren Volkskommissar für Außenhandel, Leonid Krassin, von dem japanischen Mitglied des Exekutivkomitees der Komintern, Sen Katayama, und auch von dem Schriftsteller Ilja Ehrenburg. Aber auf dem Zweiten Kongreß bedauerten mehrere Delegierte, daß Partei, Gewerkschaften, Komsomol und andere Organisationen sich dem Esperanto gegenüber gleichgültig verhielten und dies das Haupthindernis für eine erfolgreiche Tätigkeit vor Ort bleibe.

Dresen kannte die Situation genau, über die von den Delegierten Klage geführt wurde. Das Rezept, das er anbot, um sie zu ändern, war sehr einfach: Nötig ist, die Sprache anzuwenden und so den Zweiflern zu beweisen, daß sie praktischen Nutzen hat. Dresen nannte auch gleich das Gebiet, auf dem Esperanto seinen Nutzen demonstrieren sollte: Mit seiner Empfehlung »Wendet Esperanto an!« zielte er vor allem auf Erprobung der Sprache als leichtes Mittel für den Kontakt zwischen sowjetischen und ausländischen Arbeitern.

Erläuternd wies Dresen darauf hin, daß in jüngster Zeit der »unmittelbaren Zusammenbringung« der Arbeiterkorrespondenten verschiedener Länder viel Aufmerksamkeit geschenkt werde. In der Tat war im Juli 1924 auf dem Fünften Kongreß der Komintern in Moskau die Frage diskutiert worden, wie sich die Unterrichtung ausländischer Arbeiter über die Kämpfe und das Alltagsleben ihrer sowjetischen Klassenbrüder und, umgekehrt, die Unterrichtung der Arbeiter in der Sowjetunion über ihre westlichen, noch unter dem Joch des Kapitalismus leidenden Genossen verbessern ließen. Als konkreten Schritt empfahl das Exekutivkomitee der Komintern, den Tätigkeitsbereich der sog. Arbeiterkorrespondenten auch auf das Ausland auszudehnen. Zu dieser Zeit gab es in der Sowjetunion bereits ein großes Netz von Arbeiterkorrespondenten, die als Freiwillige, als Journalisten neuen Typs verstanden wurden: Menschen, die, inmitten der Arbeitermassen wirkend, sich mit ihren Korrespondenzen darum bemühten, Wünsche der örtlichen Arbeiter wiederzugeben und ihre Beschwerden und Vorschläge an höhere Instanzen weiterzureichen, um so als Transmissionsriemen zwischen Partei und Arbeiterschaft zu fungieren. Veröffentlicht wurden die Korrespondenzen in der regionalen und lokalen Presse, aber auch in Werkszeitungen und Wandzeitungen.

Die Bewegung der Arbeiterkorrespondenten war in der Sowjetunion bereits fest etabliert, als im Juli 1924 zusätzlich dazu aufgerufen wurde, eine internationale Arbeiterkorrespondenz ins Leben zu rufen. Dresen, der wußte, wie sehr Sprachschwierigkeiten einem Massenbriefwechsel von sowjetischen und ausländischen Arbeitern im Wege stehen würden, sah in der neuen Initiative der Komintern eine einzigartige Chance, den Nutzen des Esperanto zu beweisen und die Daseinsberechtigung der

SEU zu stärken. Von Beginn des Jahres 1925 an appellierte er an die Mitglieder, fortan nicht mehr nur privat zu korrespondieren, sondern allen sowjetischen Organisationen, die mit dem Ausland Kontakt aufnehmen wollten, ihre Mittlerdienste anzubieten. Die künftige Hauptaufgabe der SEU wurde so definiert: »zur Verwendung des Esperanto für die Ziele des Sowjetismus anzuleiten, sich den Arbeitern anderer Länder zu nähern, ihnen die Wahrheit über die Sowjetländer zu erzählen und so unter ihnen Freunde der sowjetischen Arbeiterschaft und des Sowjetsystems zu werben«.

Vielen Mitgliedern bestätigte Dresens Aufruf, daß sie bereits in der richtigen Richtung tätig waren, denn tatsächlich hatten die Esperantisten gleich nach dem Ende der internationalen Isolierung des Sowjetstaates den Briefwechsel mit dem Ausland aufgenommen. Der Umfang dieses Esperanto-Briefwechsels war imponierend. 1925/26 wurden im Laufe von acht Monaten allein aus den Städten Minsk und Smolensk jeweils etwa zweitausend Briefe auf Esperanto ins Ausland geschickt. Nachdem dann das amtliche Startzeichen zur internationalen Arbeiterkorrespondenz gegeben worden war, wurden viele der aus dem Ausland eingegangenen Briefe übersetzt und in der Presse veröffentlicht. In einem Jahr wurden in Zeitungen Weißrußlands mehr als 360 Esperanto-Briefe abgedruckt, und bereits Mitte 1924 waren in der Lokalzeitung von Twer (heute Kalinin) mehr als 100 Esperanto-Korrespondenzen aus dem Ausland erschienen. Als sich im Mai 1926 eine Allsowjetische Konferenz der Arbeiter- und Bauernkorrespondenten mit den Ergebnissen der kaum zweijährigen Kampagne befaßte, spendete sie der auf der Krim, in Smolensk und in Twer geleisteten Arbeit ein besonderes Lob – die dortigen Organisationen von Arbeiterkorrespondenten verwandten für ihre internationalen Kontakte fast ausschließlich Esperanto.

Anfang März 1926 verschickte das ZK des Komsomol an seine Gebietskomitees eine Weisung, in der zur Gründung von Esperanto-Zirkeln in Jugendklubs ermutigt wurde; von den Mitgliedern wurde gefordert, »ihr Studium der Sprache mit praktischer Arbeit in der Form von Briefwechsel mit ausländischen Arbeitern zu verbinden«. Und drei Monate später erhielten die sowjetischen Esperantisten ein autoritatives Lob, das sie mit besonderem Stolz erfüllte: Die Moskauer *Iswestija* nannte in einem großen Artikel die von Smolensker Genossen mit Hilfe des Esperanto geleistete internationale Arbeiterkorrespondenz ein Vorbild für die ganze Sowjetunion. Eine Anerkennung der Dienste des Esperanto für die Korrespondenz mit dem Ausland sieht man auch darin, daß die sowjetische Post 1925 zum ersten Mal in der Geschichte der Philatelie eine Briefmarke mit Esperanto-Text herausbrachte.

Solch praktische Nutzung der Sprache vollzog sich ganz im Rahmen des Traums von der nahenden Weltrevolution. Sie schien im kleinen Maßstab bereits das vorwegzunehmen, was die zwischenmenschlichen Beziehungen in der künftigen proletarischen Zivilisation kennzeichnen sollte. Der Publizist L. S. Sosnowskij drückte dies 1925 in folgender Prognose aus:

> Wenn nicht heute, so werden sich morgen in einem großen Strom Massenausflüge von Arbeitern aus der UdSSR ins Ausland und umgekehrt ergießen. Zu hoffen, ein russischer Arbeiter, der nach Europa reist, werde vorher 5–6 Sprachen lernen, um 5–6 Länder zu besuchen, ist naiv. Sicher wird er sich auch nicht mit Esperanto an die Arbeitermassen des Westens wenden können, denn auch dort ist diese Sprache nicht genügend verbreitet. Aber wenn sich in jedem Land die kommunistischen Parteien wenigstens ein wenig mit diesem Problem beschäftigen würden, um wieviel leichter würde für unseren einfachen Arbeiter, der keine Fremdsprachen kennt, die Möglichkeit werden, mit den Brüdern in anderen Ländern je nach Arbeit und Kampf Umgang zu pflegen. (Zit. nach *Sennaciulo*, 26.3. 1925)

Es war wie eine erste Bestätigung dieser Prognose, daß ausländische Arbeiter, die zu Besuch in die Sowjetunion kamen, wirkungsvoll Esperanto-Kontakte in Anspruch nahmen. Die Besucher, u.a. aus England, der Tschechoslowakei, Deutschland und Schweden, halfen während ihres Aufenthalts die Zweifel örtlicher Stellen an der Funktionsfähigkeit der Sprache zu zerstreuen und verbreiteten nach ihrer Heimkehr günstige Berichte über ihre in der Sowjetunion gewonnenen Eindrücke. Einige ausländische Esperantisten, die sich in der Sowjetunion für längere Zeit niederließen, waren für die Arbeit der SEU von besonderem Nutzen. Zu ihnen gehörten mehrere ungarische Emigranten sowie der französische Kommunist Lucien Laurat, der von 1923 bis 1927 in Moskau lebte und dort u.a. für *L'Humanité* arbeitete. Laurat, der auch Mitglied des ZK der SEU wurde, veröffentlichte (unter dem Decknamen L. Revo) zahlreiche Artikel im *Sennaciulo* und personifizierte gleichsam die enge Verbindung von SAT und SEU.

Die Beziehungen zur SAT wurden für die SEU immer wichtiger, denn um die internationale Korrespondenz ihrer Mitglieder wirksam voranzubringen, war sie auf die Mitarbeit ausländischer Arbeiter-Esperanto-Verbände und die koordinierende Tätigkeit eines Weltbundes angewiesen. Dresen unterstrich deswegen den Wert der Einheitsfront. In einem Rundfunkvortrag anläßlich des SAT-Kongresses in Wien begrüßte er sogar ausdrücklich den Sieg über »allzu parteiliche und doktrinäre Genossen«:

> Es ist nicht erforderlich, daß wir in der SAT für unsere besonderen politischen Ideale Propaganda machen. Laßt uns mit Tatsachen argumentieren ... Die Tatsachen besitzen eine erstaunliche Fähigkeit zur Aufklärung, zur Bildung. (*Sennaciulo,* 1.10.1925)

Schon ein Jahr später waren die sowjetischen Esperantisten selbst Gastgeber eines SAT-Kongresses. Im August 1926 trafen sich in Leningrad zum Sechsten Kongreß mehr als 400 Arbeiter-Esperantisten, darunter etwa 150 aus dem Ausland. Der Schirmherr des Kongresses, Volksbildungskommissar Anatolij Lunatscharskij, sandte eine Grußbotschaft, in der er den Esperantisten bescheinigte, daß sie als »Anführer von extrem fortgeschrittenen Formen der menschlichen Kommunikation auch eine gewisse Nähe zur großen kommunistischen Bewegung empfinden« (*Sennaciulo,* 19.8.1926).

Das während der Kongreßtage herrschende Klima der Verbrüderung versetzte die Teilnehmer fast in einen Zustand der Euphorie, der sich auf ihr allgemeines Urteil über die Sowjetunion sehr positiv auswirkte. Der Deutsche Norbert Barthelmess sprach begeistert von einem »Paradies für Esperantisten und Menschen mit freien Ideen«, nannte die Freiheit des Sowjetbürgers unvergleichlich höher als »in *irgend*einem ›demokratischen‹ Land«, und berichtete von »beneidenswerten Kur- und Badeorten«, in denen die Arbeiter ihren Urlaub verlebten. Die Überzeugung, daß es nur dank dem Esperanto möglich sei, die gigantischen Fortschritte der Sowjetunion zu erkennen und richtig zu würdigen, trug dazu bei, daß der Kongreß einstimmig eine Resolution verabschiedete, in der Esperanto als Kampfmittel bezeichnet wurde »gegen den Versuch von Pseudoführern, die Arbeiter aus den verschiedenen Ländern zu betrügen und in Unwissenheit zu halten, ihnen die Wahrheit über die Lebensbedingungen der Arbeiter in verschiedenen Ländern vorzuenthalten, die Schaffung der Einheitsfront zu verhindern«.

In einer anderen Entschließung wurden alle SAT-Mitglieder aufgerufen, dem Briefwechsel ihre »vorrangige Aufmerksamkeit« zu widmen, indem sie Arbeiterorganisationen, die Kontakt mit dem Ausland haben wollten, ihre Hilfe anböten und für örtliche Arbeiterzeitungen die Übersetzung von Korrespondenzen aus dem *Sennaciulo* wie auch von Briefen ausländischer Arbeiter organisierten. Die Wochenzeitschrift der SAT sollte als zentrales Organ der internationalen Esperanto-Korrespondenz dienen und »multiplikatorisch« wirken. Damit dieses Ziel nicht gefährdet werde, erklärte sich Dresen ausdrücklich damit einverstanden, daß die Redaktion des *Sennaciulo* der Ausgewogenheit zuliebe den Abdruck allzu kommunistischer oder allzu anarchistischer Beiträge ablehnte.

Nicht nur die Position der SEU wurde durch den Leningrader Kongreß gestärkt, auch für die SAT erwies er sich als gewinnbringend: Die Zahl ihrer Mitglieder in der Sowjetunion stieg auf nahezu 2000 an. Allgemein nahm das Interesse am Esperanto so sehr zu, daß die SEU schon im April 1926 klagte, sie könne der Nachfrage kaum gerecht werden; ein in einer Auflage von 10000 Exemplaren erschienenes Lehrbuch war nach drei Monaten vergriffen. Zufrieden stellte der Verband Mitte 1927 fest, daß die Zeit des Spotts, der Verdächtigungen oder der Nichtbeachtung vorüber sei und die proletarische Esperanto-Bewegung als »wertvoller gesellschaftlicher Faktor« betrachtet werde.

Als praktisch einzige Möglichkeit, die erworbenen Sprachkenntnisse zu verwerten, nutzten die sowjetischen Esperantisten den Briefwechsel; die Aussicht, ausländischen Sprachfreunden persönlich zu begegnen und mit ihnen Esperanto zu sprechen, blieb stets sehr gering. Durch den Briefwechsel öffnete sich für den einzelnen Esperantisten in der Sowjetunion ein Tor zur Außenwelt. Er bot emotionale Befriedigung, indem er sonst schwer zugängliche Informationen aus dem Ausland beschaffte und das Erlebnis eines konkret praktizierten Internationalismus vermittelte. Da dem Briefwechsel außerdem die von der Partei propagierte Idee der internationalen Arbeiterkorrespondenz zugrunde gelegt werden konnte, schien er bestens geeignet, zur Stärkung der Esparanto-Bewegung beizutragen.

Einige Zitate aus den Erinnerungen des Germanisten Lew Kopelew vermitteln einen Eindruck davon, welche Gefühle damals das Bewußtsein hervorrief, mit Esperanto die ganze Welt zu erreichen. Kopelew hatte 1926 als Schüler in Kiew begonnen, Esperanto zu lernen. Er schreibt in Erinnerung an seinen Lehrer und die Begeisterung, die dieser unter den Jungen entfachte:

> In den Zeitungen standen langweilig stereotype Meldungen aus dem Ausland, in den Zeitschriften sah man dunkelgraue Fotos: schwache Abbilder eines fernen, fremden Lebens...

Welch einen Kontrast, fährt Kopelew fort, stellte dies dar »gegenüber den persönlichen Briefen aus fernen Regionen, kürzlich erst angekommen und gerichtet an diesen Mann: unseren Lehrer«:

> Er zog aus der alten Aktentasche bunte, wie lackierte Postkarten hervor, Umschläge mit fremdländischen Marken. Man konnte

sie in die Hand nehmen; von ihnen gingen ungewohnte Gerüche aus: der Atem Londons, Paris', San Franciscos, Tokios...
...Mir stockte das Herz beim Anblick der Umschläge mit Briefmarken aus Australien, Japan, den USA, Spanien, Argentinien... Und überall stand sein Name darauf, jeder Brief begann mit der schönen Anrede »Kamarado« oder »Samideano« – Gesinnungsgenosse. (157: 127 f.)

Welchen Inhalt hatten die ausgetauschten Briefe? Sich darüber einen Überblick zu verschaffen ist wegen des Umfangs der Korrespondenzbeziehungen so gut wie unmöglich. Da die Korrespondenz jedoch zum großen Teil auf ein Ziel gerichtet war, ermöglicht dies Erkenntnisse darüber, welcher Inhalt am meisten erwünscht war. Die SEU strebte einen möglichst häufigen Abdruck in der Presse an und gab deshalb ihren Mitgliedern wie auch den ausländischen Partnern einige Fingerzeige, welche Briefinhalte sich als Material für sowjetische Zeitungen besonders eigneten.
Da war zunächst die Mahnung, die Briefe nicht mit Bagatellen zu füllen. Statt die »Schönheiten der Heimat oder rein bürgerliche, lokale Sensationen« zu beschreiben, solle der Arbeiter in einfachen Briefen »zwanglos« von verschiedenen Seiten seines Lebens erzählen:

> Für uns und unsere Leser wird es interessant sein, aus dem Brief eines einfachen Arbeiters zu erfahren, welche Arbeitsbedingungen an den Orten eines Landes herrschen, und wichtig ist, daß dies ein Augenzeuge selbst beschreibt. Ebenso interessant ist es für uns, über politische Rechte von Arbeitern zu lesen, über die Verfolgung der Arbeiterbewegung, über Arbeiterideale und das Gefühl weltweiter Brüderlichkeit zwischen den Arbeitern. (*Sennaciulo*, 28.10.1926)

Auf seiten der Genossen im Westen fehlte es nicht an Bereitschaft, solchen Bitten zu entsprechen, denn ihnen wurden Themen genannt, die – so allgemein formuliert – für Arbeiter in allen Ländern von gemeinsamem Interesse schienen. Viele waren überzeugt, daß die Sowjetunion Unterstützung verdiene, und bekundeten mit Hilfe des Esperanto gern ihre Solidarität.

Ihrerseits erhofften sie sich von ihren sowjetischen Briefpartnern Informationen über die Lebensbedingungen in der Sowjetunion, die in nationalsprachigen Arbeiterzeitungen veröffentlicht werden sollten. Die Eifrigeren baten zu diesem Zweck ihre sowjetischen Freunde sogar direkt, ihnen mit authentischen Mitteilungen bei der Korrektur von verzerrten Darstellungen der Sowjetunion beizustehen. Nachdem die englischen *Evening News* im Juni 1927 behauptet hatten, der sowjetische Arbeiter müsse für die Erziehung seiner Kinder selbst zahlen, erschien im *Sennaciulo* ein entsprechender Artikel mit dem Aufruf: »Welcher Sowjetbürger hilft uns, die bürgerlichen Lügen durch Beantwortung folgender Fragen zu bekämpfen:...« Ein anderes Mal wurde in Übersetzung ein Artikel aus der *Münchener Zeitung* über Sibirien abgedruckt, der aufgrund von Zitaten aus der sowjetischen Presse Beispiele von Unkultur, Trunksucht, Vagabundentum und Aberglauben genannt hatte; der Übersetzer, ein SAT-Mitglied in München, bat darum, ihn mit Fakten zu beliefern, damit er von der Zeitung eine Berichtigung fordern könne. Eine Reaktion kam von Teilnehmern eines Esperanto-Kurses in der Kavallerieschule von Twer, die von der sowjetischen Regierung unternommene Maßnahmen zur Bekämpfung der beschriebenen Mißstände auflisteten.

Aber sicher wäre es falsch anzunehmen, die Korrespondenzbeziehungen zwischen sowjetischen und ausländischen Esperantisten hätten vorwiegend vom Eifer solcher Menschen gelebt, die von der Voraussetzung ausgingen, daß bürgerliche Zeitungen nur Lügen über die Sowjetunion verbreiteten und Esperanto einen privilegierten Weg zum Erkennen der Wahrheit eröffne. Vielmehr blühte der Briefwechsel, weil ihn auch diejenigen für sich selbst interessant und für die Esperanto-Bewegung wichtig fanden, die weniger geneigt waren, die Sowjetunion als sozialistisches Musterland anzusehen. Viele schrieben an Sowjetbürger aus natürlicher Neugier auf die Lebensbedingungen in ihrem Land und mit dem Wunsch, ihnen auch etwas über die eigene Umwelt zu erzählen. Sie wußten, daß in der Sowjetunion großes Interesse an der Auslandskorrespondenz bestand, und dem entsprach man gern – schon um Esperanto zu fördern. Von Zeit zu Zeit erschienen im *Sennaciulo* Hinweise auf ein drohendes Ungleichgewicht zwischen der schnellen Ausbreitung des Esperanto in der Sowjetunion und seinen langsamen Fortschritten im Westen: Da mußte man den sowjetischen Sprachfreunden ja zeigen, daß ihre Investition von Zeit und Energie nicht vergeblich war.

Dies führt zu einem anderen Hauptmerkmal der Korrespondenz. Wie die Warnungen vor einem Ungleichgewicht zeigten (ihnen läßt sich noch die häufige Mahnung hinzufügen, treue, pünktliche Briefpartner zu sein), hatte der Wunsch, die Korrespondenz überhaupt voranzubringen, eindeutig Vorrang gegenüber Tendenzen, allzu detailliert die Themen festzulegen, die ihn bestimmen sollten. Versuche, über den Inhalt der Korrespondenz Vorschriften zu machen, versprachen ohnehin wenig Erfolg. Sicher war es niemals so, daß sich hier die Genossen im Ausland darauf beschränkten, über ihr elendes Leben unter dem Kapitalismus zu klagen, und dort ihre sowjetischen Partner ihnen lange Berichte über ihre Siege beim Aufbau des Sozialismus lieferten. Wie stark auch immer der Ansporn war, in Briefen Themen zu behandeln, die hinterher auch Zeitungsleser interessieren sollten, so konnte dies jedenfalls Spontaneität, Neugier und persönliches Vergnügen nicht schwächen. Und hier lag zunächst noch nicht einmal ein Widerspruch, denn selbst für die angestrebte Ausnutzung der Auslandsbriefe z.B. in Werkszeitungen wurde das spezifische Aroma eines persönlichen Briefes anfangs vorgezogen. So schrieb Anfang 1927 ein Arbeiter-Esperanto-Korrespondent in Krementschug:

> Briefe von einfachen, kaum gebildeten Arbeitern haben oft mehr Erfolg als hochpolitisches Räsonieren, denn sie sind »lebendiger«.

Ganz ähnlich instruierte der *Sennaciulo* (26.8. 1926) seine Korrespondenten:

> ...schreibt keine politisierenden Artikel, versucht nicht, die Berufsjournalisten nachzuäffen; erzählt einfach von eurem Le-

ben, von eurem Beruf, von den Sitten und Gebräuchen in eurer Gegend, und so wird unsere Zeitung einen besonderen Charakter, eine gewisse Originalität erlangen.

Den Aufrufen nach zu schließen waren also Briefe willkommen, deren Thematik sich auf die alltägliche Erfahrung der Arbeiter stützte. Da Artikel über Lebensbedingungen in verschiedenen Ländern auch zu einem großen Teil den Inhalt des *Sennaciulo* bildeten und von den Lesern offenbar besonders geschätzt wurden, können wir annehmen, daß die Mehrheit der SAT-Mitglieder ohnehin »hochpolitischem Räsonieren« abgeneigt war und meinte, daß es interessanter sei und ihrer Kompetenz eher entspreche, wenn sie miteinander über Dinge des täglichen Lebens korrespondierten.

3.1.4 *Verschärfter Klassenkampf und »Mißbrauch« des Esperanto*

Obwohl sowjetische Lokalzeitungen Mitte der zwanziger Jahre bei der Auswahl der für eine Veröffentlichung in Frage kommenden Briefthemen offenbar beträchtlichen Spielraum besaßen, war dieser doch nicht so groß wie das Spektrum der Themen, das von den Briefschreibern behandelt wurde. Anders ausgedrückt: Nicht alles ließ sich veröffentlichen, was Ausländer ihren sowjetischen Freunden schrieben. Lanti machte diese Erfahrung schon 1924/25, als er für eine sibirische Zeitung als Esperanto-Korrespondent tätig war. Nach einem halben Jahr war seine – honorierte – Mitarbeit zu Ende gewesen, nachdem ihn die Redaktion hatte wissen lassen, »daß meine Artikel den Lesern nicht sehr gefallen; nicht deswegen, weil sie nicht interessant wären, sondern weil ich offenkundig die Ansicht nicht teilte, der französische Kapitalismus stünde am Rande des Bankrotts; auch deswegen, weil ich nicht optimistisch genug über die ›Fortschritte‹ der Kommunistischen Partei berichtet hätte« (164: 116). Es überrascht nicht, daß Lantis Offenherzigkeit mit den redaktionellen Richtlinien einer sowjetischen Zeitung kollidierte. Wichtiger war aber noch: Auch die persönliche Korrespondenz verlief nicht problemlos. Ausländische Esperantisten ließen in ihren Briefen oft genug durchblicken, daß bei einem Vergleich der Lebensbedingungen der Arbeiter die kapitalistischen Länder keineswegs immer hoffnungslos schlechter abschnitten als die Sowjetunion. Außerdem offenbarten gerade die Sympathisanten des sozialistischen Aufbaus in der Sowjetunion von Zeit zu Zeit revolutionäre Unschuld, d. h. sie maßen die sowjetische Realität in naiver Weise an dem, was sie sich unter dem Ergebnis einer erfolgreichen Revolution vorstellten. So zeigte sich der Partner eines sowjetischen Brieffreundes sehr verwundert über dessen Mitteilung, daß die sowjetischen Gewerkschaften »für produktivere Arbeit sorgen müssen« statt für den Arbeiter und gegen die Fabrikverwaltung zu kämpfen. In Kenntnis solcher Briefe ermahnte die SEU schon 1926 ihre Mitglieder, unrichtige oder ungenaue Informationen über das Leben in der Sowjetunion, die »bei Arbeitern im Ausland Verwirrung hervorrufen«, zu vermeiden.

In den ersten drei Jahren kam die SEU nur sporadisch auf negative Erscheinungen in der Korrespondenztätigkeit zu sprechen. Wenn Probleme genannt wurden, so ging es beispielsweise um die »schweren Bedingungen«, unter denen ausländische Korrespondenten arbeiteten, oder darum, daß in einigen Ländern Esperantisten wegen ihres Briefverkehrs mit der Sowjetunion verfolgt wurden. Aber auch die Zustände in der Sowjetunion gerieten ins Blickfeld, wie sich im April 1927 erstmals in den Spalten des *Sennaciulo* zeigte: Grigorij Demidjuk, ZK-Mitglied der SEU, übte wütende Kritik an den zuvor von einem anonymen sowjetischen Esperantisten veröffentlichten Angaben über Löhne, Steuern, Mietpreise und Freizeit, die »in einem solchen Maße die Tatsachen verdrehen, daß man den Beginn einer systematischen Desinformation über die Sowjetunion vermuten muß«. Die grundsätzliche Problematik kam am besten in einem Anfang 1928 im *Sennaciulo* veröffentlichten Brief zur Sprache, in dem ein Esperantist aus Rostow am Don sich darüber beklagte, daß der *Sennaciulo* zu viele Erfolgsberichte über das Leben in der Sowjetunion enthalte; er empfahl seinen

Landsleuten, »die Themen Arbeitslosigkeit, Obdachlose ...«, Wohnungsnot in den Städten, Unwissenheit der Bauern« nicht zu verschweigen, denn nur so bekämen die Genossen im Ausland ein »vollständiges Bild«. Der Brief schloß mit den Worten: »Ich meine, an erster Stelle muß die Wahrheit stehen.« Dieser Wunsch betraf den Inhalt der Beiträge im *Sennaciulo*. Was den Austausch von Briefen anging, so scheint es, daß in ihnen negative Aspekte des sowjetischen Lebens bereits häufiger behandelt wurden. Ausländische Esperantisten bedrängten, nachdem im Dezember 1927 Trotzkij und andere Oppositionelle aus der Partei ausgeschlossen worden waren, ihre Briefpartner mit lästigen Fragen. Das bayerische SAT-Mitglied Karl Weber stimmte in einem Brief an seinen Freund Benjamin Syrjanow dem Parteiausschluß zwar zu, mißbilligte gleichzeitig aber scharf das »tödliche Strafexil«; dies sei »eine abscheuliche konterrevolutionäre, antimarxistische Handlung«. Weber erkundigte sich auch, ob Gerüchte zuträfen, wonach die Briefe, die die sowjetischen Esperantisten ins Ausland schickten, »zum größten Teil nicht von ihnen selbst, sondern von einem Esperanto-Büro verfaßt sind«, dem man auch die aus dem Ausland empfangenen Briefe vorzulegen habe. Wenn das stimme, warnte Weber, würden er und seine Genossen den Briefwechsel mit sowjetischen Esperantisten einstellen, da sie unter solchen Bedingungen »stets betrogen würden und niemals die Wahrheit über die Sowjetunion erführen«.

Da sich die Fälle häuften, in denen aus dem Ausland unangenehme Fragen gestellt wurden, viele davon offenbar in Reaktion auf Briefe aus der Sowjetunion, unternahm das ZK der SEU im Juli 1928 einen beispiellosen Schritt. In einem an die Redaktion des *Sennaciulo* adressierten Brief teilte es mit:

> In letzter Zeit verbreiten einzelne noch in der Sowjetunion lebende neutrale Esperantisten in ihren Briefen ins Ausland lügnerische Berichte über angebliche politische und wirtschaftliche Krisen in der Sowjetunion, über eine angeblich grausame Behandlung politischer Gefangener ... Natürlich werden die ausländischen proletarischen Esperantisten von diesen Informa-

tionen verwirrt, und folglich erreichen die SEU und einzelne sowjetische Esperantisten viele Fragen nach der Richtigkeit dieser Informationen. (*Sennaciulo, 6. 9. 1928*)

Etwa zur gleichen Zeit versandte das ZK an die Unterorganisationen der SEU ein Rundschreiben, in dem vor »verfälschenden Informationen« gewarnt wurde. Dieses Rundschreiben bestätigte, daß die Schwierigkeiten keineswegs nur in den Briefen sowjetischer »neutraler« Esperantisten ihren Ursprung hatten. Vielmehr sei in den Reihen der SEU-Mitglieder infolge der vielen Fragen aus dem Ausland zur Tätigkeit der Opposition große Verwirrung entstanden: »Oft bombardieren unsere Genossen, weil sie die manchmal sehr schwierigen Fragen nicht alle beantworten können, das ZK der SEU mit Briefen, in denen sie um Rat bitten...«

Die SEU stellte zusammenfassend fest, daß in der Korrespondenz zwischen sowjetischen und ausländischen Esperantisten »einige ziemlich schwere Fehler« aufgetaucht seien. Schuld daran sei vor allem, daß die Korrespondenz fast ausschließlich auf individueller Basis geführt werde. Als Mißstände wurden im einzelnen genannt:

> ... der Nutzungsbereich der erhaltenen Briefe ist sehr eng, und oft weiß außer dem Korrespondenten selbst keiner von diesem Briefwechsel; in der individuellen Korrespondenz kommt häufiger eine falsche Unterrichtung der ausländischen Genossen über das Leben in der Sowjetunion vor; individuelle Korrespondenz ist sehr schwer kalkulierbar. (*Bulteno de CK SEU*, Febr./März 1928, S. 34)

Die SEU zog aus dieser Situation den Schluß, daß man nunmehr »zu einer höheren Stufe der Korrespondenz – zur kollektiven Korrespondenz« übergehen müsse. Für deren Ablauf wurde der Rat gegeben, einen Brief aus dem Ausland in der Gruppe öffentlich zu diskutieren und seine Übersetzung am Schwarzen Brett auszuhängen, damit sich auch Nichtesperantisten mit seinem Inhalt vertraut machen könnten; die Antwort an den ausländischen Partner solle ebenfalls das Ergebnis eines kollektiv diskutierten, zunächst auf russisch ausgearbeiteten Textes sein. Es war nur zu deutlich, daß die SEU mit dem Schlagwort »kollektive Korrespondenz« auf mehr Reglementierung zielte. Das ZK-Mitglied Roman Nikolskij forderte sogar, »die private individuelle Korrespondenz mit allen Mitteln und vollständig durch die kollektive Korrespondenz entsprechender Gruppen (von Partei, Verband, Gewerkschaft usw.) und durch Korrespondenz zur Verwertung in den Zeitungen zu ersetzen«. Wie sehr sich die Haltung der SEU-Führer verhärtet hatte, zeigten Angriffe auf die Mitglieder, die »lieber Briefmarken sammeln als gesellschaftliche Themen zu behandeln«.

Auch Dresen, der Generalsekretär der SEU, schlug sehr kämpferische Töne an. In einem Thesenentwurf für den bevorstehenden Vierten SEU-Kongreß legte er im April 1928 dar, daß es nicht mehr bloß um den Kampf gegen »Neutralisten« gehe, sondern darauf ankomme, besonders »die opportunistischen, klassenverräterischen Tendenzen gewisser ausländischer Arbeiterführer« zu entlarven. Dresen nannte die Weltlage »überall von einer Verschärfung des Klassenkampfes« gekennzeichnet, bei der »alle mittleren Positionen sinnlos werden«.

Dresens Hinweis auf die »Verschärfung des Klassenkampfes« erinnert an den politischen Hintergrund, ohne den der neue Befehlston der SEU-Führung kaum erklärlich wäre. Stalin selbst hatte jenes Schlagwort geschaffen – in Zusammenhang mit seinen zwei großen Zielen: Kollektivierung der Landwirtschaft und forcierte Industrialisierung. Es diente ihm weniger zur Analyse einer tatsächlichen Situation, sondern vor allem als Vorwand, um seinen erbarmungslosen Kampf gegen jeglichen Widerstand zu rechtfertigen. Der 15. Parteitag im Dezember 1927 hatte mit dem schon erwähnten Ausschluß Trotzkijs und anderer »Linker« geendet, die sich dem Stalinschen Programm des Aufbaus des Sozialismus in einem Land widersetzt hatten. Es folgten die Verhaftung und Verbannung von Oppositionellen sowie harte Eingriffe in das Leben der Bauern wie etwa die Beschlagnahme ihrer Getreidevorräte. Als die Geheimpolizei im März 1928 die Aufdeckung einer konterrevolutionären Verschwörung von »Spezialisten« in der nordkaukasischen Stadt

Schachty bekanntgab, hatte dies Mahnungen zur Folge, auch gegenüber bürgerlichen Spezialisten mehr Wachsamkeit zu üben. Das zehnjährige Bündnis zwischen Partei und nichtkommunistischen Fachleuten, das für die Zeit der Neuen Ökonomischen Politik charakteristisch gewesen war, näherte sich damit seinem Ende.

Für die SEU brachen schwierige Zeiten an. In einer schon im Herbst 1927 veröffentlichten Selbstkritik hatte das ZK zugegeben, daß verzerrte Darstellungen des sowjetischen Lebens in Briefen an ausländische Genossen in direktem Bezug zur Sozialstruktur der sowjetischen Esperanto-Bewegung stünden – daß die beobachteten gefährlichen Tendenzen auch etwas mit dem niedrigen Arbeiteranteil in der SEU zu tun hätten. Damit wurde an einen wunden Punkt gerührt, denn in der Tat waren unter den Mitgliedern viele Lehrer und Beamte, aber nur wenige Arbeiter. Fortan sollten, hieß es in einem Aufruf des ZK, alle lokalen Organisationen die größten Anstrengungen unternehmen, den bei 17 Prozent liegenden Anteil von Arbeitern auf mindestens 40 Prozent zu steigern.

Wie dringlich diese Aufgabe war, wurde der SEU Ende 1928 durch einen Angriff von außen schmerzlich bewußt. Der Angriff kam ausgerechnet von seiten der offiziellen Arbeiter- und Bauernkorrespondenten-Bewegung. Im November nahm deren Organ, *Rabotsche-Krestjanskij Korrespondent,* zum Gebrauch des Esperanto grundsätzlich Stellung. Die verantwortliche Redakteurin, Lenins Schwester Maria Uljanowa, räumte ein, daß dem Esperanto Erfolge in der Herstellung internationaler Verbindungen zu verdanken seien, sprach ihm aber wegen seiner ungenügenden Ausdrucksfähigkeit und begrenzten Verbreitung eine Zukunft ab; der Arbeiter solle lieber eine fremde Nationalsprache lernen. Außerdem habe man Esperanto in einzelnen Fällen schon zum Schaden der Sowjetunion verwendet.

Den letzten Punkt stellte in der nächsten Ausgabe der Zeitschrift ein anderer Autor noch drastischer heraus:

Es gibt Tatsachen, die bestätigen, daß Esperanto von Feinden der Arbeiterklasse zur Verbreitung von Lügen und unglaubhaften Informationen über die Lage der Arbeiterschaft in der UdSSR und den kapitalistischen Ländern verwendet wird. Hinzuzufügen ist, daß im Ausland Esperanto im Kleinbürgertum stärker verbreitet ist, in Kreisen von Angestellten, Kaufleuten und Beamten, unter Leuten, die allem Revolutionären feindlich gesinnt sind. Es ist überflüssig, darüber zu reden, wie solche Leute die durch Esperanto bestehende Möglichkeit einer freien Verbindung zur Arbeiterschaft in der Sowjetunion nutzen. Dem ist schon seit langem Aufmerksamkeit entgegenzubringen (Zit. nach *Sennaciulo*, 17. 1. 1929).

Diese Warnung vor einem Mißbrauch des Esperanto erschien vier Monate, nachdem die SEU selbst bekannt hatte, daß »neutrale Esperantisten« ins Ausland Lügen über die Verhältnisse in der Sowjetunion meldeten, und sie kam unmittelbar vor einer Konferenz der Arbeiter- und Bauernkorrespondenten in Moskau (28. November bis 7. Dezember 1928), auf der das Thema Esperanto weiter behandelt wurde. In einem Resolutionsentwurf fand sich die Behauptung, daß die Esperanto-Bewegung kleinbürgerlich sei. Da in der Debatte jedoch viele für Esperanto eintraten, wurde dieser Passus gestrichen und durch die Empfehlung ersetzt, in der Korrespondentenbewegung parallel zu den Nationalsprachen auch Esperanto zu verwenden.

In ganz ähnlicher Weise wurde vom Achten Komsomol-Kongreß im Mai 1928 eine Entschließung verabschiedet, wonach die Esperanto-Organisationen »für die internationale Verbindung genutzt werden müssen«, obwohl der Sekretär des Komsomol, Lasar Schatzkin, vom Studium des Esperanto ausdrücklich abgeraten hatte. Beide Vorfälle zeigten, daß es möglich war, den Einfluß esperantofeindlicher Führer zu begrenzen – nicht nur durch Druck von unten, auf den die SEU besonders stolz war, sondern auch deswegen, weil in den oberen Instanzen die Meinung zur Esperanto-Bewegung nicht einheitlich war. So wurde im Komsomol der Standpunkt Schatzkins durch die wohlwollende Haltung ukrainischer Funktionäre aufgewogen, die sich von »dieser breiten Freiwilligenbewegung« beeindruckt zeigten, und in Wladiwostok nannte es ein Vertreter des Parteikomitees »ungesund«, wenn eine örtliche Schule mit bürgerlichen Schülern in den USA auf englisch korrespondiere; man solle lieber mit ausländischen Proletarierkindern Briefe in Esperanto austauschen.

Andererseits war es für die SEU sehr unangenehm, daß sich gerade die Führer der Arbeiterkorrespondenten-Bewegung gegen Esperanto aussprachen. Diese hörten nicht auf, den Esperantisten Überheblichkeit oder mangelnde Linientreue vorzuwerfen und Zeitungen zu kritisieren, die allzu häufig aus dem Esperanto übersetzte Briefe veröffentlichten. Der *Rabotsche-Krestjanskij Korrespondent* zitierte aus Provinzzeitungen Beiträge, die ihm unnötig, unseriös, naiv oder schlicht gefährlich erschienen – wie etwa den Brief eines deutschen Esperantisten, der darüber geklagt hatte, daß die SPD und KPD mehr gegeneinander kämpften als gegen die Bourgeoisie. Eine andere Kritik fand es anstößig, daß Arbeiter-Esperanto-Zeitungen reichlich Anzeigen von Briefmarkensammlern oder gar Heiratssuchenden enthielten.

Das theoretische Monatsorgan der SEU, *Internacia Lingvo*, widmete daher das ganze Jahr 1929 hindurch dem Versuch viel Raum, vor allem die Beschuldigung zu entkräften, die sowjetischen Esperantisten korrespondierten mit ausländischen Kleinbürgern. Ohne zu leugnen, daß es in der Esperanto-Bewegung anderer Länder kleinbürgerliche Überreste gebe, machte die *Internacia Lingvo* geltend, die Korrespondenten gehörten fast ausnahmslos der Arbeiterklasse an. Zum Beweis wurde aus Briefen zitiert, denen zufolge die ausländischen Freunde vor Neugier auf die Errungenschaften der Sowjetunion brannten, den Kampf gegen Kulaken und rechte Abweichler begeistert unterstützten oder bekannten, daß sie, einmal durch Verzerrungen der Klassenfeinde wankelmütig geworden, ihr revolutionäres Gleichgewicht dank der überzeugenden Erklärungen ihrer sowjetischen Briefpartner wiedergefunden hätten. Auch Zitate aus Hörerbriefen von Radio Komintern in Moskau sollten belegen, wie dessen Esperanto-Sendungen dazu beitrügen, unter ausländischen Arbeitern Gefühle der Solidarität und Sympathie für die Sowjetunion wachzuhalten.

Wie repräsentativ die zitierten Bekundungen der Verbundenheit waren, läßt sich nicht feststellen. Aber es ist offensichtlich, daß die Mitarbeit ausländischer Esperantisten für die SEU sehr wichtig war und davon auch ein Erfolg der neuen kollektiven Korrespondenz abhing. Die naheliegende Frage, die sich hierbei stellt, lautet: Waren die Esperantisten außerhalb der Sowjetunion bereit, der SEU auf dem Weg zu folgen, den ihr die aktuellen Erfordernisse diktierten?

Im Januar 1929 wandte sich Ida Lissitschnik, eine der aktivsten Organisatorinnen der Korrespondenz, an die *Sennaciulo*-Leser mit dem Appell, sich der »gesellschaftlichen Bedeutung« der Korrespondenzbeziehungen zu erinnern und für mehr Verbindungen zwischen Berufsgruppen, Fabriken, Parteizellen und Redaktionen verschiedener Länder zu sorgen. In ihrer Heimatstadt Sewastopol hätten die Jungkommunisten den »heißen Wunsch« zu korrespondieren, aber der *Sennaciulo* stelle ihnen nicht genügend Adressen von nach Alter und Beruf passenden Partnern zur Verfügung. Einen Monat später antwortete der Redakteur des *Sennaciulo*, Norbert Barthelmess, auf den Aufruf. Er stimmte Ida Lissitschnik grundsätzlich zu, meinte aber, aufgrund von zwei Hindernissen keine schnelle Abhilfe in Aussicht stellen zu können. Das eine sei das Ungleichgewicht zwischen der großen Zahl von Briefwechselwünschen aus der Sowjetunion und der bescheideneren Zahl von Interessenten in anderen Ländern. Das andere Hindernis gegen eine Ausweitung der Korrespondenzbeziehungen liege in sowjetischen Eigentümlichkeiten begründet:

> Wir haben oft beobachten können, daß sowjetische Briefschreiber sich mit agitatorischen Worten und einer schematischen, trockenen Behandlung organisatorischer Themen zufriedengeben. Die sowjetischen Jungkommunisten mögen bedenken, daß das Denken vieler junger Genossen in anderen Ländern in einer

Umgebung geformt wird, die der sowjetischen Welt ganz fremd ist, und daß man, um den intimen Kontakt mit ihnen zu finden, nicht mit einer Beschreibung der Organisations- oder Parteiarbeit beginnen soll, sondern mit einem Bericht über die individuellen und kollektiven Lebensbedingungen am Arbeitsplatz, im Klub und in der Familie. (*Sennaciulo, 28. 2. 1929*)

Solche Ermahnungen waren bis dahin entweder nicht notwendig gewesen oder zurückgehalten worden. Sie beruhten gewiß auf jüngeren Erfahrungen, waren zum Zeitpunkt der Veröffentlichung aber doch schon anachronistisch. Wenn Barthelmess einerseits die kollektive Korrespondenz befürwortete und andererseits weniger Agitation forderte, so waren dies Ziele, die einander ausschlossen. Die Bitte an die sowjetischen Esperantisten, auch über ihr Familienleben zu schreiben, richtete sich zweifellos an Menschen, deren Denken sich von dem ihrer Sprachfreunde in anderen Teilen der Welt nicht wesentlich unterschied. Aber die von der SEU propagierte neue Form der kollektiven Korrespondenz zielte ja darauf ab, gerade das unkalkulierbare Risiko der Individualität auszuschalten. Aus dem Ausland wurden vor allem Briefe benötigt, die mit der Redaktionspolitik der sowjetischen Presse harmonierten und den Nutzen des Esperanto für die Beschaffung willkommener Informationen bewiesen. Analog dazu sollten ins Ausland Briefe hinausgehen, in denen die sowjetischen Esperantisten verläßlich über die Erfolge des sozialistischen Aufbaus berichteten. Die SEU begann 1929 ihren Mitgliedern direkt vorzuschreiben, was sie dem Ausland mitteilen sollten – nämlich etwa »Sinn und Bedeutung des Fünfjahr-Programms der ›Großen Arbeiten‹, die ununterbrochene, fünftägige Arbeitswoche und andere wichtige Momente im Leben der Sowjetunion«. Eben solcher Themen aber waren viele nichtsowjetische Esperantisten längst überdrüssig geworden. Wenn sie mit der Sowjetunion überhaupt weiter korrespondieren wollten, so konnten sie jedenfalls immer weniger Briefe mit einem Inhalt liefern, der zur Veröffentlichung in sowjetischen Zeitungen geeignet war.

3.2   Spaltung und Ende

3.2.1 Der Bruch mit der SAT

Während die SEU im Innern ihre Linientreue zu demonstrieren suchte, sah sie sich auch in ihren Außenbeziehungen, in ihrem Verhältnis zur SAT, mehreren Belastungsproben ausgesetzt. Wandlungen innerhalb der kommunistischen Bewegung blieben auf das Verhalten der SEU nicht ohne Auswirkungen. Stalin hatte 1927 die Kommunisten aller Länder zu absolutem Gehorsam verpflichtet: »Ein Internationalist ist, wer vorbehaltlos, ohne zu schwanken, ohne Bedingungen zu stellen, bereit ist, die UdSSR zu schützen, weil die UdSSR die Basis der revolutionären Bewegung der ganzen Welt ist...« (197: X, 45). Dieser Linie unterwarf sich die Komintern im Juli 1928, als sie auf ihrem Sechsten Kongreß in Moskau zum Kampf gegen die Sozialdemokraten und gegen alle rechten Abweichler und Reformisten in den Kommunistischen Parteien aufrief. Damit schwor die Komintern ihrer Einheitsfront-Devise ab und legitimierte im voraus den verstärkten Kampf gegen »Rechte« in der Sowjetunion selbst, den Stalin inmitten des sich ausbreitenden politischen Terrors gegen alle Andersdenkenden vorbereitete. Um dem Volk die Notwendigkeit der Industrialisierungspolitik einzuhämmern, stellte die Partei zusätzlich zum »verschärften Klassenkampf« die ebenfalls disziplinstiftende These auf, daß die Gefahr eines Krieges, eines Überraschungsangriffs der Imperialisten auf die Sowjetunion, immer akuter werde. Im Lande herrschte gleichsam die Atmosphäre einer belagerten Festung.

Die Zeit war vorbei, da die loyale Mitarbeit von Kommunisten in internationalen Arbeiterorganisationen propagiert oder zumindest toleriert wurde, und in Kraft trat die These, daß neben den Faschisten die Sozialdemokraten der größte Feind der Sowjetunion seien. Für die SAT, unter deren Dach Anhänger verschiedener Flügel des Sozialismus vereint waren, bedeutete die neue Komintern-Taktik nichts Gutes. Lantis Hauptanliegen war es von Anfang an gewesen, diese Einheit zu wahren und keinerlei Flügelkämpfe innerhalb der SAT zuzulassen. Sozialdemokraten, Kommunisten und Anhängern anderer Gruppierungen wurde es lediglich gestattet, sog. Fraktionen zu bilden, in denen sie ohne Verantwortung der SAT die Verbindungen zu ihrer Partei pflegen konnten. Im *Sennaciulo* hingegen sollte für Polemik zwischen den verschiedenen Arbeiterparteien kein Raum sein.

Der so aufrechterhaltene Modus vivendi, der im wesentlichen ein Stillhalteabkommen zwischen Kommunisten und Nichtkommunisten (meist mit Konzessionen an erstere) war, schien im August 1928 erstmals ernsthaft gefährdet. In einer Sitzung des Achten SAT-Kongresses in Göteborg gab Dresen drohend zu verstehen, daß die SAT für ihn nur so lange unterstützenswert sei, wie sie »zur Aufklärung unserer Arbeiterschaft beiträgt«. Er war über eine Reihe nicht genügend klassenkämpferischer Beiträge im *Sennaciulo* verärgert, in denen Lanti den »nationslosen« Charakter der SAT besonders pointiert herausgestellt hatte. Gleich im Anschluß an seine Kritik aber machte Dresen einen Rückzieher: »Uns ist der *Sennaciulo* lieb, der allen gute Informationen gibt. Wir wollen ihn nicht zerstören mit der unklaren Hoffnung auf etwas, was vielleicht für uns angenehmer wäre« (187: 25). Ein Ausscheiden der sowjetischen Esperantisten aus der SAT schloß er für die nächste Zukunft aus. Dresen erhob nicht einmal Einwände gegen den Vorschlag Lantis, die Satzung um einen Passus zu erweitern, dessen Wortlaut implizit gegen das kommunistische Verlangen nach Orthodoxie gerichtet war. Es hieß darin, die SAT wolle »unter ihren Mitgliedern durch den Vergleich von Tatsachen und Ideen, durch freie Diskussion, eine Dogmatisierung der Lehren verhindern, die sie in ihrer jeweiligen Umgebung erhalten« (187: 38). Das war ein unzweideutiger Aufruf, alle parteilichen Scheuklappen abzulegen.

Obwohl beide Seiten in den folgenden Monaten weiter bemüht waren, aufkeimende Konflikte schnell unter Kontrolle zu bringen, gesellte sich zur wachsenden Empfindlichkeit der Kommunisten eine bei Lanti stärker werdende Neigung, sich provozierend zu äußern. Lanti, der, vom Kommunismus enttäuscht, 1928 aus der KP Frankreichs ausgetreten war, hielt es für unumgänglich, der SAT ein selbständigeres Profil zu geben und sie damit gegen die Gefahr einer Polarisierung zu wappnen. Ende 1928 brachte die SAT unter dem Titel *La laborista esperantismo* eine von Lanti verfaßte Broschüre heraus, die, laut Vorwort als Orientierungshilfe für die SAT-Mitglieder gedacht, den »Anationalismus« (sennaciismo) erstmals als besondere Doktrin vorstellte. Über diesen Begriff war bis dahin wenig diskutiert worden; die meisten, einschließlich der Kommunisten, und wohl auch zunächst Lanti selbst hatten darunter eine Art Synthese von proletarischem Internationalismus und internationaler Sprache verstanden.

Kein Zweifel kann daran bestehen, daß die Idee der Nationslosigkeit unter den sowjetischen Esperantisten begeisterte Anhänger gefunden hatte. Kopelew beschreibt in seinen Memoiren, was er empfand, als er als 14jähriger Schüler den SAT-Mitgliedsausweis in Händen hielt: »Von nun an sollten wir stolz auf die Frage nach der Nationalität antworten: ›keine!‹« Er fährt fort:

Als ich in der Schule von der Sprache hörte, die dazu ausersehen sei, alle Völker der Erde zu verbinden, erschien mir die Zukunft einfach und klar. Die Menschen aller Länder würden lernen, einander zu verstehen; und ganz von selbst würden Mißtrauen, Feindseligkeit, chauvinistische Lügenmärchen verschwinden... »Espero« heißt die Hoffnung. Wir hofften, daß bald auf der ganzen Welt jene Kräfte siegten, die für die Brüderlichkeit aller Menschen kämpften – für den Kommunismus. Und wir glaubten, daß in unserem Land jene guten Kräfte triumphierten, daß bei uns schon die Verschmelzung der verschiedenen Stämme und Völker im Gange sei. (157: 126f., 157)

Dies gibt die Atmosphäre des Jahres 1926 wieder. Zwei bis drei Jahre später, als die Kommunisten aller Länder aufgerufen waren, sich vom übernationalen Ideal der Weltrevolution abzuwenden und ihre ganze Kraft der Unterstützung des sozialistischen Aufbaus in der Sowjetunion zu widmen, drohte eine Konkretisierung der bislang eher im Undeutlichen gelassenen »nationslosen Denkweise« zu einem Anationalismus das mühsam gewahrte Gleichgewicht von Kommunisten, Sozialdemokraten und anderen zu erschüttern.

Ebendies tat Lanti. In *La laborista esperantismo* betonte er zwar erneut den undogmatischen Charakter der SAT und die Offenheit für freie Diskussion. Aber in einem Kapitel, »Aufkommen einer neuen Richtung«, gab er den Wunsch zu erkennen, daß die SAT trotz ihrer Überparteilichkeit stärker für den Anationalismus eintrete, obwohl dieser »in mancher Hinsicht mit den Programmen der Arbeiterparteien nicht im Einklang steht« (163: 35).

Lanti stieß in der Tat bei Parteigängern verschiedenster Couleur auf Widerstand – etwa bei dem Sekretär der österreichischen Arbeiter-Esperantisten, Franz Jonas, dem späteren Bundespräsidenten, für den der Anationalismus eine absurde Utopie war. Mit welchen Programmen die »neue Richtung« aber am allerwenigsten harmonierte, verriet die heftige Reaktion führender sowjetischer Esperantisten. Sie beschuldigten Lanti des »ideologischen Opportunismus«, weil er den Kampf gegen den – bereits entnationalisierenden – Imperialismus für vergeblich und das Recht der Nationen auf Selbstbestimmung für nicht unterstützenswert halte. (Lanti antwortete lakonisch, hierüber hätten sich schon Lenin und Rosa Luxemburg gestritten.) Ihm wurde vorgeworfen, daß er sich der nationalen Emanzipation widersetze und auf eine Entnationalisierung durch Assimilierung hoffe. Damit begehe er einen furchtbaren, überaus gefährlichen Fehler, denn den Kampf der unterdrückten Völker ignorieren heiße den Appetit der »Großnationalismen« wecken (133: 38f.). Lanti hatte, dies war unverkennbar, die sowjetischen Esperantisten in höchste Verlegenheit gebracht, nicht nur weil seine Thesen Esperanto mit dem häretischen »Luxemburgismus« verquickten, sondern zugleich ganz offensichtlich Ausfluß seiner Enttäuschung über die Sowjetunion als Pionier der Weltrevolution waren.

Anfang August 1929, auf dem Neunten Kongreß in Leipzig, attackierte Dresen den SAT-Vorstand wegen der Herausgabe der Broschüre Lantis. Er empfahl sogar, den Vorstand von Paris in eine deutsche Stadt zu verlegen, wo er »mit den Massen enger verbunden« wäre. Für diesen Vorschlag fand er kaum Zustimmung, und am nächsten Tag vollzog Dresen überraschend wiederum eine Kehrtwendung, indem er sich auf die Mahnung beschränkte, einen solchen Fehler nicht zu wiederholen. In einer emotionalen Rede erklärte er, ihn schmerze der Gedanke an ein Auseinanderbrechen der SAT: »Deswegen suche ich einen Mittelweg, um die Einheit zu wahren. Wir haben am allerwenigsten die Absicht, die SAT kommunistisch zu machen.«

Der Kongreß fand zu einem Kompromiß. Er nannte die quasi offizielle Form, in der die Broschüre *La laborista esperantismo* veröffentlicht worden war, einen Mißgriff. Gleichzeitig schob er die Hauptschuld für alle angeblichen Mißverständnisse dem »zu zerstörenden kapitalistischen System« zu, »das normale und freie Kontakte der breiten Massen der Sowjetunion mit dem Proletariat der kapitalistischen Länder gegenwärtig verhindert«.

Lanti stellte nach dem Leipziger Kongreß eine optimistische Bilanz auf und meinte, man habe zu einem »reinen, gesunden Zustand« zurückgefunden. Wohl in Anspielung auf Dresens Rede äußerte er die Vermutung, daß eine Spaltung deswegen habe vermieden werden können, weil »wir alle mehr oder weniger bewußt zunächst Esperantisten und erst dann Parteimitglieder sind« (146: 52).

Dresens Verhalten zeigte in der Tat Flexibilität: Bald verteidigte er energisch das, was nach kommunistischem Verständnis die richtige Klassenkampflinie war, bald lenkte er ein, wenn die Betonung der kommunistischen Position den Grundkonsens über die Einheit der SAT anzutasten drohte. Aber seine Fähigkeit zu wirklichen Kompromissen war Ende der zwanziger Jahre im Grunde schon sehr begrenzt. Denn der Spielraum, den die SEU bei der Gestaltung ihrer Beziehungen zur SAT besaß, wurde durch die Entwicklung in der Sowjetunion und die von der Komintern verkündete Richtung in immer stärkerem Maße eingeengt.

Im November 1929, nur wenige Monate nach dem Neunten Kongreß, begannen kommunistische Esperantisten in Leipzig mit der Herausgabe des Bulletins *Kunligilo,* in dem es unverblümt hieß, die »klassenbewußten« Esperantisten müßten die SAT verlassen, wenn das »stümperhafte opportunistische Philosophieren« Lantis und seiner Anhänger weiter anhalte (147: 7). Die Gegensätze verschärften sich schnell. Einen wichtigen Einschnitt stellte zu Ostern 1930 die Jahreshauptversammlung des Arbeiter-Esperanto-Bundes für die deutschen Sprachgebiete in Essen dar. Die Mehrheit der Delegierten beschloß dort die Mitgliedschaft des Bundes in der »Interessengemeinschaft für Arbeiterkultur« (IfA), einer eindeutig von der KPD kontrollierten Organisation. Damit hatte von den mit der SAT zusammenarbeitenden nationalen Arbeiter-Esperanto-Vereinigungen die neben der SEU bedeutendste ihren überparteilichen Charakter aufgegeben.

Ein noch stärkerer, ganz unerwarteter Schlag traf die SAT zwei Monate nach dem Essener Beschluß. Die SAT-Administration teilte mit, daß der sowjetische Volkskommissar der Finanzen verboten habe, aus dem durch die Beiträge sowjetischer Mitglieder entstandenen Guthaben der SAT in Moskau, das sich auf mehr als 15 000 Reichsmark belief, Überweisungen ins Ausland vorzunehmen. Man könne daher vorläufig keine Abonnements und Bestellungen aus der Sowjetunion mehr entgegennehmen. Obwohl der SAT-Vorstand zunächst eher um Entdramatisierung bemüht war, löste die Nachricht, daß Gelder der SAT in Moskau blockiert seien, unter den Mitgliedern Schock und Empörung aus. Ihnen erschien es unbegreiflich, daß Arbeitergeld aus der Sowjetunion nicht an eine Arbeiterorganisation überwiesen wurde; sie waren wütend, daß die SAT, die der Sowjetunion gegenüber stets Loyalität gezeigt hatte und von den Klassenfeinden deshalb so oft als »kommunistisches Tarnunternehmen« verleumdet worden war, nun eine solch schikanöse Behandlung erleiden mußte. Bald erschienen im *Sennaciulo* auch Briefe sowjetischer Mitglieder, die – anonym – dem ZK der SEU Untätigkeit vorwarfen. Obwohl das ZK-Mitglied Grigorij Demidjuk darauf hinwies, daß der sowjetische Staat Auslandsüberweisungen generell eingeschränkt habe und die SAT nicht allein betroffen sei, von seiten der SEU aber alles versucht werde, die Schulden zu begleichen, gerieten die Beziehungen zwischen SAT und SEU nunmehr in die Zerreißprobe. Hierbei waren die Emotionen der Mitglieder ein wichtiges Element: Außerhalb der Sowjetunion machte das Überweisungsverbot die Reste des naiven Glaubens an eine natürliche Allianz zwischen dem proletarischen Staat und der »Kulturorganisation der proletarischen Esperantisten« zunichte, während die sowjetischen SAT-Mitglieder bei der Aussicht verzweifelten, als Lesestoff künftig nur noch von der SEU herausgegebene, aus dem Russischen übersetzte Esperanto-Broschüren zur Verfügung zu haben.

Anfang August 1930 fand in London der Zehnte SAT-Kongreß statt. Erstmals fehlte eine sowjetische Delegation. Dafür traf während des Kongresses ein Telegramm des ZK der SEU ein, das nicht etwa eine Lösung der Finanzfrage ankündigte, sondern in scharfen Formulierungen den Vorstand der SAT beschuldigte, eine spalterische Tätigkeit zu betreiben. Daraufhin gaben die Kongreßteilnehmer ihre anfangs noch geübte Zurückhaltung auf. Lucien Laurat, das aus Moskau zurückgekehrte ehemalige ZK-Mitglied der SEU, verdächtigte »gewisse sowjetische Genossen«, mit der Blockierung des Geldes eine freundliche Berichterstattung des *Sennaciulo* über die Sowjetunion erzwingen zu wollen. Als schließlich auch bekannt wurde, daß die SEU den nächsten Kongreß zwar nach Moskau einlud, damit aber die Erwartung verband, den amtierenden Vorstand bis dahin zu Fall gebracht zu haben, waren Lanti und seine Freunde vollends überzeugt, daß die Geldangelegenheit für die SEU ein willkommener Anlaß sei, die finanzielle Basis der SAT zu schwächen und »antisowjetische« Tendenzen erpresserisch zu unterdrücken.

Von Oktober 1930 an erschien in Berlin als Organ der »klassenkämpferischen SAT-Opposition« die Zeitschrift *Internaciisto,* die dazu aufrief, die SAT wieder in eine revolutionäre Organisation zu verwandeln und den Vorstand, der aus dem Bund »eine von den breiten proletarischen Massen losgelöste Sekte« gemacht habe, durch ein Referendum abzuwählen. Im November wurde in Leipzig eine Verlagskooperative für revolutionäre Esperanto-Literatur (EKRELO) gegründet, die Dutzende von – in Moskau gedruckten – Büchern und Broschüren herausbrachte. Um die gleiche Zeit begann die sowjetische Zensur, SAT-Publikationen zu beschlagnahmen. Nachdem die Opposition im Januar 1931 zum Boykott des *Sennaciulo* und anderer Zeitschriften aufgerufen hatte, holte der SAT-Vorstand zum Gegenschlag aus: Dresen und acht weitere führende Oppositionelle, die meisten davon Deutsche, wurden aus dem Weltbund ausgeschlossen. Auf dem 11. Kongreß, der Anfang August in Amsterdam stattfand, wieder ohne eine Delegation aus Moskau, erhielt der Vorstand für sein Verhalten fast einmütige Zustimmung; die unterlegene kommunistische Minderheit bildete daraufhin einen »Vorbereitungsausschuß zur Reorganisation der proletarischen Esperanto-Bewegung«. Die Spaltung der SAT war nun eine vollendete Tatsache.

Das in Moskau blockierte SAT-Guthaben wurde jetzt zu einer offen benutzten Waffe. Unter Berufung auf eine arrangierte Abstimmung, nach deren Ergebnis die große Mehrheit der Arbeiter-Esperantisten dem SAT-Vorstand ihr Mißtrauen ausgesprochen hatte, bestimmte das ZK der SEU den in Amsterdam gebildeten Vorbereitungsausschuß zum »wahren Erben dieses Geldes«. Schließlich, im August 1932, wurde auf einem Kongreß in Berlin die neue Organisation gegründet. Sie nannte sich »Internationale der proletarischen Esperantisten« (IPE). Im Unterschied zur SAT, die zwar mit nationalen Verbänden zusammenarbeitete, eine Mitgliedschaft aber nur auf individueller Basis kannte, setzte sich die IPE aus Landessektionen zusammen. Auf diese Weise konnte sie als Gemeinschaft von 14000 proletarischen Esperantisten (mindestens 10000 davon

in der Sowjetunion) gleich zu Beginn ihren »Massencharakter«
proklamieren.

3.2.2 *Esperanto im Reifeprozeß des Stalinismus*

Die Trennung von der SAT war für die sowjetischen Mitglieder
sehr schmerzhaft. Ihre Mitarbeit war zu aktiv, der Nutzen der
SAT als Mittlerin von Kontakten zu Arbeiter-Esperantisten
außerhalb der Sowjetunion zu offenkundig gewesen, als daß die
Spaltung nicht eine tiefe Wunde hinterlassen hätte. Die SAT-
Mitglieder in der Sowjetunion fühlten sich gleichsam von einer
vertrauten Heimstätte abgeschnitten. Daß sie den *Sennaciulo*
nicht mehr beziehen konnten, bedeutete für sie den Abschied
von einer Zeitschrift, zu der sie oft beigetragen hatten, in der sie
ihre Wünsche nach Brieffreundschaften annonciert hatten und
von der sie mit einem Lesestoff versorgt worden waren, der in
sowjetischen Zeitungen schon nicht mehr zu finden war.
Es verwundert daher nicht, daß die Unterbrechung der Beliefe-
rung mit dem *Sennaciulo* in Zusammenhang mit der Blockierung des SAT-Guthabens in Moskau auf die sowjetischen
Mitglieder wie ein Schock wirkte. Im ZK der SEU gingen
inständige Bitten ein, die Überweisung der Beiträge für die SAT
zu regeln, da die Arbeit der örtlichen Gruppen durch das
Ausbleiben des *Sennaciulo,* der »von allen so geschätzten und
gelesenen« Zeitschrift, sehr behindert werde. Besonders nachdem wegen der Zensur auch Geschenkabonnements unmöglich
geworden waren, schrieben viele sowjetische Esperantisten bittere Briefe an die SAT in Paris, in denen die Schuld für die
Situation dem ZK der SEU zugeschrieben wurde.
Lanti, der seine frühere Nachgiebigkeit gegenüber den Pressionen Dresens nun bedauerte, benutzte diese Briefe als Beleg für
seine – wohl mehr aus taktischen Gründen aufgestellte – These,
daß Dresen der wahre Schuldige sei und die Gefahr der Spaltung in seinem Machtstreben wurzele. Lanti versuchte, über die
Köpfe des ZK hinweg an die Solidarität der sowjetischen SAT-
Mitglieder zu appellieren. Doch Dresens Position ließ sich

durch die Angriffe aus Paris nicht erschüttern. Anspielungen auf »Verräter« in den Reihen der SEU zeigten deutlich genug, daß das ZK entschlossen war, alle die zum Schweigen zu bringen, die weiterhin Kontakte mit dem SAT-Vorstand pflegten. Einige waren schon früh verstummt, so der Altbolschewik Maxim Krjukow, der 1907 mit Zamenhof zusammengetroffen war und gern den revolutionären Charakter des Anationalismus betont hatte. An die SEU-Mitglieder ergingen Aufrufe, Anhänger Lantis in den eigenen Reihen ausfindig zu machen und zu entlarven. Pedantisch wurden die Namen von Mitgliedern registriert, deren Haltung im Konflikt mit der SAT unklar schien. Wo immer es Anzeichen für Abweichungen gab, wurden sie vom ZK sofort öffentlich angeprangert. So wurde über die Gruppe in Kochma notiert, dort werde Hunderten von Personen Esperanto auf »neutrale« Weise unterrichtet, ohne daß man ihnen eine »lebendige Arbeit« durch Korrespondenz gäbe. Um zu illustrieren, daß in Kochma »völlige Dekadenz« herrsche, wurden die Äußerungen eines Esperanto-Lernenden wiedergegeben:

> Warum soll ich an ausländische Genossen über mein Leben schreiben, wo ich nur ein Angestellter, also ein Ausgestoßener bin, wo meine Kinder keine Schule besuchen, wo ich fast nichts vom Betrieb kriege, wo ich mich nach der Arbeit nicht ausruhe, sondern im Wald arbeite oder vor den Läden Schlange stehe usw.? (*Bulteno de CK SEU*, Bd. 10, 1931, S. 76)

Auch solche »üblen Reden« wurden dem Einfluß Lantis zugeschrieben. Folge war der Beschluß, eine »persönliche Säuberung« aller Esperantisten in Kochma vorzunehmen.

Zwar glaubte die Zeitschrift der österreichischen Arbeiter-Esperantisten, *La Socialisto,* im Oktober 1931 schon zu beobachten, daß sich die Mehrheit der sowjetischen Esperantisten aus der Bewegung zurückziehe, »um stumm gegen die geistige Inzucht zu protestieren«. Die Statistik der SEU zeigte allerdings ein Anwachsen der Zahl der aktiven Mitglieder – von 5116 Ende 1930 auf 5740 ein Jahr später. Auch andere Erfolge wurden gemeldet: Die *Komsomolskaja Prawda* füllte Ende

1930 erstmals eine ganze Seite mit Übersetzungen von Esperanto-Briefen aus aller Welt. Und 1931 faßte der Moskauer Gewerkschaftsrat einen Beschluß zur Bildung von Esperanto-Zirkeln in den Fabriken, da Esperanto »eine Vorbereitungsstufe zum Studium von Fremdsprachen sein kann und muß«. Andererseits kam es nicht selten vor, daß Zeitungen den Abdruck von Esperanto-Material ablehnten, etwa mit der Begründung, alle ausländischen Esperantisten seien Sozialdemokraten.

Um die Presse zielgerecht bedienen zu können, hob die SEU noch stärker die Notwendigkeit der kollektiven Korrespondenz hervor. In den 1930, im Jahr der Massendeportation von »Kulaken«, einsetzenden Appellen der SEU, »die gesamte Korrespondenz auf technische Hilfe für die Industrialisierung des Landes und die Kollektivierung der Landwirtschaft auszurichten«, zeigte sich die Wirkung, die der Fünfjahrplan unvermeidlicherweise auch auf die Esperantisten hatte. Sie konnten nicht abseits stehen, wenn Stalin für jeden Sowjetbürger verbindlich im Februar 1931 erklärte: »Wir sind hinter den fortgeschrittenen Ländern um 50 bis 100 Jahre zurückgeblieben. Wir müssen diese Distanz in zehn Jahren durchlaufen. Entweder bringen wir das zuwege, oder wir werden zermalmt« (197: XIII, 36). Der SEU war bewußt, daß der beschleunigte Aufbau des Sozialismus sie vor neue Aufgaben stellte, daß sie »enger mit der Produktion, mit den Massen verbunden sein muß«. Konkret – auf Esperanto bezogen – hieß das, daß der Gebrauch dieser Sprache fortan weniger den Sinn haben sollte, den weltrevolutionären Eifer der Arbeiter aller Länder anzuspornen, als sich vielmehr von ihnen Beifall und Unterstützung für die Industrialisierung der Sowjetunion zu beschaffen.

Aber die Genossen Esperantisten außerhalb der Sowjetunion, obwohl gebeten, »schädlichen Individualismus« abzulegen, hatten Mühen, sich der neuen, produktionsorientierten Form der Korrespondenz anzupassen. In der Tat war es nicht besonders reizvoll, auch von ihnen in erster Linie sowjetbezogenes Material – etwa über Spendensammlungen für den Ankauf von

Traktoren für die sowjetischen Dörfer – anzufordern und weniger, wie bisher üblich, Berichte über die Lebensbedingungen im eigenen Land. Außerdem ist zweifelhaft, ob solches Material, wenn es geliefert und abgedruckt wurde, die Monotonie der sowjetischen Presse noch auflockern und damit Interesse auf die Herkunftssprache lenken konnte. Dies war sicher: Wenn die SEU im Ausland um technische Hilfe bat, dachte sie offenbar nicht daran, wie sehr sie damit nicht nur den guten Willen der ausländischen Arbeiterkorrespondenten strapazierte, sondern sie auch schlicht überforderte.

Im April 1931 ordnete das ZK der Partei eine Umbildung der Bewegung der Arbeiter- und Bauernkorrespondenten in der Sowjetunion an. Sie erhielt die Aufgabe, sich künftig ganz auf fachspezifische Fragen zu konzentrieren, und wurde der *Prawda*-Redaktion unterstellt. Auf diese Weise wollte die Partei das Risiko ausschalten, daß an der Basis spontane, unkontrollierte Aktionen auftraten, die mit dem bürokratischen Zentralismus nicht zu vereinbaren wären. Da die Redaktionen mehr und mehr auf die Hilfe von »Sonderkorrespondenten« in den Betrieben verzichteten und lieber auf Berufsjournalisten zurückgriffen, nahm die Bedeutung der Korrespondenzbewegung seitdem ständig ab.

Wenn schon das Inlandsnetz der Arbeiterkorrespondenten unter Kuratel gestellt wurde, konnte es der internationalen Korrespondenz-Bewegung kaum besser ergehen – oder sogar eher schlechter, da sie von den aktuellen Produktionsbedürfnissen am weitesten entfernt war. Die Ermahnungen der SEU lassen ahnen, wie sehr sie sich in die Enge getrieben fühlte: Esperantisten, die im *Heroldo de Esperanto* einen Briefwechsel-Wunsch annonciert hatten oder deren Dankesbriefe für ein Geschenkabonnement dort abgedruckt worden waren, sahen sich nach einiger Zeit im SEU-Organ als Menschen an den Pranger gestellt, die »bürgerliche Almosen« erbäten und aus »falscher Philantropie« Nutzen zögen. Während des Kongresses der SEU 1931 wurde den Esperantisten, die lediglich schöne Ansichtskarten austauschten, Verrat an den Zielen der Bewegung vorgeworfen. Unpolitisches müsse aus der internationalen Korrespondenz rücksichtslos ausgemerzt werden.

Die Konsequenz dieser strengen Ermahnungen, nämlich ein zunehmend stereotyper Charakter der aus der Sowjetunion kommenden Briefe, wurde bereits im Ausland registriert. Mitte 1931 schrieb der Wiener *Socialisto:* »Es hat den Anschein, als ob die ganze Esperantokorrespondenz gewissen Leuten unangenehm zu werden beginnt, so daß sie eine Umgehung des direkten Briefwechsels von Arbeiter zu Arbeiter einzurichten versuchen.« Jüngstes Beispiel für diese Tendenz sei die Tatsache, daß Briefen aus der Sowjetunion gedruckte Blätter beigefügt seien mit dem Titel »Die Wahrheit über die Sowjetunion. Unsere Antworten an ausländische Arbeiter«. In diesen Blättern, von denen die SEU seit 1931 mindestens 15 in einer Auflage von 7000–10000 Exemplaren herausbrachte, wurden u. a. folgende Fragen beantwortet:

Stimmt es, daß in der Sowjetunion Arbeiter hungern?

Das verstehen wir nicht: Ihr, sowjetische Genossen, schreibt immer über Erfolge im sozialistischen Aufbau, aber gleichzeitig schlagt ihr Alarm wegen verschiedener »Lücken«.

Warum spricht Gen. Litwinow in Genf von Abrüstung, verstärkt die sowjetische Regierung aber gleichzeitig die Kampfkraft ihrer Roten Armee?

Warum ist Trotzkij aus der Kommunistischen Partei ausgeschlossen und aus der Sowjetunion verbannt worden?

Gibt es für alle Arbeiter in der Sowjetunion den Siebenstundentag?

Was bedeutet: die Sowjetunion schließt in diesem Jahr (d.h. 1931) den Aufbau der Grundlage der sowjetischen Wirtschaft ab? Wird es im nächsten Jahr in eurem Land schon den Sozialismus geben?

Die Blätter waren dazu bestimmt, den SEU-Mitgliedern, unter denen, wie es einmal hieß, »sehr, sehr oft politisches Analphabetentum« herrschte, die Aufgabe zu erleichtern, den ausländischen Briefpartnern auf ihre Fragen eine treffende Antwort zu geben. Daß die Fragen meist ähnlichlautend waren, so daß es sich als rationell erwies, sie auf gedruckten Blättern zu beantworten, könnte eine Erklärung für den Hilfsdienst der SEU sein. Wahrscheinlicher aber ist, daß die Fragen aus dem Ausland allzuoft heikel waren und deswegen eine geglättete Antwort erforderten. Daß die Schwierigkeiten gerade hier begründet waren und daß auch Druckschriften bald nicht mehr ausreichten, um sie zu beseitigen, können wir dem Bericht einer Ortsgruppe der SEU zu Beginn des Jahres 1931 entnehmen. Es war die SEU-Zelle in Tuapse am Schwarzen Meer, die alle mit dem Ausland korrespondierenden Mitglieder zum Besuch politischer Schulungskurse der Partei verpflichtete. Nicht nur das: Sie stand zur Beratung in regelmäßigem Kontakt mit der Propaganda-Abteilung des örtlichen Parteikomitees. Unterricht und Beratung sollten dazu verhelfen, politische Irrtümer in der internationalen Korrespondenz zu vermeiden und die »Qualität« der Briefe zu heben, denn man habe – so der Bericht – feststellen müssen, daß »ausländische Genossen Fragen stellen, auf die nicht einmal jeder Kommunist eine Antwort weiß«.

Der Briefwechsel mit der Sowjetunion verlor zusehends an Würze. Eine Arbeiter-Esperanto-Gruppe in München machte die Erfahrung, daß sowjetische Korrespondenzwillige nach Erhalt der ersten Briefe verstummten. Die Schreibunlust sowjetischer Esperantisten verstörte besonders die deutschen Bewunderer der Sowjetunion, wie die Reaktionen der Kommunisten Otto Bäßler und Walter Kampfrad zeigten, die zu den ersten aus der SAT ausgeschlossenen Oppositionellen gehörten. Bäßler sprach von weitverbreiteten Klagen »über das Nichtfunktionieren der Korrespondenz« zwischen Deutschland und der Sowjetunion. Wenn dann doch Briefe kämen, sei ihr Inhalt enttäuschend:

> Und was bekommen wir in diesen Briefen meistens zu lesen? »Wir sind das Vaterland des Weltproletariats, wir erfüllen den Fünfjahrplan in vier Jahren, wir bauen den Sozialismus auf, da und dort ist eine so und so große Fabrik gebaut worden, in ihr arbeiten so und so viele Arbeiter usw.« Dann folgt noch die

Anschrift in Esperanto, russisch oder ukrainisch – und das ist meist alles. (*Bulteno de CK SEU*, Bd. 11, 1932, S. 52)

Briefe solchen Inhalts betrachtete Bäßler als Beleidigung seiner Verbundenheit mit der Sowjetunion: »Das wissen und glauben wir, wir sind doch Kommunisten.« Statt Kampfrufe und Formeln zu verwenden, mahnte Bäßler, sollten die sowjetischen Genossen »in der einfachen, primitiven Sprache des Proletariers« über ihr Arbeits- und Klubleben, über Familie, Arbeitsbedingungen und Löhne schreiben. Wie schädlich die phrasenhafte Korrespondenz sei, belegte er mit dem Beispiel, daß eine 70köpfige kommunistische Zelle in Leipzig die kollektive Korrespondenz mit einer Großfabrik in Charkow mit der Begründung eingestellt habe, sie wolle keine Zeitungsartikel lesen.

Ganz ähnlich beklagte sich auch Kampfrad darüber, daß die kollektive Korrespondenz von sowjetischer Seite behindert werde – entweder durch Schweigen oder durch agitatorische Antworten. Bitter berichtete er, es sei in Deutschland mehrmals vorgekommen, daß ein Arbeiter-Esperantist, nach vielen Mühen und »ständig von Entlassung bedroht«, seine Arbeitskollegen überredet habe, den Briefaustausch mit einer sowjetischen Fabrik zu beginnen, daß aber »in 95 von 100 Fällen« das Ergebnis »alles andere als erfreulich« gewesen sei. Entweder sei überhaupt keine Antwort gekommen oder die Sowjetarbeiter hätten »mit nichtssagenden Phrasen über den sozialistischen Aufbau, über die großartige Rote Armee usw.« geantwortet und mit Altbekanntem, z.B. »wir haben unsere Kapitalisten besiegt... und hoffen, daß ihr eure besiegt«. Danach hätten die deutschen Arbeiter, die sich u.a. über Löhne und Lebenshaltungskosten in der Sowjetunion informieren wollten, im allgemeinen jede Lust an weiteren Kontakten verloren.

3.2.3 *Die sowjetischen Esperantisten verstummen*

Wenig später wurden auch die noch verbliebenen Kontakte zwischen deutschen und sowjetischen Esperantisten durch die politische Entwicklung seit 1933 unterbrochen. Mit der Machtübernahme Hitlers trat die eben erst gegründete Internationale der proletarischen Esperantisten in eine Krise, denn der von den Nazis aufgelöste Deutsche Arbeiter-Esperanto-Bund war eine ihrer beiden wichtigsten Säulen. Um zu überleben, war die IPE fortan auf volle Unterstützung durch ihre zweite Säule, die SEU, angewiesen.

Damit aber lag es sehr im argen. Die IPE-Mitglieder im Westen monierten schon 1933, daß ihre Internationale von der SEU kaum Unterstützung erhalte und der sowjetische Beitrag zur Korrespondenzverwertung in der Presse sich in Statistiken und längst bekannten Fakten erschöpfe. Es war auch nicht mehr die Rede davon, den Zweiten IPE-Kongreß, wie 1932 in Berlin angekündigt, in Moskau abzuhalten. Statt dessen versammelten sich im August 1934 etwa 70 westeuropäische Proletarier-Esperantisten zu einer Konferenz in Lille. Die SEU war nicht vertreten, dafür aber erschien ein sowjetischer Gewerkschaftsfunktionär. Überraschend schlug dieser vor, die IPE aufzulösen.

Statt zu gehorchen, gaben die Konferenzteilnehmer nun ihrer Enttäuschung über das Verhalten der SEU freien Lauf. In einer Entschließung wurde den sowjetischen Genossen vorgeworfen, mit ihrer »unseriösen« Einstellung zum Briefwechsel diskreditierten sie die Esperanto-Bewegung.

Was den Esperantisten außerhalb der Sowjetunion weitgehend verborgen blieb: in der Arbeit der SEU hatte eine Prioritätenverschiebung stattgefunden, die auch das abnehmende Interesse an der IPE erklärt. Schon 1931 hieß es in einer Verlautbarung des ZK, die Massenwerbung für Esperanto und das Bemühen um offizielle Anerkennung seien solange sinnlos, wie es nicht möglich sei, die praktische Verwendung der Sprache im Zeitalter des Fünfjahrplans wesentlich zu steigern. Ein modernes Werk in Esperanto über Traktorenherstellung oder Kohleförderung wiege mehr als eine Million Esperanto-Lehrbücher für Sowjetbürger. Dresen fügte Ende 1932 hinzu: »Es muß eindeutig gesagt werden, daß die Esperanto-Bewegung nicht forciert werden darf, daß das Sprachenproblem und sogar in gewissem

Maße die internationalen Verbindungen der Arbeiter nicht als erstrangige Hauptaufgaben auf die Tagesordnung in der gegenwärtigen Periode gesetzt werden dürfen.«

Wohin solche nahezu defaitistischen Äußerungen führten, zeigte sich im September 1934, als auf einer ZK-Sitzung die Rede davon war, daß viele SEU-Gruppen schlechte Arbeit leisteten oder sich gar aufgelöst hätten. Es wurde festgestellt, daß sowohl in der Provinz als auch in Moskau Esperanto schon für tot gehalten werde. Ein ZK-Mitglied bemerkte bitter, in der Sowjetunion höre man im allgemeinen von Esperanto nicht mehr viel – »ganz im Gegensatz zu dem, was wir vor sechs bis sieben Jahren hatten«.

Auf der gleichen Sitzung jedoch wurde offen Kritik an Dresen geübt – eben wegen der von ihm vertretenen These, die Werbung für Esperanto müsse eingeschränkt werden. Es fehlte nicht an Erscheinungen, die das triste Bild aufhellten. So führte das Organ der SEU Ende 1934 Neuerungen ein, die seine bis dahin durch Artikel agitatorischen Inhalts geprägten Spalten etwas auflockerten: eine Sprachecke, Rätsel und eine Rubrik für Witze. Mehr noch: Ein Leserbrief wurde veröffentlicht, der ahnen ließ, daß die SEU nach vielem Hin und Her dahin gelangen werde, den hobbymäßigen Gebrauch des Esperanto nicht mehr als anstößig zu empfinden. Der Brief plädierte für neue Methoden in der Werbung für Esperanto: Man solle doch nicht »immer und überall die Worte Kapitalismus und Proletariat deklinieren«, denn eine solche »r-r-revolutionäre« Bigotterie stehe dem Fortschritt der Bewegung im Wege. Man möge, meinte der Schreiber, Jewgenij Blinow, keine Scheu haben, in Esperanto auch »Gefühle der Liebe« auszudrücken.

In Blinows Leserbrief zeigte sich die Wirkung von Parteiverlautbarungen, durch die die Sowjetbürger erfahren hatten, daß sie die klassenlose Gesellschaft erreicht hätten und folglich nun die Früchte ihrer Aufbauarbeit für den Sozialismus genießen dürften. Vertrauen in die Zukunft weckte auch der im Februar 1935 verkündete Beschluß, die Verfassung der Sowjetunion zu revidieren. In Versammlungen wurde landauf, landab über die vorgeschlagenen Änderungen diskutiert – die Demokratisierung des Wahlsystems, das Prinzip der politischen Gleichheit aller Bürger und die Garantie der Grundfreiheiten. Obwohl die im Dezember 1936 verabschiedete neue Verfassung an der Vormachtstellung der Partei nicht rüttelte, wodurch ihre Versprechungen in der Praxis entwertet wurden, gab sie doch den Hoffnungen weiteren Auftrieb, daß die Zeit des extremen politischen Drucks vorüber sei. Und dies schien auch den Freunden des Esperanto günstigere Bedingungen zu verheißen.

Daß das Interesse am Esperanto wieder zunahm, zeigte die Mitgliederentwicklung. Mitte November 1935 gab die SEU eine Mitgliederzahl von 13 344 an – dies war ein Rekord. Der englische kommunistische Esperantist Thomas Aldworth, der im Juni 1936 Leningrad besuchte, kehrte mit dem Eindruck zurück, daß Esperanto dort nach längerem Stillstand zu neuem Leben erwacht sei. Auf der anderen Seite wurde die Zuteilung von Papier stark eingeschränkt, so daß die SEU ihre Zeitschriften immer seltener herausbrachte und schließlich auch nicht einmal mehr der großen Nachfrage nach Lehrbüchern gerecht werden konnte.

Als im August 1935 in Antwerpen der Zweite IPE-Kongreß zusammentrat, fehlte wiederum ein Vertreter der SEU. Dies wurde von den knapp 100 Teilnehmern um so mehr bedauert, als auf der Tagesordnung des Kongresses die Frage der Wiedervereinigung der Arbeiter-Esperanto-Bewegung stand. Die Frage war durch einen neuen Kurswechsel in der sowjetischen Politik aktuell geworden. Angesichts der Stabilisierung der Nazi-Herrschaft suchte die Sowjetunion – unter den Schlagworten antifaschistische Volksfront und kollektive Sicherheit – nach Möglichkeiten eines breiten Bündnisses gegen die faschistische Bedrohung. Sie strebte die Verbesserung ihrer Beziehungen zu den kapitalistischen Regierungen Westeuropas an und warb über die Komintern gleichzeitig um Aktionseinheit mit nichtkommunistischen Arbeiterorganisationen – eben jenen, die sie noch kurz vorher als »sozialfaschistisch« verteufelt hatte.

Ersten Annäherungsversuchen, die es zwischen SAT und IPE

seit Sommer 1934 gegeben hatte, folgten in Antwerpen Beschlüsse, die vielen bereits als Vorstufe zur Wiederherstellung der Einheit der Arbeiter-Esperanto-Bewegung erschienen. Nach dem Kongreß aber kamen aus Leningrad, wo es immer noch eine »IPE-Zentrale« gab, harte Zusatzforderungen, die von der SAT als unerfüllbar angesehen wurden, so daß die Verhandlungen zusammenbrachen.

Die IPE-Führer im Westen verhehlten nicht ihren Zorn auf die sonst eher durch Untätigkeit auffallenden sowjetischen Genossen. Auf deren Verhalten konnten sie sich erst recht keinen Reim mehr machen, als Gerüchte aufkamen, die SEU strebe – analog zum Beitritt der Sowjetunion zum Völkerbund im September 1934 – eine Normalisierung ihrer Beziehungen zur neutralen UEA an. Die westlichen IPE-Mitglieder, nach deren Meinung die neutrale Bewegung den Faschismus unterstützte, zumindest tolerierte, wollten nicht glauben, daß die SEU sich »der reaktionären UEA« nähern werde. Aber im Februar 1936 war schwarz auf weiß eine Grundsatzerklärung der SEU zu lesen, in der von den Möglichkeiten eines Zusammengehens mit der UEA gesprochen wurde, denn angesichts der faschistischen Gefahr müsse das Proletariat prinzipiell auch mit der »bürgerlichen Intelligenz« zusammenarbeiten.

Diese Positionsbestimmung, die – immer im Einklang mit der Linie der Komintern – eine Öffnung zur neutralen Bewegung anzeigte, war die letzte längere Verlautbarung des ZK der SEU in einer esperantosprachigen Zeitschrift. Auf dem Dritten IPE-Kongreß im August 1937 in Paris hieß es, der Kontakt zur Leningrader Zentrale sei abgebrochen und die SEU habe »unseres Wissens keinerlei organisierte Arbeit« geleistet. Irritiert erklärten die Führer der IPE: »Wir müssen es hinnehmen, daß die sowjetischen Genossen Schwierigkeiten haben, die wir nur vermuten können, nicht aber kennen.«

Sporadisch flackerten noch Hoffnungen auf, den Kontakt zu den sowjetischen Esperantisten wiederherstellen zu können. Zu unglaublich erschien es, daß sich eine Organisation aufgelöst haben sollte, die weit über 10000 Mitglieder gezählt hatte.

Einige Lebenszeichen gab es: Anfang 1937 wurde berichtet, die SEU habe zur Unterstützung des antifaschistischen Kampfes in Spanien über 500 Grußbotschaften sowjetischer Arbeiterkollektive an die spanischen Genossen besorgt. Und in der ersten Hälfte des Jahres 1937 erschienen Esperanto-Übersetzungen der neuen Verfassung und jüngster Reden Stalins. Aber daß es zu Ende ging, machte die Einstellung der esperantosprachigen Rundfunksendungen frappierend deutlich. Schon vor Dezember 1936 hörten die Sendungen aus Minsk auf, einige Monate später auch die aus Leningrad. Der sowjetische Botschafter in Paris erklärte dazu, die Stationen sendeten bereits in mehreren Sprachen und man brauche daher Esperanto nicht mehr. Ein plötzliches Verstummen registrierte auch der Engländer Thomas Aldworth, der 1936 bei den Esperantisten in Leningrad zu Besuch gewesen war: Seine Briefe kamen mit dem Umschlagvermerk »unbekannt« zurück.

Weniger als fünf Jahre nach dem Schlag der Nazis war die IPE nun ihrer zweiten Säule beraubt. Die verbliebenen Mitglieder in Westeuropa hatten Mühe, dem völligen Niedergang ihrer kleinen Internationale zu trotzen. Das letzte, mit dem diese von sich reden machte, war ein Meinungsstreit um den Sinn der weiteren Existenz. Anfang 1938 hatte auch die IPE verspätet entdeckt, daß man bei allem Eifer, Esperanto in den Dienst des Klassenkampfes zu stellen, doch die Begeisterung für Esperanto nicht zu verstecken brauchte – daß man in der Verteidigung des Esperanto für sich allein schon eine antifaschistische Handlung erblicken konnte und die Spaltung der Bewegung in »Neutrale« und Arbeiter angesichts des erstarkenden gemeinsamen Feindes nicht länger zu rechtfertigen war.

Einige Mitglieder, vor allem in Großbritannien, entschlossen sich im Frühjahr 1939 zu radikalen Konsequenzen, indem sie empfahlen, die IPE aufzulösen. Dabei bezogen sie Äußerungen, die Georgi Dimitrow auf dem Siebten Weltkongreß der Komintern gegen »selbstgefällige Sektierer« gemacht hatte, bereitwillig auf sich selbst. Der Mehrheit aber widerstrebte es, die Existenz der IPE auf dem Altar der neubeschworenen Einheit aller Esperantisten zu opfern; sie brachte den britischen Antrag zu Fall.

Den Hitler-Stalin-Pakt vom 23. August 1939 erlebte die IPE noch, und damit den vollständigen Zusammenbruch aller Hoffnungen auf eine Einheitsfront von Kommunisten, Sozialisten und fortschrittlichem Bürgertum gegen den Faschismus. Mit Ausbruch des Zweiten Weltkrieges verlor die IPE ihre letzten Wirkungsmöglichkeiten. Zu den Opfern von Krieg und Völkermord gehören auch zwei führende Mitglieder der IPE in Frankreich, Marcel Boubou und Honoré Bourguignon, deren Leben in den Konzentrationslagern Auschwitz und Dachau endete.

3.3 Sozialismus und internationale Sprache

3.3.1 Das Problem des vorrevolutionären Internationalismus

Marxisten-Leninisten haben stets Wert darauf gelegt, sich als Grundlage und Anleitung für ihr Handeln auf die Theorie berufen zu können. Überzeugt, daß die geschichtliche Entwicklung nach objektiven Gesetzmäßigkeiten verlaufe, sind sie bestrebt, die völlige Einheit von Theorie und Praxis zu demonstrieren. Zum Verständnis der Gründe, weswegen nach zwei Jahrzehnten der Duldung oder gar des Wohlwollens von offizieller Seite die Esperanto-Bewegung in der Sowjetunion ausgelöscht worden ist, mag daher zunächst der im folgenden unternommene Versuch beitragen, die Beziehung zwischen Sozialismus und internationaler Sprache zu analysieren. Die Fragen, die sich dabei stellen, sind: Gibt das Ideengebäude des Sozialismus eine theoretische Rechtfertigung für die Existenz der Esperanto-Bewegung her? Und: Haben die sowjetischen Esperantisten selbst versucht, für ihre Tätigkeit in der Sowjetunion eine theoretische Grundlage zu erarbeiten?

Die Idee einer Universalsprache, von deren Notwendigkeit

Denker wie Descartes, Comenius und Leibniz überzeugt waren, bildete seit dem 17. Jahrhundert auch einen Bestandteil der Entwürfe führender Vertreter des utopischen Sozialismus. Der Traum von einer solidarischen Menschheit, die der Vernunft gehorcht und jeden Aberglauben verwirft, die sich über gesellschaftliche Ungleichheit und nationale Unterschiede hinwegsetzt, legte die Überzeugung nahe, daß es möglich sei, auch im Bereich der Sprache gleichsam den paradiesischen Urzustand wiederherzustellen.

Die Gründungsväter des wissenschaftlichen Sozialismus, Karl Marx und Friedrich Engels, die an die Tradition der utopischen Frühsozialisten anknüpften, enthielten sich – bis auf beiläufige, eher spöttische Bemerkungen zu den sprachplanerischen Versuchen Pierre-Joseph Proudhons und Wilhelm Weitlings – einer direkten Stellungnahme zur Frage der sprachlichen Verständigung einer im Kommunismus geeinten Menschheit. Manchen Aufschluß geben aber ihre Äußerungen zur Beziehung zwischen Nationalität und Sozialismus. Marx und Engels vertraten die These, daß die Nation mit dem Aufkommen der bürgerlich-kapitalistischen Welt entstanden sei und nach deren Untergang verschwinden werde. »Mit dem Gegensatz der Klassen im Innern der Nation fällt die feindliche Stellung der Nationen gegeneinander...«, heißt es im Kommunistischen Manifest (181: IV, 479).

Auf der anderen Seite bestritten Marx und Engels den Nationen für die Zeit bis zur Revolution nicht ihr historisches Recht auf volle Entfaltung. Ganz auf den Vorrang des Klassenkampfes fixiert, nahmen sie die Stärkung der Nationen, der Träger des Fortschritts, als unvermeidlich in Kauf; die Assimilierung kleiner Völker und die Entnationalisierung der Kolonien im Zuge der Ausbreitung des Kapitalismus über die Welt sowie selbst Kriege wurden von ihnen mehr oder weniger explizit als dem Heranreifen der Revolution förderlich angesehen. In diesem Zusammenhang äußerten sie sich skeptisch zu internationalistischen Bestrebungen des Proletariats *vor* der Revolution. Marx warnte vor der »internationalen Völkerverbrüderung« (181:

XIX, 24), denn mit dieser bürgerlichen Phrase würden die Klassengegensätze verhüllt und die Kampfkraft des Proletariats geschwächt. Nur die Arbeiter, die ohnehin schon »wesentlich humanitarisch, antinational« seien, könnten »die verschiedenen Nationen fraternisieren lassen« (Engels; 181: II, 614); nur durch ihre Aktionssolidarität werde die Weltrevolution zustande kommen. Mit anderen Worten: Der Marxismus bejahte zwar den Endzustand weltweiter Harmonie, hielt ihn aber nur auf dem Wege des Klassenkampfes für erreichbar.

Wie die Auseinandersetzungen in der 1864 gegründeten Internationalen Arbeiter-Assoziation (IAA) zeigten, traten Marx und Engels für das Prinzip des Zentralismus ein und befürchteten, daß der auf nationaler Ebene geführte Kampf des Proletariats geschwächt werde, wenn man den Vorstellungen folgen würde, »die sich einige Phantasten von einer unbestimmten zukünftigen Gesellschaft machen« (181: XVII, 477). Dagegen befürworteten ihre anarchistischen Gegner ein europäisch-föderalistisches Programm und sahen in der marxistischen Strategie auch die Gefahr, daß nationale Minderheiten mißachtet oder gar unterdrückt würden. Es ist kein Zufall, daß zwei auf den IAA-Kongressen von 1866 und 1867 verabschiedete Entschließungen zugunsten einer Universalsprache von Anhängern Michail Bakunins eingebracht worden waren und daß sie, nachdem sich die Linie Marx' durchgesetzt hatte, schnell in Vergessenheit gerieten.

Die skeptische Haltung von Marx und Engels zum vorrevolutionären Internationalismus führte allerdings nicht dazu, daß die Arbeiterschaft aufhörte, den Nationalismus als Ausdruck der bürgerlichen Klassengesellschaft zu betrachten. Vielmehr wurde bis in die ersten Jahre des 20. Jahrhunderts an der Überzeugung festgehalten, daß es den Arbeitern verwehrt sei, an der nationalen Kultur zu partizipieren, und sie ihre Selbstverwirklichung erst in einer einheitlichen Weltgesellschaft finden würden. Diese Haltung wurde von dem österreichischen Theoretiker Otto Bauer mit dem Begriff »naiver Kosmopolitismus« gekennzeichnet.

Die Hoffnungen auf Welteinheit wurden besonders von dem führenden Theoretiker der Zweiten Internationale, Karl Kautsky, geschürt. Er war es auch, der 1887 – im Geburtsjahr des Esperanto – ein wachsendes Bedürfnis nach einer internationalen Sprache konstatierte. Im Unterschied zu Zamenhof hielt Kautsky die Verbreitung einer neuen, künstlichen Sprache nicht für möglich, sondern sah voraus, daß eine oder mehrere der großen nationalen Sprachen weltweite Bedeutung erlangen würden (152: 448). Kautsky brachte als erster die Frage der Weltsprache in den Zusammenhang der marxistischen Theorie von den ökonomischen Entwicklungsstufen. Er lehnte sowohl den in der Tradition des utopischen Sozialismus wurzelnden Gedanken einer übernationalen, universellen Sprache als auch die Aufrechterhaltung des sprachlichen Pluralismus (mit dem eine internationale Zweitsprache wie Esperanto vereinbar wäre) ab. Das Verschwinden kleinerer Sprachen sei, meinte Kautsky, ein unvermeidliches Ergebnis des wirtschaftlichen Fortschritts; dem entgegenzuwirken wäre reaktionär. Obwohl Kautsky niemals für eine gewaltsame Assimilierung der Nationen plädierte, sondern offenbar der Meinung war, das Proletariat der ganzen Welt werde sich nach seiner Befreiung in brüderlichem Einvernehmen aller nationalen Bindungen entledigen, zeichnete sich der von ihm vertretene orthodoxe Marxismus durch Unverständnis für die Wünsche kleinerer Nationen aus. In der Praxis konnte dies zu einer Politik der Unterdrückung inspirieren – zu dem, was der Jude Zamenhof die »Neigung großer Nationen und Sprachen zum Aufsaugen kleiner Nationen und Sprachen« (74: VII, 316) nannte. Objektiv gesehen förderte Kautskys Haltung einen Sprachimperialismus.
Dies war keine günstige Ausgangsposition für die Anhänger des Esperanto, die, angefangen mit Zamenhof, ständig von »Völkerverbrüderung« und »Weltfrieden« sprachen und das Herannahen der allgemeinmenschlichen Welt in einer Weise propagierten, die der Beachtung ökonomischer Entwicklungsgesetze und der Avantgarderolle des Proletariats wenig Raum ließ. Einflußreiche marxistische Führer, besonders in Deutschland,

schauten daher auf die Werbung für Esperanto unter den Arbeitern mit Mißbilligung. Sie sahen darin entweder ein anachronistisches Überbleibsel utopischen Denkens oder kleinbürgerlichen Unfug oder schlicht Zeitverschwendung. Nur selten wurde die Popularität des Esperanto in der Arbeiterschaft als Ausdruck einer spontanen Tendenz gesehen, so etwas wie eine antinationale, vom Proletariat getragene Subkultur zu entwikkeln. Mit dem Kriegsausbruch 1914 und dem patriotischen »Umfall« der sozialistischen Parteien traten dann der »naive Kosmopolitismus« und das Interesse an einer internationalen Verständigungssprache vollends in den Hintergrund.

Noch vor Ende des Weltkriegs, Anfang 1918, äußerte sich zum Esperanto sehr pointiert einer der bis heute angesehensten marxistischen Theoretiker, der Italiener Antonio Gramsci. Er lehnte jede Unterstützung der Sprache durch Sozialisten kategorisch ab – mit der Begründung, daß man nicht »willkürlich *Konsequenzen* schaffen« dürfe, »für die es noch gar keine *Bedingungen* gibt«. Gramsci attackierte das Esperanto als »Hirngespinst« und kosmopolitische Illusion (142: 48f., 52). Er machte endgültig deutlich, warum sich für Marxisten eine ernsthafte Beschäftigung mit Esperanto verbot: Erstens, weil es an utopische Vorstellungen der Vergangenheit anknüpfte; zweitens, weil es die Vielsprachigkeit bereits in der Gegenwart zu überwinden bemüht war und somit in einem gleichfalls utopischen Sprung dem Lauf der Dinge vorauseilte. Wie Kautsky rechnete auch Gramsci mit einem unaufhaltsamen Trend zur sprachlichen Vereinheitlichung im Prozeß der ökonomischen Konzentration, in den das Esperanto nicht einzuordnen war. Er weigerte sich, dem Esperanto auch nur einen zeitweiligen Nutzen als Hilfssprache zuzubilligen, und stellte sogar in Zweifel, daß es in den unteren Schichten überhaupt ein wirkliches Bedürfnis nach übernationaler Kommunikation gebe.

3.3.2 Lenin und die nationale Frage

Gramsci sprach sein Urteil über Esperanto wenige Monate nach der Oktoberrevolution, durch die die Hoffnungen auf einen weltweiten Sieg der kommunistischen Idee gewaltig beflügelt wurden. Lenin, der Schöpfer des Sowjetstaates, rechnete damit, daß das Proletariat der fortgeschrittenen Länder dem russischen Beispiel bald folgen werde. Wie die Theoretiker vor ihm erwartete er, daß der Sozialismus nicht nur die »Aufhebung der Kleinstaaterei und jeder Absonderung von Nationen« bringen werde, »nicht nur Annäherung der Nationen, sondern auch ihre Verschmelzung« (168: XXI, 148). Da Lenin aber stets die besondere Situation im eigenen Land berücksichtigte und in den gegen die zaristische Russifizierungspolitik aufbegehrenden Minderheiten ein wichtiges revolutionäres Potential sah, hielt er es für unumgänglich, eine Revision der marxistischen Haltung in der nationalen Frage vorzunehmen. Gegen heftige Widerstände, so vor allem von Rosa Luxemburg, verteidigte er seine These vom »Selbstbestimmungsrecht für alle Nationen«, unter dem er auch das Recht unterdrückter Nationalitäten verstand, aus dem russischen Staatsverband auszuscheiden.

Die Ernsthaftigkeit der Absicht Lenins, das Vertrauen der nichtrussischen Völker zu gewinnen, zeigte sich nach der Machtergreifung auf keinem Gebiet so deutlich wie auf dem der Sprache. Lenin trat dafür ein, daß »die Bevölkerung mit Schulen versorgt ist, in denen in allen Landessprachen unterrichtet wird« (168: XIX, 420), und instruierte im Februar 1920 Stalin persönlich, in allen Militärbehörden der Ukraine Dolmetscher einzustellen: »Das ist unbedingt notwendig – in bezug auf die Sprache jedes Zugeständnis und größte Gleichberechtigung« (168: XXX, 365). Seine kompromißlose Haltung gipfelte in dem schon 1913 geprägten, bis heute in der Sowjetunion unvergessenen Satz: »Kein Privileg für *eine* Nation, für *eine* Sprache!« (168: XIX, 75).

Lenin lehnte allerdings jede Übertragung des Prinzips der

Selbstbestimmung auf die Partei strikt ab. Der Parteiaufbau müsse, schrieb er besondes an die Adresse der jüdischen Sozial-demokraten, streng zentralistisch sein. Die »Verschmelzung der Arbeiter der verschiedenen Nationalitäten in einheitlichen Or-ganisationen« (168: XIX, 420) sollte eine Art Prototyp des künftigen kommunistischen Weltstaates sein. Hieraus ergibt sich, daß für Lenin (wie für Marx) die Geschlossenheit der sozialistischen Bewegung Vorrang hatte und daß sich nach dem Sieg des Sozialismus innerhalb der einzelnen Nationalitäten diese wieder – freiwillig – zusammenschließen sollten.

Selbstbestimmung war also für Lenin eine Ausnahme vom allgemeinen Grundsatz des Zentralismus, die ihm aber »in Anbetracht des großrussischen erzreaktionären Nationalismus absolut notwendig« erschien (168: XIX, 496). Besonders scharf wandte er sich gegen eine »obligatorische Staatsspra-che«, d. h. gegen eine offen proklamierte Vorzugsstellung des Russischen. Gleichzeitig jedoch war er überzeugt, daß die Bewohner Rußlands, entfiele erst einmal jeglicher Zwang, selbst zur Einsicht gelangten, welche Vorteile ihnen die Kennt-nis der russischen Sprache brächte: »...und die Bedürfnisse des Wirtschaftsverkehrs werden von selbst diejenige Sprache eines gegebenen Landes *bestimmen,* deren Kenntnis im Interesse der Handelsbeziehungen für die Mehrheit *vorteilhaft* ist« (168: XX, 5).

Lenin scheint an eine ähnliche, von der Ökonomik diktierte Lösung des Problems der sprachlichen Kommunikation auf internationaler Ebene gedacht zu haben. Offenbar war er sich mit Kautsky, dessen Großmachtdenken er sonst verurteilte, in diesem Punkt einig. So findet sich in Lenins »Thesen für ein Referat zur nationalen Frage« (1914) eine von Kautsky über-nommene Übersicht über die steigende Bedeutung des Engli-schen, in geringerem Maße auch des Französischen und Deut-schen, der in Klammern der Satz beigefügt ist: »Weltsprache wird vielleicht Englisch sein, vielleicht + Russisch« (169: 319). Ähnlich äußerte sich Lenin kurz nach der Revolution, als er von dem Stockholmer Bürgermeister Carl Lindhagen gefragt wurde, ob die Sowjetregierung bereit wäre, einer internationalen Konvention über die Einführung einer Weltsprache – Lindhagen dachte an Esperanto – an allen Schulen beizutreten. »Wir haben bereits drei Weltsprachen«, lautete die knappe Antwort Lenins, »und Russisch wird die vierte« (173: 79).

Daß in Lenins Theorie eine Sprache wie Esperanto keinen Raum hatte, läßt sich vielleicht am deutlichsten seinen Ausführungen zur »internationalen Kultur« entnehmen. Er verstand darunter die Verbindung der demokratischen und sozialistischen Elemente der einzelnen Nationalkulturen, keineswegs – wie jüdische Sozialisten ihm unterstellt hatten – eine »anationale Kultur, die weder russisch noch jüdisch noch polnisch, sondern nur reine Kultur sein darf« (168: XX, 8). Innerhalb jeder nationalen Kultur werde der Kampf zwischen den bürgerlichen und proletarischen Elementen in der »einheimischen« Sprache ausgetragen. Trotz der allmählichen Herausbildung des Internationalismus der Arbeiterklasse würden die nationalen Kulturen und Sprachen weiterbestehen. Eine ganz vom Nationalen losgelöste Kultur, als deren Ausdrucksmittel etwa Esperanto dienen würde, hat Lenin niemals vorgeschwebt.

Von sehr ablehnenden Äußerungen Lenins über Esperanto haben seine Frau Nadeshda Krupskaja und seine Schwester Maria Uljanowa berichtet. Zwei andere prominente Bolschewiki, Nikolaj Bucharin und Grigorij Sinowjew, warfen den Esperantisten einen leichtfertigen Umgang mit den Problemen von Sprache und Nation vor. Die sowjetische Esperanto-Bewegung hatte damit, was die theoretische Basis ihrer Arbeit anging, denkbar schlechte Startbedingungen. Und dennoch machte die Ausbreitung des Esperanto, wie wir gesehen haben, erstaunliche Fortschritte. Die Sprache diente als beliebtes Mittel zur Erleichterung des Kontakts zur Außenwelt, wie umgekehrt die Esperantisten ihren »naiven Kosmopolitismus« bereitwillig zur Stärkung des Ansehens der Sowjetunion unter ihren Sprachfreunden im Ausland einbrachten. Das Mißtrauen offizieller Stellen schwand in dem Maße, wie das Esperanto sich als ein brauchbares Mittel erwies, die von oben geförderte Idee der internationalen Arbeiterkorrespondenz mit Leben zu erfüllen. Die SEU konnte einige Jahre lang auch davon profitieren, daß die Partei in kulturellen Angelegenheiten einen gewissen Freiraum erlaubte und es nicht für notwendig oder sinnvoll hielt, die verschiedenen Formen künstlerisch-literarischer Betätigung ständig auf ihre Vereinbarkeit mit der Doktrin zu überprüfen.

Auch der Wandel in der sowjetischen Politik von der Hoffnung auf revolutionäre Umwälzungen in anderen Ländern zum binnenorientierten Aufbau des Sozialismus brachte für die Esperanto-Bewegung zunächst keine Erschwerungen ihrer Arbeit. Im Gegenteil: Im Bereich der Theorie wurden neue Prioritäten gesetzt, die den Zielen der Esperantisten entgegenzukommen schienen. Anlaß war eine Stellungnahme Stalins.

3.3.3 Marr und die Suche nach einer marxistischen Linguistik

Im Mai 1925 äußerte sich Stalin zu der Frage, wie das in der Sowjetunion gezielt geförderte Aufblühen der nationalen Kulturen und Sprachen zum kommunistischen Endziel einer einheitlichen Weltkultur beitrage. Mit der Formel »Proletarisch ihrem Inhalt, national ihrer Form nach – das ist die allgemeinmenschliche Kultur, der der Sozialismus entgegengeht« leugnete Stalin, daß es zwischen Zukunftsvision und Gegenwartspolitik irgendeinen Widerspruch gebe. Die über den »proletarischen Inhalt« wachende Partei bezeichnete er als ausreichende Garantin des Wegs zur universalen (bzw. gesamtsowjetischen) Gemeinschaft.

Stalin stellte zugleich bisher geltende internationalistische Perspektiven in Frage:

> Man redet davon (wie das zum Beispiel Kautsky tut), daß in der Periode des Sozialismus eine allgemeinmenschliche Einheitssprache geschaffen wird und alle anderen Sprachen absterben werden. Ich glaube nicht so recht an diese Theorie einer allumfassenden Einheitssprache.

Die Erfahrung spreche nicht für, sondern gegen diese Theorie, denn bisher habe die sozialistische Revolution die Zahl der Sprachen nicht vermindert, sondern vermehrt (197: VII, 119f.).

Stalins Absage an die Einheitssprache war für die sowjetischen Esperantisten keineswegs ein Rückschlag. Er distanzierte sich von Kautsky, der an die Universalisierung einer oder mehrerer Nationalsprachen gedacht hatte, und setzte die Herausbildung einer Einheitssprache mit dem Verschwinden aller anderen Sprachen gleich, was die Esperantisten gerade nicht anstrebten. Ihnen fiel es daher nicht schwer, Stalin dafür zu loben, daß er sich gegen jede assimilatorische Verdrängung von Sprachen ausgesprochen hatte.

Etwa zur gleichen Zeit wurde die Frage einer Weltsprache von Nikolaj Marr zur Diskussion gestellt, einem Sprachwissenschaftler, der in den kommenden Jahren viel von sich reden machte. Marr war bereits 1908 mit der These hervorgetreten, die kaukasischen Sprachen, das Baskische und das Sumerische bildeten zusammen die Überreste einer Sprachfamilie, die älter sei als die semitisch-hamitische und die indogermanische Gruppe. Für diesen ältesten Sprachstamm, schließlich für seine Theorie selbst verwandte Marr den Terminus »japhetitisch«. Aus der allgemeinen Beschäftigung mit Fragen von Entstehung und Entwicklung der Sprache überhaupt wurde dann eine »Neue Lehre von der Sprache«, die in der zweiten Hälfte der zwanziger Jahre immer lauter den Anspruch erhob, die Sprachwissenschaft von ihrer Abhängigkeit von der »bürgerlichen Indogermanistik« zu befreien und damit im Sinne eines wissenschaftlichen Marxismus grundlegend zu revolutionieren.

Marrs Interesse konzentrierte sich auf sprachhistorische Probleme, in Zusammenhang mit seinen Darlegungen zum durch sozioökonomische Veränderungen bedingten Sprachwandel aber äußerte er sich auch zu der Frage einer künftigen Weltsprache. Ausgehend von der These, daß die Menschheit von der Vielsprachigkeit zur Einsprachigkeit fortschreite, erklärte er, bei der Einheitssprache der Zukunft handele es sich nicht um eine der gegenwärtigen imperialistischen Weltsprachen, sondern um etwas gänzlich Neues. Die Massen hätten es selbst in der Hand, den Prozeß der sprachlichen Vereinheitlichung durch Eingriffe in die bestehenden Sprachen zu beschleunigen. Hierzu müßten sie erst noch von der Wissenschaft angeleitet werden. Da dies nicht schnell genug ginge, die Massen aber zur sprachlichen Einheit drängten, sei das Auftauchen verschiedener »Surrogate« wie Esperanto nicht verwunderlich.

Die Äußerungen Marrs ließen die sowjetischen Esperantisten aufhorchen – weit mehr noch als Stalins Kritik an Kautsky. Ihr Interesse an der Theorie nahm zu. Im Oktober 1926 gründete die SEU eine Zeitschrift, die vorwiegend Beiträge zu den theoretischen Fragen einer internationalen Sprache brachte. Schon in der ersten Nummer meldete sich der Esperantologe Jefim Spiridowitsch mit Thesen zu Wort, die bemerkenswert kämpferisch waren.

Spiridowitsch verwarf die Möglichkeit, daß die Sprachen unter dem Einfluß der ökonomischen Entwicklung »natürlich« zur Einheit gelangen würden. Zwar finde eine wachsende Internationalisierung der Wirtschaft, der Kultur und des Denkens statt; auch die Zahl internationaler Termini nehme zu. Doch seien die Nationalsprachen aufgrund ihrer »archaischen Struktur« nicht dazu geeignet, die fortschreitende Internationalität des Denkens vollständig widerzuspiegeln. Daher sei eine sprachliche Revolution, d.h. »die bewußte Einmischung der Vernunft«, erforderlich. Der Widerspruch zeige sich am deutlichsten in der Sowjetunion: Hier entwickelten sich entsprechend den Lehren Lenins die Sprachen der früher unterdrückten Völker zu Literatursprachen, doch bestehe andererseits ein wachsendes Bedürfnis nach einer einheitlichen Sprache. Überwunden werde dieser Widerspruch durch die Welthilfssprache, also durch Esperanto. Sie sei die Sprache der »Übergangsepoche«, in der sich die Nationen einander näherten, und bereite zugleich den Weg zur Epoche des Kommunismus vor, der Verschmelzung der Nationen, in der sich die – vollständig künstliche – Universalsprache herausbilden werde.

Dies war nicht bloß theoretisches Nacharbeiten, sondern gleich eine Offensive. Der etablierten Sprachwissenschaft warf Spiridowitsch vor, sie habe die Erforschung der Entwicklungsepochen der Sprache bisher vernachlässigt. Von ihr werde ignoriert, daß mit Esperanto eine neue Epoche angebrochen sei – eine Epoche, in der die Massen selbst sich ihres Hauptwerkzeugs, der Sprache, bemächtigten. Auch Reformer wie Marr weigerten sich, die Pionierleistung des Esperanto anzuerkennen. Um die Theorie der Welthilfssprache daher auf wissenschaftliche Grundlagen zu stellen, müsse eine neue, marxistische Linguistik geschaffen werden.

Spiridowitsch stand mit seiner Kühnheit nicht allein: Der führende Theoretiker der SEU war ihr Generalsekretär Dresen. Von ihm erschien Anfang 1928 im Moskauer Staatsverlag ein umfangreiches Buch, das die Geschichte der Versuche zur Schaffung einer Weltsprache beschrieb – Dresen stellte 217 vor Zamenhof und 245 nach ihm entstandene Projekte vor – und in dem er das Esperanto als Krönung der jahrhundertelangen Suche nach einer Weltsprache bezeichnete. Die Einleitung zu dem Werk schrieb – Marr, der Dresens Buch einen Beitrag »zur Materialsammlung für die angemessene Behandlung des Problems einer Weltsprache« nannte (127: 9).

Im gleichen Jahr veröffentlichte Marr eine Einführung in seine Lehre, die für die Esperantisten manche durchaus akzeptable Aussagen zur künftigen Weltsprache enthielt. Marr spricht darin von einer »für keine einzige Minute abwendbare[n] Frage des neuen internationalen gesellschaftlichen Aufbaus«; man müsse loskommen »von den beschränkten, gleichsam natürlichen Mitteln, die wir zur Verfügung haben« (119: 87). Sein Plädoyer für die Künstlichkeit der künftigen Weltsprache und die Ablehnung jeder Möglichkeit, daß irgendeine lebende Sprache die Rolle der Einheitssprache in der künftigen klassenlosen Gesellschaft spielen werde, boten einem Teil der sowjetischen Esperantisten Grund genug, in Marr so etwas wie einen Verbündeten zu sehen, ja ihn als Kronzeugen für die historische Korrektheit ihrer eigenen Bestrebungen zu nennen. Durch eine esperantosprachige Broschüre über die »Revolution in der

Sprachwissenschaft« (111) wurden die Ideen Marrs auch unter ausländischen Esperantisten popularisiert.

Ende der zwanziger Jahre schien der Zeitpunkt nicht ungünstig zu sein, die Zukunft des Esperanto mit dem Aufbau einer marxistischen Linguistik zu verknüpfen, da das gesamte kulturelle Leben der Sowjetunion damals in eine Periode der Umwälzung eintrat. Während des Ersten Fünfjahrplans (1928–1933), der die Grundlagen zur Industrialisierung legte, erlebte das Land eine neue Kulturrevolution. Bildungswesen, Literatur, Kunst und Wissenschaft sollten uneingeschränkt in den Dienst des sozialistischen Aufbaus gestellt werden. Die Partei setzte die Kultur verstärkt als Machtfaktor ein und beendete damit eine mehrjährige Periode relativer Ruhe im kulturellen Bereich.

Zugleich enthielt die Kulturrevolution aber auch Elemente spontanen Aufbegehrens gegen alle Überbleibsel der Vergangenheit und gegen vermeintliche Fehlentwicklungen nach der Oktoberrevolution. Ältere Visionen der kommunistischen Zukunftsgesellschaft erlebten eine Renaissance. Viele utopische Ideen, zu denen etwa Voraussagen eines Absterbens der Schule oder radikale Entwürfe der »sozialistischen Stadt« gehörten, fanden nach 1928 parteiamtliche Unterstützung und Förderung, was nicht selten eher eine Folge als eine Ursache ihrer Anziehungskraft auf die zum sozialistischen Aufbau mobilisierten Massen war. Nicht nur Zwang, auch echte Begeisterung trieb die Menschen zur Erfüllung der gesteckten Ziele. Das heldenhafte, opferreiche Ringen in den Jahren des Ersten Plans förderte den Glauben an eine bessere Zukunft im Kommunismus, und wer zur Konkretisierung der Utopie beitragen zu können glaubte, fühlte sich in der Aufbruchstimmung der Kulturrevolution dazu aufgerufen. So auch die sowjetischen Esperantisten: Ihnen schien die Aufgabe zugedacht, den Aspekt der Zukunft auszumalen, der das Problem der sprachlichen Verständigung betraf.

3.3.4 Stalin und Skrypnyk

Mitten in die Theoriediskussion über die Aufgaben einer marxistischen Linguistik platzte eine abermalige Stellungnahme Stalins zu den Fragen von Nation und Sprache im Sozialismus. Auf dem 16. Parteitag Mitte 1930 setzte er sich mit jenen »Abweichlern« auseinander, die die Zeit für gekommen hielten, »Schluß zu machen mit der Politik, die die nationalen Besonderheiten der Völker der UdSSR in Rechnung zieht, und überzugehen zur Politik der Assimilierung im Interesse ... des Internationalismus«. Wer eine solche Richtung befürworte, der mache sich des großrussischen Nationalismus schuldig, »noch dazu mit der Maske des Internationalismus und des Namens Lenins getarnt«. Stalin betonte die Dialektik des historischen Prozesses: Für die Gegenwart, d.h. die Periode des sozialistischen Aufbaus in der Sowjetunion, sei das »Aufblühen der nationalen Kulturen« charakteristisch; erst die Zukunft werde deren Verschmelzung »zu einer (nach Form wie nach Inhalt) gemeinsamen sozialistischen Kultur, mit einer gemeinsamen Sprache«, bringen (197: XII, 317, 322 f.).

Aber Stalin hatte die Überzeugungskraft seiner Dialektik überschätzt. Von einigen Parteitagsdelegierten wurde er gefragt, wie sich seine jüngste Erklärung denn mit der Rede von 1925 vertrage, in der er die »Theorie einer allumfassenden Einheitssprache« verworfen hatte. In seiner Antwort leugnete Stalin, daß es einen Widerspruch gebe. 1925 habe er Kautskys »national-chauvinistische Theorie« kritisiert, derzufolge etwa in der Sowjetunion alle Nationen »in einer einheitlichen *großrussischen* Nation mit einer *großrussischen* Einheitssprache« aufgehen würden. Die Frage des Absterbens der Nationalsprachen und ihrer Verschmelzung sei nämlich keine innerstaatliche, sondern eine internationale Frage; beim Aufbau des Sozialismus in *einem* Lande komme es zur vollen Entfaltung, keineswegs zum Absterben der Nationalsprachen. In diesem Punkt vertrete er die Leninsche Ansicht nach wie vor ebenso wie in bezug auf die »entferntere Perspektive«:

daß in der Periode des Sieges des Sozialismus im *Weltmaßstab,* wenn der Sozialismus bereits erstarkt sein und sich im Leben eingebürgert haben wird, die Nationalsprachen unweigerlich zu einer gemeinsamen Sprache verschmelzen müssen, die natürlich weder das Großrussische noch das Deutsche, sondern etwas Neues sein wird. (197: XIII, 4)

Auch wenn Stalin dies bestritt, kann nicht übersehen werden, daß sich seine Meinung im Laufe der Jahre geändert hatte. 1925 hatte er ausschließlich das durch die sozialistische Revolution bewirkte Aufblühen der Nationen und Sprachen betont und die Möglichkeit einer künftigen Einheitssprache verworfen. Seine Dialektik kann nicht darüber hinwegtäuschen, daß er damals keine Unterscheidung zwischen der Situation vor und nach dem weltweiten Sieg des Sozialismus gemacht hatte – daß somit seine Rede auf dem Parteitag der Versuch war, nachträglich seine für einen Marxisten nahezu ketzerische Absage an die künftige Verschmelzung der Völker und Sprachen zu verschleiern.

1930 nun hielt es Stalin für notwendig, seinen Widerstand gegen eine forcierte Assimilierungspolitik zwar zu bekräftigen, ihn jedoch mit einer Wiederbelebung der internationalen Perspektive zu verbinden. Dies mußte auf die Esperantisten höchst anregend wirken. Die Parteitagsäußerungen waren ein Fortschritt gegenüber der Rede von 1925. Stalin lieh der Idee einer Einheitssprache seine Unterstützung und befreite sie gleichzeitig von den Merkmalen, die für Esperantisten und Vorkämpfer der Rechte kleiner Völker unannehmbar waren. Die Entwicklung zur Einheitssprache erschien nicht mehr als Prozeß des Aussonderns einer oder mehrerer großer Nationalsprachen. Vielmehr charakterisierte Stalin die künftige Weltsprache als »etwas Neues«, als eine Sprache neuen Typs. Damit hatte er offenkundig eine Position eingenommen, die mit der Marrs weitgehend übereinstimmte.

Dennoch konnten sich die Esperantisten über Stalins Prognose nicht so recht freuen. Ganz abgesehen von den aufs äußerste gespannten Beziehungen zur SAT sahen sie sich zu ebendieser

Zeit im eigenen Land dem unerwartet heftigen Angriff eines hohen Parteifunktionärs ausgesetzt. Ende Mai 1930 hatte der ukrainische Volkskommissar für Bildung, Mykola Skrypnyk, eine Rede gehalten, die unter dem Titel »Esperantisierung oder Ukrainisierung?« veröffentlicht wurde. Die Rede handelte von Fortschritten und Hindernissen im Prozeß der Verbreitung der ukrainischen Sprache in der Ukraine – einem Prozeß, durch den das jahrhundertealte Erbe der Russifizierung beseitigt werden sollte.

Zu den von Skrypnyk genannten Hindernissen zählte die Theorie des Anationalismus. Daß in einigen Schulen als Alternative zur Ukrainisierung Esperanto unterrichtet wurde, diente ihm als Beispiel für das Bestreben, unmittelbar den Sprung zur Einheitssprache zu machen und – im Namen des Internationalismus – die Bedeutung der nationalen Kulturen und Sprachen im Zeitalter des Aufbaus des Sozialismus herabzumindern. Damit werde, sagte Skrypnyk, die Existenz der Muttersprache für Millionen Werktätige geleugnet, mit deren Hilfe das kulturelle Niveau der Massen gehoben werden müsse. Wer sich für den Esperanto-Pflichtunterricht an den Schulen einsetze, habe den kleinbürgerlichen Wunsch, der Ukrainisierung auszuweichen. Wenn die Esperantisten für eine besondere internationale oder gar nationslose Kultur plädierten und diese der nationalen Kultur der Massen entgegenstellten, dann müsse eine solche Theorie bekämpft werden, denn sie sei weder proletarisch noch kommunistisch noch international, sondern reaktionär und falsch (189: 185–191).

Was hatte diese Attacke zu bedeuten? Skrypnyk, ein Altbolschewik, berief sich stets auf den Leninschen Grundsatz, daß der Klassenkampf ein internationales Phänomen sei und nationale Empfindungen den Vormarsch der proletarischen Revolution behinderten. Er opponierte daher konsequent gegen den russischen Chauvinismus, vor allem in der Ukraine, aber auch gegen den ukrainischen Nationalismus, wenn dieser die Solidarität der Sowjetrepubliken zu schwächen drohte. Der Politik Stalins in der nationalen Frage mißtraute Skrypnyk; er hatte ihm bereits 1923 vorgeworfen, durch die Gleichsetzung zweier Nationalismen, d.h. »des herrschenden Großmacht-Nationalismus und des Nationalismus der ehemaligen unterdrückten Nationalitäten«, den vordringlichen Kampf gegen den »großrussischen Chauvinismus« zu vernachlässigen und mehr den »Wunsch unserer sowjetischen Apparate nach dem ›Einheitlichen, Unteilbaren‹« zu realisieren (172: 115 f.).

Seit Ende 1929 wuchs Skrypnyks Besorgnis darüber, daß sein Programm der Ukrainisierung, obwohl im Rahmen der Loyalität zum gesamtsowjetischen sozialistischen Vaterland bleibend, als Aufmunterung zu nationalistischer Opposition hingestellt werden könnte. Und in diesem Licht ist seine Kritik am Anationalismus zu sehen. Sie richtete sich gegen die von ihm beobachtete Tendenz, Esperanto als Befreiung von den Nationalsprachen, als Ersatz der Nationalsprachen durch eine einzige, internationale Sprache anzupreisen. Doch rief Skrypnyk, dessen Sekretär selbst Esperantist war, nicht zu grundsätzlicher Bekämpfung des Esperanto auf. Er gestand ihm einen gewissen Wert als Mittel internationaler Kommunikation zu und ermahnte die Esperantisten sogar, ihre sprachliche Kompetenz zu verbessern.

Es ist eher zu bezweifeln, ob es wirklich Gefahren von seiten der Esperantisten im engeren Sinne waren, die Skrypnyk bewogen, vor dem Anationalismus zu warnen. Wahrscheinlicher ist, daß sein Angriff auf »das Bestreben, zu einer einheitlichen Sprache überzugehen«, eine verhüllte Kampfansage an den großrussischen Chauvinismus war, in dem er mehr denn je eine Bedrohung der ukrainischen Eigenständigkeit erblickte. Wie aktuell dieses Thema war, zeigt sich daran, daß Skrypnyks Rede am Vorabend des 16. Parteitags veröffentlicht wurde.

Auf diesem Parteitag nun bezeichnete Stalin den großrussischen Chauvinismus als Hauptgefahr. All diejenigen, die die Zeit für reif hielten, den Prozeß des Aufblühens der Nationen zu bremsen und zum »Internationalismus« überzugehen, wurden von ihm der Abweichung von den Lehren Lenins beschuldigt. Stalin versuchte so, die über zentralistische und assimilatorische Tendenzen beunruhigten Parteimitglieder nichtrussischer Nationalität zu beschwichtigen, und in der Tat scheint er auch die Besorgnisse Skrypnyks vorerst zerstreut zu haben.

Zwischen Skrypnyks Warnung vor der »Esperantisierung« und Stalins Absage an einen voreiligen Internationalismus stellten die sowjetischen Esperantisten alsbald einen Zusammenhang her. Noch im Jahre 1930 erschien eine Broschüre, die in Esperanto-Übersetzung die Parteitagsreden Stalins zur nationalen Frage enthielt. Das Vorwort dazu schrieb Dresen, der gleich eingangs Skrypnyk zitierte und aus dessen Vorwürfen wie aus den Worten Stalins für die sowjetischen Esperantisten die Lehre zog, daß es nicht möglich sei, Esperanto den Nationalsprachen entgegenzusetzen und als eine Sprache zu behandeln, die bereits jetzt die Bildung einer eigenen anationalen Kultur bewirken könne (198: 7).

Trotz des Schocks, den Skrypnyks Artikel bei den Esperantisten ausgelöst hatte, beschränkte sich ihre Reaktion keineswegs auf Selbstkritik. Stalin hatte ja schließlich gerade eine phantasieanregende Prognose über die Zukunft der Sprachen und Nationen gegeben. Nachdem Marrs Thesen den Esperantisten als Ansporn zu mehr theoretischer Arbeit gedient hatten, fühlten sie sich durch die ganz ähnlich klingenden Bemerkungen Stalins aufgerufen, noch intensiver als bisher zur Klärung der Frage beizutragen, wie sich die Entwicklung zur weltweiten Einheitssprache vollziehe. Dabei wurden von Spiridowitsch besonders zugespitzte Thesen aufgestellt. In einer Artikelserie, »Sprachwissenschaft und internationale Sprache«, die 1931 auch als Buch erschien, stellte er dezidiert fest, von einer marxistischen Linguistik könne nur dann die Rede sein, wenn sie sich eindeutig zu dem Standpunkt bekenne, »daß so, wie einst die Bourgeoisie eine neue Sprache der Epoche – die nationale Literatursprache – zu schaffen hatte, heute das Proletariat an der Schwelle der proletarischen Weltrevolution ebenfalls vor der Aufgabe steht, die Sprache seiner Epoche zu schaffen« (193: 3). Die bürgerliche Sprachwissenschaft habe hauptsächlich das Ziel verfolgt, für die »Assimilierung der ›Völker und Stämme‹

zu wirken«; vom Proletariat aber, das begonnen habe, die Sprachen unterdrückter Völker zu nationalen Literatursprachen zu entwickeln, werde die Linguistik nunmehr »vor allem als Wissenschaft von der Schaffung einer internationalen Sprache« benötigt (193: 9, 13). Mit seinem Kampf gegen das Großmachtdenken der Indogermanistik habe Marr den Anfang gemacht, in entscheidenden Punkten bleibe er jedoch in Halbheiten stecken. So mißachte er wegen seiner Vorliebe für mündliche Sprachen, die ihm als Material zu seinen paläontologischen Forschungen dienten, die historisch nicht mehr umkehrbare Entwicklungsstufe der nationalen Literatursprachen. Am schwerwiegendsten erscheint Spiridowitsch, daß Marr den zur weltweiten Einheitssprache führenden Prozeß nicht näher beschreibe, ganz zu schweigen davon, daß er »das Problem der Übergangssprache, der internationalen Hilfssprache«, völlig ignoriere. Wenn Marr dann auch noch das »individuelle« Schaffen einer künstlichen Sprache kritisiere und vollständig übersehe, daß das Esperanto seinen Erfolg gerade kollektivem Schaffen verdanke, so könne die Schlußfolgerung nur sein: »Obwohl die japhetitische Theorie einen großen Beitrag zur marxistischen Sprachwissenschaft geleistet hat, kann sie dieser Wissenschaft nicht zugrunde gelegt werden« (193: 57).
Spiridowitsch ist überzeugt, daß die marxistische Überarbeitung der Sprachwissenschaft längst begonnen habe. Er meint damit die durch das Esperanto eingeleitete sprachliche Revolution. Der »geniale Linguist« Zamenhof habe intuitiv die Bedürfnisse der Epoche erkannt und die theoretischen Grundlagen der proletarischen Bewegung für eine internationale Sprache gelegt. Das Prinzip der Einfachheit »für die Nichtgebildeten« habe den Zugang der »breitesten Massen« zum Esperanto ermöglicht, und durch seinen Verzicht auf die Autorenrechte habe Zamenhof die Bedingungen für ein »lebendiges kollektives Massenschaffen« hergestellt. Inzwischen sei das Esperanto bereits zum »Träger einer neuen Kultur, der Kultur des Proletariats«, geworden (193: 67f., 81f.). In der Übergangsepoche zum Kommunismus werde sich die Sprache immer weiter ver-

vollkommnen, während parallel dazu und in »Wechselwir-
kung« der Prozeß der Schaffung der nationalen Literatursprachen der zurückgebliebenen Völker fortschreite. In Anlehnung
an Stalins These, daß durch das Aufblühen der Nationen die
Bedingungen für deren Absterben geschaffen würden, argumentiert Spiridowitsch, »daß die umfassende Entwicklung der
Nationalsprachen in dieser Epoche nur die dialektische Voraussetzung für die Einheitssprache der Zukunft, der *baldigen
Zukunft,* ist« (193: 96). Der revolutionäre Übergang von
mündlichen Dialekten zu nationalen Literatursprachen sei nur
eine Etappe auf dem Wege zu einer noch größeren Revolution
in der Sprache, nämlich der der »Schaffung einer einheitlichen
Universalsprache für die nationslose Gesellschaft der kommunistischen Epoche«. Diese zweite sprachliche Revolution zu
vollenden müsse daher die »echte Kampfeslosung« einer marxistischen Sprachwissenschaft sein (193: 98, 100).

3.3.5 »Thesen zur internationalen Sprache«

Während Spiridowitsch den Esperantisten die Rolle einer revolutionären Avantgarde der Linguistik zuwies, ging auch Dresen
auf Distanz zu Marr, dem Propheten einer künstlichen Weltsprache, der sich als nur halbherziger Sympathisant des Esperanto entpuppt hatte. Zusammen mit einigen jüngeren Sprach-
wissenschaftlern rief Dresen bald nach dem 16. Parteitag
die Gruppe »Jasykowednyj Front« (Sprachwissenschaftliche
Front), abgekürzt »Jasykfront«, ins Leben, die einerseits dem
»prinzipienlosen Eklektizismus« der Indogermanistik, andererseits den »mechanischen Tendenzen« der japhetitischen Theorie den Kampf ansagte. Die Jasykfront erhob unzweideutig den
Anspruch, den Aufbau einer marxistischen Linguistik nunmehr
in Konkurrenz zur Schule Marrs voranzutreiben. Dresens Beteiligung zeigte, daß er sich von der Jasykfront auch eine theoretische Rückendeckung für die Esperanto-Bewegung versprach.
Einige Zeit sah es so aus, als werde sich diese Hoffnung
erfüllen. Anhänger der Jasykfront begannen Lehrstühle, wis-

senschaftliche Institute und Zeitschriften zu erobern. In scharfer Polemik gegen Marr wurden die Schwächen der »Neuen Lehre« aufgedeckt; dabei ließ die Jasykfront erkennen, daß sie nicht die Absicht hatte, sämtliche Errungenschaften der bisherigen Sprachwissenschaft, namentlich die der soziologischen Richtung, über Bord zu werfen. Doch schon im Laufe des Jahres 1932 zeigte sich, daß Marr und seine Schüler in der Partei über einen Rückhalt verfügten, der durch die jungen Linguisten der Jasykfront nicht mehr erschüttert werden konnte. Marrs Karriere näherte sich zu ebendieser Zeit ihrem Zenit: 1930 zum Vizepräsidenten der Akademie der Wissenschaften aufgestiegen, war er bei deren politisch motivierter Reorganisation für die Partei unentbehrlich. Wieweit seine japhetitische Theorie marxistisch zu nennen war, erschien zweitrangig angesichts ihres unbestreitbar revolutionären Charakters sowie der Tatsache, daß Marr als der kompromißlosere Gegner der alten, bürgerlichen Sprachwissenschaft auftrat. Die Jasykfront hingegen machte sich gerade durch ihre »mittlere Position« verdächtig; vom Vorwurf, bei ihren Anhängern handele es sich um verkappte Indogermanisten, war kein weiter Weg mehr zu dem vernichtenden Verdikt, die Jasykfront sei »das Banner der sich maskierenden Reaktion der Sprachwissenschaft, das Banner unserer Feinde« (139: 43).

Die Jahre 1931/32 zeigten, daß Marrs Stellung weder durch die Angriffe der Jasykfront noch durch die Kritik der Esperantisten am Fehlen einer »Anleitung zum Handeln« ins Wanken geriet. Denn es war gerade die Unbestimmtheit seiner Theorie, die Stalins Intentionen entgegenkam. Hätte Marr, aufbauend auf seiner Theorie von Ursprung und Zukunft der Sprache, ein sprachpolitisches Konzept zu verkünden versucht, so wäre die Kluft zwischen dem internationalistischen Charakter der japhetitischen Lehre und den tatsächlichen Entwicklungstendenzen in der Sowjetunion sehr schnell offenkundig geworden. Je intensiver über Wege zur Universalsprache diskutiert wurde, desto schärfer drohte erkennbar zu werden, daß zwischen Theorie und Praxis Widersprüche bestanden.

Für Stalin war es, wie wir gesehen haben, nicht einfach gewesen, seinen Zuhörern auf dem Parteitag das dialektische Verhältnis zwischen dem Aufblühen der Nationen in der Sowjetunion der Gegenwart und ihrer Verschmelzung im kommunistischen Weltsystem der Zukunft einsichtig zu machen. Noch gesteigert wurde die Verwirrung angesichts der Widersprüche, die sich innerhalb der Sowjetunion selbst, in dem angeblich vor allem durch ein »Aufblühen der Nationen« gekennzeichneten Prozeß, zeigten. Daß sich die nationalen Kulturen nicht völlig ungehindert entfalten sollten, hatte Stalin bereits mit seiner Formel »national der Fórm, sozialistisch dem Inhalt nach« angedeutet. Das Nationale hatte dort seine Grenzen, wo der Vorrang des Sozialismus bedroht schien. Aber die Unterscheidung zwischen »nationaler Form« und »sozialistischem Inhalt« büßte jede Überzeugungskraft ein, wenn sich die Konturen verwischten, d.h. wenn sich der »sozialistische Inhalt« mit nationalen Symbolen füllte. Und ebendiese Entwicklung zeichnete sich seit Ende 1931 ab: Der für die Völker der Sowjetunion verbindliche »sozialistische Inhalt« füllte sich mehr und mehr mit russischen Symbolen.

Der Zwang zur Befriedigung der Kommunikationsbedürfnisse innerhalb der Sowjetunion hatte längst zur herausgehobenen Stellung der russischen Sprache geführt. Die Nationalitäten sollten sich zur Verständigung untereinander des Russischen bedienen und standen zunehmend unter Druck, das Russische zu erlernen. Immer mehr russische wissenschaftlich-technische Termini drangen in die Minderheitensprachen ein, und die Partei ließ keinen Zweifel daran, daß sie auf das Ziel hinarbeitete, allen Sowjetbürgern die Möglichkeit zu geben, die Werke Lenins und Stalins und die Beschlüsse der Partei im Original zu lesen und sich das allein durch die russische Sprache vermittelte technische Wissen anzueignen. Zwar hatte Stalin die Angehörigen der nichtrussischen Nationalitäten umworben, indem er den Grundsatz des Aufblühens der Nationen bekräftigte und den »Großmachtchauvinismus« verurteilte, und er hatte eine internationalistische Zukunftsprognose gegeben. Aber – und dies mußte für die sowjetischen Esperantisten desillusionierend sein – die Widersprüche zwischen offizieller Theorie und geübter Praxis traten immer deutlicher zutage. Nicht nur, daß Stalin an Vorarbeiten für die künftige Universalsprache völlig uninteressiert war: In der praktischen Politik entfernte er sich immer weiter von jenem Prinzip der Gleichberechtigung aller Völker der Sowjetunion, auf das sich die Esperantisten gestützt hatten, um für ihre Sprache als neutrales Kommunikationsmittel, als Zweitsprache auch für die Sowjetbürger untereinander, zu werben.

In dieser Situation drohte weiteres Theoretisieren den Widerspruch zur Realität nur noch mehr hervorzuheben und so die Politik der Partei zu behindern. Stalin selbst war sich einer solchen Gefahr bewußt. Im Oktober 1931 bezog er zur Frage des richtigen Verhältnisses von Theorie und Praxis unmittelbar Stellung. In einem Brief, der an Historiker gerichtet war, die Lenins Haltung vor dem Ersten Weltkrieg angeblich allzu »objektivistisch« behandelt hatten, verdammte er die Neigung kommunistischer Intellektueller zum »fruchtlosen Theoretisieren« und ihr Vertrauen auf »papierne Dokumente«: »Wer, außer Archivratten, begreift nicht, daß Parteien und Führer vor allem auf Grund ihrer *Taten* geprüft werden müssen und nicht nur auf Grund ihrer Deklarationen?« (197: XIII, 86).

Stalins Brief löste unter Wissenschaftlern und Intellektuellen eine Welle der Selbstkritik aus. Auch die Esperanto-Bewegung wurde zu einer peinlichen ideologischen Einkehr gebracht. Anfang 1932 wurde die Gründung einer »Brigade« beim ZK der SEU bekanntgegeben, deren Aufgabe es sei, »mit dem eisernen Besen der Selbstkritik« ein für allemal die in der sowjetischen Bewegung noch vorhandenen Irrtümer, Verfälschungen und Abweichungen, darunter insbesondere Restbestände anationalistischen Denkens, hinwegzufegen. Mit ausdrücklichem Bezug auf Spiridowitsch rückte die SEU von der Kampfeslosung ab, daß im Mittelpunkt der marxistischen Sprachwissenschaft die Sprache der neuen, proletarischen Epoche, die internationale Sprache, zu stehen habe. Von zentraler

Bedeutung sei vielmehr der Prozeß des Aufblühens der »ihrer Form nach nationalen und ihrem Inhalt nach sozialistischen Kulturen«. Unmißverständlich hieß es, die Rolle des Esperanto dürfe nicht überbetont werden.

Einen ähnlichen Tenor hatte ein vom Moskauer Institut für Sprachwissenschaft (das zu jener Zeit der Jasykfront nahestand) veröffentlichtes Papier »Thesen zur internationalen Sprache«, das von den Theoretikern der SEU als epochemachendes Dokument gefeiert wurde, weil sich damit die marxistische Sprachwissenschaft dem Esperanto endlich ernsthaft zugewandt habe. In der Tat mahnte das Thesenpapier, Esperanto dürfe weder ignoriert noch »als totgeborenes Produkt, ausschließlich als kleinbürgerliche Utopie« hingestellt werden. Versuche, »die Frage nach einer gemeinsamen Sprache zum gegenwärtigen Zeitpunkt als nächste Aufgabe zu stellen«, seien jedoch »verfrüht und deshalb utopisch«. Selbst ein wesentlicher Beitrag des Esperanto zur Schaffung der künftigen gemeinsamen Sprache wird verneint: »Die Annäherung der nationalen Sprachen, die zu einer einheitlichen Weltsprache führt, vollzieht sich unabhängig vom Esperanto.«

Blieb somit die Bedeutung des Esperanto auf die Rolle eines bescheidenen Hilfsmittels in der Gegenwart reduziert, so war dieser immerhin positive Standpunkt mit einer Fülle ideologischer Mahnungen verknüpft. Warnend wurde daran erinnert, in welchen Vorstellungen Esperanto wurzele:

> Die schöngeistigen Bestrebungen des Doktor Zamenhof und der bürgerlichen Esperanto-Propagandisten nach Brüderlichkeit der Völker und weltweiter Harmonie sind objektiv, wie auch alle anderen kleinbürgerlichen Illusionen, ein Hilfsmittel des Imperialismus.

Der ideologische Inhalt des Esperanto bedürfe daher einer gründlichen Umgestaltung. Der Zustrom von klassenbewußten Arbeitern habe zwar das Gewicht der »proletarischen Elemente in der Sprache« verstärkt, die sowjetischen Esperantisten müßten aber noch erhebliche Anstrengungen »zur klassenmäßigen

Differenzierung« der Bewegung innerhalb und außerhalb der Sowjetunion unternehmen (202: 116ff.).

Während die SEU sich mit den Thesen, in denen auch an Marr Kritik geübt worden war, einverstanden erklärte, stimmte Spiridowitsch nicht in den Chor derjenigen ein, die das Dokument als richtungweisend für die sowjetische Bewegung begrüßten. Er war darin wegen seiner »Formel« attackiert worden, daß »der Aufbau einer künftigen Sprache« im Vordergrund aller sprachwissenschaftlichen Arbeit zu stehen habe. In einer Zeit, so die Thesen, »in der alle unsere Kräfte zur Unterstützung des ›Aufblühens‹ der nationalen Sprachen eingesetzt werden müssen«, komme diese Formel den Interessen der Anhänger des »Großmachttums« entgegen. In seiner Antwort gab Spiridowitsch zu, »schwere Fehler« begangen zu haben. So sei von ihm die Frage des »proletarischen Charakters« in den vom Proletariat geschaffenen Literatursprachen völlig umgangen worden, was indirekt das Eingeständnis bedeutete, dem progressiven Einfluß des Russischen auf den Wortschatz der einst zurückgebliebenen Minderheitensprachen keine Beachtung geschenkt zu haben. Aber insgesamt lief Spiridowitschs Replik darauf hinaus, sein zentrales Argument zu rechtfertigen, daß die Orientierung am Ziel des weltweiten Aufbaus des Kommunismus auch für die Sprachwissenschaft zu gelten habe. Gestützt auf ein Lenin-Zitat beharrte Spiridowitsch darauf, daß sich das Proletariat auf das Endziel ausrichten müsse; dadurch werde es keineswegs seiner dialektischen Fähigkeit beraubt, die ihm in der Gegenwart gestellten Aufgaben zu erkennen und zu lösen. Dies hätten die Autoren der »Thesen« nicht begriffen, wenn sie ihm, Spiridowitsch, »linksradikale« Flucht vor den Erfordernissen der Übergangsperiode vorwürfen. Sie betrachteten offenbar das Aufblühen der Nationen und Sprachen in der Gegenwart »nicht als Etappe beim Aufbau des Kommunismus, sondern gleichsam als etwas Selbstgenügsames«, während er in diesem Prozeß eine »notwendige Stufe für den Aufbau der künftigen Weltsprache« sehe (194: 157ff.).

3.3.6 Das Ende der Theoriediskussion

Mit Spiridowitschs Appell, über den Erfordernissen der Gegenwart die Zukunftsvision nicht zu vergessen, endete die Theoriediskussion über Mittel und Wege zur Einheitssprache des Kommunismus. Hatte Spiridowitsch es bei den Autoren der Thesen noch mit Gegnern zu tun gehabt, die wie er selbst von Marr abgerückt waren, so sollte er kurz darauf neue Angriffe erfahren, die diesmal von den Anhängern Marrs kamen und nicht nur gegen ihn, Spiridowitsch, sondern auch gegen Dresen und die ganze Jasykfront gerichtet waren. In einem Aufsatz »Ein Anschlag der bürgerlichen Agentur in der Sprachwissenschaft«, der in einem »Gegen bürgerliche Schmuggelware in der Sprachwissenschaft« betitelten Sammelband enthalten war (141: 129 ff.), wurde an den Werken Dresens und besonders Spiridowitschs überaus heftige Kritik geübt. Der Aufsatz stellte die rhetorische Frage: »Darf in der Epoche der Diktatur des Proletariats ein solcher mit der revolutionären Phrase vom Esperanto als der Sprache des Proletariats verhüllter Formalismus überhaupt zugelassen werden?« Das Autorenkollektiv sprach Dresens und Spiridowitschs Theorieübungen jegliche Übereinstimmung mit dem Marxismus ab. Die internationale Sprache entwickele sich erst auf der Grundlage einer einheitlichen Weltwirtschaft in der Epoche des entfalteten Kommunismus und werde eine Sprache völlig neuer Qualität sein, »die alle großen Leistungen der Nationalsprachen in sich aufgenommen haben wird«. Am Esperanto wird kaum ein gutes Haar gelassen, sein Anspruch, »Sprache des Proletariats« zu sein, wird scharf zurückgewiesen: »Daß Proletarier internationalen Briefverkehr in ihr betreiben, macht sie noch nicht proletarisch.« Die Bücher Dresens und Spiridowitschs (dessen »marxistische Phraseologie« wurde als besonders aufreizend empfunden) seien schädlich, »da sie einen Anschlag des Klassenfeindes im linguistischen Bereich der ideologischen Front darstellen«.

Gegen Widersacher, die im Zeitalter des entwickelten Stalinismus solch schweres ideologisches Geschütz auffuhren, blieb keine Möglichkeit der Verteidigung mehr. Noch im Jahre 1932 wurde den sowjetischen Esperantisten klar, daß sie sich mit der Jasykfront einen Bundesgenossen erwählt hatten, der sich in dem Ringen um die marxistische Sprachwissenschaft gegen die Anhänger Marrs nicht durchsetzen konnte, und daß jede weitere Beteiligung an der Theoriediskussion das Risiko des Vorwurfs ideologischer Nonkonformität in sich barg. Sie hatten dafür genügend Parallelen vor Augen. Wie die Auflösung der Russischen Assoziation Proletarischer Schriftsteller (RAPP) im April 1932 zeigte, paßte das Beharren auf einem proletarischen, klassenmäßigen Standpunkt nicht mehr in die Zeit am Ende des Ersten Fünfjahrplans. Die Partei hatte ihre Herrschaft inzwischen so sehr gefestigt, daß sie es sich leisten konnte, von der Losung des verschärften Klassenkampfes abzurücken. Eine Herausstellung des »Proletariats« war nicht mehr nötig, nachdem das Volk in einem gewaltigen Opfergang, aber nicht ohne eigenen Aufbauwillen, zu einem einigen Sowjetvolk zusammengeschweißt worden war.

Die marxistischen, hochpolitisierten Intellektuellen verloren an Einfluß. Dafür kamen die »Mitläufer« wieder zu Ehren: Bürgerliche Spezialisten rückten in wirtschaftliche Führungspositionen. Administrative Tüchtigkeit, verbunden mit ideologischen Lippenbekenntnissen, stand in höherem Kurs als kulturrevolutionärer Eifer und Kenntnisse der marxistischen Theorie. Das kommunistische Utopia bot zwar noch immer einen Quell der Begeisterung für das Unternehmen des sozialistischen Aufbaus, trat gegenüber den Tagesaufgaben aber in den Hintergrund. Seinen Charakter auszumalen erschien unstatthaft, denn die Partei wußte sehr wohl, welch unruhestiftenden Keim die Utopie enthielt und wohin es führen könnte, wenn man versuchte, die Gegenwart stets an marxistischen Zielvorstellungen zu messen.

Neben der Furcht vor einer heillosen Verstrickung in höchst brisante theoretische Auseinandersetzungen lieferte den Esperantisten die seit 1931 erkennbare Kursänderung in der Nationalitätenpolitik Grund zum Schweigen. Obwohl Stalin eben noch von den nationalistischen Abweichungen den großrussischen Chauvinismus als Hauptgefahr bezeichnet hatte, gingen die Schläge der Moskauer Führung nunmehr ausschließlich gegen die andere Form der Abweichung – gegen den »örtlichen Nationalismus«. Von geradezu symbolischer Bedeutung war die Entwicklung in der Ukraine. Nach monatelangen heftigen Angriffen mußte Skrypnyk im Februar 1933 sein Amt als Volksbildungskommissar abgeben. Im Juni wurde er vom ZK der KP der Ukraine ultimativ aufgefordert, sich von seiner »nationalistischen Abweichung« öffentlich loszusagen. Skrypnyk weigerte sich und wählte kurz darauf als letzten Ausweg den Selbstmord.

Skrypnyks Verschwinden war besonders für die Esperantisten in der Ukraine ein schwerer Schlag, denn von allen Sowjetführern war er der einzige gewesen, der dem Esperanto – trotz Kritik am Übereifer der Esperantisten – eindeutig das Recht auf Ausbreitung in der Sowjetunion zugestanden hatte. Sein Tod und die neue Stoßrichtung Stalins gegen den örtlichen Nationalismus beleuchteten dramatisch, wie sehr sich die Haltung der Partei in der nationalen Frage gewandelt hatte – innerhalb weniger Jahre seit jener Warnung Stalins vor dem großrussischen Chauvinismus, durch die Skrypnyks damalige Befürchtungen ausgeräumt werden sollten. Auf dem 17. Parteitag, im Januar 1934, nahm Stalin bei der Nennung der Gefahren in der Nationalitätenfrage einfach eine Neugewichtung vor: Unter Hinweis auf Skrypnyks Abweichung bezeichnete er die Ukraine als Beispiel dafür, daß das friedliche Zusammenleben der Völker der Sowjetunion nunmehr am stärksten vom örtlichen Nationalismus bedroht werde.

Abgesehen von dieser umgekehrten Reihenfolge der nationalistischen Abweichungen stellte Stalin jedoch keine neuen Grundsätze für die sowjetische Nationalitätenpolitik auf. Nach wie vor galt sein Diktum, daß in der Sowjetunion die nationalen Kulturen und Sprachen aufblühen müßten, damit so die Bedingungen für ihre Verschmelzung in der kommunistischen Weltgesellschaft geschaffen würden. Für Stalin war die Zeit noch nicht gekommen, die offizielle Theorie der neuen Realität anzupassen, obwohl längst nicht nur die Zukunftsvision verblaßt war, sondern sich auch in der Gegenwart die Gewichte verschoben hatten – vom gleichberechtigten Aufblühen der Nationen hin zu einem immer mehr mit russischen Symbolen angefüllten gesamtsowjetischen Patriotismus. Unter diesen Bedingungen gingen die Bemühungen der sowjetischen Esperantisten, sich als revolutionäre Avantgarde im Kampf für die Einheitssprache der Zukunft zu profilieren, ins Leere. Wie die These vom »Absterben des Staates« für die Gegenwart irrelevant war, so lag auch die Vereinheitlichung der Nationen und Sprachen in weiter Ferne; beides hatte Stalin schon 1930 deutlich zu verstehen gegeben. Ebensowenig realitätsnah war das Bestreben, Esperanto als notwendige Hilfssprache neben den »aufblühenden« Nationalsprachen zu propagieren, denn die Funktion einer zwischennationalen Verständigungssprache wurde mehr und mehr vom Russischen übernommen.

Indem die Esperantisten an das kommunistische Endziel erinnerten und für die Gegenwart auf der Gleichberechtigung aller Sprachen in der Sowjetunion bestanden, rührten sie an gefährliche Tabus. Denn – unbeabsichtigt – zeigten sie auf, wie sehr in der nationalen Frage Theorie und Wirklichkeit auseinanderklafften. Muß man hier also bereits den Grund dafür sehen, daß die Esperanto-Bewegung in der Sowjetunion zugrunde ging? Dies ist zweifelhaft, denn es kam, soweit bekannt, zu keinem parteiamtlichen Vorwurf an die Adresse der Esperantisten, daß sie Stalin falsch interpretiert und sich somit des Abweichlertums schuldig gemacht hätten. Die Situation war Ende 1932 vielmehr eher paradox: Dresens Abkehr von Marr zahlte sich nicht aus; vergeblich, nämlich verfrüht, war sein Versuch, zwischen der Theorie der Einheitssprache und den praktischen Prioritäten in der Übergangsperiode einen Kompromiß zu finden. Und die revolutionären Linguisten um Marr triumphierten über die Jasykfront; anders als etwa die proletarischen Schriftsteller und die pädagogische Linke fielen sie dem Konsolidierungsprozeß nach der Kulturrevolution nicht zum

Opfer. Marr wurde als unumstrittenes Oberhaupt der sowjetischen Sprachwissenschaft bestätigt – dies, obwohl er sicher kein Apologet der nationalen Unterdrückungspolitik war, zu der Stalin jetzt überging: Marr war ein scharfer Gegner jeglichen Großmachtchauvinismus, auch des russischen; er neigte eher dazu, die Rolle von nationalen Minderheiten in der Weltgeschichte übertrieben darzustellen, und, nicht zu vergessen, er hob nachdrücklich hervor, daß von den »weitverbreiteten Sprachen der Welt« keine zur Universalsprache werde. Es sollte noch nahezu zwei Jahrzehnte dauern, bis Stalin öffentlich eingestand, daß Marrs Theorie nicht mehr in die Gegenwart paßte.

Für die Esperantisten stand am Ende der Diskussion um den Aufbau einer marxistischen Sprachwissenschaft die Erkenntnis, daß ein weiteres Beharren auf dem Thema »sprachliche Revolution« zu viele Risiken barg. Sie merkten, daß sie sich auf einem heißen Terrain bewegten, wenn sie über Form und Inhalt der künftigen Einheitssprache diskutierten und dabei in bezug auf die praktische Politik der Gegenwart Postulate aufstellten, durch die das Esperanto in eine Gegenposition zum Russischen gerückt wurde. Aus der Diskussion ergab sich keine theoretische Rechtfertigung der Unterdrückung des Esperanto; es blieb eine Theorie in Kraft, die 1930, als sie formuliert wurde, den Esperantisten eine günstigere Grundlage für ihre Arbeit zu bieten schien als je zuvor. Aber die Realität verengte den Spielraum, der den Esperantisten zur Verfügung stand, um diese Theorie eigenständig für ihre Zwecke zu interpretieren, so daß sie es am Ende vorzogen, weiteren Diskussionen und damit einer offenen Konfrontation von Utopie und Wirklichkeit auszuweichen.

Die sowjetischen Esperantisten, von einer marxistischen Tradition belastet, die ihrem der Zeit vorauseilenden Wirken mißtraute, hatten einen mühevollen Weg zurückgelegt, um für ihre Sprache eine Existenzberechtigung zu erkämpfen. Nach dem »Schwebezustand« in den zwanziger Jahren schien 1930 der Durchbruch erreicht: Das Esperanto schien einen Platz in der neu bekräftigten kommunistischen Utopie finden zu können. Doch sehr schnell wurden die Esperantisten auf den Boden der Wirklichkeit zurückgeholt, weil sich zeigte, daß der Partei eine spontane Annäherung an die Utopie nicht willkommen war. Damit kehrten sie praktisch wieder an den Ausgangspunkt ihrer Bemühungen zurück: Sie mußten die Esperanto-Bewegung mit der Gegenwart in Einklang zu bringen versuchen. Und sich in dieser sowjetischen Gegenwart einzurichten wurde von Jahr zu Jahr schwieriger.

3.4 Hintergründe des Untergangs der sowjetischen Esperanto-Bewegung

3.4.1 Verhaftungen

Was nun ist 1937/38 mit der sowjetischen Esperanto-Bewegung geschehen? In einem früheren Kapitel haben wir das Ende der SEU bereits so geschildert, wie es sich der SAT und den nichtsowjetischen Mitgliedern der IPE dargestellt hat. Die SEU zeigte das Bild eines langsamen, aber unaufhaltsamen Niedergangs; immer seltener erschienen Esperanto-Druckerzeugnisse in der Sowjetunion, die regelmäßigen Kontakte brachen ab, und schließlich kamen nicht einmal mehr Briefe einzelner Esperantisten. Danach gab es fast zwanzig Jahre lang keine Informationen über ein Esperanto-Leben in der Sowjetunion.

Gerüchte über die Verhaftung von sowjetischen Esperantisten waren bereits Anfang der dreißiger Jahre aufgetaucht. Aber Einzelheiten wurden erst mit Beginn der Tauwetter-Periode nach Stalins Tod bekannt. 1956 brachte der Schwede Erik Ekström von einer Reise in die Sowjetunion die erste Nachricht über das Schicksal Dresens mit: Er sei von den »Berija-Banditen« verhaftet worden und im Gefängnis gestorben. Zumindest osteuropäische Esperantisten vermochten zu ahnen, was sich dahinter verbarg, wenn sie Anfang 1958 im *Pola Esperantisto* lasen, der Dichter Georgij Deschkin sei 1938 »gegen seinen Willen für 18 Jahre von der Esperanto-Bewegung abgeschnitten worden« und habe in Sibirien gelebt. Nach und nach gelangten bestürzende Informationen über das Schicksal der sowjetischen Bewegung in den Westen. 1965 glückte dem ersten Opfer der Verfolgungen die Flucht: Der russische Schauspieler Nikolaj Rytjkow, zuletzt als Lenin-Darsteller bekannt, bat während eines Esperanto-Kongresses in Wien um politisches Asyl. Ein Interview mit ihm und Aussagen von anderen Betroffenen haben dazu beigetragen, den Ablauf der Ereignisse in den Jahren 1937/38 zumindest teilweise zu rekonstruieren.

Es ist wichtig festzuhalten, daß den Verhaftungen keine direkten Angriffe gegen Esperanto in den sowjetischen Massenmedien vorausgingen und mithin kaum das Bewußtsein aufkommen konnte, daß die Beschäftigung mit Esperanto gefährlich sei. Im Gegenteil: Gerade Mitte der dreißiger Jahre spürten die sowjetischen Esperantisten, wie andere Bürger auch, ein Nachlassen des Zwangs zu »klassenmäßiger Wachsamkeit«. So als könne man endlich eine Atempause einlegen, sahen die Esperantisten hoffnungsvoll der Zeit entgegen, da unabhängig von ideologischen Erfordernissen der praktische Nutzen des Esperanto Anerkennung finden werde. Dazu paßte, daß die SEU 1935 ein Buch zur Methodik des Esperanto-Unterrichts herausbrachte, in dem der propädeutische Wert des Esperanto für das Erlernen von Fremdsprachen besonders betont wurde.

Dresen stellte, wahrscheinlich mit einem Gefühl der Erleichterung, seine Ausflüge auf das Feld der marxistischen Theorie ganz ein und widmete sich seit 1932 Forschungen zur internationalen Normung wissenschaftlicher und technischer Begriffe. Er machte das Standardwerk des österreichischen Terminologen (und Esperantisten) Eugen Wüster, *Internationale Sprachnormung in der Technik* (106), in sowjetischen Fachkreisen bekannt und schrieb selbst ein Büchlein zum gleichen Thema. Als Vorsitzender der Terminologieabteilung des sowjetischen Normenausschusses arbeitete Dresen das Projekt eines internationalen Terminologie-Codes aus, dem die Hauptprinzipien des

Esperanto zugrunde gelegt wurden. Auf einer Konferenz des Internationalen Bundes der nationalen Normenausschüsse in Stockholm (September 1934) wurde der sowjetische Ausschuß einstimmig aufgefordert, diese Arbeit fortzuführen.

Das gemeinsame Interesse, die Position des Esperanto in den Diskussionen um die internationale Terminologie-Angleichung zu stärken, führte seit 1934 auch zur Annäherung zwischen Dresen und der neutralen Bewegung. Vertraulich teilte er dem Vorstand des Esperanto-Weltbundes im März 1936 mit, in Kürze werde die Arbeit der SEU auf eine etwas andere Grundlage gestellt werden, womit ihr u. a. ermöglicht würde, auch der UEA beizutreten. Er zeigte sich, zuletzt Anfang Mai 1936, zuversichtlich, daß die »Lösung einiger Grundfragen zur Esperanto-Arbeit« nicht lange auf sich warten lassen werde, und korrespondierte unterdessen mit Wüster lebhaft über terminologische Fragen. Am 28. Januar 1937 gratulierte ihm Wüster zur Übernahme der editorischen Verantwortung für die »mehrsprachigen technischen Wörterbücher«. Der letzte Brief Dresens an Wüster trägt das Datum des 9. März 1937; auf weitere Briefe erhielt Wüster keine Antwort mehr.

Dresen wurde vermutlich bereits im März 1937 oder wenig später verhaftet. Ob dabei seine führende Stellung in der Esperanto-Bewegung den Ausschlag gegeben hat, ist nicht einmal sicher. Als Nichtrusse, ehemaliger Fähnrich der zaristischen Armee, Angehöriger der Roten Armee in ihren ersten Jahren, als Direktor des Instituts für Kommunikation, Mitbegründer der Jasykfront und, nicht zuletzt, als ein Mann, der häufig im Ausland gewesen war, lieferte er ein ganzes Bündel von Gründen, als »Spion« verdächtigt zu werden. Aber wie wir noch sehen werden, besteht kein Zweifel, daß vermutlich vor Dresens Verhaftung von den Behörden ein prinzipieller Beschluß über die SEU gefaßt worden war – der Beschluß nämlich, die Esperanto-Bewegung in der Sowjetunion gewaltsam zum Schweigen zu bringen.

Die Ausführung des Beschlusses begann in der Anfangsphase der Großen Säuberung von 1937/38. Nach der Verhaftung

Bucharins und Rykows im Januar oder Februar 1937 gab das ZK der Partei auf einer Sitzung, die vom 23. Februar bis 5. März dauerte, Stalin grünes Licht zur Niederschlagung aller tatsächlichen oder vermeintlichen Gegner. Im Juni erfuhr das verängstigte Volk, daß Marschall Michail Tuchatschewskij und andere Führer der Roten Armee erschossen worden seien.

Daß der Beschluß, der die SEU in die Reihe der zu vernichtenden Feinde einbezog, nicht veröffentlicht wurde, entsprach ganz der Taktik der Geheimpolizei. Die Säuberungen verdankten ihre Wirkung gerade dem Umstand, daß sie größtenteils geräuschlos verliefen – daß der einzelne nicht gewarnt wurde und nicht vorher wissen konnte, ob das Schicksal, das den Nachbarn traf, auch ihn treffen werde. So wurde die SEU langsam liquidiert, indem erst ihre führenden und dann die einfachen Mitglieder verschwanden. Auf Dresen folgte Grigorij Demidjuk, ein alter Freund Lantis, der nach der Spaltung die Angriffe auf Dresen loyal zurückgewiesen hatte; Nikolaj Inzertow, der für Esperanto u. a. in der Gottlosen-Bewegung geworben hatte; Roman Nikolskij, ein besonders militanter Aktivist, der einst den Lesern des *Sennaciulo* den internationalen Charakter der Roten Armee mit dem Hinweis erläutert hatte, ihre Zielscheibe seien lediglich »die Wänste der Bourgeoisie«. Verhaftet wurden auch der Leiter der Versandabteilung der SEU, Pjotr Gawrilow, zusammen mit seinen Helfern, und sogar der Zeichner Jewgenij Gurow, der 1932 eine Werbemarke mit dem Text »Für die Herausgabe der Werke Lenins in Esperanto« entworfen hatte. Selbst ausländische Esperantisten, die in die Sowjetunion emigriert waren, entgingen nicht der Verhaftung, so die Ungarn József Batta, bis zur NS-Machtübernahme Redakteur des IPE-Organs *Internaciisto* in Berlin, und Ferenc Robicsek, Sohn eines stellvertretenden Volkskommissars der Ungarischen Räterepublik von 1919. Der deutsche Esperantist Friedrich Köhncke, der wegen der Arbeitslosigkeit 1931 in die Sowjetunion gegangen war, wurde 1937 als Spion verhaftet und nach siebenmonatigem qualvollem Gefängnisaufenthalt – an die Gestapo ausgeliefert.

Von den meisten bekannteren sowjetischen Esperantisten gibt es keine oder nur ungenaue Angaben über ihr Schicksal. Dresen soll bereits 1937 erschossen worden sein; nach anderen Quellen starb er in einem Lager. Jewgenij Michalskij, ein vielgerühmter avantgardistischer Dichter, starb 1937 »auf tragische Weise«, wie eine bulgarische Esperanto-Zeitschrift 1968 meldete. Der Journalist Nikolaj Nekrassow, Verfasser glänzender Essays und ebenfalls ein alter Freund Lantis, ging 1939 irgendwo in Sibirien zugrunde. In einem Straflager verschwand auch Wladimir Warankin, der 1926 mitgeholfen hatte, Esperanto in die internationale Arbeiterkorrespondenz einzuführen. Der ukrainische Schriftsteller Wolodymyr Kusmytsch, der auch auf Esperanto schrieb, starb als Gefangener in Alma-Ata im Oktober 1943. Aber von den anderen – zu ihnen gehört auch Spiridowitsch – ist keine Spur bekannt.

Nach und nach erfaßte die Verhaftungswelle auch die Masse der einfachen Mitglieder. Die meisten scheinen ahnungslos gewesen zu sein. Bis zum letzten Moment gab es Esperantisten, die, ganz auf die Gerechtigkeit des Regimes vertrauend, weiterhin mit ausländischen Freunden Briefe wechselten oder, wie dies Rytjkow noch Ende 1937 tat, Besucher aus dem Ausland zu sich nach Hause einluden. Rytjkow berichtet, viele hätten sich nach Dresens Verhaftung mit dem Gedanken beruhigt, daß der Lette Dresen Russisch mit einem fremden Akzent gesprochen und wohl tatsächlich mit »antisowjetischen Elementen« in Verbindung gestanden habe. Erst als Gawrilow und Robicsek, zwei enge Freunde, verhaftet wurden, befiel Rytjkow die Ahnung von »irgend etwas Unrechtem«, aber auch da hörte er noch nicht auf, sich mit Esperanto zu beschäftigen.

In der Nacht vom 21. auf den 22. März 1938 wurde Rytjkow verhaftet; die Geheimpolizisten beschlagnahmten einen Koffer mit den Briefen, die er aus dem Ausland bekommen hatte. Zunächst glaubte Rytjkow, man bringe ihn zu Übersetzungsarbeiten in die Lubjanka. Nach Ankunft in dem berüchtigten Gefängnis aber erfuhr er den wahren Grund. Wie jeder der verhafteten Esperantisten vernahm er folgende stereotype Anklage: »Sie sind aktives Mitglied einer internationalen Spionageorganisation, die sich unter dem Namen ›Vereinigung sowjetischer Esperantisten‹ auf dem Territorium der UdSSR verborgen hat.«

Rytjkow verbrachte zunächst acht Jahre in verschiedenen Lagern des Gebiets Kolyma im äußersten Nordosten der Sowjetunion und wurde dann »auf ewig« nach Norilsk am Polarkreis verbannt. Ein ähnliches Schicksal teilten Tausende sowjetischer Esperantisten. Nur wenige überlebten. Rytjkow, 24 Jahre zur Zeit seiner Verhaftung, kam im November 1955 frei, etwa um die gleiche Zeit auch Demidjuk. Rytjkow und manche andere nahmen ihre Tätigkeit für Esperanto sofort wieder auf. Zu ihnen gehörte auch der Ukrainer Alexandr Logwin, in dessen Gedichten Kenner vor 1934 ein vielversprechendes Talent bemerkt hatten; nach 25 Jahren kehrte Logwin zur Esperanto-Literatur zurück und holte sich seine frühen Manuskripte aus dem Versteck, in dem sein Vater sie aufbewahrt hatte: aus einem Bienenstock.

Nach den Jahren des Leidens oder der Furcht trauten jedoch nicht alle dem Tauwetter. 1961 fanden ausländische Esperantisten heraus, daß Stepan Titow, der Vater des Kosmonauten German Titow, vor vielen Jahren in Esperanto korrespondiert hatte. Der Esperanto-Weltkongreß, der in jenem Jahr in Harrogate tagte, schickte Titow ein Glückwunschtelegramm zum Erfolg seines Sohnes. Der Adressat war darüber anfangs zutiefst erschrocken und überzeugte sich erst allmählich, daß die Zeit vorüber war, da man Menschen nur aufgrund der Kenntnis und Verwendung des Esperanto in Gefängnisse und Lager steckte.

3.4.2 *Esperantisten in der Großen Säuberung*

Die Esperantisten hatten sicher nicht das Gewicht von Altbolschewiki oder Führern der Roten Armee. Sie gehörten, wie dies Solshenizyn ausgedrückt hat, zu den »bescheidenen, stetigen Bächlein«, die »unter den überschwellenden Strömen«, die in die Lager flossen, fast verlorengingen (190: I, 64). Man machte um die sowjetischen Esperantisten keinen Lärm. Und doch wissen wir heute, daß sie nicht einfach gleichsam namenlos zusammen mit Millionen Opfern des Terrors verschwanden, sondern daß das Regime sie explizit und planmäßig zur Eliminierung ausersah. Im folgenden soll versucht werden, die Methode zu rekonstruieren, nach der die Verfolgung der Esperantisten organisiert wurde.

Die im März 1937 einsetzende Große Säuberung bezweckte nicht nur die Liquidierung der alten Bolschewiki, die Stalins Streben nach Alleinherrschaft behinderten, sondern sollte durch Massenverhaftung und -deportation die sowjetische Gesellschaft regelrecht umstülpen. Zu diesem Zweck führte eine Sonderabteilung des NKWD, des für die innere Sicherheit verantwortlichen Volkskommissariats des Innern, Listen, in denen Verdächtige nach folgenden Gruppen geordnet waren:

AS   antisowjetische Elemente

Ts   aktive Mitglieder der Kirche

S   Mitglieder einer religiösen Sekte

P   Rebellen – alle, die in der Vergangenheit irgendwie an antisowjetischen Aufständen beteiligt waren

SI   alle Menschen mit Auslandskontakten (125: 343)

Die Vermutung, daß sich in letzter Kategorie die Esperantisten befanden, legen Angaben nahe, die von dem österreichischen Kommunisten Alex Weissberg stammen, der im März 1937 verhaftet worden war:

> Er [Stalin] selbst gab Jeshow die Direktiven für die große Tschistka. Er bezeichnete die Gruppen, die vernichtet werden sollten.
>
> ...
>
> 5. Die Leute, die das Ausland kennen und die Vorkriegszeit, die Verwandte und Freunde im Ausland haben und mit ihnen korrespondieren. Die Briefmarkensammler und Esperantisten.
> ... (204: 378)

Weissberg gibt keine Quelle an, doch findet sich eine sehr ähnliche Aufstellung in den einzigen Dokumenten des NKWD, über die wir verfügen. Es handelt sich um Dokumente, die deutsche Truppen bei der Besetzung Litauens vorfanden und die später in die Hände der Amerikaner gelangten. Ihr Inhalt sind geheime Weisungen, die in Zusammenhang mit der 1939 vollzogenen Angliederung der baltischen Staaten an die Sowjetunion erlassen wurden. In Ausführung des Befehls Nr. 001223 des NKWD vom 11. Oktober 1939 forderte der Volkskommissar für Inneres der Litauischen SSR, Guzevičius, in einem »streng geheimen« Befehl (Nr. 0054) vom 28. November 1940, daß alle »antisowjetischen und gesellschaftlich fremden Elemente« registriert werden müßten, da Litauen von ihnen in hohem Maße »infiziert« sei. Er gab insgesamt 14 Kategorien an, darunter:

> j) Menschen, die persönliche Kontakte und Korrespondenz mit dem Ausland, mit ausländischen Gesandtschaften und Konsulaten haben, Esperantisten und Briefmarkensammler. (*Lithuanian Bulletin* [New York], Bd. 7, 1949, Nr. 7/12, S. 18)

Nach Abschluß der Listen konnten die Verhaftungen beginnen. Die Deportationen von Esten, Letten und Litauern in ferne Gebiete der Sowjetunion setzten am 6. Juni 1941 ein, erreichten in der Nacht des 13./14. Juni ihren Höhepunkt und wurden dann durch die deutsche Invasion am 22. Juni unterbrochen. Die Nazis setzten die Arbeit auf ihre Weise fort. Zu den von ihnen ermordeten Esperantisten gehörten die Schriftstellerin Helmi Dresen und der Sozialminister der Estnischen SSR, Neeme Ruus.

Diese Opfer des NS-Terrors hatten das Ende der organisierten Esperanto-Bewegung schon vor dem deutschen Einmarsch erleben müssen. Noch im November 1940 war von einer schwedischen Esperanto-Zeitung mit Genugtuung gemeldet worden, 15 Prozent der Abgeordneten des sowjet-estnischen Parlaments seien Esperantisten; wenige Monate später, im April 1941, hieß es, die Zeitschrift des Estnischen Esperanto-Bundes habe ihr

Erscheinen eingestellt. Einzelheiten über die Zahl der verhafteten Esperantisten des Baltikums sind nicht bekannt. Schon 1942 starb irgendwo am Polarkreis Talivalds Indra, langjähriger Vorsitzender des Lettischen Esperanto-Bundes. 1954 starb in Sibirien der Litauer Balys Giedra, Verfasser eines Esperanto-Wörterbuchs – nach mehr als zehn Jahren des Zwangsexils. Andere überlebten, so die Lettin Ludmila Jevsejeva, die erst 1957, nach 16 Jahren Verbannung, in ihre Heimat zurückkehren durfte.

Wenn »gesellschaftlich fremde Elemente« in den baltischen Ländern nicht geduldet werden sollten, waren sie offenbar in der Sowjetunion längst nicht mehr geduldet und schon früher entfernt worden. Die Angaben Weissbergs kann man daher als authentisch ansehen, zumal wenn man sie mit den litauischen Dokumenten vergleicht. Es kommen aber noch zwei Kongruenzen hinzu. Die Vermutung, daß die Esperantisten in dieselbe Kategorie wie die Briefmarkensammler fielen, wird durch das Zeugnis Rytjkows gestützt, der sich erinnert, daß zur gleichen Zeit, als die SEU zerschlagen wurde, den Philatelistenverband ein ähnliches Schicksal traf. Auch der Historiker Roy Medwedew erwähnt die Verfolgungen von Esperantisten und Briefmarkensammlern im gleichen Zusammenhang (182: 390).

Aber eine andere Übereinstimmung ist noch interessanter. Der Name Jeshow – der Mann, dem Stalin als Leiter des NKWD die Weisung zur Großen Säuberung erteilte – wurde in bezug auf Esperanto bereits in der entscheidenden Zeit erwähnt. Etwa um die Mitte der dreißiger Jahre schrieb das SEU-Vorstandsmitglied Inzertow seinem japanischen Briefpartner Kei Kurisu, Jeshow habe begonnen, die Lage des Esperanto in der Sowjetunion zu untersuchen; Inzertow versprach sich von diesen Untersuchungen eine verbesserte Stellung der SEU.

Inzertows Mitteilung war weder das erste noch das einzige Anzeichen dafür, daß sich sowjetische Stellen mit Esperanto befaßten. Von 1930 an berichtete die SEU mehrmals von Bemühungen um mehr Unterstützung durch die Behörden. Diese erschien ihr um so dringlicher, als sie häufig deswegen auf

Hindernisse stieß, weil die Partei den Nutzen ihrer Arbeit bisher nicht ausdrücklich anerkannt hatte. Der für Juli 1930 geplante Fünfte SEU-Kongreß wurde mehrmals verschoben, um das Eintreffen einer parteiamtlichen Direktive abzuwarten. Sie kam nicht. Der Kongreß fand schließlich im November 1931 statt, und Dresen kündigte auf ihm an, daß man dem ZK der KPdSU die Frage des Esperanto »erneut« vorlegen werde.

In den folgenden Jahren warteten die sowjetischen Esperantisten weiter auf den offiziellen Bescheid. Manchen verging dabei der Mut. Es gab auch beängstigende Präzedenzfälle: Im September 1932 war die Gesellschaft für Proletarische Kinematographie und Photographie aufgelöst worden, was auf eine allgemeine Absicht der Partei hinzudeuten schien, die Zahl der sog. »freien Vereinigungen« zu verringern. In einem Bericht für den IPE-Kongreß in Antwerpen legte die SEU ihre fragile Situation ungeschminkt dar. Das Fehlen einer Stellungnahme seitens der »zentralen Instanzen« behindere die Arbeit in wachsendem Maße. Die geringe Papierzuteilung sei dafür kennzeichnend: Da die SEU nur als drittrangige Organisation eingestuft werde, erhalte sie Papier »nur in sehr kleinen Mengen«. Man kämpfe deswegen nun dafür, daß der »grundsätzliche Beschluß« gefaßt werde.

Als es gegen Ende des Jahres 1935 überhaupt kein Papier mehr gab, drängte die SEU auf beschleunigte Beschlußfassung, indem sie den Behörden schlicht die Alternative nannte, sich entweder selbst aufzulösen oder aber eine »geförderte Organisation« zu werden. Diese Taktik schien Erfolg zu haben: Im Dezember 1935 berichtete die SEU, das ZK des Komsomol habe ihr Existenzrecht bereits bejaht; an eine Auflösung sei nicht zu denken. Der Antrag auf Unterstützung befinde sich »im Untersuchungsstadium« und werde vielleicht schon in ein, zwei Monaten entschieden. Die SEU zweifelte nicht an einer positiven Entscheidung.

Die Monate vergingen, und der ersehnte Beschluß ließ weiter auf sich warten. Sicher ist, daß sich die Prüfer die ganze Zeit über mit der SEU beschäftigten, wenn auch langsam. Sie machten ihre Arbeit sehr sorgfältig. Lew Kopelew, als Schüler ein begeistertes SAT-Mitglied, dessen Interesse für Esperanto dann aber etwas eingeschlafen war, erhielt eines Tages den Befehl, es wieder zu aktivieren. Um seine Wachsamkeit gegenüber dem Klassenfeind zu beweisen, mußte Kopelew, damals Student am Moskauer Fremdspracheninstitut, in die Zentrale der SEU gehen, um »festzustellen, wer dort ein- und ausging, was für ausländische Post dorthin kam« (156: 221).

Dies war 1936 oder etwas später. Im Februar 1935 hatte Jeshow endgültig die Leitung der auf die Säuberung der Partei angesetzten Kontrollkommission übernommen. Die Vorzeichen eines Terrors von noch unvorstellbaren Ausmaßen mehrten sich. Mitte 1935 wurden die »Gesellschaft der Alten Bolschewiki« und die »Gesellschaft Ehemaliger Politischer Gefangener und Verschickter« aufgelöst, etwa zur gleichen Zeit wurde der Komsomol zwecks Ausschaltung von »Parteifeinden« umorganisiert, und 1936 wurde die Kommunistische Akademie, ein Zentrum marxistischer Wissenschaftler, geschlossen.

Am 26. September 1936 stieg Jeshow zum Volkskommissar des Innern auf; Stalin gab ihm den Auftrag, die Entlarvung von Trotzkisten und Anhängern Sinowjews zu beschleunigen. Als Chef des NKWD sorgte Jeshow nun dafür, daß die Geheimpolizei ein wirksames Instrument des Terrors war. Anfang 1937 waren die Vorarbeiten für die Große Säuberung beendet. Auch über die SEU war nunmehr eine »grundsätzliche Entscheidung« getroffen worden. Wie sie lautete, erfuhren die Esperantisten erst, als sie bereits verhaftet waren. Im Keller der Lubjanka hörten sie das Urteil: »Sie sind aktives Mitglied einer internationalen Spionageorganisation...«

3.4.3 Der Sowjetpatriotismus und die störende Korrespondenz

Es war kein Zufall, daß die sowjetische Esperanto-Bewegung zu einem Zeitpunkt zerschlagen wurde, als auch der Druck auf die nichtrussischen Nationalitäten seinen Höhepunkt erreichte.

Auf dem Gebiet der Sprache war dieser Druck besonders fühlbar.

In den zwanziger Jahren war es als vordringliche Aufgabe angesehen worden, möglichst allen Völkern der Sowjetunion zu einer eigenen Literatursprache zu verhelfen. Als Grundlage diente dabei das lateinische Alphabet, das auch von solchen Nationalitäten angenommen wurde, die bereits über eine schriftliche Tradition verfügten. Neben praktischen Erwägungen spielte der Gesichtspunkt eine Rolle, daß die Latinisierung der Schrift zur Annäherung der Völker führen werde. Das lateinische Alphabet wurde nicht nur als »mächtiges Instrument einer Kulturrevolution« in der Sowjetunion, sondern auch als »Alphabet der kommunistischen Weltgesellschaft« beschrieben (149: 244, 249). Für die nichtrussischen Völker symbolisierte es zugleich die Befreiung von der großrussischen Unterdrückung.

Für sprachpolitische Maßnahmen in den nichtrussischen Republiken zeigten die Esperantisten naturgemäß großes Interesse. Einige wurden auf dem Gebiet der Alphabetisierung und Sprachplanung selbst aktiv, so in Aserbeidschan, in Armenien, Turkmenistan und im Nordkaukasus. Anfang 1930, als bei den Völkern, die die arabische Schrift benutzt hatten, der Übergang zum lateinischen Alphabet vollzogen war, brachte das theoretische Organ der SEU mehrere Artikel zum Thema Schriftreform, in denen in kulturrevolutionärem Eifer auch für das Ukrainische die Einführung der Lateinschrift gefordert wurde.

Aber im Jahre 1934 begannen, u. a. in der *Prawda,* plötzlich Artikel gegen die Latinisierung zu erscheinen. Im August 1936 wurde das Allunionskomitee für das neue Alphabet wegen ungenügender Rücksichtnahme auf die wachsende Bedeutung des Russischen als gesamtsowjetische Verkehrssprache kritisiert; die Auffassung, »daß das russische Alphabet Überbleibsel feudalen und patriarchalischen Charakters trägt« (149: 250), wurde scharf verurteilt. Im Februar 1937 beschloß der Nationalitätensowjet die Einführung des kyrillischen Alphabets für die Sprachen der Völker des Nordens. Damit war die Latinisierungskampagne zu Ende. In den folgenden drei Jahren hatten die meisten nichtrussischen Völker die Umschaltung auf das kyrillische Alphabet zu vollziehen, darunter viele, die erst wenige Jahre zuvor nach langen Vorarbeiten das lateinische Alphabet übernommen hatten.

Zur Begründung dieser sprachpolitischen Kehrtwendung wurde ausdrücklich das Ziel genannt, zur Stärkung des gemeinsamen sozialistischen Inhalts der Sprachen in der Sowjetunion die Aufnahme technisch-wissenschaftlicher Termini aus dem Russischen zu erleichtern und an Stelle des kommunikationshemmenden lateinischen Alphabets günstigere Voraussetzungen für das Erlernen der russischen Sprache zu schaffen. Auf dem Parteitag der KP Kirgisistans wurde 1937 die Kenntnis des Russischen als Voraussetzung für die volle Integration der Kirgisen in die gesamtsowjetische Kultur bezeichnet, und ebenso wurden die Usbeken ermahnt, sich die russische Sprache anzueignen, »die Sprache des Bolschewismus, das Mittel der Verständigung mit den anderen Völkern« (149: 264). Höhepunkt dieser Entwicklung war schließlich ein Dekret der Regierung und des ZK der Partei, mit dem das Russische Pflichtfach in allen Schulen der Sowjetunion wurde.

Dieses Dekret wurde am 13. März 1938 veröffentlicht – am gleichen Tag, an dem Bucharin und Rykow zum Tode verurteilt wurden. Auch wenn diese Koinzidenz zufällig gewesen sein mag, bildete die mit den Russifizierungsmaßnahmen einhergehende Verfolgung nichtrussischer Parteiführer einen wesentlichen Bestandteil der Säuberung. Seit etwa Mitte 1937 wurde der Kampf gegen »nationalistische Abweichungen« verschärft; nach bekanntem Muster folgten der Kritik bald die Abberufung, Anklage und Hinrichtung des Beschuldigten. Die von Stalin eingesetzten neuen Parteiführer in den Unionsrepubliken begannen ihre Tätigkeit mit der Eröffnung einer Kampagne für die russische Sprache. Fortan konnte ein nichtrussischer Kommunist seine Loyalität gegenüber Moskau durch Russischkenntnisse demonstrativ beweisen.

Eine Entwicklung war eingetreten, vor der Spiridowitsch wenige Jahre zuvor gewarnt hatte: Die Esperanto-Bewegung könne – hatte er in seiner Antwort auf die Kritik Skrypnyks erklärt – »nur auf der Grundlage der breitesten Entfaltung der nationalen Kulturen und Sprachen« Fortschritte machen. Wenn die Entwicklung anders verliefe, »bedeutete dies, den Standpunkt der Assimilierung der Völker und damit auch ihrer Sprachen durch die mächtigeren Völker einzunehmen«. Dann aber entfiele die Notwendigkeit einer internationalen Hilfssprache (194: 159).

Acht Jahre später war es soweit. In der Ukraine, wo Skrypnyk besonders konsequent für die Einhaltung der Leninschen Grundsätze in der nationalen Frage gestritten hatte und wo zuerst spürbar wurde, daß den nichtrussischen Völkern Zwangsmaßnahmen bevorstanden, wurde 1938 zum unversöhnlichen Kampf gegen die »bürgerlichen, nationalistischen, trotzkistischen und bucharinistischen Feinde« aufgerufen, die versucht hätten, »die große russische Sprache aus unseren Schulen und Universitäten zu vertreiben«. Durch Liquidierung der Folgen dieses »feindlichen Verrats beim Unterricht der russischen Sprache« solle die brüderliche Freundschaft des ukrainischen Volkes mit dem »großen russischen Volk« gefestigt werden (172: 124). Im nachhinein wird so die bereits geäußerte Vermutung gestützt, daß es sich bei Skrypnyks Kritik an der Esperantisierung = Entnationalisierung um einen verhüllten Angriff auf Tendenzen zur Russifizierung und Zentralisierung gehandelt habe.

Zu dem Zeitpunkt, als in der Ukraine ein forcierter Russischunterricht begann, waren Skrypnyk und Dresen, vielleicht auch Spiridowitsch, bereits tot. Die Entwicklung zum seit 1934 verstärkt propagierten Sowjetpatriotismus, der das gemeinsame Interesse aller Völker der Sowjetunion am Aufbau des Sozialismus und am Sieg über innere und äußere Feinde betonte, war 1937/38 nicht mehr aufzuhalten. Das Russische galt nun, wie die *Prawda* am 7. Juli 1938 schrieb, »als die Sprache eines großen Volkes, das die auf der Welt reichste sozialistische Kultur mit ihrer höchsten Errungenschaft, dem Leninismus,

228

geschaffen hat«. So wie an die Stelle weltrevolutionärer Erwartungen ein national-großrussisch geprägter Sowjetpatriotismus getreten war, durfte es jetzt auch keine internationalistischen Traditionen auf dem Gebiet der Sprachpolitik mehr geben, die der neudefinierten Rolle des Russischen zuwiderliefen: »Das Russische wird zur internationalen Sprache der sozialistischen Kultur werden, wie das Lateinische die internationale Sprache der Oberschichten der frühmittelalterlichen Gesellschaft und das Französische die internationale Sprache des 18. und 19. Jahrhunderts war« (186: 26 f.).

Es läßt sich nicht leugnen, daß das Verschwinden des Esperanto mit der Herausbildung des Sowjetpatriotismus zusammenhängt. In einem System, das sogar die »revolutionäre« Lateinschrift abschaffte, konnte es für eine neutrale, internationale Sprache keinen Raum mehr geben. Wie ein echter Großmachtchauvinist hörte Stalin auf, die freie Entfaltung der Sprachen und Völker in der sogenannten Übergangsperiode zu dulden; er »vergaß« den wichtigen Grundsatz Lenins, daß die Verschmelzung der Völker sich freiwillig vollziehen müsse, daß Sozialismus und nationale Unterdrückung unvereinbar seien und daß keine Sprache privilegiert werden dürfe. Und die Esperantisten, die sich stolz als Avantgarde auf dem Weg zum weltweiten Kommunismus sahen, die unermüdlich für die Errungenschaften des Sowjetstaates warben, die vertrauensvoll Stalins Prophezeiung einer Weltsprache registrierten, die einen Jeschow gleichsam als Retter begrüßten: sie wurden ohne Vorwarnung, ohne Diskussion, stillschweigend hinweggefegt; ohne jede rechtliche Basis und ohne die Möglichkeit, sich gegen konkrete Anklagen zu verteidigen, wurden sie, wenn nicht gleich getötet, in Vernichtungslager abtransportiert – zusammen mit den Anhängern eines so harmlosen Hobbys wie des Sammelns von Briefmarken. Die gewaltigen geistigen Anstrengungen, mit denen Dresen und andere versucht hatten, Esperanto mit der herrschenden Lehre in Einklang zu bringen, schützte die Esperantisten nicht davor, in der Großen Säuberung unter die »Feinde des Staates« eingereiht zu werden.

Und warum wurden sie als Staatsfeinde gebrandmarkt? Zum Verständnis dessen führt weniger die komplizierte Suche nach Entsprechungen bzw. Widersprüchen zwischen den Zielen der Esperantisten und den Theorien Marrs oder Stalins. Vielmehr liegen die Gründe in den praktischen Leistungen, zu denen Esperanto in der bescheidenen Rolle als Hilfssprache imstande war, und in der Unfähigkeit der SEU, sich den realen Gegebenheiten in der Sowjetunion anzupassen.

Um es genauer zu sagen: Grund für die Unterdrückung war das, was man als die Raison d'être der sowjetischen Esperanto-Bewegung bezeichnen kann und wozu die meisten überhaupt Esperanto gelernt hatten: die internationale Korrespondenz. Esperanto kam 1937/38 in Acht und Bann, weil es ein wirksames Mittel der brieflichen Kommunikation sowjetischer Bürger mit dem Ausland war. Oder anders ausgedrückt: Die einst amtlich geförderte Korrespondenz verlor die Gunst des sich nach außen abschottenden Regimes, weil sie in allen ihren Aspekten Risiken barg:

– Die Korrespondenz erfüllte nicht mehr ihr Ziel: den Interessen der Sowjetunion zu dienen, wie sie von der Partei definiert wurden.

– Die aus dem Ausland in die Sowjetunion gelangenden Briefe, ursprünglich als Aufmunterung für die Erbauer des Sozialismus willkommen, enthielten zu viele Informationen über das Leben in den kapitalistischen Ländern, die, statt positiv anzuspornen, zu Vergleichen einluden, die für das sowjetische Regime ungünstig waren.

– Die ausländischen Korrespondenten stellten in ihren Briefen zu viele neugierige Fragen zum Arbeiteralltag, zur realen politisch-sozialen Lage in der Sowjetunion, die die offizielle Propaganda sorgsam zu kaschieren suchte.

– Es war nicht mehr möglich, die Korrespondenz zur Beschreibung der sozialistischen Errungenschaften der Sowjetunion zu nutzen. Vorschriften zum Inhalt der Briefe halfen nicht viel: Auch die organisierte Korrespondenz widersetzte sich einer völligen Uniformität, da das Element der Spontaneität aus den Briefen der sowjetischen Esperantisten nicht zu entfernen war.

— Auch die rein hobbymäßige Form der Korrespondenz bot gegen die Mißachtung von Tabus keine Gewähr, weil eine Korrespondenz, die — im Einklang mit dem einst verkündeten Prinzip der internationalistischen Erziehung der Massen — als politisches Instrument betrachtet worden war, nicht so leicht wieder auf den Rang eines Steckenpferds reduziert werden konnte.

Das Problem ließ sich nicht auf den Mißbrauch der Korrespondenz beschränken, sondern die Korrespondenz als solche störte. Sie hatte daher aufzuhören. Damit verlor die Esperanto-Bewegung, die von der Korrespondenz lebte, ihr Existenzrecht. Die sowjetische Regierung hat die Gründe für die Unterdrükkung der Esperanto-Bewegung bisher offiziell nicht bekanntgegeben. Aber ihre Motive werden klarer, wenn wir aus einer 1932 veröffentlichten Analyse zitieren, deren Autor Dresen ist:

... man begreift, daß die Bourgeoisie in der ganzen Welt auf jede nur mögliche Weise beginnt, das Eindringen des Esperanto in die Arbeitermassen zu verhindern. Jeder Arbeiter-Esperantist, selbst der frischgebackene und auch der, der mit Hilfe einer katholischen oder »anationalistischen« Organisation zum Esperanto gekommen ist, droht gerade mit Hilfe des Esperanto aufgeklärt zu werden, das Wesen des Klassenkampfes zu verstehen, der internationalen Arbeiterkorrespondenz, die sich ganz in den Händen von klassenbewußten Proletariern befindet, aktiv beizutreten; und so droht er folglich ein aktiver, organisierter Gegner der gegenwärtigen Gesellschaftsordnung zu werden. (130: 51)

Dresen wies richtig darauf hin, daß es Regierungen gibt, die sich gegen Esperanto wenden, weil Bürger mit Hilfe dieser Sprache »aufgeklärt zu werden drohen« und den vorgeschriebenen Rahmen der Loyalität verlassen. Er ahnte nicht, daß zum gleichen Schluß fünf Jahre später eine Regierung kommen werde, der er selbst und Tausende sowjetischer Esperantisten, unter ihnen »klassenbewußte Proletarier«, bis zum Ende vertrauten.

3.5 Nach dem Zweiten Weltkrieg

3.5.1 *Das Große Schweigen in Osteuropa*

In den Ländern Osteuropas, mit Ausnahme der Tschechoslowakei, hatte die Esperanto-Bewegung zwischen den beiden Weltkriegen in einem fast ununterbrochenen Kampf mit den Behörden gestanden. Dies traf besonders für die Arbeiter-Esperanto-Vereinigungen zu, die meist nur halblegal oder ganz im Untergrund agierten. Durch den Vormarsch der deutschen Truppen wurde dann das Esperanto-Leben in Polen völlig ausgelöscht und auch in den übrigen Ländern der bescheidene Rest einer neutralen Bewegung, den die rechten Regierungen geduldet hatten, vom Untergang bedroht. Viele Esperantisten, insbesondere in Bulgarien und Jugoslawien, opferten im Partisanenkampf gegen den in- und ausländischen Faschismus ihr Leben.

Von daher ist es verständlich, daß sich die Esperantisten Osteuropas nach Kriegsende von einer schweren Last befreit fühlten. Mit der Zerschlagung des Faschismus schien auch für das Ideal einer gemeinsamen Sprache eine neue Morgenröte anzubrechen. Viele zuvor verfolgte Arbeiter-Esperantisten übernahmen in den neuerrichteten sozialistischen Staaten wichtige Funktionen und hofften, für die Esperanto-Bewegung beispiellos günstige Bedingungen schaffen zu können.

Am schnellsten wurde die Arbeit für Esperanto in Bulgarien wiederaufgenommen. Gleich nach Bildung der antifaschistischen Regierung am 9. September 1944 erwachten die örtlichen Esperanto-Gruppen zu neuem Leben. Ab August 1945 erschien die Monatszeitschrift *Internacia Kulturo* als Organ des Bulgarischen Esperanto-Bundes, der nunmehr »Neutrale« und Arbeiter unter einem organisatorischen Dach vereinte. In ihrer Begeisterung über die neue politische Ordnung gingen die Führer der bulgarischen Esperanto-Bewegung sogar so weit, daß sie den Sieg der von den Kommunisten kontrollierten Vaterländischen Front mit den intimsten Wünschen der Esperantisten identifi-

zierten. Drohend nannten sie jeden, der die »Volksregierung«
nicht unterstütze, einen »Feind des Esperanto«. Wer nicht für
die Vaterländische Front stimme, der sei »ein Anhänger des
faschistischen reaktionären Regimes, ein Anhänger der Idee der
Liquidierung unserer demokratischen internationalen Sprache
Esperanto als ›gefährlicher‹ Sprache« und dürfe sich mithin gar
nicht Esperantist nennen.

Das gleiche Prinzip der antifaschistischen Einheitsfront suchte
der Bulgarische Esperanto-Bund auch in der internationalen
Esperanto-Bewegung durchzusetzen. Zu diesem Zweck betrieb
er schon früh eine koordinierte Tätigkeit der Verbände in den
Volksdemokratien. Von der Mai/Juni-Ausgabe 1946 an nannte
sich die *Internacia Kulturo* im Untertitel »Kulturzeitschrift der
Esperanto-Verbände der Länder des Balkans«, und Ende August trafen sich in Assenowgrad Delegierte aus Bulgarien,
Rumänien und Jugoslawien zu einer Konferenz, auf der an der
neutralen Bewegung heftige Kritik wegen ihrer »passiven, neutralen Haltung zu Faschismus und Reaktion« geübt wurde.

Die damit eingeleitete Kampagne führte zur Vorlage eines
Resolutionsentwurfs durch acht Landesverbände, überwiegend
aus Osteuropa, auf dem 32. Esperanto-Weltkongreß in Bern
Ende Juli 1947. In diesem Entwurf wurden die Esperantisten
aufgefordert, »die Überbleibsel und die neuen Herde des Faschismus unablässig auf das energischste zu bekämpfen«, »diejenigen zu entlarven, die einen neuen Krieg vorbereiten und
provozieren«, und »alle demokratischen, friedlichen Tendenzen aktiv zu unterstützen«. Der Antrag wurde von einer Drei-
viertelmehrheit verworfen. Auch diejenigen Esperantisten, die
durchaus der Meinung waren, daß nach der Bekämpfung des
Esperanto durch den Faschismus das bisherige Konzept der
Neutralität einer Revision bedürfe, stimmten gegen die Resolution, weil diese nach Inhalt und Wortwahl allzu offenkundig
auf der Linie der sowjetischen Außenpolitik lag.

Mit Beginn des Jahres 1948 verschärfte sich der Kalte Krieg
zwischen den USA und der Sowjetunion. Im Februar kam auch
in der Tschechoslowakei die Kommunistische Partei an die

Macht, womit nun ganz Osteuropa dem sowjetischen Einfluß unterworfen war. Alarmiert befürchteten die Staaten des Westens, daß sich der Vormarsch des Kommunismus fortsetzen werde, zumal nachdem im Juni die Sowjetunion ihre Berlin-Blockade verkündet hatte. Die zunehmende Wachsamkeit des Westens veranlaßte Moskau wiederum zur verstärkten Kontrolle der Volksdemokratien. Ende Juni wurde Jugoslawien, das sich den sowjetischen Weisungen widersetzte, aus dem Kominform ausgeschlossen. Um zu verhindern, daß die anderen Länder dem jugoslawischen Beispiel der Unbotmäßigkeit folgten, setzte ein intensiver Feldzug gegen alle tatsächlichen oder angeblichen Abweichungen von der geforderten Loyalität zur Sowjetunion ein. Bereits im August wurde Władysław Gomułka, nationalkommunistischer Anschauungen verdächtig, seines Postens als Erster Sekretär der Partei in Polen enthoben. Im September wurde ein Mitglied der albanischen Parteiführung, Koçi Xoxe, unter der Beschuldigung, ein titoistischer Agent zu sein, verhaftet. Ein Schauprozeß gegen ihn endete einige Monate später mit dem Todesurteil, und das gleiche Schicksal traf von 1949 an nach und nach eine Reihe hoher Funktionäre in Bulgarien, Ungarn, Rumänien und der Tschechoslowakei.

Während sich in Osteuropa die stickige Luft des Stalinismus ausbreitete, ging auch der kaum begonnene Esperanto-Frühling schon wieder zu Ende. Am frühesten zeigte sich dies in der sowjetischen Zone Deutschlands. Am 12. Januar 1949 wurde das bereits bestehende faktische Verbot, sich zur Verbreitung des Esperanto zusammenzuschließen, durch eine Verordnung der Deutschen Verwaltung des Innern »zur Überführung von Volkskunstgruppen und volksbildenden Vereinen in die bestehenden demokratischen Massenorganisationen« offiziell bestätigt; in den Ausführungsbestimmungen zu dieser Verordnung wurde angeordnet, alle Kunstsprachengruppen aufzulösen und Esperantosprachecken in Zeitungen und Zeitschriften unverzüglich aufzuheben. *Neues Deutschland* lieferte fünf Monate später eine Begründung für die harte Maßnahme: Die Hoffnung auf Völkerverbrüderung durch Esperanto halte viele

Menschen davon ab, die wahren Ursachen von Kriegen, Krisen und politischen Konflikten zu erkennen; die Teilung der Welt sei jedoch nicht durch eine Weltsprache zu beseitigen, sondern nur durch den Klassenkampf und den Endsieg der Arbeiter. Dies stand in dem gleichen Blatt, das Anfang 1947 an die ruhmreiche Tradition des Deutschen Arbeiter-Esperanto-Bundes erinnert und die Esperantisten aufgerufen hatte, sich aufs neue unter dem grünen Stern zu sammeln.

Ähnlich kurzlebig war das Aufblühen der Bewegung in Rumänien. 1947 berichteten die rumänischen Esperantisten erfreut von einem »historischen Augenblick«. Es ging darum, daß der 1907 gegründete Rumänische Esperanto-Verband erstmals seine Anerkennung als rechtliche Personenvereinigung erhalten hatte. Aber bereits im nächsten Jahr hörte man kaum mehr etwas von Esperanto in Rumänien; der Verband ist bis zum heutigen Tage nicht wiedergegründet worden.

Auch die Bulgaren kamen an die Reihe. Unheil verhießen die immer auffälliger werdenden Versuche des Bulgarischen Esperanto-Bundes, seine Mitglieder zu disziplinieren. Die Jugendsektion forderte im August 1948 dazu auf, »die bei gewissen Esperantisten noch vorhandenen unsinnigen Vorstellungen eines ›neuen Gefühls‹, einer ›inneren Idee‹ oder einer besonderen göttlichen Mission des Esperanto restlos zu zerschlagen«. Der Anpassungsdruck sollte das organisatorische Überleben sichern helfen. Im Mai 1949 wurde der für August geplante 32. Bulgarische Esperanto-Kongreß in Wraza als eine »großartige Manifestation der Esperanto-Bewegung« angekündigt. Dazu sollte es in diesem ereignisreichen Sommer – Anfang Juli war der KP-Führer Georgi Dimitrow gestorben, im September mußte Bulgarien seinen Freundschaftsvertrag mit Jugoslawien aufkündigen – nicht mehr kommen, denn der Kongreß wurde in letzter Minute abgesagt.

Um die gleiche Zeit merkten auch die Ungarn, daß sich die äußeren Bedingungen nicht zum Guten entwickelten. Noch im Frühjahr 1948 hatte das Unterrichtsministerium der Einführung des Esperanto an den Grundschulen als Wahlfach zugestimmt, woraufhin 104 Parlamentsabgeordnete, darunter 34 kommunistische, sich dafür aussprachen, den Erlaß auch auf die Mittelschulen auszudehnen. Im Juli fand in Budapest eine sehr erfolgreiche Konferenz der Esperanto-Verbände der Donauländer statt, auf der die Delegierten von ungarischen Partei- und Regierungsvertretern aufmunternde Worte und feierliche Zusagen weiterer Förderung der Bewegung hörten. Nur wenige Monate später sah dies anders aus. Anfang 1949 stellte eine Mitgliederversammlung der Ungarischen Esperanto-Vereinigung fest, die Bewegung befinde sich in der Krise, weil sie »für sich kein mit den Interessen der Nation identisches Programm« festgelegt habe. Wie in Bulgarien wurde dies darauf zurückgeführt, daß die Mitglieder ideologisch zurückgeblieben seien. Sie wurden ermahnt, dem »Neutralismus« und pazifistischen Ideen abzuschwören. Die weiteren Etappen in der Entwicklung der ungarischen Bewegung verliefen parallel zur stalinistischen Säuberung der Partei: Im Mai wurde Außenminister László Rajk wegen »nationalistischer Abweichung« und »Spionage für den Imperialismus« verhaftet; mit ihrer Juli/August-Ausgabe stellte die traditionsreiche Zeitschrift *Literatura Mondo* ihr Erscheinen ein; und im Oktober, als Rajk hingerichtet wurde, verstummten die Esperanto-Sendungen von Radio Budapest. Am 6. April 1950 fand die letzte Versammlung der Ungarischen Esperanto-Vereinigung statt; auf ihr wurde beschlossen, die Tätigkeit »vorläufig« einzustellen. Für die ungarischen Esperantisten begannen Jahre, die sie selbst als die Zeit des »Großen Schweigens« bezeichneten.

Am längsten konnten die Tschechoslowaken der Unterdrückung widerstehen. Ihr Land hatte zwischen den Kriegen zu den stärksten Esperanto-Bastionen Europas gehört. Verfolgungen hatte es, außer unter der NS-Herrschaft, nie gegeben. Auch eine starke Arbeiter-Esperanto-Bewegung, die sich den neuen Machthabern 1948 hätte zur Verfügung stellen können, gab es in der Tschechoslowakei nicht, so daß die personelle Kontinuität der Führung der neutralen Bewegung gewahrt blieb. Es war damit Aufgabe des bisherigen Vorstands des Esperanto-Bundes in der Tschechoslowakischen Republik (EAĈSR), die Arbeit für Esperanto den gewandelten politischen Verhältnissen anzupassen. Im ersten Jahr unter der kommunistischen Herrschaft hatte es den Anschein, als setze sich die traditionell esperantofreundliche Haltung der Behörden fort. Das Informationsministerium unterstützte die Herausgabe einer Propagandazeitung, *Esperanto-Servo*, die in mehreren Tausend Exemplaren kostenlos ins Ausland geliefert wurde.

Allerdings waren schon seit Ende 1948 keine Auslandsüberweisungen mehr möglich, etwa für die Einzelmitgliedschaft in der UEA oder den Erwerb von Esperanto-Literatur. Und bald sah sich auch die EAĈSR gezwungen, ihre Loyalität zum Regime stärker zu bekräftigen, was – nach einem Muster, das uns aus den anderen Volksdemokratien bereits bekannt ist – eindringliche Appelle des Vorstands zur ideologischen Konformität der Mitglieder einschloß. Diese Appelle richteten sich nicht nur gegen den traditionellen »Neutralismus«, sondern auch gegen das Gedankengut der SAT, die in der Tschechoslowakei viele Mitglieder hatte. Eine Anfang Juni 1949 auf dem Siebten Tschechoslowakischen Esperanto-Kongreß in Reichenberg verabschiedete Resolution nannte es die Pflicht der Esperantisten, »die Nester der Reaktion und des Faschismus schonungslos zu entlarven und alle auf unsere Seite zu ziehen, die am ›Esperanto um des Esperanto willen‹ kleben«, d.h. die »aus Esperanto ein bloßes Spielzeug machen«, und attackierte zugleich die »Tendenz der kapitalistischen internationalen Reaktion, die Welt-Esperanto-Bewegung zu betrügerischen imperialistischen Zielen, die unter der falschen Devise des Kosmopolitismus kaschiert werden, zu mißbrauchen«. Rudolf Burda, ein Mitbegründer der SAT, kommentierte diesen Angriff bitter als ein Zeichen dafür, daß »die streng neutralen Damen und Herren«, die vor dem Februar 1948 »schöne Briefmarken sammelten und uns als ›kommunistische Esperantisten‹ beschimpften«, jetzt, um dem Regime ihre Treue zu bezeugen, die SAT-Mitglieder als »kosmopolitisch und staatsfeindlich« verleumdeten.

Eine Weile schien sich der Opportunismus der ehemaligen

»Neutralen« auszuzahlen. Ende Mai 1950 fanden sich zum Achten Kongreß in Brünn nahezu 1000 Teilnehmer ein; Regierungsvertreter gaben Sympathieerklärungen ab. Noch im gleichen Jahr aber erlitt die tschechoslowakische Esperanto-Bewegung zwei harte Schläge: Am 17. September wurden die beliebten Esperanto-Sendungen von Radio Prag eingestellt, und zum Ende des Jahres mußte die EAĈSR ihre Mitgliedschaft im Esperanto-Weltbund aufkündigen.

In der zweiten Hälfte des Jahres 1951 erreichte die stalinistische Durchdringung des politischen Lebens in der Tschechoslowakei ihren Höhepunkt. Im September wurde Rudolf Slánský, der Generalsekretär der KPTsch, aus der Partei ausgeschlossen; im November wurde er unter der schon nicht mehr originellen Anklage, ein heimlicher Agent des Imperialismus und des Titoismus zu sein, verhaftet (im Dezember 1952 folgte die Hinrichtung). Ende 1951 stellten sämtliche Esperanto-Zeitschriften der Tschechoslowakei ihr Erscheinen ein. Die EAĈSR, die damit fast jeder Wirkungsmöglichkeit beraubt war, trieb der Auflösung entgegen. Im Juli 1952 mußten sich Vertreter der EAĈSR auf einer Sitzung im Gebäude des Zentralkomitees die Mahnung anhören, »Esperanto selbst dann nicht zu propagieren oder zu unterrichten, wenn es zum Friedenskampf und Sozialismus beiträgt, denn die Völker verstehen einander und sind einheitlich in diesen Angelegenheiten auch ohne eine internationale Sprache«. Der Vertreter der Partei wies außerdem auf die »Gefährlichkeit des Esperanto« hin, da es Klassenfeinden subversive Tätigkeit ermögliche. Fünf Wochen später wurde der EAĈSR vom Innenministerium dringend nahegelegt, sich »freiwillig« aufzulösen. Am 6. September trat das Komitee der EAĈSR zusammen und beschloß mit Mehrheit die Selbstauflösung. 23 waren dafür, 18 enthielten sich der Stimme, drei votierten dagegen (unter ihnen Burda) mit der Begründung, lieber auf die zwangsweise Auflösung warten zu wollen.

Die Tschechoslowakei war die letzte der europäischen Volksdemokratien, die auch in bezug auf Esperanto das sowjetische Modell übernahm. Danach blieb nur noch ein mit der Sowjetunion verbündetes Land von der esperantofeindlichen Tendenz eine Weile verschont: die Volksrepublik China. Im Beisein von Regierungsvertretern war im März 1951 in Peking die Chinesische Esperanto-Liga gegründet worden. Ihr Vorsitzender wurde einer der ältesten Esperantisten Chinas, Hu Yuzhi. Als Direktor des Amtes für Veröffentlichungen hatte Hu bereits im Mai 1950, wenig mehr als ein halbes Jahr nach Gründung der Volksrepublik, die Herausgabe einer Monatszeitschrift in Esperanto, *El Popola Ĉinio*, veranlaßt. Sie stand den Esperantisten in Osteuropa eine Zeitlang als einziges esperantosprachiges Periodikum zur Verfügung; allein in der Tschechoslowakei hatte sie zuletzt rund 1000 Abonnenten. Schließlich jedoch mußte es den Chinesen zumindest inopportun erscheinen, *El Popola Ĉinio* weiter herauszugeben; von den Postämtern der DDR war die Zeitschrift bereits als »unerwünschte kosmopolitische Propaganda« zurückgewiesen worden. Zum Ende des Jahres 1953 stellte sie ihr Erscheinen ein.

Wie seit langem schon in der Sowjetunion war den Esperantisten nun auch in den damals so genannten Satellitenländern jede Möglichkeit zu öffentlichem Wirken verwehrt. Die Unterdrückung des Esperanto im kommunistischen Block war freilich nicht absolut; sie variierte durchaus von Land zu Land. In Rumänien und Ungarn kam die Bewegung nahezu vollständig zum Erliegen. In Bulgarien war die Situation nur unwesentlich besser. In der DDR waren die Esperantisten strengen Kontrollen ausgesetzt, kamen aber dennoch heimlich zusammen, machten gemeinsam Ausflüge, auf denen sie Sprachübungen abhielten, und unterhielten Briefkontakte zu Esperantisten in der Bundesrepublik und im Ausland. Verhältnismäßig gut erging es den tschechoslowakischen Esperantisten, da sie sich häufig in Kulturhäusern oder Gewerkschaftsklubs treffen konnten. Regelmäßig fanden Sommerkurse und Jugendlager statt. Eine subtile Form der Werbung für Esperanto stellten Ausstellungen dar, auf denen man mit Hilfe des Esperanto beschafftes Material über Streiks im kapitalistischen Westen besichtigen konnte. Von tschechoslowakischen Esperantisten wurden auch Spendensammlungen für verfolgte Friedenskämpfer, etwa in Japan, veranstaltet.

Die geringsten Beschränkungen gab es in Polen. Obwohl die Esperanto-Sendungen von Radio Warschau im August 1950 eingestellt worden waren und die Ortsgruppen sich bis auf wenige Ausnahmen aufgelöst hatten, behielt der Polnische Esperanto-Bund seine Büroräume und gab ein primitiv vervielfältigtes, als »Übungsmaterial für den Korrespondenzkurs« getarntes Mitteilungsblatt heraus. Anzeigen für diesen Kurs aber durfte der Bund nicht aufgeben. Nur zum Jahrestag von Zamenhofs Tod durften in zwei Zeitungen Warschaus schwarzumrandete Hinweise auf ein bevorstehendes Treffen erscheinen – auf ein Treffen am Grabe des Dr. Esperanto, dessen Sprache jetzt in ihrem Ursprungsland gleichsam geächtet war.

3.5.2 *Stalin contra Marr*

Etwa zur gleichen Zeit, als die Esperanto-Bewegung in den Volksdemokratien zum Schweigen gebracht wurde, kam es in der Sowjetunion zu einer Diskussion über Fragen der Sprachwissenschaft, die auch im Westen beträchtliches Aufsehen erregte. Am 9. Mai 1950 begann die *Prawda* eine Reihe von Aufsätzen zu veröffentlichen, in denen die japhetitische Theorie Marrs kritisiert wurde. Völlig unerwartet griff am 20. Juni Stalin selbst in diese Diskussion ein, womit der vordergründig sprachwissenschaftliche Disput unversehens auf eine politische Ebene gehoben wurde.

Stalin nahm eindeutig Partei, und zwar gegen Marr. Die wesentlichen Grundsätze der »Neuen Lehre« wurden von ihm kurzerhand für unhaltbar erklärt. Betrachtete Marr die Sprache – wie die Kunst – als eine Kategorie des ideologischen Überbaus und waren für ihn alle Veränderungen in der Sprache von den Veränderungen in der ökonomischen Struktur abhängig, so lehnte Stalin die Zuordnung der Sprache zum Überbau entschieden ab. Die Sprache sei etwas Selbständiges und dauerhafter als jeder Überbau und jede Basis. Ihr Wirkungsbereich reiche weit über den des Überbaus hinaus, weil sie direkt mit der Produktionstätigkeit des Menschen verbunden sei.

Auch in der Frage des Klassencharakters der Sprache vollzog Stalin eine Abkehr von der bisher geltenden Lehre. Marr hatte die These vertreten, daß Sprache stets eine Klassensprache sei und es keine die verschiedenen Klassen einer Gesellschaft einigende Nationalsprache gebe. Dem hielt Stalin entgegen, es gebe nur eine Sprache des gesamten Volkes, auf die von den einzelnen Klassen kein nennenswerter Einfluß ausgeübt werde – ja, es sei überhaupt schädlich, wenn die Einheitlichkeit der Sprache durch den Klassenkampf beeinträchtigt werde.

Stalin hatte damit die Sprache aus dem Basis-Überbau-Schema herausgelöst, ihr einen klassentranszendenten Charakter zugewiesen und ihre Bedeutung als ein die Gesellschaft über viele Epochen einigendes Band hervorgehoben. Im Gegensatz zu Marr, der Veränderungen in der Sprache als Folge einer sozialen Revolution voraussagte, beharrte Stalin darauf, daß die Sprache sowohl der bürgerlichen als auch der sozialistischen Kultur diene, d. h. die gleichbleibende nationale Form der sich in ihrem Inhalt verändernden Kultur darstelle. Mit anderen Worten: Das Interesse der Nation rangierte für Stalin über dem der Klasse.

In der Frage der künftigen Einheitssprache der Menschheit zeigt sich die Konsequenz des Bruches mit der Marrschen Lehre besonders deutlich. 1930 hatte Stalin – ganz ähnlich wie Marr – behauptet, im Zeitalter des Kommunismus würden die Nationalsprachen zu einer gemeinsamen Sprache verschmelzen, die »weder das Großrussische noch das Deutsche, sondern etwas Neues sein wird«. Zwanzig Jahre später schrieb Stalin in der *Prawda,* es sei ein Irrtum zu glauben, »daß infolge einer Kreuzung beispielsweise zweier Sprachen eine neue, dritte Sprache entstehe, die keiner der gekreuzten Sprachen ähnlich sei und sich von jeder dieser Sprachen qualitativ unterscheide«. Vielmehr gehe bei der Kreuzung eine der Sprachen als Siegerin hervor, während die andere allmählich absterbe.

Nach dieser Aussage ist die sprachliche Entwicklung nicht dadurch gekennzeichnet, daß die verschiedenen Sprachen gleichberechtigt »aufblühen« und sich gegenseitig bereichern, um schließlich in eine einheitliche Sprache zu münden. So hatte es Stalin 1930 verkündet. Statt dessen galt nun das Diktum, daß Sprachen immer dann, wenn sie aufeinander treffen, in einen heftigen Kampf eintreten, der nur mit Sieg und Niederlage enden kann. Stalin nannte auch gleich ein Beispiel für den Sieg einer Sprache über andere:

> So war es zum Beispiel mit der russischen Sprache, mit der sich im Laufe der historischen Entwicklung die Sprachen einer Reihe anderer Völker kreuzten und die stets als Sieger hervorging.

Hierbei sei der Wortbestand der russischen Sprache ergänzt worden, ihre »nationale Eigenart« aber habe »nicht den geringsten Schaden erlitten« (199: 35 f.).

Stalins Angriffe gegen Marr, dessen Autorität als Schöpfer einer neuen materialistischen Sprachwissenschaft bis dahin unangefochten schien, wurde innerhalb und außerhalb der Sowjetunion als Sensation empfunden. Zu denen, die aufhorchten, gehörten auch die Esperantisten. In esperantosprachigen Veröffentlichungen war auf eine besondere Affinität zwischen der Marrschen Lehre und den Zielen der Esperanto-Bewegung hingewiesen worden, so daß es durchaus nahelag, zwischen der Verdammung der internationalistischen Lehre Marrs und den Schwierigkeiten der Esperantisten in den Volksdemokratien eine Beziehung herzustellen.

Lassen wir einmal beiseite, daß damit für das viel frühere Verschwinden der Esperanto-Bewegung in der Sowjetunion keine Erklärung geliefert wird – die Chronologie der Ereignisse zeigt schnell, daß die Verwerfung der Theorien Marrs den Maßnahmen gegen die Esperanto-Bewegung nicht vorausgegangen ist, sondern auf diese folgte. Die osteuropäischen Esperantisten sahen sich schon ein knappes Jahr vorher plötzlichen Problemen ausgesetzt. Als Stalin im Juni 1950 in die linguistische Debatte eingriff, war der Ungarische Esperanto-Bund bereits aufgelöst, und die anderen Verbände fürchteten ein ähnliches Schicksal. Vermutlich ist eine allgemeine Direktive gegen jegliche Förderung des Esperanto von staatlicher Seite spätestens im Herbst 1949 ergangen – mehr als ein halbes Jahr, bevor die *Prawda* ihre Spalten für sprachwissenschaftliche Beiträge öffnete. Als Lajos Kökény am 2. Oktober 1949 wie gewohnt im Studio von Radio Budapest erschien, wurde ihm erklärt, »von heute an« gelte »die Linie«, keine Esperanto-Sendungen mehr auszustrahlen.

Diese neue Linie war auch nicht etwa ein Vorzeichen der Attacke auf Marr. Im Gegenteil: Gerade Mitte 1949 war eine kurze Periode zu Ende gegangen, in der einige sowjetische Sprachwissenschaftler zaghaft versucht hatten, die ausgefahrenen Geleise der japhetitischen Theorie zu verlassen. Schon im Oktober 1948 hoben die Anhänger Marrs zu einem Großangriff auf alle Abweichler an; Fachkollegen, die für die Verwendung der vergleichenden Methode eingetreten waren, wurden beschuldigt, unter dem Einfluß »reaktionärer und idealistischer Strömungen der ausländischen bürgerlichen Linguistik« (171: 8) zu stehen. Durch gelegentliche Anspielungen auf den Disput mit der Jasykfront zu Beginn der dreißiger Jahre unterstrichen die Marristen ihren Anspruch auf ein absolutes Monopol in der sowjetischen Sprachwissenschaft, und in der Tat bestätigte die Akademie der Wissenschaften am 21. Juli 1949 die weitere, ausschließliche Gültigkeit der Lehre Marrs.

Ist es bloßer Zufall, daß das Esperanto in den Ländern Osteuropas zu eben dem Zeitpunkt in Ungnade fiel, als die Marristen gerade einen Angriff ihrer Gegner abgeschlagen hatten? Sie befanden sich auf dem Zenit ihrer Macht, und dies wirkte sich für die Esperantisten keineswegs positiv aus. Ausgerechnet ein früheres Mitglied der Jasykfront, T. P. Lomtew, inzwischen einer der führenden Marristen, hatte schon Anfang 1949 erklärt:

Die heutigen Apologeten des Imperialismus machen eine breite Propaganda für den Kosmopolitismus, eine reaktionäre Ideologie der imperialistischen Bourgeoisie. Als ideologische Waffe benutzen sie die Ansichten des Renegaten Kautsky zum Ultraimperialismus, zur Verschmelzung der Nationen und ihrer Sprachen in der Epoche des Kapitalismus und Imperialismus, zur Schaffung einer einzigen Universalsprache in unserer Epoche. (167: 80f.)

An diese Linie versuchte der bulgarische Esperantist Atanas Lakow anzuknüpfen:

> ... die künftige gemeinsame Sprache des Kommunismus führt durch die Entwicklung der Nationalsprachen im Sozialismus. Versuche der Beseitigung von Nationalsprachen durch die Einführung des Esperanto werden nur kulturellen Rückschritt für die Nationen hervorrufen, die vom Kapitalismus unterdrückt werden. Der Versuch, das Esperanto in der Gegenwart als einheitliche Weltsprache, in seiner heutigen hauptsächlich europäisch geprägten Form, aufzuzwingen, bedeutet die gewaltsame Liquidierung der Kulturen und Sprachen außereuropäischer Völker, bedeutet, Esperanto in den Dienst der imperialistischen Ausbeutung zu stellen. (*Internacia Kulturo,* Dezember 1949, S. 4)

Welche Richtung für die Sprachpolitik der Gegenwart zu gelten habe, wurde von sowjetischen Linguisten und Schriftstellern schon vor Stalins Verdikt gegen Marr verkündet. Zu Neujahr 1949 bekräftigte die *Literaturnaja Gaseta,* was die *Prawda* schon 1938 geschrieben hatte: Jeder historischen Epoche wurde eine »Weltsprache« zugewiesen – dem Altertum das Latein, der Feudalzeit das Französische, dem kapitalistischen Zeitalter das Englische und schließlich der Ära des Sozialismus das Russische. Noch einen Schritt weiter ging Lomtew, der das Russische als »große, reiche und machtvolle Sprache« pries, sie sei »Werkzeug der am meisten fortgeschrittenen Zivilisation, der sozialistischen Zivilisation, der fortschrittlichsten Wissenschaft, ... die Sprache des Friedens und des Fortschritts« (167: 73).

Diese Glorifizierung des Russischen vertrug sich keineswegs mit der These Marrs, wonach jede Sprache von der Klasse, nicht von der Nation geformt werde. Marr hatte es stets abgelehnt, Sprachen (»sogenannte Nationalsprachen«) als Einheit, als nationales Erbe zu betrachten. Vielmehr faßte er sie als eine Kombination verschiedener Klassensprachen oder übriggebliebener Elemente von Klassensprachen auf. Mit dem ökonomischen und politischen Fortschritt und dem Verschwinden von Klassenunterschieden würden sie sich miteinander vermischen und schließlich, in der weltweiten klassenlosen Gesellschaft, einer völlig neuen, universalen Sprache Platz machen. Der Gedanke an den Sieg einer großen Nationalsprache lag Marr fern: Mit besonderer Vorliebe widmete er sich der Erforschung von »kleinen und zurückgebliebenen« Sprachen und erklärte unverhohlen, mit seiner neuartigen Theorie, die alle Sprachen in gleicher Weise berücksichtige, werde das »pseudo-wissenschaftliche, ideologische Prinzip der Autokratie des Russischen« zerbrochen werden (160: 27).

Trotz dieses eindeutigen Standpunkts von Marr wurde in der Sowjetunion unter Stalin eine Politik der Russifizierung verfolgt. Die japhetitische Theorie blieb weiterhin die führende Schule der sowjetischen Linguistik und hatte der praktischen Politik zu dienen, ungeachtet ihrer Unvereinbarkeit mit wesentlichen Grundsätzen des 1934 verstorbenen Marr. Sofern sich die Schüler Marrs dem Regime nicht ohnehin als willfährige Werkzeuge zur Verfügung stellten, wurden sie schnell daran gehindert, aus der Theorie Folgerungen abzuleiten, die der Politik der Partei zuwiderliefen.

Schließlich aber sah Stalin, zweifellos erstaunlich spät, ein, daß für seine Politik, die eine nationale Sprache, die russische, zielstrebig förderte und eine nationale Tradition, die russische, zur Festigung des sowjetischen Patriotismus einsetzte, ein Festhalten an der Marrschen Lehre nicht mehr von Nutzen war. Daher gab er den Anstoß zur Entthronung Marrs. Mit der Autorität des obersten Lenkers der Partei legte er fest, daß die Sprache keine Klassenerscheinung sei und nicht zum Überbau gehöre, und führte zum Beleg an, daß das Russische seit der Zeit Puschkins »in allem Wesentlichen erhalten geblieben« sei (199: 10) und allen Klassen der aufeinanderfolgenden feudalistischen, kapitalistischen und sozialistischen Epochen als gemeinsame Nationalsprache diene.

Gewiß war die Beseitigung der Diskrepanz zwischen der Marrschen Theorie und dem großrussisch gefärbten gesamtsowjetischen Patriotismus nicht das einzige Motiv, weswegen sich Stalin auf die Bühne der Sprachwissenschaft begab: Die Abhängigkeit von der japhetitischen Theorie hatte zu einer Reihe negativer Erscheinungen in der sowjetischen Linguistik geführt. Sie behinderte die Effizienz des Sprachunterrichts an den Schulen, verursachte Stagnation in der russischen Philologie und stand wegen ihrer Gegnerschaft zur vergleichenden Methode historischen Forschungen über die Beziehungen zwischen dem Russischen und anderen slawischen Sprachen im Wege. Aber so nützlich es war, nun den Marristen die Schuld für alle Versäumnisse und Irrtümer der sowjetischen Linguistik in die Schuhe zu schieben: die Bedeutung von Stalins Bannfluch gegen Marr liegt vor allem darin, daß eines der letzten Überbleibsel des revolutionären Romantizismus aus der Pionierzeit des sowjetischen Staates beseitigt wurde. Der Weg war frei zur ungehinderten Entfaltung der »großen russischen Sprache«.

An einer solchen Einschätzung der Motive Stalins ändert auch die Tatsache nichts, daß Stalin im Laufe der Diskussion seine Siegersprachen-These relativierte. Wie sich aus seiner am 2. August 1950 in der *Prawda* veröffentlichten Antwort »an Genossen A. Cholopow« ergibt, war er auf die Frage der Vereinbarkeit dieser These mit seiner Formel von 1930 hingewiesen worden. Stalin reagierte, indem er jeglichen Widerspruch leugnete. Ganz ähnlich wie damals, als er an seine 1925 geäußerte Mißbilligung der Prognose Kautskys erinnert worden war, »löste« Stalin den Widerspruch dadurch, daß er zwischen den verschiedenen Epochen unterschied, auf die sich seine Aussagen bezögen.

Die Formel vom Sieg der stärkeren Sprache beziehe sich, erläuterte Stalin, auf die Zeit vor dem weltweiten Sieg des Sozialismus, in der »die Ausbeuterklassen die herrschende Kraft in der Welt sind, ... es noch keine nationale Gleichberechtigung gibt, ...nicht die Zusammenarbeit und gegenseitige Bereicherung der Sprachen, sondern die Assimilierung der einen und der Sieg der anderen Sprachen auf der Tagesordnung stehen«. Während es unter solchen Bedingungen nur siegreiche und besiegte Sprachen geben könne, sei es in der Epoche nach dem Sieg des Sozialismus im Weltmaßstab völlig anders. Dann nämlich gebe es ja keinen Weltimperialismus mehr, die nationale Absonderung sei durch Annäherung der Nationen ersetzt und »die Politik der Unterdrückung und Assimilierung von Sprachen liquidiert«. Dies sei die Zeit, in der »die Zusammenarbeit der Nationen hergestellt ist und die Nationalsprachen die Möglichkeit haben, auf dem Wege der Zusammenarbeit einander frei zu bereichern«. Und es könne eintreten, was er mit seiner 1930 verkündeten Formel gemeint habe, nämlich »die Verschmelzung der Sprachen zu einer gemeinsamen Sprache«. In der Epoche der Herrschaft des Sozialismus gehe es nicht mehr um den Sieg oder die Niederlage von Sprachen:

> Hier werden wir es nicht mit zwei Sprachen zu tun haben, von denen die eine eine Niederlage erleidet, die andere aber als Sieger aus dem Kampfe hervorgeht, sondern mit Hunderten von Nationalsprachen, aus denen sich im Ergebnis einer langen wirtschaftlichen, politischen und kulturellen Zusammenarbeit der Nationen zunächst die am meisten bereicherten einheitlichen zonalen Sprachen herausheben und dann die zonalen Sprachen zu einer gemeinsamen internationalen Sprache verschmelzen werden, die natürlich weder die deutsche noch die russische, noch die englische, sondern eine neue Sprache sein wird, die die besten Elemente der nationalen und zonalen Sprache in sich aufgenommen hat. (199: 62 ff.)

Damit hatte Stalin für den Bereich der Sprachen und Nationen noch einmal die weltrevolutionäre Perspektive bekräftigt. Aber ein grundlegender Widerspruch blieb bestehen: Wie sollte eine friedliche Verschmelzung der Sprachen vor sich gehen, wenn diese zuvor in gnadenlosem Kampf miteinander gestanden hatten?
Die nächstliegende Antwort lautet, daß Stalin sich für die ferne Zukunft wenig interessierte, sondern in erster Linie die Entwicklung in der Sowjetunion theoretisch rechtfertigen wollte.

Deswegen verwarf er die internationalistische Lehre Marrs, betonte den klassentranszendenten Charakter des Russischen und nannte die Verdrängung kleinerer Sprachen ein Kennzeichen des historischen Fortschritts. Seine Aussage zur künftigen Einheitssprache wirkt dabei eher angehängt: Durch den Zusatz »im Weltmaßstab« schloß er aus, daß seiner Prophezeiung die gegenwärtige Realität der Sowjetunion entgegengehalten werden konnte, in der ja der Sozialismus bereits gesiegt hatte und »das gegenseitige Mißtrauen der Nationen« angeblich längst beseitigt worden war. Letztlich erscheint die Prognose einer künftigen nicht-nationalen Weltsprache im Gesamtzusammenhang der Stalinschen Linguistik-Briefe nahezu irrelevant, denn sie würde ja voraussetzen, daß der russischen Sprache ein »Endsieg« versagt bliebe. Viel eher erscheint es nach den Äußerungen Stalins plausibel, daß die russische Sprache, die aus den Kämpfen der Vergangenheit stets siegreich hervorgegangen war und den Völkerschaften der Sowjetunion als einigendes Band diente, auf ihrem Siegeszug fortfahren, ihr Terrain auch außerhalb der Sowjetunion vergrößern und als eine mächtige zonale Sprache auf die künftige Weltsprache wesentlichen Einfluß nehmen soll. Belegt wird diese Deutung der dem Russischen zugedachten Rolle durch die Tatsache, daß es auch in den Volksdemokratien als »internationale Sprache des Sozialismus« propagiert wurde und sowjetische Linguisten gleichzeitig heftig gegen das Englische, die Sprache der »anglo-amerikanischen Imperialisten«, polemisierten.

Außer Betracht blieb somit auch die Frage, warum unter den Bedingungen des zwischen den Völkern der Sowjetunion herrschenden Vertrauens nicht schon Vorarbeiten zur Entwicklung einer übernationalen Sprache möglich seien, sondern die russische Sprache immer noch ihren Geltungsbereich auf Kosten der anderen Sprachen ausdehnen müsse. Was die Möglichkeit von Vorarbeiten anging, so hatte sich ein Landsmann Stalins, der georgische Sprachwissenschaftler Arnold Tschikobawa, gleich im ersten *Prawda*-Artikel, mit dem die Linguistik-Debatte eröffnet worden war, mit der Auffassung Marrs von der einheitlichen gemeinsamen Sprache der künftigen Menschheit kritisch auseinandergesetzt. Auf den ersten Blick stimme hier Marr mit den Thesen des Marxismus-Leninismus überein, doch in Wirklichkeit sei seine Haltung »auch in diesem Fall falsch, unmarxistisch«. Tschikobawa bezog sich auf die Forderung Marrs, daß »die Menschheit, die zur Einheit der Wirtschaft und zur klassenlosen Gesellschaft schreitet, nicht umhin kann, künstliche, wissenschaftlich ausgearbeitete Maßnahmen zur Beschleunigung dieses Weltprozesses zu ergreifen«. Dazu wurde von Tschikobawa unter Berufung auf frühere Aussagen Stalins festgestellt:

> Bekanntlich haben die Marxisten davon eine etwas andere Auffassung. Sie sind der Meinung, daß der Prozeß des Absterbens der Nationalsprachen und der Schaffung einer gemeinsamen Weltsprache allmählich erfolgen wird, ohne irgendwelche »künstliche Maßnahmen«, die diesen Prozeß »beschleunigen« sollen.
> Die Anwendung solcher »künstlicher Maßnahmen« würde die Anwendung von Gewalt gegenüber den Nationen bedeuten, was der Marxismus nicht zulassen kann. (200: 17)

Zwar verfolgte Tschikobawa möglicherweise vor allem die Absicht, die Marristen für Ungeschicklichkeiten bei der Verschriftung und Standardisierung nichtrussischer Sprachen in der Sowjetunion verantwortlich zu machen. Die von ihm als »unmarxistisch« verworfene These war aber in der Lehre Marrs ein wesentlicher Punkt, den die Esperantisten gegenüber marxistischen Instanzen gern zur Rechtfertigung ihres Wirkens angeführt hatten.

Tschikobawas Kritik an dem Versuch, die Bildung der Weltsprache mit künstlichen Methoden zu beschleunigen, wurde von Stalin gutgeheißen, als er sich einige Wochen später in die Diskussion einschaltete und dabei Marr verurteilte. Nicht alle verstanden gleich die volle Bedeutung der Stellungnahme Stalins; auch einige Esperantisten ließen sich täuschen. Daß er von einer künftigen Weltsprache sprach, ließ unter den bedrängten Esperantisten in den Volksdemokratien die Hoffnung aufkommen, das Esperanto gleichsam als »Versuch der von Stalin prophezeiten Weltsprache« anbieten zu können. Doch dies war die Reaktion von in der bürgerlichen Tradition aufgewachsenen Esperantisten, die sich in der Stalinschen Dialektik nicht auskannten und wohl auch nichts von den nach 1930 in der Sowjetunion geführten Diskussionen wußten. Mehr Gespür für die Brisanz des Themas besaßen die kommunistischen Esperantisten in Bulgarien, die unverhüllt vor der Illusion warnten, daß Esperanto »die künftige Sprache der Menschheit (d.h. des Kommunismus)« sein könne.

Schon vor 1950 hatte es für Esperanto keinen Platz in dem zur Weltsprache führenden Entwicklungsprozeß gegeben. Insofern brachte Stalins Intervention nichts Neues. Sie lieferte verspätet eine theoretische Basis für die Glorifizierung des Russischen, die Unterdrückung nationaler Minderheiten und die ebenfalls seit langem praktizierte Diskriminierung bzw. Verfolgung der übernationalen Sprechergemeinschaft der Esperantisten. Allerdings wurde die Lage der Esperantisten nun zusätzlich erschwert. Stalin hatte die These vom gleichberechtigten Aufblühen der Nationen beiseite geschoben und als Kennzeichen der Gegenwart ganz offen verkündet, daß Nationalsprachen miteinander um den Vorrang kämpften. Dies bedeutete für alle Bürger der Staaten unter sowjetischem Einfluß, also auch für die Esperantisten, daß sie mit allen Kräften dazu beitragen mußten, dem Russischen zum Siege zu verhelfen. Wer von diesem wichtigsten sprachpolitischen Ziel auch nur abzulenken schien, der setzte sich unweigerlich dem Verdacht aus, die von Stalin postulierte Vorherrschaft der russischen Sprache zu mißachten.

3.5.3 Die Erfordernisse der Gegenwart

Man verlöre den politischen Hintergrund, der keine weitere Arbeit für Esperanto erlaubte, aus dem Blick, stellte man die Frage des Esperanto vorwiegend in den Zusammenhang eines linguistischen Theorienstreits. Der entscheidende Punkt ist:

Wenn die Bewegung in der Sowjetunion unterdrückt war, mußte ihre Überlebensmöglichkeit in den unter sowjetischem Einfluß stehenden Ländern früher oder später vorbei sein. Als sich die Esperanto-Bewegung in den Volksdemokratien im Sommer 1949 vor Hindernisse gestellt sah, befand sich der Druck der Sowjetunion gegen angebliche Bundesgenossen des unbotmäßigen Jugoslawien bereits auf seinem Höhepunkt. Besonders drastisch äußerte er sich in der Entlarvung und Liquidierung von »Parteifeinden«. Zugleich kam eine wütende Kampagne gegen den sog. »Kosmopolitismus« ins Rollen, der als ein »Mittel zur Realisierung der Weltherrschaft des amerikanischen Imperialismus« bezeichnet wurde, in Wirklichkeit aber als kollektiver Begriff diente, um alle Ideen aus dem Westen zu verdammen, die den sozialistischen Staaten bedrohlich erschienen. Die Warnung vor dem Kosmopolitismus war ein nützlicher Vorwand, um die Bürger von jeglichem Kontakt zum Ausland abzuhalten.

In der Sowjetunion hatte Andrej Shdanow, der in Fragen der Kultur maßgebliche Parteifunktionär, im August 1946 damit begonnen, das geistige und kulturelle Leben wie ein mittelalterlicher Inquisitor zu reglementieren. Überall dort, wo es Anzeichen einer Aufweichung als Folge des Kriegsbündnisses mit den kapitalistischen Staaten gab, suchte er die Kontrolle der Partei wiederherzustellen. Künstler und Intellektuelle, unter denen zeitweise ein frischer Wind geweht hatte, wurden der »Unterwürfigkeit« gegenüber der bürgerlichen Kultur des Westens, des »heimatlosen Kosmopolitismus« sowie einer unzureichenden Würdigung traditioneller russischer Leistungen beschuldigt. Ende 1948, Anfang 1949 wurde die antikosmopolitische Kampagne um eine besonders unangenehme Komponente bereichert, nämlich den Antisemitismus, der sich als Angriff auf die »Zionisten« tarnte, die mit westlichen Kriegstreibern gemeinsame Sache machten. Alle Publikationen in jiddischer Sprache wurden verboten, und selbst assimilierte Juden entgingen nicht der Verfolgung.

Nach der Verschärfung des Kalten Krieges (im April 1949

wurde die NATO gegründet) und des Konflikts mit Jugoslawien forderte die Sowjetunion ihre Satelliten auf, die Kampagne unverzüglich zu übernehmen und sich strikt gegen Einflüsse von außen abzuschließen. Dies hatte auch für die Esperanto-Bewegung Konsequenzen.

Wie wir wissen, sah das sowjetische Modell für Esperanto kein Existenzrecht vor. Daß die Sprache in Osteuropa soviel Sympathie fand und sogar von staatlichen Stellen gefördert wurde, dem konnten die sowjetischen Kontrolleure nicht untätig zusehen. Noch weniger akzeptabel, ja direkt provozierend war, daß die Esperanto-Verbände des Donauraums eine enge Zusammenarbeit vereinbarten, daß die Tschechen dazu aufriefen, mit Hilfe des Esperanto Korrespondenz- und Reisekontakte zu sowjetischen Arbeitern herzustellen oder daß sowjetische Esperantisten, die die Säuberung überlebt hatten, in der *Internacia Kulturo* von einem pulsierenden Esperanto-Leben in den Volksdemokratien lasen. Es erschien daher dringend geboten, diese Entwicklung aufzuhalten. Im Vordergrund stand dabei die Sorge um die innere Sicherheit, genauer die Furcht vor unkontrollierbaren Kontakten zum Ausland – wie 1937/38 in der Sowjetunion und 1941 in den baltischen Ländern.

Esperanto verschwand in Osteuropa allerdings nicht mit einem Schlage. Schnelligkeit und Intensität der Unterdrückung müssen mit den unterschiedlichen inneren Bedingungen in den Volksdemokratien in Beziehung gesetzt werden. Wo die sowjetischen Behörden auf nationale Eigenständigkeit am wenigsten Rücksicht zu nehmen brauchten, konnten sie ihre Wünsche am frühesten durchsetzen. Dies erklärt, warum in der Sowjetzone ein Verbotserlaß schon Anfang 1949 veröffentlicht wurde und der Kreis sich im fernen China schloß, nämlich erst Ende 1953, als die Zeitschrift *El Popola Ĉinio* ihr Erscheinen einstellte. In Bulgarien und der Tschechoslowakei leisteten die Esperantisten der Tendenz, nur aufgrund ihrer Kenntnis des Esperanto mit Zionisten und Kosmopoliten gleichgesetzt zu werden, am längsten Widerstand, da sie ihre antifaschistische Haltung leicht nachweisen konnten; überdies saßen in Bulgarien frühere Führer der illegalen Arbeiter-Esperanto-Bewegung inzwischen in hohen Stellungen von Partei und Staat. In Ungarn gab es ähnliche Voraussetzungen, doch beugten sich dort die Verantwortlichen ohne längeres Zögern der mündlich überbrachten Parteiempfehlung, sich nicht mehr mit Esperanto abzugeben und den Verband aufzulösen.

Dieses Schicksal drohte auch der bulgarischen Bewegung. Das Zentralkomitee der Partei kam eines Tages zu dem Schluß, daß der Bulgarische Esperanto-Bund zu den überflüssigen Organisationen gehöre und sich daher aufzulösen habe. Die eifrigsten Gefolgsleute der Partei waren bereit, der Forderung nachzukommen; der Vorsitzende und einige andere führende Mitglieder aber wandten eine geschickte Verzögerungstaktik an und verwiesen darauf, daß nur ein Kongreß über die Auflösung des Bundes entscheiden könne. Damit hatten sie Erfolg; der Bund konnte weiterbestehen. Bis 1955 war jedoch kein Werben für Esperanto möglich; auch die Esperantisten in Bulgarien mußten sich der Richtlinie fügen, daß die Gegenwart dringendere Aufgaben bereithalte als die Pflege einer internationalen Sprache – daß es beim Aufbau des Sozialismus für Esperanto keinen Raum gebe.

Diese Argumentation findet sich auch in einem interessanten Dokument aus der Tschechoslowakei, einem dreiseitigen Brief in englischer Sprache, der, ohne Unterschrift, im September 1953 dem Schreiben einer Referentin des tschechoslowakischen Kultusministeriums beigefügt war. Das Dokument ist eine Antwort an den Japaner Kei Kurisu, der bei dem Ministerium angefragt hatte, warum Esperanto in einem Land unterdrückt werde, dessen Literatur in Japan mit Hilfe des Esperanto bekanntgemacht worden war und dessen Esperantisten Hilfsmaßnahmen für eingekerkerte japanische Genossen organisiert hatten. Da das Ministerium die Meinung Kurisus nicht einfach ignorieren konnte – er war damals der aktivste Vermittler der tschechischen Literatur in Japan –, verfügen wir über das seltene Beispiel eines Versuchs, die esperantofeindliche Politik des Stalinismus ausführlich zu rechtfertigen.

Einleitend spricht der Brief die tschechoslowakischen Esperantisten ausdrücklich von einer Anklage frei, die in der Sowjetunion gültig war:

> Es trifft zu, daß die Esperantisten in der Tschechoslowakei sich als Patrioten erwiesen haben, die Esperanto in fortschrittlicher Weise benutzten. Es läßt sich kein Fall seiner Verwendung gegen die Interessen von Volk und Staat anführen. Dies war der bewußten und patriotischen Führung der Esperantisten zu verdanken, die zeigte, wie sich Esperanto zum Nutzen des Staates verwenden ließ. Unser Volk trug unendliches Leid in seiner nationalen Tragödie während der Hitler-Besatzung. Die Esperantisten enttäuschten die Nation nicht und stellten ihre Kenntnis des Esperanto in die Dienste des Landes. Ihre Aktivitäten wurden von der Regierung günstig eingeschätzt. Ihre bescheidenen Bemühungen brachten ein gutes Ergebnis.

Nach einem solchen Lob erschien es nicht leicht, plausibel zu machen, warum Esperanto jetzt dem Volk nicht mehr dienen könne; doch mit Hilfe gedanklicher Verrenkungen gelangt das Ministerium zu dem Schluß, daß die Bemühungen der Esperantisten unter den gewandelten Bedingungen den großen von Partei und Regierung gestellten Aufgaben nicht mehr gerecht werden könnten. Die neuen gesellschaftlichen Bedürfnisse hätten gleichsam zum natürlichen Tod der Esperanto-Bewegung geführt: Nach dem Vereinsgesetz von 1950 hätte sich die EAČSR einer der Massenorganisationen anschließen müssen, aber keine habe sie aufnehmen wollen.

Mit dem nachdrücklichen Hinweis, daß »Esperanto in der höheren Phase der Entwicklung der internationalen Beziehungen nicht benötigt wird«, räumt der Brief zum Schluß ein, Esperanto habe in den Händen fortschrittlicher Menschen in den kapitalistischen Ländern »noch eine wichtige Funktion« – vorausgesetzt, es werde zur Verteidigung des Friedens genutzt. Alles andere sei »Kosmopolitismus ›für den Export‹«, vor dem sich Volk und Staat der Tschechoslowakei schützen müßten. Daß der Gebrauch des Esperanto in den kapitalistischen Ländern für progressive Zwecke nicht sehr wirksam sein kann, wenn die Möglichkeit fehlt, sich mit Friedenskämpfern in den sozialistischen Ländern zu verständigen, kümmerte das Ministerium offenbar nicht.

Was hieß »höhere Phase der Entwicklung der internationalen Beziehungen?« Die Behörden zogen es vor, dies nur für den einheimischen Gebrauch näher zu erläutern. Am 5. September 1952, einen Tag vor der »Selbstauflösung« der EAĈSR, sandte Rudolf Burda einen Protestbrief an den Ministerpräsidenten Antonín Zápotocký, in dem er um Aufklärung darüber bat, warum Esperanto – eine Sprache, die nach Burdas Angaben auch von Lenin unterstützt worden war – jetzt nicht mehr geduldet werde. Die Antwort des Büros von Zápotocký war deutlich genug:

> Seit der Zeit, da Genosse Lenin die Bedeutung des Esperanto für die Arbeiterklasse betonte, ist sehr viel Zeit vergangen. Unterdessen ist das große Vaterland des Sozialismus, die Sowjetunion, aufgebaut worden, und der Aufbau des Sozialismus greift auf immer mehr Länder über, die in der Sowjetunion ihr Vorbild sehen und gewaltig aus ihren Erfahrungen schöpfen. Deswegen lernen Hunderttausende von Arbeitern in diesen Ländern, sogar außerhalb von ihnen, die Muttersprache der Pioniere des Sozialismus, das Russische. Bei einer solchen Massenverbreitung der russischen Sprache rückt natürlich die Bedeutung des Esperanto in den Hintergrund, das ohnehin eine Kunstsprache ist und daher nicht einmal eine Sprache im wahren Sinne des Wortes... Wir sind der Auffassung, daß es in der heutigen Zeit tatsächlich viel mehr von Nutzen ist, die dem Esperanto gewidmeten Kräfte, organisatorischen Mittel und Energie in den Dienst einer weiteren Ausbreitung der Kenntnis der russischen Sprache zu stellen. Es handelt sich nicht um irgendein offizielles Verbot des Esperanto, auf das Sie in Ihrem Brief anspielen. Es handelt sich lediglich darum, daß sich alle Genossen der veränderten Lage und der daraus resultierenden Minderung der Bedeutung des Esperanto bewußt werden müssen.

Auch wenn man bedenkt, daß Lenin in Wirklichkeit niemals für Esperanto eingetreten ist, bleibt es bemerkenswert, daß die tschechische Amtsperson, ohne das angebliche Lenin-Wort in

Zweifel zu ziehen, bedenkenlos bereit war, ihm für die Gegenwart keine Gültigkeit mehr zuzubilligen. Hier dokumentierte sich unverhüllt, wie schnell die scheinbar immer unantastbare Theorie in opportunistischer Weise zugunsten der aktuellen Tagesordnung mit Füßen getreten werden konnte.

Die Frage der Beziehung von Theorie und Praxis führt uns zur Linguistik-Debatte von 1950 zurück. Als sich Stalin in der *Prawda* zu Wort meldete und ganz unerwartet die Theorien Marrs verurteilte, war die Entwicklungsrichtung für die Esperanto-Bewegung in den Volksdemokratien bereits klar vorgezeichnet: Die Esperantisten mußten sich der Forderung unterwerfen, alle ihre Kräfte auf den Aufbau des Sozialismus zu richten. Auf dem Gebiet der Sprache hatte diese Kraftanstrengung zuallererst der Förderung des Russischen zu gelten, wie dies schon Anfang 1949 in einem Brief des sächsischen Ministeriums für Volksbildung formuliert wurde:

> Wir empfehlen Ihnen, Ihre Gemeinschaft in den Dienst des Zweijahresplanes zu stellen und Ihre philologischen Interessen einer Weltsprache zuzuwenden, die unsere Aufbauarbeit bei weitem mehr fördert als die Experimente einer Sprachensynthese.

An dieser Richtung änderte sich durch Stalins Verdammungsurteil über Marr nichts. Esperanto blieb unerwünscht und praktisch verboten, nicht wegen der Dominanz dieser oder jener sprachwissenschaftlichen Schule, sondern aus politischen Erwägungen – wegen des Bestrebens, nach den sowjetischen auch die osteuropäischen Esperantisten vor einem undogmatischen Internationalismus zu behüten. Allerdings konnten sich die Behörden nun der Worte Stalins bedienen, um ihrem Vorgehen gegen die Esperanto-Bewegung eine unangreifbare Begründung zu geben. Stalins Äußerungen über die Bindung der Sprache an die Nation zitierend, nannte man Esperanto einen »künstlichen kosmopolitischen Jargon«, der keine Wurzeln in Nation oder Gesellschaft habe, und attackierte die Esperantisten wegen ihrer »irrigen Annahme, daß sich die Nationen durch Überspringen von Sprachbarrieren im Geiste der Verbrüderung zusammenschließen werden«. Und wenn jemand sich noch über die herrschende Meinung im unklaren war, genügte es, die Große Sowjetenzyklopädie zu Rate zu ziehen:

> Die am meisten verbreitete der künstlichen Sprachen, Esperanto, ist ein seltsames Surrogat der romanischen Sprachen.
> Die Idee einer künstlichen, für die ganze Menschheit gemeinsamen Sprache ist als solche utopisch und nicht realisierbar... Solche Projekte haben einen kosmopolitischen Charakter und sind daher prinzipiell falsch. Das Utopische der künstlichen Sprachen ist besonders deutlich seit der Veröffentlichung der Werke von J. W. Stalin, »Die nationale Frage und der Leninismus« (1949) und »Der Marxismus und die Fragen der Sprachwissenschaft« (1950), in denen die realen Perspektiven der Entwicklung der nationalen Sprachen und der Bildung der künftigen Einheitssprache der Menschheit dargestellt sind. (118: 504 f.)

Angesichts dieser höchst feindseligen Einstellung müssen wir es als tröstlich betrachten, daß die Esperantisten Osteuropas, soweit man weiß, nicht in Arbeitslager gesteckt wurden. Zwar kam es zu Härten: Der Weltbund der Esperanto-Journalisten schrieb in seinem Jahresbericht 1951/52, Mitglieder in Osteuropa seien verhaftet worden, und eine Fabrik in Tetschen (Tschechoslowakei) entließ einige einer Esperanto-Gruppe angehörenden Mitarbeiter, nachdem diese sich geweigert hatten, anstelle des Esperanto Russisch zu unterrichten. Meist aber reichten subtilere Methoden aus, um die Tätigkeit für Esperanto zu unterbinden. Da jede Versammlung bei der Polizei angemeldet und jeder gedruckte oder vervielfältigte Text registriert werden mußte, konnte das faktische Verbot der Esperanto-Bewegung mit gewöhnlichen, willkürlich anwendbaren Verwaltungsvorschriften gesichert werden, ohne daß die Behörden jedesmal eine genaue Begründung für ihre Maßnahmen anzugeben brauchten. In Ungarn etwa zogen sich besonders in der Provinz die Esperantisten furchtsam zurück, teils im Glauben, daß es ein allgemeines Verbot gebe, teils einfach in Unkenntnis darüber, was in Zusammenhang mit Esperanto noch und was nicht mehr erlaubt war.

Gesellschaftliche Ächtung wurde oft fast ebenso gefürchtet wie direkte Strafen. Parteimitglieder, die weiterhin für Esperanto warben, riskierten den Ausschluß aus der Partei und damit auch negative Folgen für ihre berufliche Karriere. In der DDR verheimlichten ehemalige Funktionäre des Arbeiter-Esperanto-Bundes daher ihre Kenntnis des Esperanto, und in Ungarn war die Parteiveteranin Borbála Szerémi-Tóth sogar treibende Kraft bei der Auflösung der Organisation. Aber es gab auch Partei-mitglieder, die freiwillig ihren Austritt erklärten, als sie feststell-ten, daß die Partei, wie ein Deutscher es ausdrückte, »Angst« davor hat, »nachdenklichen Arbeitern ein revolutionäres In-strument der Bildung« in die Hand zu geben.

3.5.4 Wiedergeburt

Kenner der sowjetischen Geschichte stimmen heute darin überein, daß die wohl wichtigste und folgenreichste Aussage in der langen, langweiligen Linguistik-Debatte Stalins Schluß-satz in der Prawda vom 2. August 1950 gewesen ist: »Der Marxismus ist ein Feind jeglichen Dogmatismus« (199: 65). Von Stalins Motiv wollen wir hier absehen (er suchte offenbar einen Ausweg aus den dauernden Widersprüchen zwischen der internationalistischen Tradition des Sozialismus und der an den nationalen Interessen des Sowjetstaates ausgerichteten praktischen Politik und wollte sich durch diese Äußerung völ-lige Handlungsfreiheit verschaffen). Unabhängig von den In-tentionen Stalins muß im Rückblick festgestellt werden, daß die Herausstellung eines undogmatischen Marxismus nicht nur die durch den Einfluß Marrs gelähmte sowjetische Sprach-wissenschaft aus einer gefährlichen Isolierung geführt hat, sondern langsam auch, besonders nach Stalins Tod, auf ande-ren Gebieten die Entstalinisierung vorantreiben half. Zu de-nen, die von dieser Entwicklung profitierten, gehörten auch die Esperantisten.

Die allmähliche Wiedergeburt der Esperanto-Bewegung in Ost-europa, einschließlich der Sowjetunion, ist eines der interessantesten Kapitel in der Geschichte des Esperanto. Sie ist ein Musterbeispiel für Zielstrebigkeit, antiautoritäres Durchhaltevermögen und kluge, geschickte Tätigkeit an der Basis.

Am Anfang des Prozesses, der zu dieser Wiedergeburt führte, stand der Mut einer Handvoll Esperantisten, die es selbst in den ungünstigsten Jahren ablehnten zu schweigen. Von ihnen war der Tscheche Rudolf Burda ohne Zweifel der unerschrockenste. In dem seit 1952 halblegal erscheinenden Mitteilungsblatt *La Pacdefendanto* erhob er nicht nur scharfen Protest gegen die von den Behörden erzwungene Auflösung der Esperanto-Verbände Osteuropas, sondern scheute sich auch nicht, die Gründe für dieses Vorgehen beim Namen zu nennen. Aus einer Rede Klement Gottwalds zitierend, in der das Russische als »internationale Sprache des Fortschritts, des Kampfes für nationale und soziale Befreiung, als Sprache des Kampfes für den Frieden«, verherrlicht wurde, belehrte er seine Leser darüber, warum »Esperanto in unserem Land unerwünscht ist«. Mehr noch: Er machte auf ein fundamentales Problem aufmerksam, von dem die Feindschaft gegen Esperanto ein Symptom war, indem er den französischen Kommunisten William Gilbert mit folgendem Eingeständnis zu Wort kommen ließ:

> Es ist jetzt erwiesen, daß die kommunistischen Parteien in ihrer Propaganda die internationalen Beziehungen zwar akzeptieren, in Wahrheit jedoch nicht die Absicht haben, sie zu beleben. Darin liegt auch politische Heuchelei. Meiner Meinung nach ist dies eine Angelegenheit, die über das eigentliche Problem des Esperanto schon hinausgeht. (*La Pacdefendanto*, Nr. 11, 1952, S. 1)

Der Protest und der Versuch einer Analyse gingen mit dem Bestreben einher, die Esperantisten zu ermutigen. Hierzu diente etwa ein scheinbar aktueller Bericht über kommunistische Esperantisten in faschistischen Ländern, die als Schachspieler oder Briefmarkensammler getarnt weiterhin für Esperanto wirkten. Burda lieferte den Esperantisten aber gleichzeitig auch Argumente, die auf eine Änderung der Situation zielten. Er zögerte nicht, die Vormachtstellung des Russischen zu bekämpfen, wofür er sich ausgerechnet auf Stalin berief. Ein halbes Jahr vor dessen Tod, im August 1952, schrieb Burda:

> Einige vulgäre und irregeleitete Marxisten behaupten auch jetzt noch, daß Esperanto eine bürgerliche, kosmopolitische Sprache sei, die man Sozialisten nicht unterrichten könne, die ja ihre proletarische, sozialistische Sprache haben, die Sprache unserer Genies, Stalin und Lenin, die russische! Stalin hat jedoch klar gesagt, daß die internationale Sprache nicht das Russische sein könne, auch keine andere Nationalsprache, da dies hieße, Schwächeren die Sprache einer stärkeren Nation aufzuzwingen, was ganz unmarxistisch und reaktionär wäre.

Stalins Äußerung wiedergebend, daß die Sprache der ganzen Nation zu dienen habe und es keine bürgerliche und proletarische Nationalsprache gebe, fuhr Burda fort, diese These könne man ruhig auch auf Esperanto anwenden, das den Menschen in den kapitalistischen und den sozialistischen Ländern gleichermaßen zur Verfügung stehe.

Burda fand außer bei den Esperantisten sicher kein Gehör, aber bei diesen erreichte er immerhin, daß Gefühle der Resignation nicht überhandnahmen. Was das Ziel anging, die Bewegung wiederzubeleben, so hingen Fortschritte in dieser Richtung von äußeren Umständen ab. Und tatsächlich entwickelten sich diese von 1953 an zum Vorteil der Esperantisten in Osteuropa. Am 5. März 1953 starb Stalin. Seine Nachfolger, die neuen Führer der Sowjetunion, gingen zu einer zumindest der Form nach flexibleren Politik über. Im Juni faßte der Weltfriedensrat auf einer Konferenz in Budapest eine Entschließung, deren Wortlaut ungewöhnlich war:

> Jedes Volk hat das Recht, seine Lebensweise frei zu bestimmen, und es muß die Lebensart, die andere Völker frei gewählt haben, respektieren. Das notwendige friedliche Nebeneinanderbestehen verschiedener Systeme wird dadurch ermöglicht, und die Beziehungen zwischen den Völkern können sich für alle vorteilhaft ausgestalten. (148: 57)

Nachdem Ende Juli durch ein Waffenstillstandsabkommen der Korea-Krieg beendet worden war, rief der Weltfriedensrat außerdem zu einem breiten Kulturaustausch auf, durch den die Freundschaft zwischen den Völkern gefestigt werden solle. Unterdessen hatten Burda und einige seiner Gesinnungsfreunde einen Weg gefunden, wie sich das gewandelte Klima zur Verbesserung der Lage der Esperantisten in Osteuropa ausnutzen ließ. In dem österreichischen Städtchen St. Pölten gründeten Anfang September zwei bis drei Dutzend Teilnehmer einer kleinen Konferenz, darunter Pazifisten aus Österreich und Kommunisten aus Frankreich, eine »Bewegung der Esperantisten für den Weltfrieden« (MEM), zu deren Vorsitzendem, in Abwesenheit, Burda gewählt wurde.

Die Zielsetzung der MEM wurde schnell offenkundig. Mit der Devise »Durch Esperanto zum Weltfrieden« wollte sie den Nutzen der Sprache im Friedenskampf demonstrieren und die Tätigkeit der Esperantisten in den Volksdemokratien als eine anerkennenswerte Form jenes allgemeinen Kampfes für den Frieden legitimieren, den die Herrschenden als Pflicht jedes Bürgers verkündeten. Unermüdlich predigte Burda den Lesern des *Pacdefendanto* und des MEM-Organs *Paco,* sie sollten sich auf keinen Fall in die Illegalität abdrängen lassen, denn ihre Arbeit für den Frieden stehe vollkommen im Einklang mit Beschlüssen des Weltfriedensrats.

Burdas Bemühungen, den Esperantisten neues Selbstvertrauen einzuflößen, blieben nicht ohne Wirkung, so vor allem in der Tschechoslowakei und Ungarn. Manche erkämpften sich tatsächlich einen gewissen Spielraum, indem sie vorgaben, Esperanto lediglich als Hilfsmittel für den Friedenskampf zu verwenden. Viele aber fürchteten die Konsequenzen dessen, was als Verstoß gegen die Parteidisziplin gewertet werden könnte, und warteten lieber auf eine Genehmigung von oben. Obwohl Burda dies eine furchtsame Haltung nannte und ständig dazu aufrief, nicht abzuwarten, sondern für den Frieden (mit Esperanto) zu wirken, war er sich sehr wohl darüber im klaren, wie groß die Hindernisse waren, und er wußte auch, wo sie ihren Ursprung hatten.

Einer der Esperantisten, der der MEM skeptisch gegenüberstand, begründete sein Zögern so: »... solange es in der Sowjetunion nicht wieder eine Esperanto-Bewegung wie früher einmal gibt, werden wir nichts zustande bringen.« Auch Burda und seine Freunde machten häufig die Erfahrung, daß Parteiinstanzen den Gebrauch des Esperanto im Friedenskampf mit dem Argument mißbilligten, daß es dafür keine wegweisende Erklärung aus Moskau gebe. Ihre Folgerungen aber waren anders als die der Zauderer: Als sie bemerkten, daß das fehlende Vorbild eines Esperanto-Lebens in der Sowjetunion die wichtigste Barriere darstellte, gelangten sie zu dem Schluß, daß sie versuchen müßten, die dort ausgelöschte Bewegung zu neuem Leben zu erwecken.

Im Jahre 1954 schien das kein hoffnungsloser Traum mehr zu sein, denn die Sowjetunion gab zu erkennen, daß sie nach fast zwanzigjähriger Isolierung bereit war, ihre kulturellen Kontakte mit dem Ausland wiederaufzunehmen. Im April trat sie der UNESCO bei, und im August brach zum ersten Mal nach sehr langer Zeit eine sowjetische Institution das Schweigen über Esperanto. Ein Funktionär der Gesellschaft für kulturelle Verbindung mit dem Ausland bestritt in Beantwortung einer Anfrage aus Kanada, daß das Erlernen des Esperanto in der Sowjetunion verboten sei. Er erhob keinerlei ideologische Vorwürfe gegen die Esperantisten, sondern begründete seine ablehnende Haltung ausschließlich mit Zweifeln an den Qualitäten der Sprache und den Siegesaussichten der Bewegung. So negativ diese sowjetische Stellungnahme ausfiel: wenigstens wurde Esperanto nicht mehr einfach totgeschwiegen, und die Esperantisten wurden nicht mehr als bürgerliche Kosmopoliten denunziert (eine Beschuldigung, gegen die man sich kaum zur Wehr setzen konnte).

Im Dezember 1954 fand in Montevideo die Achte Generalkonferenz der UNESCO statt. Auf ihr wurde dem Esperanto-Weltbund ein beratender Status bei der UNESCO gewährt. Noch wichtiger: die Konferenz verabschiedete eine Entschließung, in der »die durch Esperanto erzielten Ergebnisse auf dem Gebiet des internationalen geistigen Austausches und zur Annäherung der Völker der Welt« zur Kenntnis genommen und anerkannt wird, »daß diese Ergebnisse den Zielen und Idealen der UNESCO entsprechen« (17: 773). In der Abstimmung über die Entschließung übten die Delegationen der Sowjetunion und ihrer Verbündeten überraschend Stimmenthaltung.

Daß die Sowjetunion sich nicht gegen eine esperantofreundliche Resolution wandte, sollte auf die weitere Entwicklung einen vielleicht entscheidenden Einfluß haben. Die Esperantisten in Osteuropa waren auf diese Weise mit einem zugkräftigen Argument in ihrem Kampf gegen die Behörden ausgestattet und außerdem ermutigt worden, ihre bis dahin sehr sporadischen Kontakte mit sowjetischen Esperantisten, die die Verfolgungszeit überlebt hatten, zu intensivieren. Große Freude löste die Nachricht aus, daß Ende Dezember 1954 in Ungarn ein wichtiger Esperanto-Brief aus Moskau eingetroffen war – von Jewgenij Bokarjow, Mitarbeiter am Institut für Sprachwissenschaft der Akademie der Wissenschaften. Es folgten weitere Briefe aus der Sowjetunion, und bald erschienen in *Paco* und *Pacdefendanto* Anschriften sowjetischer Esperantisten, die einen Briefpartner suchten; das Echo war so überwältigend, daß die Annoncierenden nicht in der Lage waren, jedem zu antworten. Und als Bokarjow Anfang Juli 1955 von Vorbereitungen zur Gründung eines Sowjetischen Esperanto-Verbandes berichtete, schien das Eis gebrochen.

Der Optimismus war nicht unbegründet, wenn man sich den historischen Hintergrund vergegenwärtigt. Anfang Juni 1955 unternahmen die Sowjetführer Nikita Chruschtschow und Nikolaj Bulganin ihren Canossagang nach Belgrad, um die Beziehungen zu Jugoslawien zu normalisieren; dies schien auch mehr Bewegungsfreiheit für die Volksdemokratien zur Folge zu haben. Im Juli vereinbarten die Regierungschefs der USA, der Sowjetunion, Großbritanniens und Frankreichs auf einer Konferenz in Genf, die kulturellen Beziehungen zwischen Ost und West auszuweiten. Der »Geist von Genf« regte die Zeitschrift des Esperanto-Weltbundes an, vom Anbruch einer neuen Epoche auch für die internationale Esperanto-Bewegung zu sprechen, die sich unter anderem durch die aus dem Osten kommenden »erfreulichen Nachrichten« ankündige. Diese waren, neben der Meldung über die Wiedergeburt des Esperanto in der Sowjetunion, die Reaktivierung des Bulgarischen Esperanto-Bundes, die Gründung eines Komitees der Esperantisten in der Tschechoslowakei sowie der Wiederbeitritt des Polnischen Esperanto-Bundes zur UEA.

Der 20. Parteitag der KPdSU im Februar 1956, auf dem Chruschtschow die unter der Herrschaft Stalins begangenen schrecklichen Verbrechen enthüllte, gab den Hoffnungen vieler bis dahin verfolgter und diskriminierter Menschen, so auch den Esperantisten, neuen Auftrieb. Anfang Juli fand in Sofia nach einer Unterbrechung von acht Jahren wieder ein Bulgarischer Esperanto-Kongreß statt, und wenig später, als in Kopenhagen der Esperanto-Weltkongreß zusammentrat, erschienen dort Delegierte aus Bulgarien, der Tschechoslowakei, Ungarn, Polen und der Volksrepublik China. (Paradoxerweise war der Kopenhagener Kongreß zugleich der Höhepunkt eines Konflikts zwischen der UEA und einigen amerikanischen Esperantisten, die unter dem Einfluß des McCarthyismus im Wiederaufleben der Esperanto-Bewegung in Osteuropa ein gerissenes Manöver Moskaus sahen, dessen Ziel die kommunistische Unterwanderung der UEA sei.)

Nur etwa ein halbes Jahr nach dem 20. Parteitag manifestierte sich die Entstalinisierung auch in der sowjetischen Sprachwissenschaft. Die führende linguistische Zeitschrift *Woprossy Jasykosnanija* bot in ihrem Juli/August-Heft eine Überraschung: Eingangs kritisierte sie Stalin, und zum Schluß lobte sie das Esperanto. Der erste Aufsatz (185), der aktuellen Problemen der sowjetischen Sprachwissenschaft gewidmet war, geißelte die »sterilen Diskussionen« und das »abstrakte Theoretisieren« der Vergangenheit und warf speziell Stalin vor, eine unabhängige theoretische Arbeit in der allgemeinen Linguistik paralysiert zu haben. Gleichzeitig distanzierte sich die Redaktion von den »vulgärmarxistischen Auffassungen« Marrs, obwohl er gegen die Angriffe Stalins teilweise in Schutz genommen wurde.

Selbstkritik an der früheren Aufnahme jeder Äußerung Stalins als »unantastbares Dogma« wurde von dem Eingeständnis begleitet, daß die sowjetischen Linguisten viel von ihren ausländischen Kollegen lernen könnten. Das gleiche Heft enthielt den Bericht über eine im Januar 1956 im Institut für Sprachwissenschaft abgehaltene Sitzung, die dem gegenwärtigen Stand der Frage einer internationalen Hilfssprache gewidmet war. In dem Bericht wurden aus einem Referat Bokarjows u. a. folgende Sätze wiedergegeben:

> Es gibt keinerlei Zweifel, daß alle Versuche, irgendeine der führenden Nationalsprachen allen Völkern in der Welt mit Gewalt aufzuzwingen, völlig hoffnungslos sind. Sie haben mit der marxistisch-leninistischen Auffassung der nationalen Entwicklung nichts gemein und müssen als unbedingt zum Scheitern verurteilt verworfen werden.

Um das Problem der Erleichterung der internationalen Kommunikation zu lösen, verdienten, hieß es weiter, die Versuche einer künstlichen Sprache »größtes Interesse«; nennenswerte Verbreitung und praktischen Wert habe von diesen lediglich Esperanto (143: 158 f.).

In der übernächsten Ausgabe der *Woprossy Jasykosnanija* erschien ein von Bokarjow mitverfaßter Aufsatz über »Die internationale Hilfssprache als linguistisches Problem« (108), der, in einem ruhigen, emotionslosen Stil geschrieben, die bisherige Vernachlässigung des Themas durch die sowjetische Sprachwissenschaft beklagte. An einer Stelle wurde die Absicht deutlich, die Gegner des Esperanto zu diskreditieren: mit einem Zitat des deutschen Sprachwissenschaftlers Gustav Meyer, der 1891 das Existenzrecht der künstlichen Sprachen bestritten und dafür die These verfochten hatte, »daß die großen Weltsprachen den Umfang des ihnen botmäßigen Gebietes immer mehr erweitern, so daß die Zahl der an dem Kampfe um die Hegemonie Beteiligten immer mehr eingeschränkt wird« (11: 40; 108: 66). Es erübrigte sich, die Leser noch ausdrücklich darüber aufzuklären, wie sehr diese These der Zonensprachen-Theorie Stalins von 1950 ähnelte.

Der Neuaufschwung der Esperanto-Bewegung in Osteuropa verlief jedoch nicht ohne Reibungen und Rückschläge. Die Polen konnten ihre Kräfte so schnell sammeln, daß sie bereits 1959 – hundert Jahre nach Zamenhofs Geburt – in Warschau den 44. Esperanto-Weltkongreß veranstalten konnten; kurz vorher begann der Polnische Rundfunk mit täglichen Sendungen in Esperanto. Auch in Bulgarien und Ungarn konnte die Position des Esperanto gefestigt werden. In China endete die Zwangspause ebenfalls: 1957 nahm die Propagandazeitschrift *El Popola Ĉinio* ihr Erscheinen wieder auf. Langsamer verlief die Entwicklung in der Tschechoslowakei, wo Burda von regimefreundlichen Esperantisten beiseite gedrängt wurde, nachdem er in den schlimmsten Jahren für ein bescheidenes Überleben des Esperanto gesorgt hatte. Erst 1961 konnte das dringend benötigte Esperanto-Lehrbuch erscheinen; politisch-ideologische Einwände der Behörden hatten die Herausgabe um vier Jahre verzögert. Verhandlungen, die während des »Prager Frühlings« begonnen hatten, führten dann 1969 zur Gründung eines tschechischen und eines slowakischen Esperanto-Verbands. Harte Geduldsproben hatten auch die Esperantisten in der DDR zu bestehen. Nach zahlreichen Eingaben bei den Behörden erreichten sie 1961 die Aufhebung des Verbotsdekrets von 1949. Vier Jahre später konstituierte sich schließlich im Rahmen des Kulturbundes, einer der sog. »Massenorganisationen«, ein »Zentraler Arbeitskreis der Esperantofreunde«, der sich seit 1981 »Esperanto-Verband im Kulturbund der DDR« nennt. Unverändert repressiv ist die Situation in Rumänien geblieben, wo die Behörden den Esperantisten bis heute die Genehmigung zur Bildung von Gruppen verweigern.

3.5.5 Osteuropa: Fortschritte und Probleme

Mit Ausnahme Rumäniens sind heute alle mit der Sowjetunion verbündeten Länder Osteuropas im Esperanto-Weltbund vertreten. Sie stellen aufgrund ihrer hohen Mitgliederzahl nicht weniger als 26 Sitze im insgesamt 84 Köpfe zählenden Komitee der UEA. Diese Stärke, die sich auch darin zeigt, daß die osteuropäischen Verbände staatliche Zuschüsse erhalten und sich bezahlte Angestellte leisten können, erfüllt Esperanto-Vereinigungen im Westen nicht selten mit Neidgefühlen.

Die Entwicklung hat gezeigt, daß die Entscheidung der Behörden, das faktische Verbot aufzuheben, für die Esperanto-Bewegung mehr bedeutete als nur den Übergang zu einer Politik der Duldung. Vielmehr brachte sie ihr direkte Anerkennung und amtliche Unterstützung. Der dafür zu entrichtende Preis war vor allem anfänglich eine sorgfältige Überwachung durch die Behörden. In Ungarn und der DDR wurden zu Verbandssekretären Personen bestellt, die Esperanto kaum bzw. überhaupt nicht beherrschten. Aber dies waren nur zeitweilige Makel. Der Ungar vertrat die Interessen der Esperantisten vehement gegenüber seiner vorgeordneten Instanz, dem Gewerkschaftsbund, und der Nichtesperantist in der DDR wurde bereits Ende der sechziger Jahre abgelöst.

Ungarn und die DDR gehören im Ostblock mittlerweile zu den Ländern, in denen Esperanto besonders floriert. Die Zweimonatszeitschrift *Hungara Vivo,* als staatliches Propagandablatt gegründet, nahm mit der Zeit Züge an, die sie als Nachfolgerin der berühmten *Literatura Mondo* erscheinen lassen, wie auch das schriftstellerische und verlegerische Wirken der ungarischen Esperantisten an das Erbe der Budapester Schule erinnert. Das Bildungsministerium genehmigte Esperanto als Wahlfach an Schulen verschiedener Stufen, und an der Budapester Eötvös-Loránd-Universität kann das Fach »Esperanto – Sprache und Literatur« studiert werden. In der DDR erreichten die Esperantisten, daß Sprachwissenschaftler dem Esperanto Aufmerksamkeit in einem Maße zuwenden, von dem ihre Sprachfreunde in der Bundesrepublik einstweilen nur träumen können. Ähnliche Erfolgsberichte ließen sich aus Polen, der Tschechoslowakei und Bulgarien anführen. Die große Zahl der Briefwechselwünsche aus Osteuropa belegt, wie stark Esperanto in alle gesellschaftlichen Schichten eingedrungen ist und wieviele

Erwartungen auf Kontakte mit der Außenwelt sich mit dem Erlernen der Sprache verbinden – Erwartungen, denen die Esperantisten im Westen quantitativ oft nicht gerecht werden können. Und wenn Weltkongresse in Osteuropa stattfinden, in Sofia (1963), Budapest (1966 und 1983), Warna (1978) und zuletzt in Warschau, im Jubiläumsjahr 1987, sind dies nicht nur eindrucksvolle Demonstrationen des neuerworbenen Selbstvertrauens der Esperantisten aus den sozialistischen Ländern, sondern auch eine Quelle der Inspiration für Gäste aus aller Welt.

Es versteht sich von selbst, daß die Führer der Esperanto-Verbände in Osteuropa bestrebt sind, neuem Mißtrauen gegen Esperanto entgegenzuwirken. Ein Mittel sind etwa Bekundungen der Loyalität zur eigenen Regierung. Diese sind nach Häufigkeit und Intensität von Land zu Land unterschiedlich. Während sich die Verbandsorgane in Polen und Ungarn gewöhnlich mit einer geringen Dosis Politik zufriedengeben, nutzen die in Bulgarien, der Tschechoslowakei und der DDR einen Großteil ihres Inhalts dazu, auf Esperanto die Politik der Partei zu popularisieren. Aber selbst die Letztgenannten können nicht immer verbergen, daß zwischen den Richtlinien der Partei und dem Denken der Esperantisten keine völlige Übereinstimmung herrscht. Vor allem dann, wenn sich die Aufrufe zum »ideologischen Kampf« häufen, hat dies Folgen für die Esperanto-Bewegung. So warnte das Zentralkomitee des Bulgarischen Esperanto-Bundes seine Mitglieder vor den mit der Entspannung verbundenen Gefahren, denn dieser an sich begrüßenswerte Prozeß eröffne westlichen Ideologien neue, subtilere Einflußmöglichkeiten. In einem Bericht für den Landeskongreß 1972 werden Mängel in der ideologischen Erziehung der bulgarischen Esperantisten zugegeben und Maßnahmen gefordert, die dazu befähigen sollen, Ausländern gegenüber »Lügen und Verleumdungen über unser Land« aktiv und elastisch zu entlarven. Zuweilen erinnert die Rhetorik an die Zeiten des Kalten Krieges, etwa wenn »nationaler Nihilismus, abstrakter Internationalismus und heimatloser Kosmopolitismus« als ein »nicht seltenes Phänomen in den Reihen der Esperantisten« beklagt werden. Auch wird dazu aufgerufen, die internationale Korrespondenz »zu kanalisieren, regulär zu organisieren und ideologisch-politisch auszurichten«; die bulgarischen Esperantisten werden angehalten, nicht nur individuell, sondern auch kollektiv zu korrespondieren und mehr zu tun als in ihrem Auslandsbriefwechsel bloß »ihre persönlichen Gedanken und Gefühle auszudrücken«.

Dafür aber erfreut sich der Bulgarische Esperanto-Bund vielfältiger Unterstützung von seiten des Staates. Kein Wunder daher, daß der Tschechische Bund eigenem Eingeständnis nach das bulgarische Vorbild bewundert, denn er muß mit ähnlichen Aufrufen zur Mitgliederdisziplin die Gunst der offiziellen Stellen eher erst noch zu gewinnen als zurückzuzahlen suchen. So mußte der Zweite Kongreß, der bereits für April 1972 vorgesehen war, zweimal verschoben werden, weil die im Zuge der Normalisierung nach dem Sturz Dubčeks geforderte ideologische Festigung der tschechischen Esperantisten unbefriedigende Fortschritte machte. Als der Kongreß dann endlich, 1976, stattfinden konnte, wurde ein Aktionsprogramm verabschiedet, welches das Versprechen enthielt, daß der Bund »in Zukunft den gefährlichen Neigungen zum esperantistischen ›Sektierertum‹ kompromißlos Widerstand leisten und vorbeugen wird«.

Überhaupt ist auffallend, daß die ideellen Aspekte des Esperanto den Funktionsträgern der Bewegung in Osteuropa oft Kopfschmerzen bereiten. Kosmopolitismus und Pazifismus spielen seit Zamenhof unter den Esperantisten eine wichtige Rolle. Da dieses idealistische Erbe mit dem Anspruch der Parteiideologen in Widerstreit liegt, daß nur sie Internationalismus und Friedenskampf richtig interpretierten, müssen sich die Mitglieder der Esperanto-Verbände von ihren Führern häufig Belehrungen über den anachronistischen Charakter dessen anhören, was die »interna ideo« des Esperanto genannt wird. Sicher läßt sich heute kaum bestreiten, daß Zamenhofs Denken viele illusionäre, utopische Züge hatte. Aber in den Belehrungen wird die Naivität Zamenhofs übertrieben und den Esperantisten mehr Hang zum Mystizismus nachgesagt, als sie wirklich besitzen. Der führende DDR-Esperantist Detlev Blanke etwa, der geschickt die Selbstverständlichkeit betont, daß die Sprache nichts anderes als ein Werkzeug ist, stellt die traditionelle Neigung der Esperantisten, ihre Sprache als Hilfsmittel für eine friedlichere Welt zu betrachten, in der Weise dar, daß sie als naiver Glaube an eine Verbrüderung der Menschen durch Esperanto erscheint, um sich dann um so entschiedener vom Irrglauben an eine geheimnisvolle innere Kraft des Esperanto und seine Allheilmittelqualitäten zu distanzieren (3: 182 ff.).

Solche Beweisführungen verhüllen nur mühsam den wahren Kern des Problems. Wie Klagen über eine Modernisierung der »interna ideo« in Gestalt eines »humanitären Internationalismus« zeigen, richtet sich die Sorge weniger gegen eine sektiererische Anbetung der Sprache, sondern in erster Linie gegen alle Versuche, die mit Esperanto verbundene Ideale in einer Weise zu interpretieren, die sich von dem herrschenden Konzept des proletarischen Internationalismus unterscheidet. Dieses Konzept gestattet den Esperantisten in den sozialistischen Ländern nämlich nicht, sich zu menschheitlichen Idealen, zu einer internationalen Denkweise, die die Interessen des Sozialismus transzendiert, zu bekennen – ganz gleich, ob es sich dabei um die »interna ideo«, den Pazifismus oder um »freiere Bewegung und Kontakte« nach der KSZE-Schlußakte handelt.

Es ist zweifelhaft, ob die Belehrungen, die vor allem wohl gegen behördliches Mißtrauen absichern sollen, bei den Esperantisten in den Ländern Osteuropas viel bewirken. Diese können dem Aufruf, aktiv für den Frieden zu kämpfen und so den Verdacht auf Sektierertum auszuräumen, mit dem schwer widerlegbaren Argument begegnen, als Esperantisten gehörten sie sicher nicht zu den Kriegstreibern und brauchten daher keine Ermahnungen, ihr Eintreten für den Frieden besonders zu demonstrieren. Im übrigen wird stärkerem Druck dadurch eine Grenze gesetzt, daß die Führer der Esperanto-Verbände in

Osteuropa auf den Idealismus ihrer Mitglieder angewiesen sind und wahrscheinlich selbst mehr oder weniger unter seinem Einfluß stehen.

Nach wie vor werden die Esperantisten in Osteuropa gehindert, aus der Universalität der Esperanto-Bewegung vollen Nutzen zu ziehen. Dabei handelt es sich überwiegend um Beschränkungen, von denen die Mehrheit der Bürger betroffen ist, nicht nur die Esperantisten. Neben Briefzensur und der Beschlagnahme westlicher Literatur ist das Devisenproblem zu nennen, durch das der Bezug ausländischer Zeitschriften, die Beitragszahlung für internationale Organisationen und vor allem der Reiseverkehr behindert werden. Es ist nicht immer möglich, zwischen allgemeinen Beschränkungen der Bürgerrechte und besonderer Diskriminierung der Esperantisten zu unterscheiden, etwa dann, wenn kirchliche Esperanto-Veranstaltungen in der Tschechoslowakei verboten und sogar mit Gefängnisstrafen für die Verantwortlichen geahndet werden.

Aber es gibt Behinderungen, die speziell die Bewegungsfreiheit einer großen Zahl von Esperantisten einengen. Die meisten Beispiele dafür liefert wiederum die Tschechoslowakei. Als 1974 Neuwahlen für das Komitee der UEA bevorstanden, verschickten die Führer der tschechoslowakischen Bewegung an die UEA-Delegierten in ihrem Land einen streng vertraulichen Rundbrief, der die Namen der Kandidaten aufführte, für die man abstimmen sollte; darauf hingewiesen, daß »es nicht um Ihre private Meinung bei der Abstimmung geht«, lasen die Delegierten zum Schluß: »Wir glauben, daß Sie diszipliniert gehorchen werden.« Ein ähnlicher Druck wurde gegen Einzelmitglieder der UEA in der Tschechoslowakei ausgeübt; mit Hinweis auf Valutabeschränkungen versuchte der Tschechische Esperanto-Bund 1979/80 die alleinige Befugnis an sich zu ziehen, darüber zu entscheiden, wer Einzelmitglied und Delegierter der UEA sein dürfe. Für die tschechoslowakischen Esperantisten kam diese Beeinträchtigung ihrer direkten Zugehörigkeit zur UEA nicht einmal überraschend, denn sie hatten früher schon erfahren müssen, daß das, was in den meisten

Teilen der Welt eine Selbstverständlichkeit ist, in ihrem Land Verdacht erregt: Ein Esperantist, der Gäste aus dem Westen zu Besuch hatte, erfuhr später von seinem Arbeitgeber, daß die Geheimpolizei seine Esperanto-Auslandskontakte gemeldet hatte. Andere wurden von der Polizei direkt verhört, die dann dem Betrieb Bericht über die festgestellten internationalen Verbindungen erstattete.

Auch wenn man diesen Hindernissen (die es übrigens in Ungarn und Polen kaum gibt) die allgemeine Prosperität der Bewegung in Osteuropa entgegenhält und anerkennt, daß die Werbung und das Erlernen der Sprache nicht behindert werden, bleibt es doch eine Tatsache, daß sich bestimmte politisch-ideologische Faktoren auf die Stellung des Esperanto noch immer negativ auswirken. Dazu gehört eine hartnäckige Tabuisierung der Geschichte der Verfolgungen. Von allen sozialistischen Ländern hat nur China offen ausgesprochen, wie und warum Esperanto in Ungnade gefallen war: Die Einstellung der Tätigkeit der Chinesischen Esperanto-Liga Anfang der fünfziger Jahre wird mit der damaligen Notwendigkeit erklärt, dem Beispiel der Sowjetunion zu folgen, während es über die Zeit der Kulturrevolution heißt, die »ultralinke Gedankenströmung« habe den Gebrauch der Sprache nur noch zu Propagandazwecken erlaubt. In Osteuropa hingegen sind beiläufige Erwähnungen der »Stagnation« des Esperanto in der »Periode des Personenkults« das Maximum.

Zur historischen Tabuisierung paßt der stark defensive Ton, den maßgebliche Esperantisten Osteuropas besonders dann anschlagen, wenn die Werbung für Esperanto sich mit Fragen größeren politischen Zusammenhangs berührt. So hielt der langjährige MEM-Vorsitzende, der Bulgare Nikola Alexiew, es Anfang Oktober 1972 für notwendig, sich von in der internationalen Esperanto-Bewegung verbreiteten »irrigen Konzepten und ›Theorien‹« öffentlich zu distanzieren. Eine Konferenz von Vertretern der Gesellschaften für Freundschaft mit der Sowjetunion in Moskau diente ihm als Forum, um bestimmte Aspekte der Kampagne gegen den »Sprachimperialismus« zu kritisieren.

Es bekümmerte ihn, daß die Benutzer dieses unter Esperantisten populären Schlagworts nicht zwischen der Vorherrschaft der Sprachen der großen imperialistischen Staaten einerseits und der Position des Russischen in der Sowjetunion andererseits unterschieden – daß sie nicht verstünden, »daß die russische Sprache mit allen Sprachen der Nationen der sozialistischen Gemeinschaft gleichberechtigt ist« und die Völker der Sowjetunion sie freiwillig als »Mittel zur internationalen Verständigung ohne jeden Nachteil für die nationalen Sprachen und Kulturen aller übrigen Nationen« gewählt haben (110: 24 f.). Alexiew stand mit seiner Sorge nicht allein. 1975 erklärte der französische Generalsekretär der MEM, William Gilbert, es sei falsch, eine isolierte Kampagne gegen den »Sprachimperialismus« zu betreiben und den Kampf gegen die »sozialen, ökonomischen, militärischen Missetaten« des Imperialismus, mit denen verglichen »das Sprachenproblem ganz nebensächlich ist«, zu vernachlässigen (137: 27).

Die Stellungnahmen dieser beiden wichtigen kommunistischen Esperantisten zeichnen sich dadurch aus, daß sie in Verbindung mit Esperanto sprachpolitische Probleme von allgemeiner Bedeutung ansprechen und daß ihr Blick auf die Sowjetunion gerichtet ist.

3.5.6 Die Sowjetunion: Hoffnung und Ungewißheit

Die Wiedergeburt des Esperanto in der Sowjetunion hatte den Esperantisten Möglichkeiten eröffnet, die sie begeistert nutzten. Anfang August 1957 trafen sich im Rahmen der Sechsten Weltjugendfestspiele in Moskau mehr als 250 Esperantisten aus 25 Ländern. Kurz zuvor erschien die erste Esperanto-Publikation nach zwanzig Jahren: ein kleines Lehrbuch, dessen 95 000 Exemplare schnell vergriffen waren. Ende 1959 wurde im Zentralhaus der Mediziner der »Internationale Esperanto-Klub von Moskau« gegründet; an anderen Orten organisierten sich die Esperantisten im Rahmen von Gewerkschaftsklubs oder

Kulturhäusern. Sommerlager, die von 1959 an alljährlich zuerst in den baltischen Ländern, dann auch in anderen Teilen der Sowjetunion stattfanden, halfen den Kontakt zwischen den verstreut arbeitenden Aktiven zu festigen.

Die andere Seite der Medaille war das Fehlen einer landesweiten Organisation und das fast völlige Abgeschnittensein von der Esperanto-Bewegung im Ausland. Erst 1963, nach mehr als einem Vierteljahrhundert, konnte wieder eine offizielle Delegation sowjetischer Esperantisten ins Ausland reisen; sie nahm am 48. Esperanto-Weltkongreß in Sofia teil, nachdem das Zentralkomitee der Bulgarischen KP, besorgt wegen des schlechten Eindrucks, den das Fehlen sowjetischer Delegierter machen würde, in Moskau bei der Bruderpartei interveniert hatte. Im gleichen Jahr wurde das Verbot der Herausgabe von Schrifttum in Esperanto aufgehoben, und es konnte eine Reihe sehr bescheiden aufgemachter Broschüren erscheinen – Propagandahefte mit dem Titel »Für den Frieden«, aber auch Übersetzungen aus der russischen Literatur.

1962 wurde eine »Kommission für die internationalen Beziehungen der sowjetischen Esperantisten« gegründet, die der Union der sowjetischen Gesellschaften für Freundschaft und kulturelle Beziehungen mit dem Ausland (SSOD) unterstellt war. Ihren Vorsitz übernahm Professor Bokarjow. Aber die Kommission war kein Zusammenschluß der sowjetischen Esperantisten; sie durfte weder Esperanto in der Sowjetunion verbreiten noch die Tätigkeit der örtlichen Esperantistenklubs koordinieren. Sehr aktive Jungesperantisten, die Ende der sechziger Jahre eine sich quasi als Verband verstehende »Sowjetische Esperanto-Jugendbewegung« schufen, versuchten diese Aufgaben wenigstens halbwegs wahrzunehmen.

Parallel dazu dauerte die wissenschaftliche Beschäftigung mit Esperanto an. Welchem Ziel sie diene, wurde 1968 in einem Artikel der *Literaturnaja Gaseta* (115) erläutert. Angesichts der gewaltigen Zunahme wissenschaftlich-technischer Informationen in immer mehr Sprachen müsse man sich, hieß es in dem Artikel, auf eine internationale Sprache der Wissenschaft einigen, und diese Rolle könne nicht irgendeine Nationalsprache, sondern nur eine Plansprache übernehmen. Das Bemühen, die Aktualität eines Bedürfnisses zu unterstreichen, auf das die Esperantisten seit langem hingewiesen hatten, war weder zufällig noch von kurzer Dauer, denn im Oktober 1973 – Bokarjow war unterdessen verstorben – faßte die Akademie der Wissenschaften den Beschluß, »die Frage einer Hilfssprache für den internationalen Verkehr und ihre Anwendungsmöglichkeiten unter den heutigen Bedingungen zu untersuchen« (2: 128). In Erfüllung dieses Beschlusses wurde im Mai 1974 beim Institut für Sprachwissenschaft eine Arbeitsgruppe für die Frage einer internationalen Hilfssprache eingerichtet. Die Leitung übernahm der Soziolinguist Magomet Issajew, der auch Nachfolger Bokarjows als Vorsitzender der Kommission wurde.

Zu den Zielen der Gruppe bemerkte Issajew, auf der Grundlage ihrer Forschungsarbeiten wolle man für die »oberen politischen Organe« bestimmte Dokumente vorbereiten. Dies erlaubt den Schluß, daß es Absicht der Esperantisten ist, durch sorgfältige theoretische Arbeit eine solide, wissenschaftlich abgesicherte Argumentation aufzubauen, die helfen soll, die Überreste der politisch-ideologisch motivierten Gegnerschaft zu beseitigen und der organisierten Tätigkeit für Esperanto offizielle Unterstützung zu verschaffen. Um die Bedeutung dieses Vorhabens zu verstehen und die Erfolgsaussichten abzuschätzen, ist zunächst auf den Hintergrund einzugehen, vor dem die sowjetischen Esperantisten ihren Neubeginn nach den schrecklichen Verfolgungen machten. Hierbei ist die Entwicklung des Nationalitäten- und Sprachenproblems in der Sowjetunion für uns von besonderem Interesse.

Als Chruschtschow auf dem 20. Parteitag der KPdSU 1956 Stalins Schreckensherrschaft enthüllte, zählte er unter den Verbrechen auch die Verletzung leninistischer Grundsätze in der Nationalitätenpolitik auf. Er nannte Beispiele für die Massendeportation von Minderheiten. Die Enthüllungen und die Veröffentlichung der bislang verschwiegenen Kritik Lenins an Stalins Rücksichtslosigkeit schienen eine tolerantere Politik gegenüber den nationalen Kulturen in der Sowjetunion einzuleiten – und zweifellos registrierten auch die Esperantisten erfreut die Bekräftigung des Leninschen Postulats, daß keine Sprache privilegiert werden dürfe.

Aber schon nach kurzer Zeit drehte sich das Rad wieder in Richtung Zentralismus. Das theoretische Organ der Partei, *Kommunist*, brachte im August 1958 einen längeren Aufsatz des Akademiemitglieds B. G. Gafurow, in dem an das kommunistische Endziel der »Annäherung« und »Verschmelzung« der Nationen erinnert wurde; dies hieß implizit, daß ihr »Aufblühen« nur ein zeitweiliges Phänomen sei (135: 49). Drei Jahre später, auf dem 22. Parteitag, fand diese Position Eingang ins neue Parteiprogramm: In ihm wurde der baldige Übergang zum Kommunismus angekündigt und in diesem Zusammenhang an die Völker der Sowjetunion die Forderung gerichtet, sich durch »engere, allseitige Annäherung« auf die kommende volle Einheit vorzubereiten. Das Programm stellte fest, daß sich bereits eine den sowjetischen Völkern gemeinsame internationale Kultur entwickle, und verwies auf die wachsende Bedeutung des Russischen (nach Chruschtschow die »zweite Muttersprache«), das den nichtrussischen Völkern auch die Weltkultur zugänglich mache.

Das Parteiprogramm stellte den solidarischen Kampf aller Sowjetbürger für ihre Einheit im Kommunismus eindeutig über das Streben der nichtrussischen Völker nach Erhaltung ihrer kulturellen Identität. Und auch für die Esperantisten hatte die neue politische Richtung ungünstige Implikationen. Gafurow hatte erklärt, auf dem Wege vom Sozialismus zum Kommunismus komme man nicht umhin, sich auch für die Bildung der Einheitssprache zu interessieren. Dabei wiederholte er die These, daß sich die Sprachen vor der endgültigen Verschmelzung zunächst zu zonalen Sprachen zusammenschlössen. Wir wissen bereits, daß dieses zur Rechtfertigung der russischen Zonensprache formulierte Konzept Stalins auch eine theoretische Basis für die Unterdrückung der Esperanto-Bewegung lieferte, und es verwundert daher nicht, daß sich Gafurow eindeutig

gegen Esperanto aussprach. Die sowjetischen Esperantisten –
allen voran Bokarjow, der die Zonensprachenthese mit sprach-
lichem Imperialismus in Verbindung gebracht hatte – erlitten
einen Rückschlag.

Das Parteiprogramm ging auf die Frage der Welteinheitsspra-
che nicht ein. Dies besorgten maßgebliche Theoretiker der
nationalen Frage. Einer von ihnen, K. Ch. Chanasarow, wärm-
te die Stalinsche These vom Wettbewerb der Zonensprachen
ebenfalls auf (149: 386), und auch er äußerte sich zum Esperanto mißbilligend. Einen ähnlichen Standpunkt vertrat der
Philosoph M. D. Kammari, der sich einen »glühenden Esperan-
to-Gegner« nannte und dies so begründete:

> ... erstens deswegen, weil die Esperantisten ihre Sprache als die
> künftige Sprache der klassenlosen Gesellschaft aufnötigen [wol-
> len], aber eine von einer einzigen Person, einem Nichtmarxi-
> sten ... geschaffene Sprache kann uns heute nicht zufriedenstel-
> len. Gleichzeitig spielt sich zwischen der englischen und der
> russischen Sprache ein Kampf um die Rolle der künftigen herr-
> schenden Sprache des Kommunismus ab. Esperanto kann daher
> bestenfalls an einer hinteren Stelle dieses Kampfes stehen.
> Zweitens geht aus eingegangenen Briefen ganz eindeutig hervor,
> daß einige leidenschaftliche Esperantisten das Ziel verfolgen, die
> russische Sprache in der Sowjetunion durch Esperanto zu erset-
> zen und die sowjetischen Republiken zur Kommunikation in
> Esperanto zu zwingen ... Das ist die uns fremde, von uns
> zerschlagene Ideologie des bürgerlichen Nationalismus, die un-
> ter der Esperanto-Fahne jetzt wieder ihr Haupt erhebt. Daher ist
> Esperanto, das sich mit den Säften des bürgerlichen Nationalis-
> mus nährt, für uns ein gefährliches giftiges Wesen. (126: 30)

Dies ist ein seltenes Beispiel, daß ein sowjetischer Theoretiker
Esperanto in Zusammenhang mit der Sprachensituation inner-
halb der Sowjetunion behandelte. Es dokumentiert die Befürch-
tung, daß Esperanto ein Kampfmittel in den Händen von
Menschen sein könnte, die sich der offiziellen Werbung für das
Russische als Gemeinsprache aller Sowjetbürger verweigern.
Nach dem Sturz Chruschtschows im Oktober 1964 schwächte
sich die Propaganda für eine Verschmelzung der sowjetischen

Völker ab. Es wurden wieder Stimmen laut, die sich dafür einsetzten, den Pluralismus der Nationen und Sprachen beizubehalten. In Georgien erinnerte der Schriftsteller I. W. Abaschidse 1966 daran, daß es der »Renegat« Kautsky gewesen war, der einst die Verschmelzung der Völker und Sprachen in eine Nation mit einer Sprache vorausgesagt hatte, und meinte, diese Prognose werde durch die fast 50jährige sowjetische Erfahrung entkräftet. Ermutigt fühlten sich die Nichtrussen durch die demographische Entwicklung, die eine Geburten-»Explosion« der Völker des Südens und Ostens zeigte. Die Volkszählung von 1970 ergab, daß der Anteil der Russen an der sowjetischen Gesamtbevölkerung von 54,8 auf 50,5 Prozent gesunken war und etwas mehr als die Hälfte der nichtrussischen Einwohner über schlechte oder gar keine Kenntnisse des Russischen verfügte.

Mit Rücksicht auf das zunehmende Selbstbewußtsein der nichtrussischen Völker stellte die Partei ihre aufdringliche Werbung für das Russische als zweite Muttersprache ein und erklärte statt dessen (1967), im »dialektischen« Prozeß von Annäherung und Aufblühen der Nationen habe das Russische die Rolle eines »Hilfsmittels im zwischennationalen Verkehr« übernommen. Die internationalistische Einheit der sowjetischen Völker (1971 wurde der Begriff »neue historische Menschengemeinschaft – Sowjetvolk« amtlich) wurde weiterhin betont, und die Ideologie hielt am Ziel der Verschmelzung der Nationen fest. Im Gegensatz zur Chruschtschow-Zeit rückte die Verschmelzung jedoch nun in weite Ferne.

Die Partei verfolgte in ihrer Nationalitätenpolitik in den siebziger Jahren eine mittlere Linie, indem sie den Prozeß der Annäherung der sowjetischen Völker zwar förderte, gleichzeitig aber vermied, die Nichtrussen durch die Verschmelzungs-Propaganda unnötig zu beunruhigen. Leonid Breshnew erklärte Ende 1972, die Annäherung sei ein objektiver Prozeß, den man weder »künstlich forcieren« noch »aufhalten« dürfe (135: 73).

Aus der erkennbaren Abneigung der Partei gegen eine streng assimilatorische Linie zogen die Esperantisten Vorteile. Auf

Betreiben des Akademiemitglieds und führenden Kybernetikers Axel Berg wurde am Institut für Sprachwissenschaft eine Sektion für Interlinguistik und Esperanto gebildet, und 1966 konnte in der Zeitschrift *Woprossy Jasykosnanija* ein längerer, argumentationsreicher Aufsatz »Über einige Fragen der Interlinguistik« (144) erscheinen. Der Verfasser, Viktor Grigorjew, nannte es unwissenschaftlich, wenn man – wie Gafurow und Kammari – darauf warte, daß sich die künftige Sprache durch allmähliche Annäherung der nationalen Sprachen natürlich, spontan bilde, und hielt dem entgegen, daß man zur Weltsprache nur durch bewußtes Schaffen gelangen könne – »durch eine künstliche internationale Hilfssprache, eine Art ›linguistischen Sputnik‹«.

Dies wurde im Rahmen einer regen, relativ freimütigen Diskussion gesagt, die in den Jahren zwischen 1966 und 1970 in Fachzeitschriften und Büchern über das Verhältnis von Nation und Sozialismus geführt wurde. In die gleiche Zeit fielen das Erscheinen eines von Bokarjow herausgegebenen Wörterbuches Russisch–Esperanto und der Beschluß der Regierung der Litauischen SSR, an den Mittelschulen vom Schuljahr 1968/69 an den fakultativen Unterricht des Esperanto vorzusehen. Die Esperantisten schöpften neue Hoffnung, daß ihre Bewegung, wenn auch langsam, Fortschritte machen werde.

Ein Beitrag zu der genannten Diskussion war auch ein Buch mit dem Titel »Wie entsteht die Weltsprache?« (201), das 1968 vom Institut für Philosophie der Akademie der Wissenschaften herausgegeben wurde. Der Verfasser, Ermar Swadost, bejaht darin die Möglichkeit, eine wissenschaftliche Synthese der Sprachen der Menschheit zu bewerkstelligen, und betont die Notwendigkeit, rechtzeitig vor Errichtung der kommunistischen Weltgesellschaft eine möglichst perfekte Weltsprache zur Verfügung zu haben, die zu gegebener Zeit die Funktionen der Nationalsprachen ganz übernehmen soll. Swadost kommt zu diesem Schluß, nachdem er andere Theorien über den Weg zur Weltsprache analysiert hat. Er kritisiert sowohl die von Kautsky, Bogdanow, Chanasarow und anderen vertretene Ansicht, daß die Weltsprache aus den Nationalsprachen hervorgehen werde, als unvereinbar mit Lenins Prinzip der nationalen Gleichberechtigung wie auch die Theorie eines Zusammenflie-ßens der Sprachen, deren Hauptvertreter Marr er Widersprü-che und »erstaunliche Inkonsequenz« vorhält; desgleichen ver-wirft er die Stalinsche These einer vorherigen Herausbildung von Zonensprachen.

Swadosts Plädoyer für ein bewußtes Sprachschaffen enthält viele Argumente, die seit langem schon von den Esperantisten angeführt wurden. Er stellt jedoch unmißverständlich klar, daß Esperanto nicht als Kern für die Schaffung der künftigen Welt-sprache dienen könne, da es eine »individuelle« Schöpfung sei und »unkontrolliert« seinen Lauf nehme. Ein negatives Urteil wird über den frommen Pazifisten Zamenhof und den Einfluß des liberalen Bürgertums auf die Esperanto-Bewegung gefällt. Interessanterweise wirft Swadost den Esperantisten auch vor, daß sie dem Esperanto gar nicht das Ziel gesetzt hätten, eine an die Stelle der Nationalsprachen tretende Weltsprache zu wer-den; zu ihrem bescheideneren Anspruch, lediglich eine interna-tionale Hilfssprache zu verbreiten, erklärt er, diese Auffassung lasse sich nicht in die marxistisch-leninistische Idee der Annä-herung der Nationalsprachen einfügen.

An Swadosts Buch ist bemerkenswert, daß es die Theorien Marrs und Stalins verwirft und gleichzeitig die bestehenden Vorurteile gegen eine Kunstsprache kritisiert. Doch wegen sei-ner eindeutigen, vor allem ideologisch motivierten Ablehnung des Esperanto mußte es bei den Esperantisten gemischte Gefüh-le hervorrufen. In ihrer Replik stellten sie, nicht ungeschickt, gerade seinen Vorwurf heraus, die Esperantisten hätten be-grenzte Ansprüche und wollten die Nationalsprachen nicht beseitigen, um ihr Bedauern über die Perspektive einer »sehr traurigen Zukunft für die Menschheit« auszudrücken, die man zu erwarten habe, wenn alle Völker und Kulturen über einen Kamm geschoren würden. Die Frage einer Weltsprache nannten sie für die Gegenwart ganz unwichtig und betonten statt dessen die aktuelle, dringende Notwendigkeit einer Hilfssprache. Außerdem setzten sie der Kritik Swadosts am Grundsatz der Esperantisten, daß die Sprache erst erprobt, später dann verbessert werden solle, das Argument entgegen, daß das Beharren auf dem Ziel »größtmöglicher Perfektion« der einzuführenden Sprache einen Aufschub darstelle, der unterdessen dem Sprachimperialismus der großen Nationalsprachen zugute komme.

Die Bedeutung des Werkes von Swadost soll allerdings nicht überbetont werden, denn es ist der Beitrag eines nicht besonders einflußreichen Theoretikers. Im übrigen konnte Bokarjow, einer der verantwortlichen Redakteure, in der Einleitung seine Vorbehalte gegen die linguistische Behandlung des Esperanto durch Swadost äußern.

Überhaupt gibt es zur Frage der künstlichen Sprache viele andere Meinungen, die allerdings nur selten so ausführlich dargelegt werden wie in dem Buch von Swadost. Wahrscheinlich am einflußreichsten bleibt die Gruppe derer, die behaupten, eine Nationalsprache werde sich universal ausbreiten; neben Gafurow und Chanasarow gehört zu ihnen der Sprachwissenschaftler A. A. Reformatskij, auch er ein Gegner des Esperanto. Ihre Standpunkte sind im wesentlichen assimilatorisch und entsprechen mehr oder weniger den Auffassungen von Theoretikern der nationalen Frage, die in der Vereinigung kleiner Völkerschaften mit großen Nationen eine unvermeidliche Begleiterscheinung der sozialistischen Umgestaltung sehen. Der Theoretiker M. I. Kulitschenko beispielsweise unterstreicht, »daß die Annäherung der Nationen unausbleiblich in ihre Verschmelzung übergeht« und daß diejenigen unrecht hätten, die, weil sie sich von der in sehr ferner Zukunft liegenden Verschmelzung keine rechte Vorstellung machen könnten, sich gegen Maßnahmen wendeten, die der Annäherung der Nationen in der Gegenwart dienten, oder sogar Thesen vorbrächten, »in denen der Internationalismus der nationalen Beziehungen auf das Aufblühen der freien Nationen reduziert wird« (192: 78, 82). Eine andere Gruppe neigt zu der Auffassung, daß die künftige Sprache der Menschheit eine von den Nationalsprachen bereicherte Kunstsprache sein könne, und gibt – wie

Swadost – einer solchen Lösung den Vorzug. Wieder andere sehen zwei Möglichkeiten voraus: die einer Kunstsprache und die Möglichkeit, daß drei oder vier hochentwickelte Nationalsprachen koexistieren, ohne selbst anzugeben, welche Lösung sie vorziehen. W. A. Awrorin steht zu allen diesen Theoretikern, die im Ziel der sprachlichen Einheit übereinstimmen, in einer Gegenposition: Er bezweifelt, ob es Sinn habe, sich mit der Frage zu beschäftigen, wie die Einheitssprache entstehen werde. Die herrschende Tendenz, nach der das Verschwinden kleiner Sprachen nicht zu bedauern ist, sucht Awrorin zu diskreditieren, indem er sie auf Kautsky zurückführt. In Wirklichkeit sei es doch so, daß die Lebensfähigkeit der Sprachen der Vereinheitlichung des kulturellen Inhalts unter den Bedingungen des Sozialismus trotze und daß, wenn die Sprachen offenbar Konzentrationsprozessen hartnäckig widerstünden, auch die Entstehung einer Einheitssprache der Welt kaum vorstellbar sei (113: 243).

Versucht man nun, die Stellung der sowjetischen Esperantisten in dieser Diskussion zu bestimmen, so besteht kaum ein Zweifel daran, daß sie zu der Meinung der Minderheit von Theoretikern tendieren, die sich für eine möglichst ungehinderte Entwicklung der Sprachen in der Sowjetunion einsetzen. Die Esperantisten befürworten damit einen Internationalismus, der auf dem Pluralismus der Sprachen und Kulturen beruht. Hierbei ist es für sie wichtig, daß Themen wie Annäherung und Verschmelzung, Assimilierung der Völker und Wettbewerb der großen Sprachen nicht so im Vordergrund stehen, daß sie sich gezwungen sähen, zu erläutern, ob und wie sich Esperanto mit den Vorbereitungsarbeiten für die Verschmelzung vertrage. Von der Position ausgehend, daß das Sprachenproblem innerhalb der Sowjetunion gelöst sei und man sich um eine Universalsprache jetzt nicht zu kümmern habe, lenken sie den Blick auf die internationale Kommunikation der Gegenwart und verknüpfen Esperanto strikt mit diesem Bedürfnis. »Unser Prinzip muß sein ›sowohl-als auch‹, nicht aber ›entweder-oder‹«, schreibt Issajew und meint damit das Nebeneinanderbestehen der verschiedenen Nationalsprachen, der »zwischennationalen« Sprachen, der Weltsprachen (Russisch, Englisch, Französisch, Spanisch, Arabisch, Chinesisch) und der »internationalen Hilfssprache« (3: 214f.). Esperanto wird auf diese Weise als gegenwärtig nützliche Hilfssprache präsentiert, die mit der aktuellen Stellung (und den künftigen Ansprüchen) des Russischen als zwischennationaler Sprache in der Sowjetunion und Konkurrent anderer »großer Sprachen« im Weltmaßstab nicht kollidiert.

Die sowjetischen Esperantisten begründen ihr Plädoyer für Esperanto zuallererst mit dem Ziel, zur Lösung des als gravierend empfundenen Problems der Vielsprachigkeit in verschiedenen Bereichen, besonders in der Wissenschaft, beizutragen. Ihre Argumentation ist im wesentlichen pragmatisch und unterscheidet sich im Grunde kaum von der, die von den Esperantisten im Westen benutzt wird. Auch was die Wirkung der Werbung für Esperanto angeht, sind zwischen der Sowjetunion und den westlichen Ländern Ähnlichkeiten festzustellen: Fortschritte stellen sich nur langsam ein. Auf der anderen Seite macht die Esperanto-Bewegung ihre Existenzberechtigung nicht davon abhängig, ob die Öffentlichkeit viel Verständnis für eine rationale Lösung des Sprachenproblems aufbringt. Sie entfaltet vielmehr eine besondere Eigendynamik; das Vergnügen, mit dem ihre Mitglieder die Sprache benutzten, der individuelle Wunsch, sich mit einem leicht anzueignenden Mittel über Grenzen hinweg zu verständigen und zu verstehen, verleiht der Bewegung Lebenskraft. Wie weit dies auch von einer Erfüllung des ursprünglichen Ziels entfernt bleibt, die Welt von den Vorteilen des Esperanto als Zweitsprache für alle zu überzeugen, so lebt Esperanto in vielen Ländern einfach deswegen, weil seine Sprecher es auf Reisen, bei internationalen Kongressen und im Briefwechsel nützlich finden.

Doch ebendiese Möglichkeiten, besonders die Verwendung des Esperanto im Ausland, sind den sowjetischen Esperantisten größtenteils verwehrt. Vom Briefwechsel abgesehen gebrauchen sie die Sprache fast nur unter sich – innerhalb der Sowjetunion, wo das Russische als Kommunikationsmittel zwischen den Völkern benutzt wird, in einem Land also, in dem es strenggenommen für eine »internationale« Hilfssprache keinen Bedarf gibt.

Das sorgfältige Bestreben, in erster Linie den Nutzen des Esperanto zur Erleichterung des wissenschaftlich-technischen Austauschs zu betonen und die brisante nationale Frage in der Sowjetunion möglichst auszuklammern, kontrastiert also mit der etablierten Praxis, der Tatsache nämlich, daß Tausende sowjetischer Esperantisten untereinander die Sprache benutzen und, statt sie als Mittlerin wissenschaftlicher Informationen zu betrachten, mit ihr idealistische Empfindungen verknüpfen, die eine lange Tradition haben. Issajews Schema, das für die Anwendungsbereiche der verschiedenen Sprachtypen klare Grenzen vorsieht, kann daher in bezug auf die tatsächliche Rolle des Esperanto nicht eingehalten werden. Und nicht einmal den Interlinguisten selbst gelingt es ganz, diese Grenzen zu beachten, da sie ihr Interesse an der sprachlichen Situation der Zukunft schwer leugnen können. In einem in Ungarn veröffentlichten Interview erklärte Issajew, keine Nationalsprache, auch das Russische nicht, könne Weltsprache werden und ebenso unmöglich sei die »natürliche« Verschmelzung aller Sprachen zu einer einzigen. Issajew gab damit zu erkennen, daß sich die Ansprüche des Esperanto nicht auf die Gegenwart beschränkten. Daß die »Kandidatur« des Esperanto zu prüfen sei, wenn die sozialistische Gesellschaft das Bedürfnis nach einem einheitlichen internationalen Kommunikationsmittel verspüre, wird von Grigorjew sogar unumwunden gefordert. Er zögert im übrigen nicht, Esperanto als Kampfmittel gegen den »Sprachimperialismus« der Angelsachsen und Franzosen zu empfehlen (150: 53), womit er ein Terrain betritt, das der Bulgare Alexiew als zu gefährlich bezeichnet hat.

Versuche, die Esperantisten vor ideologischen Angriffen dadurch zu schützen, daß die Notwendigkeit einer »vernünftigen Lösung« des Problems der internationalen Kommunikation betont wird, können also eine Verstrickung des Esperanto in den extrem empfindlichen Bereich der zwischennationalen Beziehungen in der Sowjetunion nicht verhindern. Ebenso schwierig erscheint es, dem Dilemma des Idealismus zu entgehen: Sich auf die – theoretisch weniger angreifbare – Position zurückzuziehen, daß Esperanto nichts weiter als ein Hilfsmittel sei, ist nicht möglich, weil die Esperantisten die idealistische Tradition, die für ihren Zusammenhalt wesentlich ist und die sich im übrigen ja auch zuweilen in den legalen Kampagnen für Frieden und Freundschaft verwerten läßt, nicht einfach über Bord werfen können. Es kommt hinzu, daß die nach langer Zwangspause wiedererstandene sowjetische Esperanto-Bewegung nach wie vor von Zeit zu Zeit mit den Sicherheitserwägungen der Behörden kollidiert. So wurden unter verschiedenen Vorwänden Zeltlager der Esperantisten verboten und ausländische Esperanto-Veröffentlichungen beschlagnahmt, darunter eine Zamenhof-Biographie aus Japan (52), in der auch die Schikanen der zaristischen Zensur beschrieben werden; selbst ein in Österreich herausgegebenes Mitteilungsblatt kommunistischer (moskautreuer) Esperantisten wurde konfisziert. Gelegentlich schimmert die alte Furcht durch, Esperanto könne leicht für Spionagezwecke genutzt werden. Anfang 1981 wurde die Redakteurin des *Heroldo de Esperanto* (Madrid) von der Wochenzeitung *Nedelja* in einem zweiteiligen Artikel beschuldigt, Zusammenkünfte von sowjetischen Esperantisten und russischen Emigranten zum Zwecke antisowjetischer Tätigkeit arrangiert zu haben. Am Schluß des Artikels war zu lesen: »Um mit den sowjetischen Esperantisten zusammenzuarbeiten, muß man nicht nur Esperanto kennen, sondern auch den Charakter der sowjetischen Esperantisten, die immer Patrioten waren, sind und sein werden«, was wie ein Lob klingt, sicher aber auch als verhüllte Warnung gedeutet werden kann.

Trotz entmutigender äußerer Umstände und des großen Mangels an Lehrmaterial stieg die Zahl der Esperantisten in der Sowjetunion. Ende der siebziger Jahre wurde sie auf mehr als 10000 geschätzt; davon galten mindestens 3000 als »Aktive«. In 110 Städten und Dörfern hatten sich Esperanto-Klubs gebildet. Besonders bemerkenswert war die Tätigkeit der »Sowjetischen Esperanto-Jugendbewegung«, deren Zeltlager große Popularität gewannen.

Obwohl diese Jugendbewegung allenfalls halblegal war und jede Bindung an die 1962 gegründete Esperanto-Kommission ablehnte, erschien es den Behörden offenbar nicht opportun, sie zu verbieten. Die Jugendbewegung hatte Fakten geschaffen. Parallel dazu wirkte sich zugunsten des Esperanto auch die Unterstützung aus, die die interlinguistischen Forschungen von der Akademie der Wissenschaften erhielten. 1976 erschien eine von Issajew herausgegebene Aufsatzsammlung, »Probleme der Interlinguistik« (150), die wichtige Beiträge zur Typologie und Entwicklung der Plansprachen, mit besonderer Berücksichtigung des Esperanto, enthält. Es lag nun nahe, den offiziellen Rahmen der Esperanto-Bewegung zu erweitern und die Spannung zwischen der machtlosen Kommission und der aktiven, »von unten« kommenden Jugendbewegung zu neutralisieren. Zweifellos aufgrund eines an höchster Stelle der Partei gefaßten Beschlusses traf daher die Union der sowjetischen Gesellschaften für Freundschaft und kulturelle Beziehungen mit dem Ausland (SSOD) im Dezember 1978 zusammen mit dem Gewerkschaftsverband und dem Komsomol – auf Ortsebene gab es in deren Klubs, Kulturhäusern und Komitees Esperantisten-Zirkel – Vorbereitungen zur Gründung einer neuen Organisation.

Im März 1979 fand in Moskau die Gründungsversammlung des Verbands sowjetischer Esperantisten (ASE) statt. Er trat an die Stelle der Kommission, blieb aber mit der Union (SSOD) verbunden. Gleichzeitig löste sich die Jugendbewegung auf; ihre Führer traten in den Vorstand der ASE ein.

In seinem Bericht an die Gründungsversammlung unterstrich der neue Verbandsvorsitzende Issajew die engen Bindungen der Esperanto-Bewegung zur Wissenschaft und nannte bei dieser Gelegenheit die Namen Dresen und Bokarjow. Für die theoretische und praktische Tätigkeit der sowjetischen Interlinguisten seien folgende Grundsätze maßgebend:

> Die Interlinguistik als wissenschaftlicher Zweig entwickelt sich bei uns auf der festen Grundlage der marxistisch-leninistischen

Methodologie und der Leninschen Nationalitäten- und Sprachenpolitik. Indem wir uns auf die marxistisch-leninistische These von der vollen Gleichberechtigung aller Sprachen stützen, setzen wir die »künstliche« Hilfssprache weder den zwischennationalen noch den sogenannten »Weltsprachen« und noch weniger den nationalen Sprachen entgegen. Es geht nicht darum, die einen durch andere zu ersetzen.

Auf Esperanto näher eingehend, bekannte Issajew, daß die Esperantisten »die Bedeutung dieser Sprache in der gesellschaftlichen Entwicklung oft übertreiben«, und ließ dann eine Mahnung folgen, deren Tenor uns schon aus der DDR und Bulgarien vertraut ist:

> Es verdient noch einmal hervorgehoben zu werden, daß die Sprache Esperanto wie jede andere Sprache ein Werkzeug ist, ein Werkzeug zur Verständigung. Sie selbst ist in keiner Weise ideell belastet... Man kann sie zum Guten wie zum Bösen benutzen. Die Mehrheit der sowjetischen Esperantisten und Interlinguisten haben sich früher und jetzt auf diese grundlegende marxistisch-leninistische Definition der Sprache gestützt. Und daran müssen sich die Esperantisten in ihrer künftigen Tätigkeit ständig erinnern, um keine schädlichen Irrtümer zuzulassen. (*Moscow News*, 22. 4. 1979, Esperanto-Beilage, S. 16)

Issajew erklärte, daß die ASE anders als die Kommission nicht nur für Auslandskontakte der sowjetischen Esperantisten zuständig sei, sondern sich auch mit Esperanto in der Sowjetunion befassen werde. Damit war allerdings in erster Linie eine Aufbesserung des Images der Esperantisten gemeint. Die nur für den Inlandsgebrauch bestimmte, inzwischen eingestellte Zeitschrift *Amikeco* äußerte sich hierzu recht ungeschminkt:

> Oft werden die Esperantisten als Sonderlinge betrachtet, die die Sprache nur dazu benutzen, um ausländische Briefmarken und Ansichtskarten zu bekommen, um sich dadurch zu amüsieren, daß sie mit einem Nachbarn (Ausländer gibt es ja nicht überall in Hülle und Fülle!) in einer fremden Sprache reden, oder die Ausländer anhimmeln und ihnen nachlaufen. Es ist kein Geheimnis, daß aufgrund dieses Eindrucks die ideologische Basis

und gesellschaftliche Rolle der Esperantisten von vielen hochrangigen Verantwortlichen als ziemlich bedenklich angesehen werden. (Nr. 32, 1979, S. 1)

Der Schreiber dieser Zeilen gewann auf der Gründungsversammlung den Eindruck, daß die Verbreitung des Esperanto nicht zu den vordringlichen Aufgaben der ASE gehöre. Tatsächlich wurden die Esperanto-Gruppen bald durch ein Rundschreiben der ASE instruiert, nicht die Zahl der Esperantisten, sondern ihre sprachliche und ideologische Qualität zu steigern. Und ganz ähnlich wurde in einem Beschluß des Zentralrats der Gewerkschaften festgelegt, daß der qualitativen, nicht der quantitativen Zusammensetzung der Esperanto-Bewegung Aufmerksamkeit zuzuwenden sei, inbesondere der »Hebung des politischen Kenntnisstandes« in den Esperanto-Organisationen.

Bisher hat die ASE dem Esperanto in der Sowjetunion nicht zum Durchbruch verholfen. Schon 1981 war unter sowjetischen Esperantisten von »verratenen Hoffnungen« die Rede, weil die ASE »diejenigen, die etwas tun wollen, sogar bremst«. Die vervielfältigten Periodika der Jugendbewegung haben ihr Erscheinen einstellen müssen. Das an ihre Stelle getretene Informationsbulletin der ASE erscheint in nur einigen hundert Exemplaren und enthält fast nur Beiträge in russischer Sprache. Die Gründung einer Zeitschrift in Esperanto, die, wie es 1979 hieß, den Nutzen der Sprache »zur Verbreitung der Wahrheit über unsere sowjetische Realität« demonstrieren sollte, ist ausgeblieben. Auch die seit langem angekündigte zweite Aufsatzsammlung der Sektion für Interlinguistik ist bisher nicht erschienen. Entgegen den Erwartungen ist die ASE auch dem Esperanto-Weltbund noch nicht beigetreten.

Die Hintergründe dieser anhaltenden Unsicherheiten oder Behinderungen lassen sich nur schwer aufhellen. Der Zusammenhang mit der nationalen Frage in der Sowjetunion verdient weiterhin Beachtung. Der Begriff »Sowjetvolk« ist jetzt in der neuen Verfassung (von 1977) verankert. Zwar enthält sie keinen Hinweis auf eine Verschmelzung der Nationen, die Propaganda für die Zweisprachigkeit aller nichtrussischen Sowjetbürger aber ist in den Jahren seitdem verstärkt worden. Wohl gerade weil der Anteil der Russen an der Gesamtbevölkerung abgenommen hat und die nichtrussischen Völker ein wachsendes nationales Selbstbewußtsein zeigen, erachtet es die Partei für um so notwendiger, die Kenntnis des Russischen voranzutreiben und damit die innere Kohäsion des Sowjetstaates zu stärken. Zwar sind einer Russifizierung insofern gewisse Grenzen gesetzt, als ihre Gegner immer noch Lenins Wort gegen die Privilegierung einer Sprache ins Feld führen können, aber die Tendenz ist unübersehbar, die nationalen Sprachen in den privaten Bereich abzudrängen, sie etwa als Medium von Wissenschaft und Technik nicht mehr einzusetzen und damit gegenüber dem Russischen in eine zweitklassige Position zu rükken. Wegweisenden Charakter hatte in dieser Hinsicht eine im Mai 1979 in Taschkent abgehaltene große Konferenz, die – unter dem Motto »Die russische Sprache – Sprache der Freundschaft und Zusammenarbeit der Völker der UdSSR« – der Intensivierung und Verbesserung des Russischunterrichts bei den nichtrussischen Völkern gewidmet war. Seit 1982 ist auch wieder häufiger von Verschmelzung die Rede. Als Jurij Andropow Ende 1982 die Nachfolge Breshnews antrat, erinnerte er an das Endziel der Verschmelzung der Nationen und warnte davor, den dahin führenden Prozeß zu behindern (124: 407).

Wenn die Perspektive der Verschmelzung im Vordergrund stand, war dies für die sowjetischen Esperantisten schon immer von Nachteil, sowenig sie zahlenmäßig ins Gewicht fallen, bedenkt man, welche Dimension die nationale Frage in der Sowjetunion insgesamt hat. Politisch-ideologische Bedenken allgemeinerer Art kommen hinzu. Die Ausbreitung des Esperanto wird unverändert durch das Mißtrauen behindert, das die Behörden gegen unmittelbare, daher schwer zu kontrollierende Kontakte mit dem Ausland hegen. Trotz der amtlichen Propaganda für Frieden und Völkerfreundschaft ist es ein fester Grundsatz der Partei, daß die Pflege der internationalen Beziehungen zu wichtig sei, als daß sich der Sowjetbürger ihrer unbeaufsichtigt annehmen dürfte. Bis heute herrscht die Meinung, daß zu Auslandskontakten nur besonders ausgebildete Personen berechtigt seien – Menschen, die aufgrund ihrer Stellung »zuständig« sind und einen staatlichen Auftrag zu solchen Kontakten haben. Der Gedanke erscheint einstweilen nahezu unvorstellbar, daß nicht nur wenige Privilegierte, sondern Tausende gewöhnlicher Sowjetbürger Kontakte mit dem Ausland pflegen. So verwundert es nicht, daß die Esperantisten verdächtig bleiben, weil sie, ohne auf Dolmetscher angewiesen zu sein, ihr Esperanto schnell einsetzen können – die Sprache, deren »Gefährlichkeit«, wie es einmal ein Sekretär des Zentralkomitees ausgedrückt hat, auf der Leichtigkeit beruht, mit der sie – im Vergleich zu Englisch oder Französisch – zu erlernen ist.

Immerhin erschien 1984 das langerwartete Lehrbuch des Esperanto, wenngleich in der für sowjetische Verhältnisse lächerlich geringen Auflage von 30000 Exemplaren. Mit einiger Regelmäßigkeit erscheinen nun auch literarische Werke in Esperanto, besonders in Estland, und außerdem von der Agentur Nowosti herausgegebene Heftchen mit Verlautbarungen der Partei in Esperanto-Übersetzung. Der internationale Briefwechsel floriert; Esperanto-Zeitschriften in der DDR, Ungarn und Bulgarien bringen laufend eine Menge Anzeigen mit den Korrespondenzwünschen überwiegend junger Sowjetbürger. Auch die Tradition der Zeltlager wird fortgesetzt. Hinzugekommen sind studentische Konferenzen, auf denen über wissenschaftliche Aspekte des Esperanto diskutiert wird.

Ob es bei diesen bescheidenen Betätigungsmöglichkeiten bleibt oder ob sich die Hoffnung erfüllt, die in der 1977 von dem sowjetischen Esperanto-Veteranen Semjon Podkaminer geäußerten These steckt, nur in der sozialistischen Gesellschaft würden »alle objektiven Bedingungen für den Sieg der Idee einer internationalen Sprache« geschaffen (3: 222), muß die Zukunft zeigen.

> »Mit Ausnahme von Kriegsgefange-
> nen bekommt der ozeanische Durch-
> schnittsbürger nie einen Bürger Eura-
> siens oder Ostasiens zu Gesicht, und
> die Kenntnis fremder Sprachen ist
> ihm untersagt. Wäre ihm der Kontakt
> mit Ausländern gestattet, würde er
> feststellen, daß sie ganz ähnliche
> Menschen sind wie er und daß das
> meiste, was er über sie gehört hat,
> Lügen waren.«
> George Orwell,
> *Neunzehnhundertvierundachtzig*

Schlußbemerkungen

Die Geschichte kennt nicht wenige Beispiele dafür, daß eine Sprache behindert wurde. Es hat sogar Versuche gegeben, Sprachen gewaltsam auszulöschen. Vor allem die Sprachen nationaler Minderheiten und kolonialisierter Völker traf das Verbot des Unterrichts und öffentlichen Gebrauchs. Solchen Maßnahmen lag meist die Furcht der Staatsmacht zugrunde, daß die unerwünschte Sprache ihren Benutzern als Mittel zur politisch-gesellschaftlichen Abweichung diene oder gar zur Loslösung von dem Staatsverband, in dem sie eine Minderheit bildeten.

Die Angriffe auf die »gefährliche« Sprache Esperanto und die Verfolgung ihrer Anhänger unterscheiden sich beträchtlich von anderen Fällen sprachlicher Diskriminierung. Die Sprechergemeinschaft des Esperanto war (und ist) auf fast alle Teile der Welt verstreut, sie genoß weder den Schutz eines Staates noch den einer übernationalen Macht, schuf sich nur allmählich so etwas wie eine eigene Kultur und erlangte, gemessen an der Zahl der organisierten Mitglieder, niemals auch nur annähernd den Charakter einer Massenbewegung. Auch reichte die Sehnsucht nach Überwindung nationaler Grenzen, die der Hauptantrieb für die weltweite Verbreitung des Esperanto war, für sich allein nicht aus, um die Loyalität der Esperantisten zu ihrer jeweiligen Nation nennenswert zu schwächen. Und doch sah sich das Esperanto gleich zu Beginn heftiger Feindschaft ausgesetzt. Noch während Zamenhof sich bemühte, sein Projekt bekannt zu machen und Menschen für das Erlernen einer neuen Sprache zu gewinnen, mußte er bereits gegen Behinderungen durch die zaristische Zensur ankämpfen. Obwohl Zamenhof sein Motiv – den Protest gegen die Diskriminierung von Menschen aufgrund ihrer Sprache – eher versteckte, kam früh der Verdacht auf, daß es ihm um mehr ging als um die Ausbreitung eines praktischen Verständigungsmittels. Die russischen Behörden fürchteten ein Zusammengehen der Esperantisten mit Tolstoj, bald auch ein Bündnis mit richtigen Revolutionären. Ganz ähnlich witterte die alldeutsche Presse vor dem Ersten Weltkrieg, als die Esperanto-Bewegung im Deutschen Reich noch in den Anfängen steckte, hinter ihr das Wirken deutschfeindlicher, internationalistischer Kräfte.

Sowenig diese Befürchtungen oder Warnungen eine reale Grundlage hatten und sosehr die meisten Esperantisten sich von politischen Bewegungen fernzuhalten suchten: Esperanto wurde auch dann attackiert, wenn Verbindungen zum Pazifismus oder Sozialismus gar nicht nachweisbar waren. Esperanto war nur eine Sprache; die Esperanto-Bewegung erklärte sich für strikt neutral. In der Deklaration von Boulogne-sur-Mer (1905) war jedermann das Recht zugestanden worden, die Sprache zu jedwedem Zweck zu benutzen. Aber die Gegner sahen im Esperanto mehr, und es half wenig, wenn die Esperantisten, die ja auf einen offziellen »Durchbruch« hofften, alles zu vermeiden suchten, was behördlichem Mißtrauen Nahrung hätte geben können. Entschiedene Gegner blieben unbeeindruckt – durchaus auch deswegen, weil nicht zu leugnen war, daß die Pioniere des Esperanto und die meisten ihrer Nachfolger sich dem Ideal des Friedens und der Menschenbrüderlichkeit verbunden fühlten und damit keineswegs völlig neutral waren. Viele Esperantisten versuchten, in der Praxis bescheiden etwas von dem vorzuleben, was liberalen und sozialistischen Theoretikern einer neuen Weltordnung als Ideal vorschwebte, wenn diese in oft reichlich utopischer Weise ihr Ziel einer einigen Menschheit verkündeten.

Die Debatten über Esperanto im Völkerbund und, drastischer noch, die Verfolgung von Arbeiter-Esperantisten in den zwanziger Jahren demonstrierten, wie ernst die Gegner das Potential des Esperanto nahmen. Die Delegierten in Genf und die Behörden autoritärer Staaten warnten vor den »entnationalisierenden« und »revolutionären« Bestrebungen der Esperantisten und meinten damit, kaum verhüllt, auch schon den Bildungshunger eines Dorfbewohners auf dem Balkan. Sie zielten gegen grenzübergreifende zwischenmenschliche Kontakte, die sich der Kontrolle durch elitäre Intellektuelle und sicherheitsbewußte Regierungen entzogen. Die zwanziger Jahre zeigten aber auch, wie wenig die Esperantisten, ganz von der eigenen Harmlosigkeit überzeugt, zur Abwehr der politisch-ideologischen Angriffe gerüstet waren.

Dies änderte sich, als im Dritten Reich Esperanto zum Ziel bewußten Vernichtungsstrebens wurde. Die Nationalsozialisten waren Feinde mit einer bis dahin nicht erlebten Rücksichtslosigkeit und Konsequenz. Sie mobilisierten geschickt traditionelle Vorurteile gegen die Künstlichkeit des Esperanto und seine Popularität innerhalb der Linken, behaupteten aber gleichzeitig, letztlich seien alle Esperantisten Staatsfeinde, die mit ihrer Sprache jüdisch-internationalen Zielen dienstbar seien. Das Recht, Esperanto zu verbreiten, wurde auch ganz unpolitisch eingestellten Menschen abgesprochen. Die Verfolgungen unter Hitler lehrten, daß es Feinde gab, die nicht bloß gegen einen politischen »Mißbrauch« des Esperanto einschritten, sondern die gesamten geistigen Grundlagen des Esperanto, auch rein abstrakte Bekundungen des Strebens nach Frieden und Völkerverständigung, grundsätzlich verdammten. Das Verhalten des NS-Regimes machte jede Hoffnung der Esperantisten zunichte, zwischen der Werbung für die Sprache und dem ideellen Hintergrund (dem »jüdischen Ursprung«) des Esperanto eine Trennungslinie ziehen und auf diese Weise überleben zu können.

Die Esperantisten wurden sich so der Unmöglichkeit, ja der Gefahren einer absoluten Neutralität bewußt – einer Neutralität, die nicht eindeutig unterschied zwischen Ideen, die die Verbreitung des Esperanto begünstigten oder wenigstens nicht behinderten, und Ideologien, die wie der Faschismus die ganze Menschheit bedrohten. Ein solches Neutralitätskonzept mißachtete auch die eigene idealistische Tradition der Esperanto-Bewegung. Vielen von denen, die den menschenverachtenden Charakter des Faschismus erkannten, erschien es nunmehr notwendig, ihre Abneigung gegen politisches Wirken aufzugeben und sich in eine antifaschistische Front einzureihen.

Aber ausgerechnet in dieser Zeit kam es zu einer Entwicklung, die für alle damaligen Beobachter völlig unverständlich, für »fortschrittliche« Esperantisten überdies höchst schmerzlich war: In der Sowjetunion ging die Bewegung 1937/38 zugrunde – fast in den gleichen Jahren, in denen die Nazis Esperanto in Deutschland zu vernichten suchten. Das Ausmaß der Unterdrückung war in der Sowjetunion sogar größer als in Deutschland. Die Verfolgungen waren noch schockierender, denn sie wurden von einem Regime verantwortet, dessen herrschende Ideologie in mancher Hinsicht mit der Esperanto-Idee übereinzustimmen schien, und die Opfer waren kommunistische Esperantisten – Menschen, die sich früh von altmodischem Utopismus gelöst, über eine rein hobbymäßige Anwendung des Esperanto gespottet und für den Wert der Sprache zur internationalistischen Erziehung des Sowjetbürgers geworben hatten. Diese Menschen wurden in der Sowjetunion als »Spione« verhaftet – eine Anklage, die noch absurder war als die Attacken der Nazis gegen die »Sprache von Juden und Kommunisten«, die aber dann einen Sinn ergibt, wenn man hinter ihr das Bestreben der Herrschenden erkennt, als bedrohlich empfundene Kontakte von Sowjetbürgern zur Außenwelt zu unterbinden.

Die Esperantisten verletzten das Informationsmonopol der Partei. Ihre jahrelang gepflegte Auslandskorrespondenz ermöglichte Vergleiche zwischen dem sowjetischen Alltag und den Lebensumständen im Ausland; sie eröffnete Einblicke, die Nichtesperantisten Mitte der dreißiger Jahre schon weitgehend versperrt waren, und vermittelte Kenntnisse, die um so »gefährlicher« waren, als sie nicht einfach als Produkte der Propaganda des Klassenfeindes abgetan werden konnten. Dem Anspruch des Esperanto, ein leichter Mittler zu sein – ein Anspruch, dem im Völkerbund mit der Begründung widersprochen worden war, die Volksmassen brauchten keine direkte Kommunikation, und den die Nazis als Ausdruck »jüdischer Völkerversöhnungsillusionen« verhöhnt hatten – wurde in der Sowjetunion ein gewaltsames Ende gesetzt – mit unermeßlichem Leid für die Betroffenen.

So maßlos die Unterdrückungsmaßnahmen im einzelnen erscheinen mögen, so verschieden auch die Feinde des Esperanto waren: das Gemeinsame am Kampf gegen Esperanto läßt sich darin sehen, daß er gegen eine Sprache gerichtet ist, die wie keine andere das Streben nach gleichberechtigter Kommunikation unter den Menschen über die Unterschiede von Rasse, Sprache und Religion hinweg symbolisiert. Bekämpft werden sollte mehr als nur eine Sprache. Das Schicksal der Esperanto-Bewegung ist gleichsam ein Barometer, an dem sich ablesen läßt, welche Anerkennung ein Internationalismus »von unten«, spontanes Streben nach persönlichem Auslandskontakt, das Bemühen um Bildung außerhalb vorgeschriebener nationaler oder ideologischer Bahnen und überhaupt unbefangene Dialogbereitschaft in der Welt finden.

Dies führte am Ende zu der Frage, wie es um die Anerkennung des Werts persönlicher Beziehungen in der internationalen Politik heute bestellt ist. Es gibt gegenwärtig nur noch sehr vereinzelt Unterdrückungsmaßnahmen gegen Esperantisten. Die Sprache aber hat immer noch weltweit eine zu kleine Anhängerschaft. Die Legitimität supranationaler Organisationen wird kaum mehr bestritten, und keine Regierung wagt es heutzutage, sich über Ziele wie Frieden und Völkerverständigung abfällig zu äußern. Aber immer noch kann man beobachten, wie durch Abschottung nach außen, Reisebehinderungen, Kontaktverbote, durch ideologische Bevormundung und einseitige Kulturpropaganda Barrieren errichtet werden, die dem Wunsch der Menschen nach Begegnung, Dialog und Weiterbildung entgegenstehen.

Immerhin kann festgestellt werden, daß in den letzten Jahren das Bewußtsein für die Bedeutung humanitärer Faktoren in der Weltpolitik gestärkt worden ist, wie etwa die Ergebnisse der Konferenz über Sicherheit und Zusammenarbeit in Europa (KSZE) zeigen. Unter Politikern hat sich langsam die Erkenntnis durchgesetzt, daß Zusammenarbeit nicht wirksam und dauerhaft sein kann, wenn sie sich auf die Beziehungen zwischen Staaten und eine kleine Elite sprachkundiger Intellektueller beschränkt, die Kontakte zwischen den Bürgern der Staaten und der Austausch von Informationen über Grenzen hinweg aber ausgeklammert bleiben. Auf internationalen Konferenzen von Staats- und Regierungschefs wird heute darüber gesprochen, wie die Entspannung in das Alltagsleben der Völker eingebracht werden kann, wie die Massen am Prozeß der internationalen Annäherung teilhaben können.

Der Leser dieses Buches erinnert sich, daß die Forderung, Entspannung durch direkte Kontakte zu fördern, sich wie ein roter Faden durch viele Erklärungen der Esperanto-Bewegung zieht – seit jenem »gesegneten« Tag vor über achtzig Jahren, als Zamenhof tiefbewegt feststellte, daß »in den gastfreundlichen Mauern von Boulogne-sur-Mer nicht Franzosen mit Engländern, nicht Russen mit Polen zusammengekommen sind, sondern Menschen mit Menschen« (74: VII, 143). Es war zweifellos ein Zeichen von Weitsicht, wenn Hector Hodler 1919 darauf aufmerksam machte, daß der Völkerbund nur dann lebensfähig sein werde, »wenn er nicht bloß durch rechtliche Vereinbarungen Regierungen, sondern in einem Geist des gegenseitigen Verstehens auch und vor allem Völker zusammenführt« (67: 88). Und 1960 drückte Ivo Lapenna, der langjährige Präsident des Esperanto-Weltbundes, das aus, was danach zunehmend auch von Staatsmännern als notwendig erkannt worden ist: »... wenig wurde und wird getan für die Verständigung auf der untersten, aber wichtigsten Ebene, der Ebene der einfachen Menschen... Immer ging und geht es nur um die Koexistenz der Staaten und viel weniger, oder sogar überhaupt nicht, um das freundschaftliche, friedliche Zusammenleben der Völker, der einfachen Menschen« (16: 66).

Wegen ihres Glaubens an diese simple Wahrheit und wegen ihrer – zuweilen naiven – Versuche, danach zu handeln, wurden die Sprecher des Esperanto verspottet, verfolgt und getötet. Heute sind die Verfolgungen vielfach der Erinnerung schon entrückt. Die Esperantisten können sich fast überall ungehindert betätigen. Sie haben inzwischen auch längst ein Gespür dafür entwickelt, welche politische Brisanz ihrem aus einem einst eher unpolitisch-moralischen Protest hervorgegangenen Anliegen anhaftet. Aber es fehlt ihnen weiterhin an Kraft, ihre Vorstellungen politisch durchzusetzen, d.h. bei den Mächtigen oder auch nur in größeren Kreisen der Öffentlichkeit Gehör zu finden. Die Verfechter einer weltweiten Verständigungssprache sehen sich paradoxerweise nach wie vor in die Rolle von Außenseitern gedrängt. Sosehr Sprachprobleme die Arbeit internationaler Organisationen finanziell belasten und einem weltumspannenden Meinungsaustausch im Wege stehen: nationales Prestigedenken verhindert eine Einigung auf die Lösung, die Esperanto anbietet. Viele Regierungen scheinen nicht zu wünschen, daß das Potential des Esperanto voll genutzt wird, weil sie trotz aller Lippenbekenntnisse zur internationalen Solidarität weiterhin selbst darüber entscheiden wollen, in welchen Formen ihre Bürger den grenzübergreifenden geistig-kulturellen Austausch pflegen.

Man mag einen Fortschritt darin sehen, daß den Menschenrechten neuerdings ein »Recht auf Kommunikation« hinzugefügt worden ist. Die UNESCO wendet sich in ihren Stellungnahmen zu einer neuen Weltinformationsordnung gegen einseitigen Nachrichtenfluß, kulturelle Vorherrschaft und die Behinderung von Kommunikation. In dem 1980 veröffentlichten 300-Seiten-Bericht der sogenannten MacBride-Kommission werden der Sprachenfrage jedoch weniger als sieben Seiten eingeräumt. Auch die UNESCO wagt es nicht, zum sprachlichen Aspekt der internationalen Kommunikation mehr als nur ganz allgemeine Aussagen zu machen und so die Regierungen vor den Kopf zu stoßen. Trotzdem bleibt eine Hoffnung. Esperanto lebt, und durch seine Existenz erinnert es daran, daß in einer technisch zusammenrückenden und durchrationalisierten Welt die bessere Verständigung von Mensch zu Mensch keine Utopie bleiben muß.

»Dr. Esperanto«: L. L. Zamenhof (1859–1917), der Autor der »Internacia Lingvo« (1887).

Probe-Nummer.

La Esperantisto.

Zeitschrift für die Freunde der Esperantosprache.	Gazeto por la amikoj de la lingvo Esperanto.
Herausgegeben unter der Mitwirkung des **Dr. Esperanto** (Dr. L. Samenhof) von Chr. Schmidt, Vorstand des Weltsprachevereins in Nürnberg.	Sub la kuniaborado de **Dr. Esperanto** (Dr. L. Zamenhof) eldonata de Chr. Schmidt, prezidanto de la klubo mondlingva en Nürnberg.
Erscheint monatlich einmal.	Eliras unu fojon en la monato.
Zu bestellen auf der Post und in der Buchhandlung von Heerdegen-Barbeck in Nürnberg.	Oni povas aboni sur la poŝto kaj en la librejo de Heerdegen-Barbeck en Nürnberg.
Preis 1 Mark für das Vierteljahr (durch die Post 1.15 Mk.).	Kosto 1 marko por ¼ de jaro (per la poŝto 1 marko 15 pf.).
Anzeigen werden angenommen zu 20 Pfennig für die Petitzeile.	Anoncoj estas acceptataj por 20 pfenigoj por la petitlinio.

Nr. 1.	**Nürnberg**, 1. September 1889.	1. Jahrgang.

Prospekt.	Prospectus.	Prospekto.
In kurzer Zeit hat die internationale Sprache des Dr. Esperanto in verschiedenen Ländern zahlreiche Freunde gefunden und täglich, ja stündlich wachst deren Zahl, so dass schon jetzt das Bedürfnis eines Organs, welches die An-	La langue internationale du Dr. Esperanto a trouvé en peu de temps bien des amis dans différents pays. Le nombre de ces amis s'accroit tous les jours, même d'heure en heure. Déjà maintenant le manque d'un organe se fait sentir	La lingvo internacia »Esperanto« en mallonga tempo trovis multegon da amikoj en diversaj landoj. La nombro de tinj ĉi amikoj kun ĉiu tago, kun ĉiu horo kreskas, kaj nun jam forte estas sentata la bezono de la organo, kiu

Im September 1889 kam in Nürnberg die erste Esperanto-Zeitung heraus – La Esperantisto. Sechs Jahre später mußte sie ihr Erscheinen einstellen, nachdem die zaristische Zensur wegen eines Beitrags von Tolstoj die weitere Einfuhr nach Rußland verboten hatte.

*Louis de Beaufront
(1855–1935) wirkte bahnbre-
chend für Esperanto in Frankreich und ganz Westeuropa.*

*Der Industrielle Albert Steche
(1862–1943) war eine der
maßgeblichen Persönlichkeiten der deutschen Esperanto-
Bewegung in den zwanziger
Jahren.*

*Hector Hodler (1887–1920)
gründete 1908 den Esperanto-Weltbund (UEA).*

M I ĝojas, ke mi havas okazon, per tiu ĉi vojo transdoni al la Universala Kongreso de Esperanto en Parizo miajn plej bonajn salutojn kaj bondezirojn por sukcesplena laboro. La celadoj, per la vivanta parolo de la lingvo konstrui ponton de popolo al popolo kaj krei interkomprenilon en la laŭlitera senco de tiu ĉi vorto, meritas plej viglan subtenon kaj akcelon. La esperantistoj ĉiulandaj, en sia klopodo krei mondlingvon, jam atingis grandajn sukcesojn, pro kiuj mi sincere gratulas. Mi ĝojas kaj estas dankema pro tio, ke la Jubilea Kunveno de la Universala Kongreso de Esperanto en la venonta jaro okazos en Kolonjo. Kolonjo, kiu tra jarcentoj estas la tradicia kultura ponto inter oriento kaj okcidento, estas ĉiel taŭga por digne kaj gastame akcepti inter siaj muroj tian kunvenon de homoj mondkomprenemaj kaj laborantaj por reciproka interkompreniĝo. El tuta koro mi tial prezentas jam hodiaŭ al la Universala Kongreso de Esperanto mian bonvensaluton kaj tiun de la urbo Kolonjo, fideme esperante, ke la alproksimiĝo de l' popoloj kaj la resaniĝo de l' tutmonda ekonomio ĝis tiam decide progresos.

Kolonjo, la 14-an de julio 1932.

Den 25. Esperanto-Weltkongreß hatte Oberbürgermeister Konrad Adenauer nach Köln eingeladen; hier der Text seiner Grußbotschaft.

Nach Hitlers Machtübernahme wurde Adenauer aus seinem Amt verjagt. Vor einem Verbot des Kongresses aber schreckte das NS-Regime zurück. Bei der Eröffnung Ende Juli 1933 kam es so zum Auftritt des Nazi-Oberbürgermeisters Günter Riesen.

Mit einem Plakat in Esperanto warb die katalanische Regierung während des Spanischen Bürgerkriegs (1936–1939) für den Beistand der Esperantisten im Kampf gegen die von Hitler und Mussolini unterstützten Truppen Francos.

Neue Hoffnungen nach Kriegsende: Polnische Esperantisten im April 1946 an der Stelle Warschaus, wo einst Zamenhofs Haus gestanden hatte. Ganz oben 2. von rechts Zamenhofs Enkel Ludwik. (Aufnahme Tadeusz Pleskaczyński)

*Schon vor dem Ersten Welt-
krieg erschien eine revolutionäre Esperanto-Zeitschrift.
Die Internacia Socia Revuo
war vor Gründung der SAT
das wichtigste Organ der Arbeiter-Esperantisten.*

*Eugène Lanti (1879–1947),
Gründer und treibende Kraft
der »Sennacieca Asocio Tutmonda« (SAT), des Nationslosen Weltbundes.*

*Ernest Dresen (1892–1937?)
war von Anfang bis Ende die
maßgebliche Figur der sowjetischen Esperanto-Bewegung.*

Eine Esperanto-Gruppe in Dolinskaja (Ukraine) 1928. Auf den Spruchbändern: »Die alte Welt werden wir zerstören« und »Proletarier der Welt, vereinigt euch«.

Arbeiter-Esperantist

Einzelnummer 10 Pf.

17. Jahrg. No. 8 — Offizielles Organ des Arbeiter-Esperanto-Bundes für die deutschen Sprachgebiete — August 1931 — Oficiala organo de la Laborista Esperanto-Asocio por la germanlingvaj regionoj

Die Bewegung marschiert

Der Arbeiter-Esperantist warb in den zwanziger und zu Beginn der dreißiger Jahre unter den Arbeitern des deutschsprachigen Raums für Esperanto.

Zu Ehren des SAT-Kongresses in Leningrad und zum 40jährigen Jubiläum des Esperanto gab die sowjetische Post 1926 und 1927 Sonderbriefmarken heraus.

Der Schauspieler Nikolaj Rytjkow (1913–1973) – hier in der Rolle Lenins – verbrachte wegen seiner Begeisterung für Esperanto über 17 Jahre in sowjetischen Straflagern.

Mit dieser Marke wurde Anfang der dreißiger Jahre für Spenden für eine Esperanto-Ausgabe der Werke Lenins geworben. Hitlers Machtergreifung und die Stalinschen Säuberungen verhinderten eine Realisierung des Vorhabens.

»Was ist die UdSSR?« – unter diesem Titel brachte die sowjetische Presseagentur Nowosti 1984 ein farbiges Faltblatt in Esperanto heraus, das besonders die brüderliche Union der 15 Sowjetrepubliken betont.

Esperantisten auf der Großen Mauer. 1986 fand der Esperanto-Weltkongreß in Peking statt. (Aufnahme: La Revuo Orienta)

Zeittafel

1859 15. Dezember
L. L. Zamenhof in Bialystok geboren

1878 17. Dezember
Fertigstellung des Entwurfs einer »lingwe uniwersala«

1881 13. März
Ermordung Zar Alexanders II.
Judenpogrome in Rußland

1887 26. Juli
In Warschau erscheint das erste Lehrbuch des Esperanto

1889 September
Erste Ausgabe der Zeitschrift *La Esperantisto* (Nürnberg)

1892 April
Zulassung des Klubs »Espero« in St. Petersburg

1895 April
Einfuhrverbot für den *Esperantisto*

1898 13. Januar
Brief Emile Zolas zur Affäre Dreyfus (»J'accuse«)
Januar
Gründung der »Société

pour la propagation de l'Espéranto« durch Louis de Beaufront

1901 Februar
Erste Veröffentlichung Zamenhofs zum Hillelismus

1905 Bürgerlich-demokratische Revolution in Rußland
5.–13. August
Erster Esperanto-Weltkongreß in Boulogne-sur-Mer

1906 19. Mai
Gründung der Deutschen Esperantisten-Gesellschaft
21. Juni
Judenpogrom in Bialystok
12. Juli
Rehabilitierung von Dreyfus
28. August – 5. September
Zweiter Esperanto-Weltkongreß in Genf

1907/08 Ido-Krise

1908 28. April
Gründung des Esperanto-Weltbundes (UEA)

1914/18 Erster Weltkrieg

1917 14. April
Tod Zamenhofs
»Oktoberrevolution« in Rußland

15. November
»Deklaration der Rechte
der Völker Rußlands«

1920 Januar
Gründung des Völker-
bundes

1921 Juni
Gründung der Vereinigung
sowjetischer Esperantisten
August
Gründung der »Sennacieca
Asocio Tutmonda«

1922 April
Stalin wird Generalsekre-
tär der sowjetrussischen
KP
3. Juni
Runderlaß des französi-
schen Unterrichtsministers
Léon Bérard gegen Espe-
ranto
28. Juni
Bericht des Generalsekre-
tariats des Völkerbundes
über »Esperanto als internationale Hilfssprache«
Oktober
Mussolinis »Marsch auf
Rom«

1924 17. Juni – 8. Juli
Fünfter Kongreß der Kom-
intern; Aufruf zur internationalen Arbeiterkorre-
spondenz

1926 5.–10. August
Sechster SAT-Kongreß in
Leningrad

1927 2.–19. Dezember
15. Parteitag der KPdSU;
Ausschluß Trotzkijs

1928 Beginn des Ersten Fünfjahrplans in der Sowjet-
union

1929 Oktober
Verschärfung der Welt-
wirtschaftskrise

1930 April
Spaltung des Arbeiter-
Esperanto-Bundes für die
deutschen Sprachgebiete
13. Juli – 14. August
16. Parteitag der KPdSU;
Aussage Stalins zur künftigen Weltsprache

1931 Spaltung der SAT

1933 30. Januar
Machtergreifung Hitlers
29. Juli – 5. August
25. Esperanto-Weltkon-
greß in Köln

1935 17. Mai
Verbot des Esperanto-
Unterrichts an Schulen im
Deutschen Reich
25. Juli – 21. August
Siebter Kongreß der Kom-
intern; Bekräftigung der
»Volksfront«-Linie
15. September
Nürnberger Rassengesetze

1936 18. Februar
Anordnung von Martin
Bormann gegen Esperanto

20. Juni
Erlaß von Heinrich Himm-
ler; Auflösung des Deut-
schen Esperanto-Bundes
18. Juli
Ausbruch des Spanischen
Bürgerkriegs
August
Spaltung in der neutralen
Esperanto-Bewegung
September
Verbot der Esperanto-Be-
wegung in Portugal

1937 März
Beginn der Großen Säube-
rung in der Sowjetunion
Liquidierung der sowjeti-
schen Esperanto-Bewe-
gung

1938 12./13. März
»Anschluß« Österreichs
13. März
Russisch wird Pflichtfach
an allen Schulen der So-
wjetunion
20. April
Schließung des Internationalen Esperanto-Museums
in Wien

1939/45 Zweiter Weltkrieg

1939 28. September
Einmarsch der deutschen
Truppen in Warschau
Verhaftung der Familie
Zamenhof

1940 8. Juni
Aktenvermerk Heydrichs
über Esperanto

1941 13./14. Juni
Deportationen in den bal-
tischen Staaten
22. Juni
Deutscher Angriff auf die
Sowjetunion

1942 30. Januar
Wannsee-Konferenz über
die »Endlösung der Juden-
frage«

1947 17. Januar
Selbstmord Lantis in Me-
xiko
28. April
Wiedervereinigung der
neutralen Esperanto-Bewe-
gung

1948 14. Mai
Proklamierung des Staates
Israel
23. Juni
Beginn der Blockade Ber-
lins
28. Juni
Ausschluß Jugoslawiens
aus dem Kominform
10. Dezember
»Allgemeine Erklärung der
Menschenrechte«

1949 12. Januar
Verbot der Esperanto-
Gruppen in der Sowjet-
zone
2. Oktober
Ende der Esperanto-Sen-
dungen von Radio Buda-
pest

15. Oktober
Hinrichtung des ungari-
schen Außenministers
Rajk

1950 6. April
Auflösung der Ungari-
schen Esperanto-Vereini-
gung
20. Juni
Beitrag Stalins in der
Prawda: »Über den Mar-
xismus in der Sprachwis-
senschaft«

1952 6. September
Auflösung des Esperanto-
Bundes in der Tschechos-
lowakei
3. Dezember
Hinrichtung von KPTsch-
Generalsekretär Slánský

1953 5. März
Tod Stalins
27. Juli
Waffenstillstand in Korea
September
Gründung der »Bewegung
der Esperantisten für den
Weltfrieden«

1954 10. Dezember
Entschließung der UNES-
CO-Generalkonferenz in
Montevideo zugunsten des
Esperanto

1955 Wiederbelebung der Esperanto-Bewegung in Polen,
Bulgarien, der Tschecho-
slowakei und Ungarn;

Neubeginn in der Sowjet-
union

1956 14.–25. Februar
20. Parteitag der KPdSU;
Chruschtschows Rede ge-
gen Stalin
Oktober/November
Aufstand in Ungarn

1959 1.–8. August
44. Esperanto-Weltkon-
greß in Warschau

1962 Gründung der »Kommission für die internationalen
Beziehungen der sowjeti-
schen Esperantisten«

1965 31. März
Konstituierung des Zentra-
len Arbeitskreises der
Esperantofreunde im
Deutschen Kulturbund

1969 29. März
Gründung des Tschechi-
schen Esperanto-Bundes

1972 15. März
Neugründung des Portu-
giesischen Esperanto-
Bundes

1979 14. März
Gründung des Verbands
sowjetischer Esperantisten

1987 Hundert Jahre Esperanto;
72. Esperanto-Weltkon-
greß in Warschau (25. Ju-
li–1. August) mit 6000
Teilnehmern

Bibliographie

Allgemeine Darstellungen

1. Blanke, Detlev, *Internationale Plansprachen. Eine Einführung,* Berlin (Ost) 1985.
2. – (Hrsg.), *Esperanto. Lingvo, movado, instruado,* Berlin (Ost) 1977.
3. – (Hrsg.), *Socipolitikaj aspektoj de la Esperanto-movado,* Budapest 1978 (2. Aufl. 1986).
4. Bracher, Karl-Dietrich, *Zeit der Ideologien. Eine Geschichte politischen Denkens im 20. Jahrhundert,* Stuttgart 1982.
5. Drezen, E., *Analiza historio de Esperanto-movado,* Leipzig 1931 (Nachdruck Kyoto 1972).
6. Duc Goninaz, Michel, »Rajto je komunikado kaj lingva libereco: Ĉu diverĝaj celoj?«, in: *Sennacieca Revuo,* Nr. 113, 1985, S. 39–44.
7. Forster, Peter G., *The Esperanto Movement,* Den Haag, Paris, New York 1982.
8. Gollwitzer, Heinz, *Geschichte des weltpolitischen Denkens.* Band 2: *Zeitalter des Imperialismus und der Weltkriege,* Göttingen 1982.
9. Guérard, Albert Léon, *A Short History of the International Language Movement,* New York 1922.
10. Ĝivoje, Marinko, *Historio de Esperanto-movado en Jugoslavio,* Zagreb 1965.
11. Haupenthal, Reinhard (Hrsg.), *Plansprachen. Beiträge zur Interlinguistik,* Darmstadt 1976.
12. Janton, Pierre, *Einführung in die Esperantologie,* Hildesheim, New York 1978.
13. Kamarýt, Stanislav, *Historio de la Esperanto-movado en Ĉeĥoslovakio,* Prag 1983.
14. Kökény, L.; V. Bleier (Hrsg.), *Enciklopedio de Esperanto,* Budapest 1933–34 (Nachdruck 1986).
15. Koestler, Arthur, *Der Mensch – Irrläufer der Evolution. Eine Anatomie der menschlichen Vernunft und Unvernunft,* Bern, München 1978.

16. Lapenna, Ivo, *Elektitaj paroladoj kaj prelegoj*, Rotterdam 1966.

17. – u.a. (Hrsg.), *Esperanto en perspektivo. Faktoj kaj analizoj pri la Internacia Lingvo*, London, Rotterdam 1974.

18. Large, Andrew, *The Artificial Language Movement*, Oxford 1985.

19. Papazov, Dimitr (Hrsg.), *Skizoj pri la historio de bulgara Esperanto-movado*, Sofia 1982.

20. Pechan, Alfonso (Hrsg.), *Gvidlibro por Supera Ekzameno. Historio, literaturo, metodologio*, Budapest 1979.

21. Privat, Edmond, *Historio de la lingvo Esperanto*. 2 Bände, Leipzig 1923–27 (Nachdruck Den Haag 1982).

22. Stojan, P. E., *Bibliografio de Internacia Lingvo*, Genf 1929 (Nachdruck Hildesheim, New York 1973).

23. Szerdahelyi, István (Hrsg.), *Miscellanea Interlinguistica*, Budapest 1980.

24. *Viele Stimmen – eine Welt. Kommunikation und Gesellschaft – heute und morgen*. Bericht der Internationalen Kommission zum Studium der Kommunikationsprobleme unter dem Vorsitz von Sean MacBride an die UNESCO, Konstanz 1981.

25. Waringhien, Gaston, *Lingvo kaj vivo. Esperantologiaj eseoj*, La Laguna 1959.

26. Weinstein, Brian, *The Civic Tongue. Political Consequences of Language Choices*, New York, London 1983.

Kapitel 1

27. Bahr, Wolfgang, *Geschichte der österreichischen Esperantobewegung von den Anfängen bis 1918*, Diss. Wien 1978.

28. Barna, Zoltán, *La laborista Esperanto-movado en Hungario (1913–1934)*, Budapest 1986.

29. Benczik, Vilmos, »Julio Baghy – mitoj kaj realo«, in: *Sennacieca Revuo*, Nr. 97, 1969, S. 42–52.

30. Bennemann, Paul, »Das Esperanto und die Schulbehörden«, in: *Das Esperanto, ein Kulturfaktor*. Band 8, Berlin 1928, S. 55–72.

31. Boulton, Marjorie, *Zamenhof. Creator of Esperanto*, London 1960 (Nachdruck 1980).

32. Bruin, G. P. de, *Laborista Esperanta movado antaŭ la Mondmilito*, Paris 1936.

33. Cart, Théophile, *Vortoj de Prof. Th. Cart*, Jaslo 1927.

34. Christanell, Franz, *Esperanto, ein moderner Bildungsfaktor*, Berlin, Dresden 1924.

35. Drezen, E., *Zamenhof*, Leipzig 1929.

36. Durrant, E. D., *The Language Problem. Its History and Solution*, Heronsgate 1943.

37. Ellerbeck, Leopold, »Esperanto im Völkerbund«, in: *Das Esperanto, ein Kulturfaktor*. Band 8, Berlin 1928, S. 33–54.

38. *Esperanto als internationale Hilfssprache. Bericht des Generalsekretariats des Völkerbundes, angenommen von der 3. Vollversammlung des Völkerbundes*, Leipzig 1923 (Nachdruck Nürnberg 1977).

39. *Esperanto dum la milito*, Genf 1917.

40. Gishron, Jeremi, *Lingvo kaj religio. Studo pri la frua esperantismo kun speciala atento al L. L. Zamenhof*, Jerusalem 1986.

41. Göhl, G. H., *Esperanto. Eine Kulturforderung und ihre Erfüllung*, Leipzig 1914.

42. Hodler, Hector, *Der Esperantismus*, Genf 1913.

43. Holzhaus, Adolf, *Doktoro kaj lingvo Esperanto*, Helsinki 1969.

44. Huber, Margaret, *The Esperanto Pressure Group at the League of Nations, 1920–1925*, M. A. thesis Ottawa 1973.

45. Ĥvorostin, S. K., »Cara cenzuro kaj Esperanto«, in: *Scienca Revuo*, Bd. 23, 1972, S. 37–46, 79–88.

46. Jakob, Hans, *Universala Esperanto-Asocio 1908–1933. Historia skizo*, Genf 1933.

47. Jirkov, L., *Kial venkis Esperanto? Studo*, Leipzig 1931 (Nachdruck Osaka 1974).

48. Lapenna, Ivo, »The Common Language Question before International Organisations«, in: *La Monda Lingvo-Problemo*, Bd. 2, 1970, S. 83–102; Bd. 3, 1971, S. 11–30.

49. Laqueur, Walter, *Der Weg zum Staat Israel. Geschichte des Zionismus*, Wien 1975.

50. Ludovikito (= Kanzi Itô), *Senlegenda biografio de L. L. Zamenhof*, Kyoto 1982.

51. Lyons, F. S. L., *Internationalism in Europe, 1815–1914*, Leiden 1963.

52. Maimon, N. Z., *La kaŝita vivo de Zamenhof. Originalaj studoj*, Tokyo 1978.

53. Nienkamp, Heinrich, *Kultur und Sprache*, Berlin 1916.

54. Oberländer, Erwin, *Tolstoj und die revolutionäre Bewegung*, München, Salzburg 1965.

55. Papazov, Dimitar, *Revuo »Balkana Laboristo« – tribuno kaj organizanto de laboristaj esperantistoj en Bulgario (1929–1931),* Sofia 1983.

56. Privat, Edmond, »Esperanto ĉe la Ligo de Nacioj«, in: *Esperanto,* Bd. 51, 1958, S. 57–59.

57. –, *Federala sperto. Studo pri du sukcesoj kaj unu malsukceso,* Den Haag 1958.

58. –, *Aventuroj de pioniro,* La Laguna 1963.

59. –, *Vivo de Zamenhof.* 5. Aufl., Heronsgate 1967 (Nachdruck Orelia 1977).

60. »Edmond Privat 1889–1962«, *Revue neuchâteloise,* Bd. 11, 1968, Nr. 43/44.

61. [Rio Branco, Raul de], *Contre l'octroi du patronage de la Société des Nations à l'Espéranto,* Genève 1922.

62. Sautter, »Noch einmal die deutsche Sprache und Esperanto«, in: *Das Deutschtum im Ausland,* 1913, S. 757–760.

63. Schubert, Kurt, »Deutsche Sprache und Esperanto«, in: *Das Deutschtum im Ausland,* 1912, S. 648–652.

64. Steche, Albert, *Der Siegeszug des Esperanto,* Leipzig o.J. [1914?]

65. –, *Die Bedeutung der Welthilfssprache »Esperanto« für das deutsche Volk in Krieg und Frieden,* Leipzig 1915.

66. –, *Entwicklungsgang der Weltsprache,* Leipzig 1922.

67. Stettler, Eduard, *Hector Hodler. Lia vivo kaj lia verko,* Genf 1928.

68. Walters, F. P., *A History of the League of Nations.* 2 Bände, London, New York, Toronto 1952 (Nachdruck 1960).

69. Waringhien, Gaston, *1887 kaj la sekvo... Eseoj* IV, Antwerpen, La Laguna 1980.

70. Werner, P., *Der deutsche Arbeiter und die Welthilfssprache Esperanto,* Hannover 1913.

71. Zakrzewski, Adam, *Historio de Esperanto 1887–1912,* Warschau 1913.

72. Zamenhof, L. L. (Hrsg. Joh. Dietterle), *Originala verkaro,* Leipzig 1929 (Nachdruck Osaka 1983).

73. – (Hrsg. G. Waringhien), *Leteroj de L.-L. Zamenhof.* 2 Bände, Paris 1948.

74. – (Hrsg. Kanzi Itô), *Plena verkaro de L. L. Zamenhof.* 10 Bände, Kyoto 1973–1985.

75. – (Hrsg. Emil Pfeffer), *Dr. L. L. Zamenhofs Esperanto-Reden,* Wien 1929.

76. Zimmermann, A., *Esperanto, ein Hindernis für die Ausbreitung des deutschen Welthandels,* Hamburg 1915.
77. –; Ernst Müller-Holm, *Esperanto, ein Hindernis für die Ausbreitung des deutschen Welthandels und der deutschen Sprache,* Hamburg 1923.

Kapitel 2

78. Behrendt, Arnold, *Deutscher Esperanto-Bund e. V. Ein Rückblick auf 25 Jahre (1906–1931),* o. O., o. J.
79. Cardone, Gianfranco, *Il movimento esperantista cattolico in Italia. Storia dei rapporti fra stato e chiesa,* Diss. Turin 1973/74.
80. Cseh, Andreo (Hrsg. Ed Borsboom), *Vortoj de Andreo Cseh,* Saarbrücken, De Bilt 1984.
81. Güntert, Hermann, *Grundfragen der Sprachwissenschaft,* Leipzig 1925.
82. Heller, Wendy, *Lidia. The Life of Lidia Zamenhof, Daughter of Esperanto,* Oxford 1985.
83. Hitler, Adolf, *Mein Kampf.* 603.–607. Aufl., München 1941.
84. Jäckel, Eberhard (Hrsg.), *Hitler. Sämtliche Aufzeichnungen 1905–1924,* Stuttgart 1980.
85. Jankova-Bojaĝieva, Maria T., *La bulgara revolucia Esperanta gazetaro dum la periodo 1929–1934,* Sofia 1983.
86. Jung, Teo, *Ĉiu – ĉiun. Sep jardekojn en la Esperanto-movado. Memorajoj de 86-jara optimisto,* Antwerpen, La Laguna 1979.
87. Koch, Theodor, »Esperanto, ein Bundesgenosse des Weltjudentums«, in: *Der Weltkampf,* Bd. 12, 1935, S. 326–329.
88. Kohlbach, »Vom Esperanto«, in: *Deutsche Wissenschaft, Erziehung und Volksbildung,* Bd. 1, 1935, Nr. 11, nichtamtl. Teil, S. 106.
89. Kreutzer, Jakob, *Esperanto, ein Kulturgut? Sein Wesen und Wert im Feuer der Kritik,* Köln 1929.
90. Lins, Ulrich, »Esperanto dum la Tria Regno«, in: *Germana Esperanto-Revuo,* Bd. 19, 1966, S. 76–78, 99–101; Bd. 20, 1967, S. 5–8.
91. Römer, Ruth, *Sprachwissenschaft und Rassenideologie in Deutschland,* München 1985.
92. Simon, Gerd (Hrsg.), *Sprachwissenschaft und politisches Engagement,* Weinheim, Basel 1979.

93. Steche, Theodor, *Neue Wege zum reinen Deutsch*, Breslau 1925.
94. Streicher, Oskar, »Weltsprache«, in: *Muttersprache*, Bd. 41, 1926, Sp. 133, 137–139.
95. Theobald, Hermann, *Dokumentoj de la rezistado*, Hamburg 1948.
96. Thierfelder, Franz, *Deutsch als Weltsprache*. I: *Die Grundlagen der deutschen Sprachgeltung in Europa*, Berlin 1938.
97. –, *Sprachpolitik und Rundfunk*, Berlin 1941.
98. Thomas, Hugh, *Der spanische Bürgerkrieg*. 2. Aufl., Berlin, Frankfurt a. M., Wien 1964.
99. *Tra densa mallumo. Esperanto-eseoj pri movado kaj lingvo*, Kopenhagen 1942.
100. Trögel, Robert, »Esperanto und Kultur. Individuum, Volk, Menschheit«, in: *Das Esperanto, ein Kulturfaktor*. Band 8, Berlin 1928, S. 5–31.
101. Vokoun, Franjo (Hrsg.), *Honore al ili. Memorlibro pri falintaj esperantistoj 1941–1945*, Zagreb 1976.
102. Voßler, Karl, *Geist und Kultur in der Sprache*, Heidelberg 1925.
103. Wagner, Hermann, *Ni devas diri ĝin*, Stuttgart 1947.
104. *Warum Esperanto? Warum Deutscher Esperanto-Bund?* Dresden 1936.
105. *Wissenswertes für die Arbeiterschaft über die Esperanto-Bewegung*, Leipzig 1926.
106. Wüster, Eugen, *Internationale Sprachnormung in der Technik, besonders in der Elektrotechnik. Die nationale Sprachnormung und ihre Verallgemeinerung*, Berlin 1931 (3. Aufl. Bonn 1970).
107. *Zusammenstellung aller bis zum 31. März 1937 erlassenen und noch gültigen Anordnungen des Stellvertreters des Führers*, München 1937.

Kapitel 3

108. Achmanova, O. S.; E. A. Bokarev, »Meždunarodnyj vspomogatel'nyj jazyk kak lingvističeskaja problema«, in: *Voprosy jazykoznanija*, 1956, Nr. 6, S. 65–78.
109. Adamson, Einar, *Sub la ruĝa standardo. Impresoj kaj travivaĵoj en Sovetio*, Göteborg 1928.
110. Aleksiev, N., »Pri unu aspekto de la interŝtataj rilatoj en la socialisma komuneco de nacioj«, in: *Paco*, 1974, sowjetische Ausgabe, S. 24–25.

111. Andreev, A. P., *Revolucio en la lingvoscienco. Jafetida lingvoteo-rio de akademiano N. Marr*, Leipzig 1929.

112. Anweiler, Oskar; Karl-Heinz Ruffmann (Hrsg.), *Kulturpolitik der Sowjetunion*, Stuttgart 1973.

113. Azrael, Jeremy R. (Hrsg.), *Soviet Nationality Policies and Practices*, New York 1978.

114. Barbusse, Henri, »Al la Internaciistoj«, in: *Esperantista Laboristo* (Paris), Bd. 2, 1921, Nr. 2, S. 3.

115. Berg, A.; D. Armand, E. Bokarev, »64 Sprachen... und noch eine«, in: *Der Esperantist*, Bd. 10, 1974, Nr. 65/66, S. 24–27 (übersetzt aus *Literaturnaja gazeta*, 28. 8. 1968).

116. Blanke, Detlev, *Der Anteil der Arbeiter-Esperantisten bei der Entwicklung der deutsch-sowjetischen Freundschaft in der Zeit der Weimarer Republik. Ein Arbeitsmaterial*, Erfurt 1974.

117. Bodganov, A., *O proletarskoj kul'ture*, Leningrad, Moskau 1924.

118. Bol'šaja sovetskaja ènciklopedija. 2. Aufl., Bd. 18, Moskau 1953.

119. Borbé, Tasso, *Kritik der marxistischen Sprachtheorie N. Ja. Marr's*, Kronberg/Ts. 1974.

120. Borsboom, E., *Vivo de Lanti*, Paris 1976.

121. Bruche-Schulz, Gisela, *Russische Sprachwissenschaft. Wissenschaft im historisch-politischen Prozeß des vorsowjetischen und sowjetischen Rußland*, Tübingen 1984.

122. Carr, E. H., *The Twilight of Comintern, 1930–1935*, London 1982.

123. Carrère d'Encausse, Hélène, *Risse im roten Imperium. Das Nationalitätenproblem in der Sowjetunion*, Wien u.a. 1979.

124. Connor, Walker, *The National Question in Marxist-Leninist Theory and Strategy*, Princeton 1984.

125. Conquest, Robert, *Am Anfang starb Genosse Kirow. Säuberungen unter Stalin*, Düsseldorf 1970.

126. »Debato pri Esperanto en Sovetio«, in: *Sennaciulo*, Bd. 36, 1965, S. 30.

127. Drezen, È., *Za vseobščim jazykom. Tri veka iskanij*, Moskau, Leningrad 1928.

128. –, *La vojoj de formiĝo kaj disvastiĝo de la lingvo internacia. Studo*, Leipzig 1929.

129. –, *Historio de la mondolingvo. Tri jarcentoj da serĉado*, Leipzig 1931 (Nachdruck Osaka 1967).

130. –, *Problema meždunarodnogo jazyka. Problemo de internacia lingvo*, Moskau 1932.
131. – (Hrsg.), *Na putjach k meždunarodnomu jazyku. Sbornik statej*, Moskau, Leningrad 1926.
132. Duličenko, A. D., *Sovetskaja interlingvistika. Annotirovannaja bibliografija za 1946–1982 gg.*, Tartu 1983.
133. Ejdelman, B.; N. Nekrasov, *Sennaciismo kaj internaciismo*, Moskau 1930.
134. Elsudo, V. [= Viktor Kolčinskij], *A.B.C. de sennaciismo*, 2. Aufl., Paris, Leipzig 1926.
135. Farmer, Kenneth, C., *Ukrainian Nationalism in the Post-Stalin Era. Myth, Symbols and Ideology in Soviet Nationalities Policy*, Den Haag 1980.
136. Fitzpatrick, Sheila (Hrsg.), *Cultural Revolution in Russia, 1928–1931*, Bloomington, London 1978.
137. Gilbert, William, »Esperanto kontraŭ naciaj lingvoj?«, in: *Paco*, 1979, DDR-Ausgabe, S. 27.
138. Girke, Wolfgang; Helmut Jachnow, *Sowjetische Soziolinguistik. Probleme und Genese*, Kronberg/Ts. 1974.
139. – (Hrsg.), *Sprache und Gesellschaft in der Sowjetunion*, München 1975.
140. Goodman, Elliot R., *The Soviet Design for a World State*, New York 1960.
141. Gorbačenko, G. I.; N. P. Sinel'nikova, T. A. Šub, »Vylazka buržuaznoj agentury v jazykoznanii«, in: *Protiv buržuaznoj kontrabandy v jazykoznanii*, Leningrad 1932, S. 129–140.
142. Gramsci, Antonio (Hrsg. Klaus Bochmann), *Notizen zur Sprache und Kultur*, Leipzig, Weimar 1984.
143. Grigor'ev, V. P., »V Institute jazykoznanija AN SSSR«, in: *Voprosy jazykoznanija*, 1956, Nr. 4, S. 158–159.
144. –, »O nekotorych voprosach interlingvistiki«, in: *Voprosy jazykoznanija*, 1966, Nr. 1, S. 37–46.
145. Haupt, Georges, u.a., *Les marxistes et la question nationale, 1848–1914. Etudes et textes*, Paris 1974.
146. *Historio de S.A.T., 1921–1952*, Paris 1953.
147. *Historio pri la skismo en la laborista Esperanto-movado*, Paris 1935.
148. Hoensch, Jörg K., *Sowjetische Osteuropa-Politik 1945–1975*, Kronberg/Ts. 1977.

149. Isayev (Isaev), M. I., *National Languages in the USSR. Problems and Solutions*, Moskau 1977.
150. – (Hrsg.), *Problemy interlingvistiki. Tipologija i ėvoljucija meždunarodnych iskusstvennych jazykov*, Moskau 1976.
151. Kaltachtschjan, N. M. und S. T., *Nation und Nationalität im Sozialismus*, Berlin (Ost) 1976.
152. Kautsky, K., »Die moderne Nationalität«, in: *Die Neue Zeit*, Bd. 5, 1887, s. 392–405, 442–451.
153. Kirjušin, P., *Meždunarodnaja rabočaja svjaz' na ėsperanto*, Moskau 1930.
154. Knödler-Bunte, Eberhard; Gernot Erler (Hrsg.), *Kultur und Kulturrevolution in der Sowjetunion*, Berlin (West), Kronberg/Ts. 1978.
155. Koestler, Arthur, *Der Yogi und der Kommissar. Auseinandersetzungen*, Frankfurt a.M. 1974.
156. Kopelew, Lew, *Aufbewahren für alle Zeit!* Hamburg 1976.
157. –, *Und schuf mir einen Götzen. Lehrjahre eines Kommunisten*, Hamburg 1979.
158. Kreindler, Isabelle (Hrsg.), »The Changing Status of Russian in the Soviet Union«, *International Journal of the Sociology of Language*, Nr. 33, 1982.
159. – (Hrsg.), *Sociolinguistic Perspectives on Soviet National Languages. Their Past, Present and Future*, Berlin (West), New York, Amsterdam 1985.
160. Kucera, Jindrich, »Soviet Nationality Policy. The Linguistic Controversy«, in: *Problems of Communism*, Bd. 3, 1954, Nr. 2, S. 24–29.
161. Lanti, E., *For la neŭtralismon!* 3. Aufl., Paris, Leipzig 1928.
162. –, *Vortoj de kamarado E. Lanti*, Leipzig 1931 (Nachdruck Laroque Timbaut 1979).
163. –, *Arbeiter-Esperantismus*, Frankfurt a.M. 1932.
164. –, *Leteroj de E. Lanti*, Paris 1940.
165. –, »Tri semajnojn en Rusio«, in: *El verkoj de E. Lanti. 2*, Laroque Timbaut 1982, S. 1–65.
166. Lapenna, Ivo, *Retoriko*. 3. Aufl., Rotterdam 1971.
167. Laurat, Lucien, *Staline, la linguistique et l'impérialisme russe*, Paris 1951.
168. Lenin, W. I., *Werke*. 40 Bände, Berlin (Ost) 1955–1965.
169. –, *Werke. Ergänzungsband. 1896 – Oktober 1917*, Berlin (Ost) 1972.

170. Lewis, E. Glyn, *Multilingualism in the Soviet Union. Aspects of Language Policy and its Implementation*, Den Haag, Paris 1972.

171. L'Hermitte, R. (Hrsg.), *La linguistique en U.R.S.S.*, Paris 1969.

172. Lieber, Hans-Joachim; Karl-Heinz Ruffmann (Hrsg.), *Der Sowjetkommunismus. Dokumente*. Band 2, Köln, Berlin 1964.

173. Lindhagen, Carl, *I revolutionsland*, Stockholm 1918.

174. Lins, Ulrich, »Marxismus und internationale Sprache«, in: Michel Duc Goninaz (Hrsg.), *Studoj pri la internacia lingvo*, Gent 1987, S. 26–39.

175. –, »Drezen, Lanti kaj La Nova Epoko. La proksimiĝo de la sovetia Esperanto-movado al SAT«, in: *Sennacieca Revuo*, Nr. 115, 1987, S.- 35–52.

176. Lipgens, Walter, »Staat und Internationalismus bei Marx und Engels«, in: *Historische Zeitschrift*, Bd. 217, 1973, S. 529–583.

177. Lorenz, Richard (Hrsg.), *Proletarische Kulturrevolution in Sowjetrußland (1917–1921). Dokumente des »Proletkult«*, München 1969.

178. Lwunin, J. A., »Zum Briefwechsel zwischen sowjetischen und deutschen Arbeitern und Arbeiterkorrespondenten 1924–1929«, in: *Beiträge zur Geschichte der Arbeiterbewegung*, Bd. 19, 1977, S. 1011–1028.

179. Mace, James E., *Communism and the Dilemmas of National Liberation. National Communism in Soviet Ukraine, 1918–1933*, Cambridge, Mass. 1983.

180. Marcellesi, J.-B., u. a., »Langage et classes sociales. Le marrisme«, *Langages*, Bd. 11, 1977, Nr. 46.

181. Marx, Karl; Friedrich Engels, *Werke*. 39 Bände, Berlin (Ost) 1957–1968.

182. Medwedew, Roy A., *Die Wahrheit ist unsere Stärke. Geschichte und Folgen des Stalinismus*, Frankfurt a.M. 1973.

183. Mommsen, Hans, *Arbeiterbewegung und nationale Frage*, Göttingen 1978.

184. Nolte, Ernst, *Deutschland und der Kalte Krieg*, München, Zürich 1974.

185. »O nekotorych aktual'nych zadačach sovremennogo sovetskogo jazykoznanija«, in: *Voprosy jazykoznanija*, 1956, Nr. 4, S. 3–13.

186. Oberländer, Erwin, *Sowjetpatriotismus und Geschichte. Dokumentation*, Köln 1967.

187. *Protokolaro de la VIII-a Kongreso* [de SAT] *en Göteborg (Svedio)*, Leipzig 1928.

188. Simon, Gerhard, *Nationalismus und Nationalitätenpolitik in der Sowjetunion. Von der totalitären Diktatur zur nachstalinschen Gesellschaft*, Baden-Baden 1986.

189. Skrypnyk, Mykola, *Statti i promovy z nacional'noho pytannja*, München 1974.

190. Solschenizyn, Alexander, *Der Archipel GULAG*. 3 Bände, Reinbek 1978.

191. [Solzbacher, William], »Esperanto in the Ups and Downs of Moscow Linguistics and Politics«, in: *American Esperanto Magazine*, Bd. 71, 1957, S. 5–10, 43–46, 74–78; Bd. 72, 1958, S. 83–85.

192. *Sozialismus und Nationen*, Berlin (Ost) 1976.

193. Spiridovič, E. F., *Jazykoznanie i meždunarodnyj jazyk*, Moskau 1931.

194. –, »La ›vera devizo por batalo‹ en la marks-leninisma lingvoscienco«, in: *La Nova Etapo*, Bd. 1, 1932, S. 157–160.

195. –, *Genia lingvisto venkita de etburĝeco. Fundamentaj momentoj en la lingva teorio de Zamenhof*, Kyoto 1976.

196. Springer, George P., *Early Soviet Theories in Communication*, Cambridge, Mass. 1956.

197. Stalin, J. W., *Werke*. 13 Bände, Berlin (Ost) 1951–1955.

198. –, *Kulturo nacia kaj internacia*, Leipzig 1930.

199. –, *Der Marxismus und die Fragen der Sprachwissenschaft*, Berlin (Ost) 1951.

200. Steinitz, Wolfgang (Hrsg.), *Beiträge aus der sowjetischen Sprachwissenschaft*. Folge I, Berlin (Ost) 1952.

201. Svadost, È., *Kak vozniknet vseobščij jazyk?* Moskau 1968.

202. »Tezoj pri Internacia Lingvo«, in: *La Nova Etapo*, Bd. 1, 1932, S. 116–118.

203. Thomas, L. L., *The Linguistic Theories of N. Ja. Marr*, Berkeley, Los Angeles 1957.

204. Weissberg-Cybulski, Alexander, *Hexensabbat*, Frankfurt a.M. 1977.

205. Wunderer, Hartmann, *Arbeitervereine und Arbeiterparteien. Kultur- und Massenorganisationen in der Arbeiterbewegung (1890–1933)*, Frankfurt a.M., New York 1980.

Personenregister

2